法律政策全书
系列

全新

法律政策全书

教育

2023版

全面准确收录

合理分类检索

含法律、法规、
司法解释及典型案例

U0822753

中国法制出版社
CHINA LEGAL PUBLISHING HOUSE

导　读

学习教育相关的法律规范，应重点把握以下三个法律规定：

一、教育法

2021年4月29日，第十三届全国人民代表大会常务委员会第二十八次会议审议通过了《全国人民代表大会常务委员会关于修改〈中华人民共和国教育法〉的决定》，自2021年4月30日起施行。

《中华人民共和国教育法》（以下简称教育法）是教育领域的基本法，是全面依法治教的法律基础。此次教育法修订的五个条款，丰富了教育的指导思想、凸显了教育的重要地位、完善了教育方针、充实了教育内容，健全了“培养什么人、怎样培养人、为谁培养人”的法律规范和制度要求，对构建德智体美劳全面培养的教育体系、推动教育高质量发展意义重大。

二、家庭教育促进法

《中华人民共和国家庭教育促进法》（以下简称家庭教育促进法）由第十三届全国人民代表大会常务委员会第三十一次会议于2021年10月23日通过，自2022年1月1日起施行。

家庭教育促进法明确了家庭教育以立德树人为根本任务，标志着家庭教育全面纳入法治实施轨道。各地各校要将学习宣传贯彻家庭教育促进法与贯彻落实习近平总书记关于家庭教育重要论述相结合，与深化基础教育改革发展相结合，与加快建设高质量教育体系相结合，不断提高家庭教育指导服务水平。

三、职业教育法

《中华人民共和国职业教育法》（以下简称职业教育法）由第十三届全国人民代表大会常务委员会第三十四次会议于2022年4月20日修订通过，自2022年5月1日起施行。

职业教育是国民教育体系和人力资源开发的重要组成部分，是培养多样化人才、传承技术技能、促进就业创业的重要途径。此次职业教育法修订，系统总结职业教育改革发展的政策举措和实践成果，进一步完善了新时代职业教育法律制度体系。新修订的职业教育法坚持目标导向，着力健全完善现代职业教育体系，推动职业教育高质量发展；坚持问题导向，着力创新制度机制，推动破解职业教育改革发展中的热点难点问题；坚持效果导向，着力多方位提高职业教育地位，推动形成全社会关心支持职业教育发展的局面。贯彻实施新修订的职业教育法，对于深化全面依法治教，推动职业教育高质量发展，建设教育强国、人力资源强国和技能型社会，推进社会主义现代化建设具有重要意义。

目　　录

一、综　合

① 本目录中的时间为法律文件的公布时间或最后一次修正、修订公布时间。

二、教育类型

（一）综　合

（二）学前教育

（三）基础教育

（四）校外教育培训

（五）高等教育

（六）职业教育与成人教育

（七）民办教育

（八）特殊教育

三、学位管理

四、教育督导

五、教育经费与投入

六、学校思想政治教育、文体、卫生、安全教育工作

七、教育国际合作与交流

八、教师队伍建设

附　　录

典型案例

一 综　合

中华人民共和国教育法

（1995年3月18日第八届全国人民代表大会第三次会议通过　根据2009年8月27日第十一届全国人民代表大会常务委员会第十次会议《关于修改部分法律的决定》第一次修正　根据2015年12月27日第十二届全国人民代表大会常务委员会第十八次会议《关于修改〈中华人民共和国教育法〉的决定》第二次修正　根据2021年4月29日第十三届全国人民代表大会常务委员会第二十八次会议《关于修改〈中华人民共和国教育法〉的决定》第三次修正）

目　录

第一章　总　　则

第一条　【立法宗旨】[1] 为了发展教育事业，提高全民族的素质，促进社会主义物质文明和精神文明建设，根据宪法，制定本法。

第二条　【适用范围】 在中华人民共和国境内的各级各类教育，适用本法。

第三条　【发展教育的指导思想】 国家坚持中国共产党的领导，坚持以马克思列宁主义、毛泽东思想、邓小平理论、“三个代表”重要思想、科学发展观、习近平新时代中国特色社会主义思想为指导，遵循宪法确定的基本原则，发展社会主义的教育事业。

第四条　【教育的重要性】 教育是社会主义现代化建设的基础，对提高人民综合素质、促进人的全面发展、增强中华民族创新创造活力、实现中华民族伟大复兴具有决定性意义，国家保障教育事业优先发展。

全社会应当关心和支持教育事业的发展。

全社会应当尊重教师。

第五条　【教育事业的宗旨】 教育必须为社会主义现代化建设服务、为人民服务，必须与生产劳动和社会实践相结合，培养德智体美劳全面发展的社会主义建设者和接班人。

第六条　【教育方针】 教育应当坚持立德树人，对受教育者加强社会主义核心价值观教育，增强受教育者的社会责任感、创新精神和实践能力。

国家在受教育者中进行爱国主义、集体主义、中国特色社会主

---

① 条文主旨为编者所加，下同。

义的教育，进行理想、道德、纪律、法治、国防和民族团结的教育。

第七条　【优秀文化的继承与弘扬】教育应当继承和弘扬中华优秀传统文化、革命文化、社会主义先进文化，吸收人类文明发展的一切优秀成果。

第八条　【教育与宗教分离原则】教育活动必须符合国家和社会公共利益。

国家实行教育与宗教相分离。任何组织和个人不得利用宗教进行妨碍国家教育制度的活动。

第九条　【公民的教育权利与义务】中华人民共和国公民有受教育的权利和义务。

公民不分民族、种族、性别、职业、财产状况、宗教信仰等，依法享有平等的受教育机会。

第十条　【民族地区、贫困地区及残疾人教育事业的发展】国家根据各少数民族的特点和需要，帮助各少数民族地区发展教育事业。

国家扶持边远贫困地区发展教育事业。

国家扶持和发展残疾人教育事业。

第十一条　【教育改革】国家适应社会主义市场经济发展和社会进步的需要，推进教育改革，推动各级各类教育协调发展、衔接融通，完善现代国民教育体系，健全终身教育体系，提高教育现代化水平。

国家采取措施促进教育公平，推动教育均衡发展。

国家支持、鼓励和组织教育科学研究，推广教育科学研究成果，促进教育质量提高。

第十二条　【教育语言文字】国家通用语言文字为学校及其他教育机构的基本教育教学语言文字，学校及其他教育机构应当使用国家通用语言文字进行教育教学。

民族自治地方以少数民族学生为主的学校及其他教育机构，从实际出发，使用国家通用语言文字和本民族或者当地民族通用的语言文字实施双语教育。

国家采取措施，为少数民族学生为主的学校及其他教育机构实施双语教育提供条件和支持。

第十三条　【教育奖励制度】国家对发展教育事业做出突出贡献的组织和个人，给予奖励。

第十四条　【教育管理体制】国务院和地方各级人民政府根据分级管理、分工负责的原则，领导和管理教育工作。

中等及中等以下教育在国务院领导下，由地方人民政府管理。

高等教育由国务院和省、自治区、直辖市人民政府管理。

第十五条　【教育主管部门】国务院教育行政部门主管全国教育工作，统筹规划、协调管理全国的教育事业。

县级以上地方各级人民政府教育行政部门主管本行政区域内的教育工作。

县级以上各级人民政府其他有关部门在各自的职责范围内，负责有关的教育工作。

第十六条　【教育监督机制】国务院和县级以上地方各级人民政府应当向本级人民代表大会或者其常务委员会报告教育工作和教育经费预算、决算情况，接受监督。

第二章　教育基本制度

第十七条　【教育学制系统】国家实行学前教育、初等教育、中等教育、高等教育的学校教育制度。

国家建立科学的学制系统。学制系统内的学校和其他教育机构的设置、教育形式、修业年限、招生对象、培养目标等，由国务院或者由国务院授权教育行政部门规定。

第十八条　【学前教育】国家制定学前教育标准，加快普及学前教育，构建覆盖城乡，特别是农村的学前教育公共服务体系。

各级人民政府应当采取措施，为适龄儿童接受学前教育提供条件和支持。

第十九条 【义务教育制度】国家实行九年制义务教育制度。

各级人民政府采取各种措施保障适龄儿童、少年就学。

适龄儿童、少年的父母或者其他监护人以及有关社会组织和个人有义务使适龄儿童、少年接受并完成规定年限的义务教育。

第二十条 【职业教育和继续教育制度】国家实行职业教育制度和继续教育制度。

各级人民政府、有关行政部门和行业组织以及企业事业组织应当采取措施，发展并保障公民接受职业学校教育或者各种形式的职业培训。

国家鼓励发展多种形式的继续教育，使公民接受适当形式的政治、经济、文化、科学、技术、业务等方面的教育，促进不同类型学习成果的互认和衔接，推动全民终身学习。

第二十一条 【国家教育考试制度】国家实行国家教育考试制度。

国家教育考试由国务院教育行政部门确定种类，并由国家批准的实施教育考试的机构承办。

第二十二条 【学业证书制度】国家实行学业证书制度。

经国家批准设立或者认可的学校及其他教育机构按照国家有关规定，颁发学历证书或者其他学业证书。

第二十三条 【学位制度】国家实行学位制度。

学位授予单位依法对达到一定学术水平或者专业技术水平的人员授予相应的学位，颁发学位证书。

第二十四条 【扫盲教育工作】各级人民政府、基层群众性自治组织和企业事业组织应当采取各种措施，开展扫除文盲的教育工作。

按照国家规定具有接受扫除文盲教育能力的公民，应当接受扫除文盲的教育。

第二十五条　【教育督导和评估制度】国家实行教育督导制度和学校及其他教育机构教育评估制度。

第三章　学校及其他教育机构

第二十六条　【教育机构的举办】国家制定教育发展规划，并举办学校及其他教育机构。

国家鼓励企业事业组织、社会团体、其他社会组织及公民个人依法举办学校及其他教育机构。

国家举办学校及其他教育机构，应当坚持勤俭节约的原则。

以财政性经费、捐赠资产举办或者参与举办的学校及其他教育机构不得设立为营利性组织。

第二十七条　【教育机构的基本条件】设立学校及其他教育机构，必须具备下列基本条件：

（一）有组织机构和章程；

（二）有合格的教师；

（三）有符合规定标准的教学场所及设施、设备等；

（四）有必备的办学资金和稳定的经费来源。

第二十八条　【教育机构的设立、变更和终止】学校及其他教育机构的设立、变更和终止，应当按照国家有关规定办理审核、批准、注册或者备案手续。

第二十九条　【教育机构的权利】学校及其他教育机构行使下列权利：

（一）按照章程自主管理；

（二）组织实施教育教学活动；

（三）招收学生或者其他受教育者；

（四）对受教育者进行学籍管理，实施奖励或者处分；

（五）对受教育者颁发相应的学业证书；

（六）聘任教师及其他职工，实施奖励或者处分；

（七）管理、使用本单位的设施和经费；

（八）拒绝任何组织和个人对教育教学活动的非法干涉；

（九）法律、法规规定的其他权利。

国家保护学校及其他教育机构的合法权益不受侵犯。

第三十条　【教育机构的义务】 学校及其他教育机构应当履行下列义务：

（一）遵守法律、法规；

（二）贯彻国家的教育方针，执行国家教育教学标准，保证教育教学质量；

（三）维护受教育者、教师及其他职工的合法权益；

（四）以适当方式为受教育者及其监护人了解受教育者的学业成绩及其他有关情况提供便利；

（五）遵照国家有关规定收取费用并公开收费项目；

（六）依法接受监督。

第三十一条　【教育机构的管理体制】 学校及其他教育机构的举办者按照国家有关规定，确定其所举办的学校或者其他教育机构的管理体制。

学校及其他教育机构的校长或者主要行政负责人必须由具有中华人民共和国国籍、在中国境内定居、并具备国家规定任职条件的公民担任，其任免按照国家有关规定办理。学校的教学及其他行政管理，由校长负责。

学校及其他教育机构应当按照国家有关规定，通过以教师为主体的教职工代表大会等组织形式，保障教职工参与民主管理和监督。

第三十二条　【教育机构的法律地位】 学校及其他教育机构具备法人条件的，自批准设立或者登记注册之日起取得法人资格。

学校及其他教育机构在民事活动中依法享有民事权利，承担民事责任。

学校及其他教育机构中的国有资产属于国家所有。

学校及其他教育机构兴办的校办产业独立承担民事责任。

第四章　教师和其他教育工作者

第三十三条　【教师的权利和义务】教师享有法律规定的权利，履行法律规定的义务，忠诚于人民的教育事业。

第三十四条　【国家对教师的保护与鼓励】国家保护教师的合法权益，改善教师的工作条件和生活条件，提高教师的社会地位。

教师的工资报酬、福利待遇，依照法律、法规的规定办理。

第三十五条　【教师资格、职务、聘任制度】国家实行教师资格、职务、聘任制度，通过考核、奖励、培养和培训，提高教师素质，加强教师队伍建设。

第三十六条　【教学管理、辅助、专业技术人员人事制度】学校及其他教育机构中的管理人员，实行教育职员制度。

学校及其他教育机构中的教学辅助人员和其他专业技术人员，实行专业技术职务聘任制度。

第五章　受教育者

第三十七条　【受教育者权利平等】受教育者在入学、升学、就业等方面依法享有平等权利。

学校和有关行政部门应当按照国家有关规定，保障女子在入学、升学、就业、授予学位、派出留学等方面享有同男子平等的权利。

第三十八条　【对贫困学生的资助】国家、社会对符合入学条件、家庭经济困难的儿童、少年、青年，提供各种形式的资助。

第三十九条　【残疾人教育】国家、社会、学校及其他教育机构应当根据残疾人身心特性和需要实施教育，并为其提供帮助和便利。

第四十条　【未成年违法行为人的教育】国家、社会、家庭、学校及其他教育机构应当为有违法犯罪行为的未成年人接受教育创造条件。

第四十一条　【学习与培训】从业人员有依法接受职业培训和继续教育的权利和义务。

国家机关、企业事业组织和其他社会组织，应当为本单位职工的学习和培训提供条件和便利。

第四十二条　【鼓励终身教育条件的创造】国家鼓励学校及其他教育机构、社会组织采取措施，为公民接受终身教育创造条件。

第四十三条　【受教育者的权利】受教育者享有下列权利：

（一）参加教育教学计划安排的各种活动，使用教育教学设施、设备、图书资料；

（二）按照国家有关规定获得奖学金、贷学金、助学金；

（三）在学业成绩和品行上获得公正评价，完成规定的学业后获得相应的学业证书、学位证书；

（四）对学校给予的处分不服向有关部门提出申诉，对学校、教师侵犯其人身权、财产权等合法权益，提出申诉或者依法提起诉讼；

（五）法律、法规规定的其他权利。

第四十四条　【受教育者的义务】受教育者应当履行下列义务：

（一）遵守法律、法规；

（二）遵守学生行为规范，尊敬师长，养成良好的思想品德和行为习惯；

（三）努力学习，完成规定的学习任务；

（四）遵守所在学校或者其他教育机构的管理制度。

第四十五条　【学生身心健康的保护】教育、体育、卫生行政部门和学校及其他教育机构应当完善体育、卫生保健设施，保护学生的身心健康。

第六章　教育与社会

第四十六条　【良好社会环境的创造】国家机关、军队、企业事业组织、社会团体及其他社会组织和个人，应当依法为儿童、少年、青年学生的身心健康成长创造良好的社会环境。

第四十七条　【教学合作】国家鼓励企业事业组织、社会团体及其他社会组织同高等学校、中等职业学校在教学、科研、技术开发和推广等方面进行多种形式的合作。

企业事业组织、社会团体及其他社会组织和个人，可以通过适当形式，支持学校的建设，参与学校管理。

第四十八条　【帮助学生实习、社会实践】国家机关、军队、企业事业组织及其他社会组织应当为学校组织的学生实习、社会实践活动提供帮助和便利。

第四十九条　【社会公益活动的参与】学校及其他教育机构在不影响正常教育教学活动的前提下，应当积极参加当地的社会公益活动。

第五十条　【未成年人父母或其他监护人教育配合义务】未成年人的父母或者其他监护人应当为其未成年子女或者其他被监护人受教育提供必要条件。

未成年人的父母或者其他监护人应当配合学校及其他教育机构，对其未成年子女或者其他被监护人进行教育。

学校、教师可以对学生家长提供家庭教育指导。

第五十一条　【公共文化机构的义务】图书馆、博物馆、科技馆、文化馆、美术馆、体育馆（场）等社会公共文化体育设施，以及历史文化古迹和革命纪念馆（地），应当对教师、学生实行优待，为受教育者接受教育提供便利。

广播、电视台（站）应当开设教育节目，促进受教育者思想品德、文化和科学技术素质的提高。

第五十二条　【校外教育工作】国家、社会建立和发展对未成年人进行校外教育的设施。

学校及其他教育机构应当同基层群众性自治组织、企业事业组织、社会团体相互配合，加强对未成年人的校外教育工作。

第五十三条　【社会文化教育活动】国家鼓励社会团体、社会文化机构及其他社会组织和个人开展有益于受教育者身心健康的社会文化教育活动。

第七章　教育投入与条件保障

第五十四条　【教育经费的投入】国家建立以财政拨款为主、其他多种渠道筹措教育经费为辅的体制，逐步增加对教育的投入，保证国家举办的学校教育经费的稳定来源。

企业事业组织、社会团体及其他社会组织和个人依法举办的学校及其他教育机构，办学经费由举办者负责筹措，各级人民政府可以给予适当支持。

第五十五条　【教育经费的提高】国家财政性教育经费支出占国民生产总值的比例应当随着国民经济的发展和财政收入的增长逐步提高。具体比例和实施步骤由国务院规定。

全国各级财政支出总额中教育经费所占比例应当随着国民经济的发展逐步提高。

第五十六条　【教育经费的列支】各级人民政府的教育经费支出，按照事权和财权相统一的原则，在财政预算中单独列项。

各级人民政府教育财政拨款的增长应当高于财政经常性收入的增长，并使按在校学生人数平均的教育费用逐步增长，保证教师工资和学生人均公用经费逐步增长。

第五十七条　【教育专项基金】国务院及县级以上地方各级人

民政府应当设立教育专项资金，重点扶持边远贫困地区、少数民族地区实施义务教育。

第五十八条　【教育费附加】税务机关依法足额征收教育费附加，由教育行政部门统筹管理，主要用于实施义务教育。

省、自治区、直辖市人民政府根据国务院的有关规定，可以决定开征用于教育的地方附加费，专款专用。

第五十九条　【校办产业】国家采取优惠措施，鼓励和扶持学校在不影响正常教育教学的前提下开展勤工俭学和社会服务，兴办校办产业。

第六十条　【捐资助学】国家鼓励境内、境外社会组织和个人捐资助学。

第六十一条　【禁止挪用、克扣教育经费】国家财政性教育经费、社会组织和个人对教育的捐赠，必须用于教育，不得挪用、克扣。

第六十二条　【对发展教育事业的支持】国家鼓励运用金融、信贷手段，支持教育事业的发展。

第六十三条　【教育经费的监督管理】各级人民政府及其教育行政部门应当加强对学校及其他教育机构教育经费的监督管理，提高教育投资效益。

第六十四条　【学校基本建设的统筹安排】地方各级人民政府及其有关行政部门必须把学校的基本建设纳入城乡建设规划，统筹安排学校的基本建设用地及所需物资，按照国家有关规定实行优先、优惠政策。

第六十五条　【教学物资的优先、优惠政策】各级人民政府对教科书及教学用图书资料的出版发行，对教学仪器、设备的生产和供应，对用于学校教育教学和科学研究的图书资料、教学仪器、设备的进口，按照国家有关规定实行优先、优惠政策。

第六十六条　【现代化教学方式】国家推进教育信息化，加快教育信息基础设施建设，利用信息技术促进优质教育资源普及共享，提高教育教学水平和教育管理水平。

县级以上人民政府及其有关部门应当发展教育信息技术和其他现代化教学方式，有关行政部门应当优先安排，给予扶持。

国家鼓励学校及其他教育机构推广运用现代化教学方式。

第八章　教育对外交流与合作

第六十七条　【教育对外交流】国家鼓励开展教育对外交流与合作，支持学校及其他教育机构引进优质教育资源，依法开展中外合作办学，发展国际教育服务，培养国际化人才。

教育对外交流与合作坚持独立自主、平等互利、相互尊重的原则，不得违反中国法律，不得损害国家主权、安全和社会公共利益。

第六十八条　【出国留学、研究等规定】中国境内公民出国留学、研究、进行学术交流或者任教，依照国家有关规定办理。

第六十九条　【境外个人入境学习等规定】中国境外个人符合国家规定的条件并办理有关手续后，可以进入中国境内学校及其他教育机构学习、研究、进行学术交流或者任教，其合法权益受国家保护。

第七十条　【对境外教育机构颁发的学位、学历及其他学业证书的承认】中国对境外教育机构颁发的学位证书、学历证书及其他学业证书的承认，依照中华人民共和国缔结或者加入的国际条约办理，或者按照国家有关规定办理。

第九章　法律责任

第七十一条　【有关教育经费违法行为的责任追究】违反国家有关规定，不按照预算核拨教育经费的，由同级人民政府限期核拨；情节严重的，对直接负责的主管人员和其他直接责任人员，依法给予处分。

违反国家财政制度、财务制度，挪用、克扣教育经费的，由上级机关责令限期归还被挪用、克扣的经费，并对直接负责的主管人员和其他直接责任人员，依法给予处分；构成犯罪的，依法追究刑事责任。

第七十二条　【对破坏教学秩序行为的责任追究】结伙斗殴、寻衅滋事，扰乱学校及其他教育机构教育教学秩序或者破坏校舍、场地及其他财产的，由公安机关给予治安管理处罚；构成犯罪的，依法追究刑事责任。

侵占学校及其他教育机构的校舍、场地及其他财产的，依法承担民事责任。

第七十三条　【教学设施责任事故】明知校舍或者教育教学设施有危险，而不采取措施，造成人员伤亡或者重大财产损失的，对直接负责的主管人员和其他直接责任人员，依法追究刑事责任。

第七十四条　【向教育机构乱收费的责任追究】违反国家有关规定，向学校或者其他教育机构收取费用的，由政府责令退还所收费用；对直接负责的主管人员和其他直接责任人员，依法给予处分。

第七十五条　【对违法举办教育机构行为的责任追究】违反国家有关规定，举办学校或者其他教育机构的，由教育行政部门或者其他有关行政部门予以撤销；有违法所得的，没收违法所得；对直接负责的主管人员和其他直接责任人员，依法给予处分。

第七十六条　【违规招收学生行为的责任追究】学校或者其他教育机构违反国家有关规定招收学生的，由教育行政部门或者其他有关行政部门责令退回招收的学生，退还所收费用；对学校、其他教育机构给予警告，可以处违法所得五倍以下罚款；情节严重的，责令停止相关招生资格一年以上三年以下，直至撤销招生资格、吊销办学许可证；对直接负责的主管人员和其他直接责任人员，依法给予处分；构成犯罪的，依法追究刑事责任。

第七十七条 【徇私舞弊招收学生行为的责任追究】在招收学生工作中滥用职权、玩忽职守、徇私舞弊的，由教育行政部门或者其他有关行政部门责令退回招收的不符合入学条件的人员；对直接负责的主管人员和其他直接责任人员，依法给予处分；构成犯罪的，依法追究刑事责任。

盗用、冒用他人身份，顶替他人取得的入学资格的，由教育行政部门或者其他有关行政部门责令撤销入学资格，并责令停止参加相关国家教育考试二年以上五年以下；已经取得学位证书、学历证书或者其他学业证书的，由颁发机构撤销相关证书；已经成为公职人员的，依法给予开除处分；构成违反治安管理行为的，由公安机关依法给予治安管理处罚；构成犯罪的，依法追究刑事责任。

与他人串通，允许他人冒用本人身份，顶替本人取得的入学资格的，由教育行政部门或者其他有关行政部门责令停止参加相关国家教育考试一年以上三年以下；有违法所得的，没收违法所得；已经成为公职人员的，依法给予处分；构成违反治安管理行为的，由公安机关依法给予治安管理处罚；构成犯罪的，依法追究刑事责任。

组织、指使盗用或者冒用他人身份，顶替他人取得的入学资格的，有违法所得的，没收违法所得；属于公职人员的，依法给予处分；构成违反治安管理行为的，由公安机关依法给予治安管理处罚；构成犯罪的，依法追究刑事责任。

入学资格被顶替权利受到侵害的，可以请求恢复其入学资格。

第七十八条 【向受教育者乱收费的责任追究】学校及其他教育机构违反国家有关规定向受教育者收取费用的，由教育行政部门或者其他有关行政部门责令退还所收费用；对直接负责的主管人员和其他直接责任人员，依法给予处分。

第七十九条　【以不正当手段获得考试成绩的责任追究】考生在国家教育考试中有下列行为之一的，由组织考试的教育考试机构工作人员在考试现场采取必要措施予以制止并终止其继续参加考试；组织考试的教育考试机构可以取消其相关考试资格或者考试成绩；情节严重的，由教育行政部门责令停止参加相关国家教育考试一年以上三年以下；构成违反治安管理行为的，由公安机关依法给予治安管理处罚；构成犯罪的，依法追究刑事责任：

（一）非法获取考试试题或者答案的；

（二）携带或者使用考试作弊器材、资料的；

（三）抄袭他人答案的；

（四）让他人代替自己参加考试的；

（五）其他以不正当手段获得考试成绩的作弊行为。

第八十条　【扰乱考试秩序的责任追究】任何组织或者个人在国家教育考试中有下列行为之一，有违法所得的，由公安机关没收违法所得，并处违法所得一倍以上五倍以下罚款；情节严重的，处五日以上十五日以下拘留；构成犯罪的，依法追究刑事责任；属于国家机关工作人员的，还应当依法给予处分：

（一）组织作弊的；

（二）通过提供考试作弊器材等方式为作弊提供帮助或者便利的；

（三）代替他人参加考试的；

（四）在考试结束前泄露、传播考试试题或者答案的；

（五）其他扰乱考试秩序的行为。

第八十一条　【教育行政部门、教育考试机构的责任追究】举办国家教育考试，教育行政部门、教育考试机构疏于管理，造成考场秩序混乱、作弊情况严重的，对直接负责的主管人员和其他直接责任人员，依法给予处分；构成犯罪的，依法追究刑事责任。

第八十二条　【违法颁发相关教育证书行为的责任追究】学校或者其他教育机构违反本法规定，颁发学位证书、学历证书或者其他学业证书的，由教育行政部门或者其他有关行政部门宣布证书无效，责令收回或者予以没收；有违法所得的，没收违法所得；情节严重的，责令停止相关招生资格一年以上三年以下，直至撤销招生资格、颁发证书资格；对直接负责的主管人员和其他直接责任人员，依法给予处分。

前款规定以外的任何组织或者个人制造、销售、颁发假冒学位证书、学历证书或者其他学业证书，构成违反治安管理行为的，由公安机关依法给予治安管理处罚；构成犯罪的，依法追究刑事责任。

以作弊、剽窃、抄袭等欺诈行为或者其他不正当手段获得学位证书、学历证书或者其他学业证书的，由颁发机构撤销相关证书。购买、使用假冒学位证书、学历证书或者其他学业证书，构成违反治安管理行为的，由公安机关依法给予治安管理处罚。

第八十三条　【教育侵权责任的追究】违反本法规定，侵犯教师、受教育者、学校或者其他教育机构的合法权益，造成损失、损害的，应当依法承担民事责任。

第十章　附　　则

第八十四条　【军事学校教育和宗教学校教育】军事学校教育由中央军事委员会根据本法的原则规定。

宗教学校教育由国务院另行规定。

第八十五条　【境内投资办学规定】境外的组织和个人在中国境内办学和合作办学的办法，由国务院规定。

第八十六条　【施行时间】本法自 1995 年 9 月 1 日起施行。

中华人民共和国未成年人保护法（节录）

（1991 年 9 月 4 日第七届全国人民代表大会常务委员会第二十一次会议通过　2006 年 12 月 29 日第十届全国人民代表大会常务委员会第二十五次会议第一次修订　根据 2012 年 10 月 26 日第十一届全国人民代表大会常务委员会第二十九次会议《关于修改〈中华人民共和国未成年人保护法〉的决定》修正　2020 年 10 月 17 日第十三届全国人民代表大会常务委员会第二十二次会议第二次修订　2020 年 10 月 17 日中华人民共和国主席令第 57 号公布　自 2021 年 6 月 1 日起施行）

……

第二十五条　【全面贯彻国家教育方针政策】学校应当全面贯彻国家教育方针，坚持立德树人，实施素质教育，提高教育质量，注重培养未成年学生认知能力、合作能力、创新能力和实践能力，促进未成年学生全面发展。

学校应当建立未成年学生保护工作制度，健全学生行为规范，培养未成年学生遵纪守法的良好行为习惯。

第二十六条　【幼儿园的保育教育职责】幼儿园应当做好保育、教育工作，遵循幼儿身心发展规律，实施启蒙教育，促进幼儿在体质、智力、品德等方面和谐发展。

第二十七条　【尊重未成年人人格尊严，不得实施体罚】学校、幼儿园的教职员工应当尊重未成年人人格尊严，不得对未成年人实施体罚、变相体罚或者其他侮辱人格尊严的行为。

第二十八条　【保障未成年学生受教育权利】学校应当保障未

成年学生受教育的权利，不得违反国家规定开除、变相开除未成年学生。

学校应当对尚未完成义务教育的辍学未成年学生进行登记并劝返复学；劝返无效的，应当及时向教育行政部门书面报告。

第二十九条　【关爱帮扶 不得歧视】学校应当关心、爱护未成年学生，不得因家庭、身体、心理、学习能力等情况歧视学生。对家庭困难、身心有障碍的学生，应当提供关爱；对行为异常、学习有困难的学生，应当耐心帮助。

学校应当配合政府有关部门建立留守未成年学生、困境未成年学生的信息档案，开展关爱帮扶工作。

第三十条　【社会生活指导、心理健康辅导、青春期教育、生命教育】学校应当根据未成年学生身心发展特点，进行社会生活指导、心理健康辅导、青春期教育和生命教育。

第三十一条　【加强劳动教育】学校应当组织未成年学生参加与其年龄相适应的日常生活劳动、生产劳动和服务性劳动，帮助未成年学生掌握必要的劳动知识和技能，养成良好的劳动习惯。

第三十二条　【反对浪费 文明饮食】学校、幼儿园应当开展勤俭节约、反对浪费、珍惜粮食、文明饮食等宣传教育活动，帮助未成年人树立浪费可耻、节约为荣的意识，养成文明健康、绿色环保的生活习惯。

第三十三条　【保障未成年学生休息权】学校应当与未成年学生的父母或者其他监护人互相配合，合理安排未成年学生的学习时间，保障其休息、娱乐和体育锻炼的时间。

学校不得占用国家法定节假日、休息日及寒暑假期，组织义务教育阶段的未成年学生集体补课，加重其学习负担。

幼儿园、校外培训机构不得对学龄前未成年人进行小学课程教育。

第三十四条　【学校、幼儿园的卫生保健职责】学校、幼儿园应当提供必要的卫生保健条件，协助卫生健康部门做好在校、在园未成年人的卫生保健工作。

第三十五条　【保障未成人校园安全】学校、幼儿园应当建立安全管理制度，对未成年人进行安全教育，完善安保设施、配备安保人员，保障未成年人在校、在园期间的人身和财产安全。

学校、幼儿园不得在危及未成年人人身安全、身心健康的校舍和其他设施、场所中进行教育教学活动。

学校、幼儿园安排未成年人参加文化娱乐、社会实践等集体活动，应当保护未成年人的身心健康，防止发生人身伤害事故。

第三十六条　【校车安全管理制度】使用校车的学校、幼儿园应当建立健全校车安全管理制度，配备安全管理人员，定期对校车进行安全检查，对校车驾驶人进行安全教育，并向未成年人讲解校车安全乘坐知识，培养未成年人校车安全事故应急处理技能。

第三十七条　【突发事件处置】学校、幼儿园应当根据需要，制定应对自然灾害、事故灾难、公共卫生事件等突发事件和意外伤害的预案，配备相应设施并定期进行必要的演练。

未成年人在校内、园内或者本校、本园组织的校外、园外活动中发生人身伤害事故的，学校、幼儿园应当立即救护，妥善处理，及时通知未成年人的父母或者其他监护人，并向有关部门报告。

第三十八条　【禁止商业行为】学校、幼儿园不得安排未成年人参加商业性活动，不得向未成年人及其父母或者其他监护人推销或者要求其购买指定的商品和服务。

学校、幼儿园不得与校外培训机构合作为未成年人提供有偿课程辅导。

第三十九条　【防治学生欺凌】学校应当建立学生欺凌防控工作制度，对教职员工、学生等开展防治学生欺凌的教育和培训。

学校对学生欺凌行为应当立即制止，通知实施欺凌和被欺凌未成年学生的父母或者其他监护人参与欺凌行为的认定和处理；对相关未成年学生及时给予心理辅导、教育和引导；对相关未成年学生的父母或者其他监护人给予必要的家庭教育指导。

对实施欺凌的未成年学生，学校应当根据欺凌行为的性质和程度，依法加强管教。对严重的欺凌行为，学校不得隐瞒，应当及时向公安机关、教育行政部门报告，并配合相关部门依法处理。

第四十条　【防治性侵害、性骚扰】学校、幼儿园应当建立预防性侵害、性骚扰未成年人工作制度。对性侵害、性骚扰未成年人等违法犯罪行为，学校、幼儿园不得隐瞒，应当及时向公安机关、教育行政部门报告，并配合相关部门依法处理。

学校、幼儿园应当对未成年人开展适合其年龄的性教育，提高未成年人防范性侵害、性骚扰的自我保护意识和能力。对遭受性侵害、性骚扰的未成年人，学校、幼儿园应当及时采取相关的保护措施。

第四十一条　【参照适用规定】婴幼儿照护服务机构、早期教育服务机构、校外培训机构、校外托管机构等应当参照本章有关规定，根据不同年龄阶段未成年人的成长特点和规律，做好未成年人保护工作。

……

第一百一十九条　【学校等机构及其教职员工的法律责任】学校、幼儿园、婴幼儿照护服务等机构及其教职员工违反本法第二十七条、第二十八条、第三十九条规定的，由公安、教育、卫生健康、市场监督管理等部门按照职责分工责令改正；拒不改正或者情节严重的，对直接负责的主管人员和其他直接责任人员依法给予处分。

……

中华人民共和国
预防未成年人犯罪法

（1999年6月28日第九届全国人民代表大会常务委员会第十次会议通过 根据2012年10月26日第十一届全国人民代表大会常务委员会第二十九次会议《关于修改〈中华人民共和国预防未成年人犯罪法〉的决定》修正 2020年12月26日第十三届全国人民代表大会常务委员会第二十四次会议修订 2020年12月26日中华人民共和国主席令第64号公布 自2021年6月1日起施行）

目 录

第一章 总 则

第一条 为了保障未成年人身心健康，培养未成年人良好品行，有效预防未成年人违法犯罪，制定本法。

第二条 预防未成年人犯罪，立足于教育和保护未成年人相结合，坚持预防为主、提前干预，对未成年人的不良行为和严重不良行为及时进行分级预防、干预和矫治。

第三条 开展预防未成年人犯罪工作，应当尊重未成年人人格尊严，保护未成年人的名誉权、隐私权和个人信息等合法权益。

第四条 预防未成年人犯罪，在各级人民政府组织下，实行综合治理。

国家机关、人民团体、社会组织、企业事业单位、居民委员会、村民委员会、学校、家庭等各负其责、相互配合，共同做好预防未成年人犯罪工作，及时消除滋生未成年人违法犯罪行为的各种消极因素，为未成年人身心健康发展创造良好的社会环境。

第五条 各级人民政府在预防未成年人犯罪方面的工作职责是：

（一）制定预防未成年人犯罪工作规划；

（二）组织公安、教育、民政、文化和旅游、市场监督管理、网信、卫生健康、新闻出版、电影、广播电视、司法行政等有关部门开展预防未成年人犯罪工作；

（三）为预防未成年人犯罪工作提供政策支持和经费保障；

（四）对本法的实施情况和工作规划的执行情况进行检查；

（五）组织开展预防未成年人犯罪宣传教育；

（六）其他预防未成年人犯罪工作职责。

第六条 国家加强专门学校建设，对有严重不良行为的未成年人进行专门教育。专门教育是国民教育体系的组成部分，是对有严重不良行为的未成年人进行教育和矫治的重要保护处分措施。

省级人民政府应当将专门教育发展和专门学校建设纳入经济社会发展规划。县级以上地方人民政府成立专门教育指导委员会，根据需要合理设置专门学校。

专门教育指导委员会由教育、民政、财政、人力资源社会保障、公安、司法行政、人民检察院、人民法院、共产主义青年团、妇女联合会、关心下一代工作委员会、专门学校等单位，以及律师、社会工作者等人员组成，研究确定专门学校教学、管理等相关工作。

专门学校建设和专门教育具体办法，由国务院规定。

第七条　公安机关、人民检察院、人民法院、司法行政部门应当由专门机构或者经过专业培训、熟悉未成年人身心特点的专门人员负责预防未成年人犯罪工作。

第八条　共产主义青年团、妇女联合会、工会、残疾人联合会、关心下一代工作委员会、青年联合会、学生联合会、少年先锋队以及有关社会组织，应当协助各级人民政府及其有关部门、人民检察院和人民法院做好预防未成年人犯罪工作，为预防未成年人犯罪培育社会力量，提供支持服务。

第九条　国家鼓励、支持和指导社会工作服务机构等社会组织参与预防未成年人犯罪相关工作，并加强监督。

第十条　任何组织或者个人不得教唆、胁迫、引诱未成年人实施不良行为或者严重不良行为，以及为未成年人实施上述行为提供条件。

第十一条　未成年人应当遵守法律法规及社会公共道德规范，树立自尊、自律、自强意识，增强辨别是非和自我保护的能力，自觉抵制各种不良行为以及违法犯罪行为的引诱和侵害。

第十二条　预防未成年人犯罪，应当结合未成年人不同年龄的生理、心理特点，加强青春期教育、心理关爱、心理矫治和预防犯罪对策的研究。

第十三条　国家鼓励和支持预防未成年人犯罪相关学科建设、专业设置、人才培养及科学研究，开展国际交流与合作。

第十四条　国家对预防未成年人犯罪工作有显著成绩的组织和个人，给予表彰和奖励。

第二章　预防犯罪的教育

第十五条　国家、社会、学校和家庭应当对未成年人加强社会主义核心价值观教育，开展预防犯罪教育，增强未成年人的法治观念，使未成年人树立遵纪守法和防范违法犯罪的意识，提高自我管控能力。

第十六条 未成年人的父母或者其他监护人对未成年人的预防犯罪教育负有直接责任，应当依法履行监护职责，树立优良家风，培养未成年人良好品行；发现未成年人心理或者行为异常的，应当及时了解情况并进行教育、引导和劝诫，不得拒绝或者怠于履行监护职责。

第十七条 教育行政部门、学校应当将预防犯罪教育纳入学校教学计划，指导教职员工结合未成年人的特点，采取多种方式对未成年学生进行有针对性的预防犯罪教育。

第十八条 学校应当聘任从事法治教育的专职或者兼职教师，并可以从司法和执法机关、法学教育和法律服务机构等单位聘请法治副校长、校外法治辅导员。

第十九条 学校应当配备专职或者兼职的心理健康教育教师，开展心理健康教育。学校可以根据实际情况与专业心理健康机构合作，建立心理健康筛查和早期干预机制，预防和解决学生心理、行为异常问题。

学校应当与未成年学生的父母或者其他监护人加强沟通，共同做好未成年学生心理健康教育；发现未成年学生可能患有精神障碍的，应当立即告知其父母或者其他监护人送相关专业机构诊治。

第二十条 教育行政部门应当会同有关部门建立学生欺凌防控制度。学校应当加强日常安全管理，完善学生欺凌发现和处置的工作流程，严格排查并及时消除可能导致学生欺凌行为的各种隐患。

第二十一条 教育行政部门鼓励和支持学校聘请社会工作者长期或者定期进驻学校，协助开展道德教育、法治教育、生命教育和心理健康教育，参与预防和处理学生欺凌等行为。

第二十二条 教育行政部门、学校应当通过举办讲座、座谈、培训等活动，介绍科学合理的教育方法，指导教职员工、未成年学生的父母或者其他监护人有效预防未成年人犯罪。

学校应当将预防犯罪教育计划告知未成年学生的父母或者其他监护人。未成年学生的父母或者其他监护人应当配合学校对未成年学生进行有针对性的预防犯罪教育。

第二十三条 教育行政部门应当将预防犯罪教育的工作效果纳入学校年度考核内容。

第二十四条 各级人民政府及其有关部门、人民检察院、人民法院、共产主义青年团、少年先锋队、妇女联合会、残疾人联合会、关心下一代工作委员会等应当结合实际，组织、举办多种形式的预防未成年人犯罪宣传教育活动。有条件的地方可以建立青少年法治教育基地，对未成年人开展法治教育。

第二十五条 居民委员会、村民委员会应当积极开展有针对性的预防未成年人犯罪宣传活动，协助公安机关维护学校周围治安，及时掌握本辖区内未成年人的监护、就学和就业情况，组织、引导社区社会组织参与预防未成年人犯罪工作。

第二十六条 青少年宫、儿童活动中心等校外活动场所应当把预防犯罪教育作为一项重要的工作内容，开展多种形式的宣传教育活动。

第二十七条 职业培训机构、用人单位在对已满十六周岁准备就业的未成年人进行职业培训时，应当将预防犯罪教育纳入培训内容。

第三章　对不良行为的干预

第二十八条 本法所称不良行为，是指未成年人实施的不利于其健康成长的下列行为：

（一）吸烟、饮酒；

（二）多次旷课、逃学；

（三）无故夜不归宿、离家出走；

（四）沉迷网络；

（五）与社会上具有不良习性的人交往，组织或者参加实施不良行为的团伙；

（六）进入法律法规规定未成年人不宜进入的场所；

（七）参与赌博、变相赌博，或者参加封建迷信、邪教等活动；

（八）阅览、观看或者收听宣扬淫秽、色情、暴力、恐怖、极端等内容的读物、音像制品或者网络信息等；

（九）其他不利于未成年人身心健康成长的不良行为。

第二十九条 未成年人的父母或者其他监护人发现未成年人有不良行为的，应当及时制止并加强管教。

第三十条 公安机关、居民委员会、村民委员会发现本辖区内未成年人有不良行为的，应当及时制止，并督促其父母或者其他监护人依法履行监护职责。

第三十一条 学校对有不良行为的未成年学生，应当加强管理教育，不得歧视；对拒不改正或者情节严重的，学校可以根据情况予以处分或者采取以下管理教育措施：

（一）予以训导；

（二）要求遵守特定的行为规范；

（三）要求参加特定的专题教育；

（四）要求参加校内服务活动；

（五）要求接受社会工作者或者其他专业人员的心理辅导和行为干预；

（六）其他适当的管理教育措施。

第三十二条 学校和家庭应当加强沟通，建立家校合作机制。学校决定对未成年学生采取管理教育措施的，应当及时告知其父母或者其他监护人；未成年学生的父母或者其他监护人应当支持、配合学校进行管理教育。

第三十三条　未成年学生偷窃少量财物，或者有殴打、辱骂、恐吓、强行索要财物等学生欺凌行为，情节轻微的，可以由学校依照本法第三十一条规定采取相应的管理教育措施。

第三十四条　未成年学生旷课、逃学的，学校应当及时联系其父母或者其他监护人，了解有关情况；无正当理由的，学校和未成年学生的父母或者其他监护人应当督促其返校学习。

第三十五条　未成年人无故夜不归宿、离家出走的，父母或者其他监护人、所在的寄宿制学校应当及时查找，必要时向公安机关报告。

收留夜不归宿、离家出走未成年人的，应当及时联系其父母或者其他监护人、所在学校；无法取得联系的，应当及时向公安机关报告。

第三十六条　对夜不归宿、离家出走或者流落街头的未成年人，公安机关、公共场所管理机构等发现或者接到报告后，应当及时采取有效保护措施，并通知其父母或者其他监护人、所在的寄宿制学校，必要时应当护送其返回住所、学校；无法与其父母或者其他监护人、学校取得联系的，应当护送未成年人到救助保护机构接受救助。

第三十七条　未成年人的父母或者其他监护人、学校发现未成年人组织或者参加实施不良行为的团伙，应当及时制止；发现该团伙有违法犯罪嫌疑的，应当立即向公安机关报告。

第四章　对严重不良行为的矫治

第三十八条　本法所称严重不良行为，是指未成年人实施的有刑法规定、因不满法定刑事责任年龄不予刑事处罚的行为，以及严重危害社会的下列行为：

（一）结伙斗殴，追逐、拦截他人，强拿硬要或者任意损毁、占用公私财物等寻衅滋事行为；

（二）非法携带枪支、弹药或者弩、匕首等国家规定的管制器具；

（三）殴打、辱骂、恐吓，或者故意伤害他人身体；

（四）盗窃、哄抢、抢夺或者故意损毁公私财物；

（五）传播淫秽的读物、音像制品或者信息等；

（六）卖淫、嫖娼，或者进行淫秽表演；

（七）吸食、注射毒品，或者向他人提供毒品；

（八）参与赌博赌资较大；

（九）其他严重危害社会的行为。

第三十九条 未成年人的父母或者其他监护人、学校、居民委员会、村民委员会发现有人教唆、胁迫、引诱未成年人实施严重不良行为的，应当立即向公安机关报告。公安机关接到报告或者发现有上述情形的，应当及时依法查处；对人身安全受到威胁的未成年人，应当立即采取有效保护措施。

第四十条 公安机关接到举报或者发现未成年人有严重不良行为的，应当及时制止，依法调查处理，并可以责令其父母或者其他监护人消除或者减轻违法后果，采取措施严加管教。

第四十一条 对有严重不良行为的未成年人，公安机关可以根据具体情况，采取以下矫治教育措施：

（一）予以训诫；

（二）责令赔礼道歉、赔偿损失；

（三）责令具结悔过；

（四）责令定期报告活动情况；

（五）责令遵守特定的行为规范，不得实施特定行为、接触特定人员或者进入特定场所；

（六）责令接受心理辅导、行为矫治；

（七）责令参加社会服务活动；

（八）责令接受社会观护，由社会组织、有关机构在适当场所对未成年人进行教育、监督和管束；

（九）其他适当的矫治教育措施。

第四十二条　公安机关在对未成年人进行矫治教育时，可以根据需要邀请学校、居民委员会、村民委员会以及社会工作服务机构等社会组织参与。

未成年人的父母或者其他监护人应当积极配合矫治教育措施的实施，不得妨碍阻挠或者放任不管。

第四十三条　对有严重不良行为的未成年人，未成年人的父母或者其他监护人、所在学校无力管教或者管教无效的，可以向教育行政部门提出申请，经专门教育指导委员会评估同意后，由教育行政部门决定送入专门学校接受专门教育。

第四十四条　未成年人有下列情形之一的，经专门教育指导委员会评估同意，教育行政部门会同公安机关可以决定将其送入专门学校接受专门教育：

（一）实施严重危害社会的行为，情节恶劣或者造成严重后果；

（二）多次实施严重危害社会的行为；

（三）拒不接受或者配合本法第四十一条规定的矫治教育措施；

（四）法律、行政法规规定的其他情形。

第四十五条　未成年人实施刑法规定的行为、因不满法定刑事责任年龄不予刑事处罚的，经专门教育指导委员会评估同意，教育行政部门会同公安机关可以决定对其进行专门矫治教育。

省级人民政府应当结合本地的实际情况，至少确定一所专门学校按照分校区、分班级等方式设置专门场所，对前款规定的未成年人进行专门矫治教育。

前款规定的专门场所实行闭环管理，公安机关、司法行政部门负责未成年人的矫治工作，教育行政部门承担未成年人的教育工作。

第四十六条　专门学校应当在每个学期适时提请专门教育指导

委员会对接受专门教育的未成年学生的情况进行评估。对经评估适合转回普通学校就读的，专门教育指导委员会应当向原决定机关提出书面建议，由原决定机关决定是否将未成年学生转回普通学校就读。

原决定机关决定将未成年学生转回普通学校的，其原所在学校不得拒绝接收；因特殊情况，不适宜转回原所在学校的，由教育行政部门安排转学。

第四十七条 专门学校应当对接受专门教育的未成年人分级分类进行教育和矫治，有针对性地开展道德教育、法治教育、心理健康教育，并根据实际情况进行职业教育；对没有完成义务教育的未成年人，应当保证其继续接受义务教育。

专门学校的未成年学生的学籍保留在原学校，符合毕业条件的，原学校应当颁发毕业证书。

第四十八条 专门学校应当与接受专门教育的未成年人的父母或者其他监护人加强联系，定期向其反馈未成年人的矫治和教育情况，为父母或者其他监护人、亲属等看望未成年人提供便利。

第四十九条 未成年人及其父母或者其他监护人对本章规定的行政决定不服的，可以依法提起行政复议或者行政诉讼。

第五章 对重新犯罪的预防

第五十条 公安机关、人民检察院、人民法院办理未成年人刑事案件，应当根据未成年人的生理、心理特点和犯罪的情况，有针对性地进行法治教育。

对涉及刑事案件的未成年人进行教育，其法定代理人以外的成年亲属或者教师、辅导员等参与有利于感化、挽救未成年人的，公安机关、人民检察院、人民法院应当邀请其参加有关活动。

第五十一条 公安机关、人民检察院、人民法院办理未成年人刑事案件，可以自行或者委托有关社会组织、机构对未成年犯罪嫌疑人或者被告人的成长经历、犯罪原因、监护、教育等情况进行社会调查；根据实际需要并经未成年犯罪嫌疑人、被告人及其法定代理人同意，可以对未成年犯罪嫌疑人、被告人进行心理测评。

社会调查和心理测评的报告可以作为办理案件和教育未成年人的参考。

第五十二条 公安机关、人民检察院、人民法院对于无固定住所、无法提供保证人的未成年人适用取保候审的，应当指定合适成年人作为保证人，必要时可以安排取保候审的未成年人接受社会观护。

第五十三条 对被拘留、逮捕以及在未成年犯管教所执行刑罚的未成年人，应当与成年人分别关押、管理和教育。对未成年人的社区矫正，应当与成年人分别进行。

对有上述情形且没有完成义务教育的未成年人，公安机关、人民检察院、人民法院、司法行政部门应当与教育行政部门相互配合，保证其继续接受义务教育。

第五十四条 未成年犯管教所、社区矫正机构应当对未成年犯、未成年社区矫正对象加强法治教育，并根据实际情况对其进行职业教育。

第五十五条 社区矫正机构应当告知未成年社区矫正对象安置帮教的有关规定，并配合安置帮教工作部门落实或者解决未成年社区矫正对象的就学、就业等问题。

第五十六条 对刑满释放的未成年人，未成年犯管教所应当提前通知其父母或者其他监护人按时接回，并协助落实安置帮教措施。没有父母或者其他监护人、无法查明其父母或者其他监护人的，未成年犯管教所应当提前通知未成年人原户籍所在地或者居住地的司法行政部门安排人员按时接回，由民政部门或者居民委员会、村民委员会依法对其进行监护。

第五十七条 未成年人的父母或者其他监护人和学校、居民委员会、村民委员会对接受社区矫正、刑满释放的未成年人，应当采取有效的帮教措施，协助司法机关以及有关部门做好安置帮教工作。

居民委员会、村民委员会可以聘请思想品德优秀，作风正派，热心未成年人工作的离退休人员、志愿者或其他人员协助做好前款规定的安置帮教工作。

第五十八条 刑满释放和接受社区矫正的未成年人，在复学、升学、就业等方面依法享有与其他未成年人同等的权利，任何单位和个人不得歧视。

第五十九条 未成年人的犯罪记录依法被封存的，公安机关、人民检察院、人民法院和司法行政部门不得向任何单位或者个人提供，但司法机关因办案需要或者有关单位根据国家有关规定进行查询的除外。依法进行查询的单位和个人应当对相关记录信息予以保密。

未成年人接受专门矫治教育、专门教育的记录，以及被行政处罚、采取刑事强制措施和不起诉的记录，适用前款规定。

第六十条 人民检察院通过依法行使检察权，对未成年人重新犯罪预防工作等进行监督。

第六章 法律责任

第六十一条 公安机关、人民检察院、人民法院在办理案件过程中发现实施严重不良行为的未成年人的父母或者其他监护人不依法履行监护职责的，应当予以训诫，并可以责令其接受家庭教育指导。

第六十二条 学校及其教职员工违反本法规定，不履行预防未成年人犯罪工作职责，或者虐待、歧视相关未成年人的，由教育行政等部门责令改正，通报批评；情节严重的，对直接负责的主管人员和其他直接责任人员依法给予处分。构成违反治安管理行为的，由公安机关依法予以治安管理处罚。

教职员工教唆、胁迫、引诱未成年人实施不良行为或者严重不良行为，以及品行不良、影响恶劣的，教育行政部门、学校应当依法予以解聘或者辞退。

第六十三条　违反本法规定，在复学、升学、就业等方面歧视相关未成年人的，由所在单位或者教育、人力资源社会保障等部门责令改正；拒不改正的，对直接负责的主管人员或者其他直接责任人员依法给予处分。

第六十四条　有关社会组织、机构及其工作人员虐待、歧视接受社会观护的未成年人，或者出具虚假社会调查、心理测评报告的，由民政、司法行政等部门对直接负责的主管人员或者其他直接责任人员依法给予处分，构成违反治安管理行为的，由公安机关予以治安管理处罚。

第六十五条　教唆、胁迫、引诱未成年人实施不良行为或者严重不良行为，构成违反治安管理行为的，由公安机关依法予以治安管理处罚。

第六十六条　国家机关及其工作人员在预防未成年人犯罪工作中滥用职权、玩忽职守、徇私舞弊的，对直接负责的主管人员和其他直接责任人员，依法给予处分。

第六十七条　违反本法规定，构成犯罪的，依法追究刑事责任。

第七章　附　　则

第六十八条　本法自2021年6月1日起施行。

中华人民共和国国防教育法

（2001年4月28日第九届全国人民代表大会常务委员会第二十一次会议通过　根据2018年4月27日第十三届全国人民代表大会常务委员会第二次会议《关于修改〈中华人民共和国国境卫生检疫法〉等六部法律的决定》修正）

目　录

第一章　总　　则

第一条　为了普及和加强国防教育，发扬爱国主义精神，促进国防建设和社会主义精神文明建设，根据国防法和教育法，制定本法。

第二条　国防教育是建设和巩固国防的基础，是增强民族凝聚力、提高全民素质的重要途径。

第三条　国家通过开展国防教育，使公民增强国防观念，掌握基本的国防知识，学习必要的军事技能，激发爱国热情，自觉履行国防义务。

第四条　国防教育贯彻全民参与、长期坚持、讲求实效的方针，实行经常教育与集中教育相结合、普及教育与重点教育相结合、理论教育与行为教育相结合的原则，针对不同对象确定相应的教育内容分类组织实施。

第五条　中华人民共和国公民都有接受国防教育的权利和义务。

普及和加强国防教育是全社会的共同责任。

一切国家机关和武装力量、各政党和各社会团体、各企业事业组织以及基层群众性自治组织，都应当根据各自的实际情况组织本地区、本部门、本单位开展国防教育。

第六条　国务院领导全国的国防教育工作。中央军事委员会协同国务院开展全民国防教育。

地方各级人民政府领导本行政区域内的国防教育工作。驻地军事机关协助和支持地方人民政府开展国防教育。

第七条　国家国防教育工作机构规划、组织、指导和协调全国的国防教育工作。

县级以上地方负责国防教育工作的机构组织、指导、协调和检查本行政区域内的国防教育工作。

第八条　教育、退役军人事务、文化宣传等部门，在各自职责范围内负责国防教育工作。

征兵、国防科研生产、国民经济动员、人民防空、国防交通、军事设施保护等工作的主管部门，依照本法和有关法律、法规的规定，负责国防教育工作。

工会、共产主义青年团、妇女联合会以及其他有关社会团体，协助人民政府开展国防教育。

第九条　中国人民解放军、中国人民武装警察部队按照中央军事委员会的有关规定开展国防教育。

第十条　国家支持、鼓励社会组织和个人开展有益于国防教育的活动。

第十一条　国家和社会对在国防教育工作中作出突出贡献的组

织和个人，采取各种形式给予表彰和奖励。

第十二条 国家设立全民国防教育日。

第二章 学校国防教育

第十三条 学校的国防教育是全民国防教育的基础，是实施素质教育的重要内容。

教育行政部门应当将国防教育列入工作计划，加强对学校国防教育的组织、指导和监督，并对学校国防教育工作定期进行考核。

第十四条 小学和初级中学应当将国防教育的内容纳入有关课程，将课堂教学与课外活动相结合，对学生进行国防教育。

有条件的小学和初级中学可以组织学生开展以国防教育为主题的少年军校活动。教育行政部门、共产主义青年团组织和其他有关部门应当加强对少年军校活动的指导与管理。

小学和初级中学可以根据需要聘请校外辅导员，协助学校开展多种形式的国防教育活动。

第十五条 高等学校、高级中学和相当于高级中学的学校应当将课堂教学与军事训练相结合，对学生进行国防教育。

高等学校应当设置适当的国防教育课程，高级中学和相当于高级中学的学校应当在有关课程中安排专门的国防教育内容，并可以在学生中开展形式多样的国防教育活动。

高等学校、高级中学和相当于高级中学的学校学生的军事训练，由学校负责军事训练的机构或者军事教员按照国家有关规定组织实施。军事机关应当协助学校组织学生的军事训练。

第十六条 学校应当将国防教育列入学校的工作和教学计划，采取有效措施，保证国防教育的质量和效果。

学校组织军事训练活动，应当采取措施，加强安全保障。

第十七条 负责培训国家工作人员的各类教育机构，应当将国防教育纳入培训计划，设置适当的国防教育课程。

国家根据需要选送地方和部门的负责人到有关军事院校接受培训，学习和掌握履行领导职责所必需的国防知识。

第三章　社会国防教育

第十八条　国家机关应当根据各自的工作性质和特点，采取多种形式对工作人员进行国防教育。

国家机关工作人员应当具备基本的国防知识。从事国防建设事业的国家机关工作人员，必须学习和掌握履行职责所必需的国防知识。

各地区、各部门的领导人员应当依法履行组织、领导本地区、本部门开展国防教育的职责。

第十九条　企业事业组织应当将国防教育列入职工教育计划，结合政治教育、业务培训、文化体育等活动，对职工进行国防教育。

承担国防科研生产、国防设施建设、国防交通保障等任务的企业事业组织，应当根据所担负的任务，制定相应的国防教育计划，有针对性地对职工进行国防教育。

社会团体应当根据各自的活动特点开展国防教育。

第二十条　军区、省军区（卫戍区、警备区）、军分区（警备区）和县、自治县、市、市辖区的人民武装部按照国家和军队的有关规定，结合政治教育和组织整顿、军事训练、执行勤务、征兵工作以及重大节日、纪念日活动，对民兵、预备役人员进行国防教育。

民兵、预备役人员的国防教育，应当以基干民兵、第一类预备役人员和担任领导职务的民兵、预备役人员为重点，建立和完善制度，保证受教育的人员、教育时间和教育内容的落实。

第二十一条　城市居民委员会、农村村民委员会应当将国防教育纳入社区、农村社会主义精神文明建设的内容，结合征兵工作、拥军优属以及重大节日、纪念日活动，对居民、村民进行国防教育。

城市居民委员会、农村村民委员会可以聘请退役军人协助开展国防教育。

第二十二条 文化、新闻、出版、广播、电影、电视等部门和单位应当根据形势和任务的要求，采取多种形式开展国防教育。

中央和省、自治区、直辖市以及设区的市的广播电台、电视台、报刊应当开设国防教育节目或者栏目，普及国防知识。

第二十三条 烈士陵园、革命遗址和其他具有国防教育功能的博物馆、纪念馆、科技馆、文化馆、青少年宫等场所，应当为公民接受国防教育提供便利，对有组织的国防教育活动实行优惠或者免费；依照本法第二十八条的规定被命名为国防教育基地的，应当对有组织的中小学生免费开放；在全民国防教育日向社会免费开放。

第四章　国防教育的保障

第二十四条 各级人民政府应当将国防教育纳入国民经济和社会发展计划，并根据开展国防教育的需要，在财政预算中保障国防教育所需的经费。

第二十五条 国家机关、事业单位、社会团体开展国防教育所需的经费，在本单位预算经费内列支；企业开展国防教育所需经费，在本单位职工教育经费中列支。

学校组织学生军事训练所需的经费，按照国家有关规定执行。

第二十六条 国家鼓励社会组织和个人捐赠财产，资助国防教育的开展。

社会组织和个人资助国防教育的财产，由依法成立的国防教育基金组织或者其他公益性社会组织依法管理。

国家鼓励社会组织和个人提供或者捐赠所收藏的具有国防教育意义的实物用于国防教育。使用单位对提供使用的实物应当妥善保管，使用完毕，及时归还。

第二十七条 国防教育经费和社会组织、个人资助国防教育的财产，必须用于国防教育事业，任何单位或者个人不得挪用、克扣。

第二十八条 本法第二十三条规定的场所，具备下列条件的，经省、自治区、直辖市人民政府批准，可以命名为国防教育基地：

（一）有明确的国防教育主题内容；

（二）有健全的管理机构和规章制度；

（三）有相应的国防教育设施；

（四）有必要的经费保障；

（五）有显著的社会教育效果。

国防教育基地应当加强建设，不断完善，充分发挥国防教育的功能。被命名的国防教育基地不再具备前款规定条件的，由原批准机关撤销命名。

第二十九条 各级人民政府应当加强对国防教育基地的规划、建设和管理，并为其发挥作用提供必要的保障。

各级人民政府应当加强对具有国防教育意义的文物的收集、整理、保护工作。

第三十条 全民国防教育使用统一的国防教育大纲。国防教育大纲由国家国防教育工作机构组织制定。

适用于不同地区、不同类别教育对象的国防教育教材，由有关部门或者地方依据国防教育大纲并结合本地区、本部门的特点组织编写。

第三十一条 各级国防教育工作机构应当组织、协调有关部门做好国防教育教员的选拔、培训和管理工作，加强国防教育师资队伍建设。

国防教育教员应当从热爱国防教育事业、具有基本的国防知识和必要的军事技能的人员中选拔。

第三十二条 中国人民解放军和中国人民武装警察部队应当根

据需要和可能，为驻地有组织的国防教育活动选派军事教员，提供必要的军事训练场地、设施以及其他便利条件。

在国庆节、中国人民解放军建军节和全民国防教育日，经批准的军营可以向社会开放。军营开放的办法由中央军事委员会规定。

第五章　法律责任

第三十三条　国家机关、社会团体、企业事业组织以及其他社会组织违反本法规定，拒不开展国防教育活动的，由人民政府有关部门或者上级机关给予批评教育，并责令限期改正；拒不改正，造成恶劣影响的，对负有直接责任的主管人员依法给予行政处分。

第三十四条　违反本法规定，挪用、克扣国防教育经费的，由有关主管部门责令限期归还；对负有直接责任的主管人员和其他直接责任人员依法给予行政处分；构成犯罪的，依法追究刑事责任。

第三十五条　侵占、破坏国防教育基地设施、损毁展品的，由有关主管部门给予批评教育，并责令限期改正；有关责任人应当依法承担相应的民事责任。

有前款所列行为，违反治安管理规定的，由公安机关依法给予治安管理处罚；构成犯罪的，依法追究刑事责任。

第三十六条　寻衅滋事，扰乱国防教育工作和活动秩序的，或者盗用国防教育名义骗取钱财的，由有关主管部门给予批评教育，并予以制止；违反治安管理规定的，由公安机关依法给予治安管理处罚；构成犯罪的，依法追究刑事责任。

第三十七条　负责国防教育的国家工作人员玩忽职守、滥用职权、徇私舞弊的，依法给予行政处分；构成犯罪的，依法追究刑事责任。

第六章　附　　则

第三十八条　本法自公布之日起施行。

教育统计管理规定

（2018 年 6 月 25 日教育部令第 44 号公布　自 2018 年 8 月 1 日起施行）

第一章　总　则

第一条　为了加强教育统计工作，保障统计资料的真实性、准确性、完整性和及时性，发挥统计在教育管理、科学决策和服务社会发展中的重要作用，根据《中华人民共和国统计法》《中华人民共和国教育法》《中华人民共和国统计法实施条例》等法律法规，制定本规定。

第二条　国务院教育行政部门依法部署并组织县级以上地方人民政府教育行政部门、各级各类学校和其他有关机构实施的教育统计活动，适用本规定。

第三条　教育统计的基本任务是对教育发展情况进行统计调查、统计分析，提供统计资料和统计咨询意见，实行统计监督。

第四条　国务院教育行政部门在国家统计局的业务指导下，依法领导、管理和组织协调教育领域的部门统计调查项目。

县级以上地方人民政府教育行政部门应当加强对教育统计工作的组织领导，落实相关职责，为实施教育统计活动提供必要的保障。

第五条　教育行政部门应当根据需要，将教育统计工作所需经费列入本单位的年度预算，按时拨付到位，保障教育统计工作正常、有效开展。

对在教育统计工作中做出突出贡献、取得显著成绩的单位和个人，按照国家有关规定给予表彰和奖励。

第六条 教育行政部门应当加强教育统计科学研究，健全科学的教育统计指标体系，不断改进统计调查方法，提高教育统计的科学性；应当加强教育统计信息化建设，积极利用互联网、大数据、云计算等现代信息技术，推进教育统计信息搜集、处理、传输、共享、存储技术和统计数据库体系的现代化。

第七条 接受教育统计调查的教育行政部门、学校和其他有关机构以及个人等教育统计调查对象，应当遵守统计法律法规，真实、准确、完整、及时地提供统计调查资料。

第八条 教育统计调查中获得的能够识别或者推断单个统计调查对象身份的资料应当依法严格管理，除作为统计执法依据外，不得直接作为对统计调查对象实施行政许可、行政处罚等具体行政行为的依据，不得用于完成统计任务以外的目的。

第二章 教育统计机构和人员

第九条 教育行政部门、各级各类学校和其他有关机构中负有教育统计职责的机构为教育统计机构，直接负责教育统计的专兼职工作人员为教育统计人员。

教育统计机构和统计人员依法独立行使统计调查、统计报告、统计监督的职权，不受侵犯。

第十条 国务院教育行政部门成立综合统计机构，统筹组织和协调管理全国教育统计工作，组织制定教育统计工作的规划、规章制度等，统一组织、管理和协调本部门各项统计调查活动。

第十一条 国务院教育行政部门综合统计机构，具体负责实施以下工作：

（一）依法拟定教育统计调查项目，组织制定统计调查制度、计划和方案、标准并部署实施；

（二）组织协调各有关内设机构和直属事业单位的统计工作；

（三）归口管理和公布教育统计资料，统一对外提供和发布数据，提供统计咨询，组织开展统计分析；

（四）对教育统计工作进行监督、检查，组织开展数据质量核查与评估工作；

（五）加强教育统计队伍建设，组织教育统计人员的业务培训；

（六）其他法定职责和工作事项。

第十二条　省级人民政府教育行政部门应当明确主管统计工作的职能部门或者统计负责人，执行本单位的综合统计职能，主要包括：

（一）按照教育统计调查制度，制定本地区教育统计管理制度、统计调查方案并组织实施；

（二）对本地区教育发展情况进行统计分析，提供统计报告和统计咨询意见；

（三）组织实施和指导本地区教育统计人员的专业学习、技能培训和职业道德教育，配合有关部门进行统计人员专业技术职务评定；

（四）监督、检查本地区教育行政部门、各级各类学校和其他有关机构统计工作实施情况；

（五）其他法定职责和工作事项。

第十三条　设区的市及县级人民政府教育行政部门、高等学校和其他有关机构应当在相关职能部门明确负责统计工作的机构或岗位，配备统计人员，明确统计负责人，依法实施统计调查、分析、资料管理和公布等职责范围内的统计工作。

第十四条　高等学校以外的各级各类学校根据统计任务的需要，设置统计工作岗位，配备专兼职统计人员，依法管理、开展统计工作，实施统计调查。

第十五条　教育统计人员应当加强学习，具备与其从事的教育统计工作相适应的专业知识和业务能力；应当恪守职业道德，如实整理、报送统计资料，对其负责搜集、审核、录入的统计资料与统计调查对象报送的统计资料的一致性负责。

第十六条 教育统计机构应当加强对教育统计人员的专业培训和职业道德教育，按照国家规定加强统计人员资质和信用建设，提高教育统计人员的专业素质，保障统计人员的稳定性。

第十七条 教育统计机构和统计人员不得伪造、篡改统计资料，不得以任何方式要求任何单位和个人提供不真实的统计资料。

第三章 教育统计调查和分析

第十八条 国务院教育行政部门依照统计相关法律法规和规章规定，制定教育统计调查项目。调查对象属于教育行政部门管辖系统的，依法报国家统计局备案；调查对象超出教育行政部门管辖系统的，依法报国家统计局审批。

制定教育统计调查项目，应当就项目的必要性、可行性、科学性进行论证，征求有关地方、部门、统计调查对象和专家的意见，并按照会议制度集体讨论决定。

教育统计调查项目和统计调查制度，应当根据教育改革发展的实践需要适时予以调整，并按规定重新申请审批或者备案。

第十九条 国务院教育行政部门综合统计机构依法按照教育统计调查项目，制定教育统计调查制度，组织编制教育统计调查计划和统计调查方案。

县级以上地方人民政府教育行政部门增加或者减少补充性教育统计调查内容，应当依法报本级人民政府统计机构审批，并报上级教育行政部门备案。

第二十条 教育统计调查制度应当对调查目的、调查内容、调查方法、调查对象、调查组织方式、调查表式、统计资料的报送和公布等作出规定。

第二十一条 统计调查表必须标明表号、制定机关、批准或者备案文号、有效期限等标志。对未标明标志或者超过有效期限的统计调查表，教育统计调查对象有权拒绝填报。

第二十二条　教育统计机构和统计人员应当执行国家统计标准和补充性的部门统计标准，统计调查指标涵义、计算方法、分类目录、调查表式和统计编码等不得与国家统计标准相抵触。

第二十三条　搜集、整理教育统计资料，应当以周期性普查为基础，综合运用全面调查、重点调查、抽样调查等方法，并充分利用行政记录、电子注册信息等资料。

第二十四条　教育统计机构应当根据统计资料，对本地区或者本单位的教育事业发展进行统计分析和监测，提供咨询意见和决策建议。建立教育统计数据解读、预测预警机制，加强数据分析，增强教育统计分析的时效性、针对性和实用性。

第二十五条　教育统计机构和统计人员应当运用现代信息技术手段，深入挖掘数据资源，综合运用多种统计分析方法，提高统计分析和应用能力。

教育统计机构可委托专门机构承担教育统计任务，通过向社会购买服务组织实施统计调查和资料开发，可以引入第三方机构对教育统计工作进行评估。

第四章　教育统计资料的管理和公布

第二十六条　教育统计机构和统计人员应当按照教育统计调查制度，及时报送其组织实施统计调查取得的资料。

第二十七条　各级各类学校和其他有关机构等教育统计调查对象应当按照国家有关规定设置原始记录、统计台账，建立健全统计资料的审核、签署、交接、归档等管理制度。上报的统计资料必须由统计人员、审核人、本单位负责人签名，并加盖单位印章。

统计资料的审核、签署人对其审核、签署的统计资料的真实性、准确性和完整性负责。

第二十八条　教育行政部门制定政策规划、督查工作进展、评价发展水平等，凡涉及统计数据的，应当优先使用教育统计资料，并以教育统计机构提供的统计资料为准。

第二十九条 教育统计资料实行分级管理。

教育行政部门应当按照国家有关规定建立健全教育统计资料的保存、管理制度和教育统计信息共享机制。

第三十条 教育统计调查取得的统计资料，除依法应当保密的外，应当及时公开，便于查询利用。

国务院教育行政部门通过门户网站、统计公报、统计年鉴、统计信息平台等途径按照国家有关规定公布统计资料；依法公开数据生产的过程和结果，提升数据共享和公开水平。

地方各级人民政府教育行政部门应当按照国家有关规定公布教育统计资料，供社会公众查询。

第三十一条 教育统计机构和统计人员应当按照国家保密规定，建立健全教育统计保密制度，完善教育统计内控机制，做好有关统计资料的保密工作。

教育统计调查中获得的能够识别或者推断单个统计调查对象身份的资料，任何单位和个人不得对外提供、泄露。

第三十二条 教育行政部门、各级各类学校和其他有关机构及其负责人不得自行修改教育统计机构和统计人员依法搜集、整理的教育统计资料，不得以任何方式要求统计人员伪造、篡改教育统计资料，不得对依法履行职责或者拒绝、抵制统计违法行为的统计人员打击报复。

第五章 教育统计监管

第三十三条 教育统计应当接受社会公众的监督。教育统计资料应当真实、准确，任何单位和个人不得利用虚假教育统计资料骗取荣誉称号、物质利益或者职务晋升。

第三十四条 上级教育行政部门应当定期对下级教育行政部门

及其所辖学校、其他有关机构进行统计工作检查。统计工作检查的内容主要包括：

（一）统计法律、法规、规章和有关文件的贯彻落实情况；

（二）统计规章制度的建设及其组织实施情况；

（三）单位内负责统计工作的机构和岗位的设置情况；

（四）统计经费和统计工作设备配置的保障情况；

（五）统计资料的管理情况；

（六）其他需要检查的内容。

第三十五条　国务院教育行政部门依法建立教育统计数据质量监控和评估制度，建立健全责任体系，对各省、自治区、直辖市重要教育统计数据进行监控和评估。

省级人民政府教育行政部门应当健全统计数据质量保障体系，建立专家参与的统计数据质量核查机制，通过自查、抽查、互查等方式，开展统计数据质量核查，保证统计数据质量。

县级以上教育行政部门可以建立教育统计数据抽查制度，制定抽查事项清单，合理确定抽查的比例和频次，随机对下级教育行政部门或其所辖学校、其他有关机构报送的教育统计数据进行核查。

第三十六条　教育行政部门、各级各类学校和其他有关机构的相关工作人员在教育统计工作中有统计违法行为的，移交县级以上人民政府统计机构依法查处；有违纪行为的，由上级教育行政部门依据有关规定，根据违法违纪行为的情节轻重，向有关责任人员的任免机关、纪检监察机关、组织（人事）部门提出处分处理建议。

第三十七条　教育行政部门、各级各类学校和其他有关机构的领导人员有下列行为之一的，按照有关规定，给予记过或者记大过处分；情节较重的，给予降级或者撤职处分；情节严重的，给予开除处分：

（一）自行修改教育统计资料、编造虚假数据的；

（二）强令、授意本部门、本单位统计机构、统计人员或者其他有关机构、人员拒报、虚报、瞒报或者篡改教育统计资料、编造虚假数据的；

（三）对拒绝、抵制篡改教育统计资料或者对拒绝、抵制编造虚假数据的人员进行打击报复的；

（四）对揭发、检举统计违法违纪行为的人员进行打击报复的。

有前款第（三）项、第（四）项规定行为的，应当从重处分。

第三十八条 教育统计机构及相关人员有下列行为之一的，应当按照《中华人民共和国统计法》等法律法规和相关规定，追究相应的法律或者行政等责任，并记入相关单位、相关责任人的诚信档案：

（一）未经批准擅自组织实施统计调查的；

（二）自行修改、篡改、伪造、编造统计资料的；

（三）不按时提供、拒绝提供或提供不真实、不完整的统计资料或者要求统计调查对象提供不真实统计资料的；

（四）违法公布统计资料的；

（五）泄漏统计资料导致单个统计调查对象身份被识别的；

（六）违反规定导致统计资料毁损、灭失的；

（七）其他统计违法行为。

第三十九条 违反统计法及其他相关规定，利用虚假统计资料骗取荣誉称号、物质利益或者职务晋升的，除对其编造虚假统计资料或者要求他人编造虚假统计资料的行为依法追究法律责任外，由作出有关决定的单位或者其上级单位、监察机关取消其荣誉称号，追缴获得的物质利益，撤销晋升的职务。

第六章 附 则

第四十条 省级人民政府教育行政部门可以根据本规定制定相应的实施细则，并报国务院教育行政部门备案。

第四十一条 本规定自 2018 年 8 月 1 日起施行。1986 年国家教委发布的《教育统计工作暂行规定》(〔86〕教计字 034 号) 同时废止。

实施教育行政许可若干规定

(2005 年 4 月 21 日教育部令第 22 号公布　自 2005 年 6 月 1 日起施行)

第一条　为实施《中华人民共和国行政许可法》(以下简称行政许可法), 规范教育行政部门行政许可行为, 推进依法行政, 制定本规定。

第二条　教育行政部门实施行政许可, 应当遵守行政许可法及有关法律、法规和本规定。

第三条　国务院教育行政部门制定的规章和规范性文件、地方各级教育行政部门制定的规范性文件不得设定教育行政许可。

国务院教育行政部门制定的规章可以对法律、行政法规和国务院决定设定的教育行政许可规定具体实施的程序、条件等。

第四条　地方各级教育行政部门认为需要增设新的教育行政许可或者认为教育行政许可的设定、规定不合理、需要修改或者废止的, 可以向国务院教育行政部门提出建议, 由国务院教育行政部门向国务院提出立法建议; 也可向省、自治区、直辖市人民政府提出立法建议。

第五条　教育行政部门依据法律、法规和规章委托其他行政机关实施行政许可的, 应当签署实施行政许可委托书。

委托书应当载明委托机关和受委托机关的名称、地址、联系方式, 委托的具体事项、委托期限及法律责任等。

第六条　教育行政部门应当在办公场所公示以下内容:

（一）行政许可的事项、依据、条件、数量、程序、期限；

（二）申请行政许可需要提交的全部资料目录；

（三）申请书示范文本；

（四）收取费用的法定项目和标准；

（五）法律、法规、规章规定需要公示的其他内容。

除涉及国家秘密、商业秘密和个人隐私以外，教育行政部门应当通过政府网站或者其他适当方式将前款内容向社会公开，便于申请人查询和办理。

申请人要求对公示内容予以说明、解释的，教育行政部门应当说明、解释，提供准确、可靠的信息。

第七条 申请教育行政许可应当以书面形式提出。申请书需要采用格式文本的，教育行政部门应当免费提供。

第八条 教育行政许可申请一般由申请人到教育行政部门办公场所提出，也可以通过信函、电报、电传、传真和电子邮件等方式提出。行政许可申请以电报、电传、传真和电子邮件等方式提出的，申请人应当提供能够证明其申请文件效力的材料。

教育行政部门应当公开行政许可的承办机构、联系电话、传真、电子邮箱等，为申请人通过信函、电报、电传和电子邮件等方式提出行政许可申请提供便利。

第九条 实施行政许可需要由教育行政部门多个内设机构办理的，教育行政部门应当明确一个机构为主承办，并转告其他机构分别提出意见后统一办理。

第十条 教育行政部门接到行政许可申请后，应当按照以下规定进行是否受理的审查：

（一）申请事项是否依法需要取得行政许可；

（二）申请事项是否属于本机关职权范围；

（三）申请人是否具有不得提出行政许可申请的情形；

（四）申请人是否提交了法律、法规、规章规定的申请材料；

（五）申请人提供的申请材料是否齐全和符合法定形式。

第十一条 教育行政部门受理或者不予受理行政许可申请，应当自收到符合法定形式的全部行政许可申请材料后5日内，出具加盖本行政机关专用印章和注明日期的书面凭证。

申请材料不齐全或者不符合法定形式的，自收到全部补正申请材料之日起计算；行政机关未告知申请人需要补正的，自收到申请材料之日起计算。

第十二条 教育行政部门受理行政许可申请后，应当对申请人提交的申请材料进行审查。

申请人对其申请材料实质内容的真实性负责。根据法律、法规、规章的规定需要对申请材料的实质内容进行核实的，教育行政部门应当指派两名以上工作人员共同进行。核查人员核查时应当出示证件，根据核查的情况制作核查记录，并由核查人员与被核查方共同签字确认。被核查方拒绝签字的，核查人员应予注明。

第十三条 依法应当先经下一级教育行政部门初审的行政许可，除法律、法规另有规定的外，下一级教育行政部门应当自受理申请之日起20日内审查完毕，并在审查完毕后7日内将初审意见和全部申请材料直接报送上一级教育行政部门。

上级教育行政部门不得要求申请人重复提供申请材料。

第十四条 审查教育行政许可申请，对依法需要专家评审、考试、听证的，应当制作《教育行政许可特别程序通知书》，告知申请人所需时间，所需时间不计算在许可期限内。

第十五条 对依法需要进行专家评审的，教育行政部门应当按照国家有关规定组织承担评审职责的机构和人员，明确评审的依据、标准、规程、期限和要求。

评审工作完成后，承担评审任务的机构或者人员应当出具书面评审报告，送交组织评审的教育行政部门。

第十六条 对依法需要举行国家考试取得资格的行政许可的，

教育行政部门应当依据行政许可法的规定，事先公布资格考试的报名条件、报考办法、考试科目以及考试大纲。不得组织强制性的资格考试的考前培训，不得指定教材或者其他助考材料。

通过考试，符合条件的，教育行政部门应当授予相应的资格或者颁发证书。

第十七条 对于属于听证范围的行政许可事项，经告知后申请人或利害关系人提出听证申请的，教育行政部门应当指派审查该行政许可申请的工作人员以外的人员担任听证主持人组织听证。

听证应当制作笔录。听证笔录包括以下主要内容：听证事项；听证举行的时间、地点；听证主持人、记录人；听证参加人；行政许可申请内容；承办业务机构的审查意见及相关证据、理由；申请人、利害关系人发表的意见，提出的证据、理由；审查人与申请人、利害关系人辩论、质证的情况和听证申请人最后陈述的意见等。

听证笔录由听证主持人和记录人签名，并经听证参加人确认无误后当场签名或者盖章。听证参加人对笔录内容有异议的，听证主持人应当告知其他参加人，各方认为异议成立的，应当予以补充或者更正；对异议有不同意见或者听证参加人拒绝签名、盖章的，听证主持人应当在听证笔录中予以载明。

教育行政部门应当根据听证笔录，作出准予行政许可或者不予行政许可的决定。

对听证笔录中没有认证、记载的事实、证据，教育行政部门不予采信。

第十八条 除法律、法规授权组织外，实施行政许可，应当以教育行政部门名义作出。

有关行政许可的文书、证件，应当以实施行政许可的教育行政部门名义签发并对外发布。

第十九条 教育行政部门作出准予行政许可的决定，应当制作格式化的准予行政许可决定书，并予以公开，公众有权查阅。需要颁发行政许可证件的，应当向申请人颁发加盖本行政机关印章的许可证、资格证、批准文件或者法律、法规规定的其他行政许可证件。

教育行政部门依法作出不予行政许可的书面决定的，应当向申请人书面说明理由，并告知申请人依法申请行政复议或者提起行政诉讼的途径和期限。

第二十条　教育行政部门送达行政许可决定以及其他行政许可文书，一般应当由受送达人直接领取。受送达人直接领取行政许可决定以及其他行政许可文书时，应当在送达回证上注明收到日期，并签名或者盖章。

受送达人不直接领取行政许可决定以及其他行政许可文书的，教育行政部门可以采取邮寄送达、委托送达等方式。无法采取上述方式送达，或者同一送达事项的受送达人众多的，可以在公告栏、受送达人住所地张贴公告，也可以在报刊上刊登公告。

第二十一条　申请人认为教育行政部门不依法实施行政许可的，可以依法向上级行政机关或者监察机关举报或者投诉，也可以依法申请行政复议或者提起行政诉讼。

第二十二条　上级教育行政部门发现下级教育行政部门有违反行政许可法规定设定或者实施行政许可的，应当责令其限期改正。

下级教育行政部门擅自改变上级教育行政部门作出的行政许可决定的，上级教育行政部门应当令其限期改正或者直接予以纠正；情节严重的，对直接负责的主管人员和其他直接责任人员依法给予行政处分。

第二十三条　教育行政部门应当按照行政许可法的规定，建立检查、备案、档案管理等制度。对被许可人从事行政许可事项的活动进行监督检查时，应当制作笔录，笔录归档后，公众有权查阅。

第二十四条　教育行政部门违法实施行政许可，给当事人的合法权益造成损害的，依照国家赔偿法的规定处理。

第二十五条　本规定自2005年6月1日起施行。

教育系统内部审计工作规定

（2020年3月20日教育部令第47号公布　自2020年5月1日起施行）

第一章　总　　则

第一条　为加强教育系统内部审计工作，提升内部审计工作质量，充分发挥内部审计作用，推动教育事业科学发展，根据《中华人民共和国教育法》《中华人民共和国审计法》《中华人民共和国审计法实施条例》《审计署关于内部审计工作的规定》及其他有关法律法规，制定本规定。

第二条　依法属于审计机关审计监督对象的各级教育行政部门、学校和其他教育事业单位、企业等（以下简称单位）内部审计工作适用本规定。

第三条　本规定所称内部审计，是指对本单位及所属单位财政财务收支、经济活动、内部控制、风险管理等实施独立、客观的监督、评价和建议，以促进单位完善治理、实现目标的活动。

第四条　单位应当依照有关法律法规、本规定和内部审计职业规范，结合本单位实际情况，建立健全内部审计制度，明确内部审计工作的领导体制、职责权限、工作机构、人员配备、经费保障、审计结果运用和责任追究等。

单位应当加强本单位党组织对内部审计工作的领导，健全党领导相关工作的体制机制。

第五条　教育系统内部审计工作应当接受国家审计机关的业务指导和监督。

第二章　内部审计机构和人员

第六条　单位应当根据国家编制管理相关规定和管理需要，设置独立的机构或明确相关内设机构作为内部审计机构，履行内部审计职责。

第七条　内部审计机构应当在本单位主要负责人的直接领导下开展内部审计工作，向其负责并报告工作。

第八条　单位可以根据工作需要成立审计委员会，加强党对审计工作的领导，负责部署内部审计工作，审议年度审计工作报告，研究制定内部审计改革方案、重大政策和发展战略，审议决策内部审计重大事项等。

第九条　单位可以根据工作需要建立总审计师制度。总审计师协助主要负责人管理内部审计工作。

第十条　单位应当保证内部审计工作所需人员编制，严格内部审计人员录用标准，合理配备具有审计、财务、经济、法律、管理、工程、信息技术等专业知识的内部审计人员。总审计师、内部审计机构负责人应当具备审计、财务、经济、法律、管理等专业背景或工作经历。

第十一条　单位应当根据内部审计工作特点，完善内部审计人员考核评价制度和专业技术岗位评聘制度，保障内部审计人员享有相应的晋升、交流、任职、薪酬及相关待遇。

第十二条　单位应当支持和保障内部审计人员通过参加业务培训、考取职业资格、以审代训等多种途径接受继续教育，提高专业胜任能力。

第十三条　内部审计机构的变动和总审计师、内部审计机构负责人的任免或调动，应当向上一级内部审计机构备案。

第十四条　内部审计机构和内部审计人员依法独立履行职责，任何单位和个人不得干涉和打击报复。

第十五条 内部审计机构履行内部审计职责所需经费，应当列入本单位预算。

第十六条 内部审计人员应当严格遵守有关法律法规和内部审计职业规范，独立、客观、公正地履行职责，保守工作秘密。

第十七条 内部审计机构和内部审计人员不得参与可能影响独立、客观履行审计职责的工作，不得参与被审计单位业务活动的决策和执行。

第十八条 在不违反国家保密规定的情况下，内部审计机构可以根据工作需要向社会中介机构购买审计服务。内部审计机构应当对中介机构开展的受托业务进行指导、监督、检查和评价，并对采用的审计结果负责。

第十九条 单位应当对认真履职、成绩显著的内部审计人员予以表彰。

第三章 内部审计职责权限

第二十条 内部审计机构应当按照国家有关规定和本单位的要求，对本单位及所属单位以下事项进行审计：

（一）贯彻落实国家重大政策措施情况；

（二）发展规划、战略决策、重大措施和年度业务计划执行情况；

（三）财政财务收支和预算管理情况；

（四）固定资产投资项目情况；

（五）内部控制及风险管理情况；

（六）资金、资产、资源的管理和效益情况；

（七）办学、科研、后勤保障等主要业务活动的管理和效益情况；

（八）本单位管理的领导人员履行经济责任情况；

（九）自然资源资产管理和生态环境保护责任的履行情况；

（十）境外机构、境外资产和境外经济活动情况；

（十一）国家有关规定和本单位要求办理的其他事项。

第二十一条 内部审计机构应当协助本单位主要负责人督促落实审计发现问题的整改工作。

第二十二条 教育部负责指导和监督全国教育系统内部审计工作。地方各级教育行政部门负责指导和监督本行政区域内教育系统内部审计工作。

教育行政部门指导和监督内部审计工作的主要职责是：

（一）制定内部审计规章制度；

（二）督促建立健全内部审计制度；

（三）指导开展内部审计工作，突出审计重点；

（四）监督内部审计职责履行情况，检查内部审计业务质量；

（五）开展业务培训、组织内部审计工作交流研讨；

（六）指导教育系统内部审计自律组织开展工作；

（七）维护内部审计机构和内部审计人员的合法权益；

（八）法律、法规规定的其他职责。

第二十三条 内部审计机构应当对所属单位内部审计工作进行管理、指导和监督。

第二十四条 内部审计机构具有下列权限：

（一）要求被审计单位按时报送审计所需的有关资料、相关电子数据，以及必要的计算机技术文档；

（二）参加或列席有关会议，召开与审计事项有关的会议；

（三）参与研究有关规章制度，提出制定内部审计规章制度的建议；

（四）检查有关财政财务收支、经济活动、内部控制、风险管理的资料、文件和现场勘察实物；

（五）检查有关计算机系统及其电子数据和资料；

（六）就审计事项中的有关问题，向有关单位和个人开展调查和询问，取得相关证明材料；

（七）对正在进行的严重违法违规、严重损失浪费行为及时向单位主要负责人报告，经同意作出临时制止决定；

（八）对可能被转移、隐匿、篡改、毁弃的会计凭证、会计账簿、会计报表以及与经济活动有关的资料，经本单位主要负责人批准，有权予以暂时封存；

（九）提出纠正、处理违法违规行为的意见和改进管理、提高绩效的建议；

（十）对违法违规和造成损失浪费的被审计单位和人员，给予通报批评或者提出追究责任的建议；

（十一）对严格遵守财经法规、管理规范有效、贡献突出的被审计单位和个人，可以向单位党组织、主要负责人提出表彰建议。

第四章　内部审计管理

第二十五条　单位主要负责人应当定期听取内部审计工作汇报，加强对内部审计发展战略、年度审计计划、审计质量控制、审计发现问题整改和审计队伍建设等重要事项的管理。总审计师、内部审计机构负责人应当及时向本单位主要负责人报告内部审计结果和重大事项。

第二十六条　内部审计机构应当依照审计法律法规、行业准则和实务指南等建立健全内部审计工作规范，并按规范实施审计。

第二十七条　内部审计机构应当根据单位发展目标、治理结构、管理体制、风险状况等，科学合理地确定内部审计发展战略、制定内部审计计划。

第二十八条　内部审计机构应当运用现代审计理念和方法，坚持风险和问题导向，优化审计业务组织方式，加强审计信息化建设，全面提高审计效率。

第二十九条　内部审计机构应当着眼于促进问题解决，立足于促进机制建设，对审计发现问题做到事实清楚、定性准确，并在分析根本原因的基础上提出审计建议，通过与相关单位合作促进单位事业发展。

第三十条　内部审计机构应当加强自身内部控制建设，合理设置审计岗位和职责分工、优化审计业务流程，完善审计全面质量控制。

第三十一条　内部审计机构应当建立健全本单位及所属单位内部审计工作评价制度，促进提升审计业务与审计管理的专业化水平。

第三十二条　内部审计机构实施领导人员经济责任审计时，应当参照执行国家有关经济责任审计的规定。

第五章　内部审计结果运用

第三十三条　单位应当建立健全审计发现问题整改机制，明确被审计单位主要负责人为整改第一责任人，完善审计整改结果报告制度、审计整改情况跟踪检查制度、审计整改约谈制度，推动审计发现问题的整改落实。

第三十四条　单位应当建立健全审计结果及整改情况在一定范围内公开制度。

第三十五条　单位应当对审计发现的典型性、普遍性问题，及时分析研究，制定和完善相关管理制度，建立健全内部控制措施；对审计发现的倾向性问题，开展审计调查，出具审计管理建议书，为科学决策提供建议。

第三十六条　单位应当加强内部审计机构、纪检监察、巡视巡察、组织人事等内部监督力量的协作配合，建立信息共享、结果共用、重要事项共同实施、整改问责共同落实等工作机制。

第三十七条　单位应当将内部审计结果及整改情况作为相关决策、预算安排、干部考核、人事任免和奖惩的重要依据。

第三十八条　单位在对所属单位开展审计时，应当有效利用所属单位内部审计力量和成果。对所属单位内部审计发现且已经纠正的问题不再在审计报告中反映。

第三十九条 对内部审计发现的重大违纪违法问题线索，在向本单位党组织、主要负责人报告的同时，应当及时向上一级内部审计机构报告，并按照管辖权限依法依规及时移送纪检监察机关、司法机关。

第六章 法律责任

第四十条 被审计单位有下列情形之一的，由单位党组织、主要负责人责令改正，并对直接负责的主管人员和其他直接责任人员进行处理：

（一）拒绝接受或者不配合内部审计工作的；

（二）拒绝、拖延提供与内部审计事项有关的资料，或者提供资料不真实、不完整的；

（三）拒不纠正审计发现问题的；

（四）整改不力、屡审屡犯的；

（五）违反国家规定或者本单位内部规定的其他情形。

第四十一条 内部审计机构和内部审计人员有下列情形之一的，由单位对直接负责的主管人员和其他直接责任人员进行处理；涉嫌犯罪的，依法追究刑事责任：

（一）玩忽职守、不认真履行审计职责造成严重后果的；

（二）隐瞒审计查出的问题或者提供虚假审计报告的；

（三）泄露国家秘密或者商业秘密的；

（四）利用职权谋取私利的；

（五）违反国家规定或者本单位内部规定的其他情形。

第四十二条 内部审计人员因履行职责受到打击、报复、陷害的，主要负责人应当及时采取保护措施，并对相关责任人员进行处理；涉嫌犯罪的，移送司法机关依法追究刑事责任。

第七章　附　　则

第四十三条　单位可以根据本规定，制定本地方、本单位内部审计管理规定。民办学校可以根据实际情况参照本规定执行。

第四十四条　本规定所称企业是指教育行政部门、学校及其他教育事业单位管理的国有和国有资本占控股地位或主导地位的企业。

第四十五条　本规定由教育部负责解释。

第四十六条　本规定自 2020 年 5 月 1 日起施行。教育部于 2004 年 4 月 13 日发布的《教育系统内部审计工作规定》（教育部令第 17 号）同时废止。

二 教育类型

（一）综　　合

中华人民共和国家庭教育促进法

（2021 年 10 月 23 日第十三届全国人民代表大会常务委员会第三十一次会议通过　2021 年 10 月 23 日中华人民共和国主席令第 98 号公布　自 2022 年 1 月 1 日起施行）

目　　录

第一章　总　　则

第一条　为了发扬中华民族重视家庭教育的优良传统，引导全社会注重家庭、家教、家风，增进家庭幸福与社会和谐，培养德智体美劳全面发展的社会主义建设者和接班人，制定本法。

第二条 本法所称家庭教育，是指父母或者其他监护人为促进未成年人全面健康成长，对其实施的道德品质、身体素质、生活技能、文化修养、行为习惯等方面的培育、引导和影响。

第三条 家庭教育以立德树人为根本任务，培育和践行社会主义核心价值观，弘扬中华民族优秀传统文化、革命文化、社会主义先进文化，促进未成年人健康成长。

第四条 未成年人的父母或者其他监护人负责实施家庭教育。

国家和社会为家庭教育提供指导、支持和服务。

国家工作人员应当带头树立良好家风，履行家庭教育责任。

第五条 家庭教育应当符合以下要求：

（一）尊重未成年人身心发展规律和个体差异；

（二）尊重未成年人人格尊严，保护未成年人隐私权和个人信息，保障未成年人合法权益；

（三）遵循家庭教育特点，贯彻科学的家庭教育理念和方法；

（四）家庭教育、学校教育、社会教育紧密结合、协调一致；

（五）结合实际情况采取灵活多样的措施。

第六条 各级人民政府指导家庭教育工作，建立健全家庭学校社会协同育人机制。县级以上人民政府负责妇女儿童工作的机构，组织、协调、指导、督促有关部门做好家庭教育工作。

教育行政部门、妇女联合会统筹协调社会资源，协同推进覆盖城乡的家庭教育指导服务体系建设，并按照职责分工承担家庭教育工作的日常事务。

县级以上精神文明建设部门和县级以上人民政府公安、民政、司法行政、人力资源和社会保障、文化和旅游、卫生健康、市场监督管理、广播电视、体育、新闻出版、网信等有关部门在各自的职责范围内做好家庭教育工作。

第七条 县级以上人民政府应当制定家庭教育工作专项规划，

将家庭教育指导服务纳入城乡公共服务体系和政府购买服务目录，将相关经费列入财政预算，鼓励和支持以政府购买服务的方式提供家庭教育指导。

第八条 人民法院、人民检察院发挥职能作用，配合同级人民政府及其有关部门建立家庭教育工作联动机制，共同做好家庭教育工作。

第九条 工会、共产主义青年团、残疾人联合会、科学技术协会、关心下一代工作委员会以及居民委员会、村民委员会等应当结合自身工作，积极开展家庭教育工作，为家庭教育提供社会支持。

第十条 国家鼓励和支持企业事业单位、社会组织及个人依法开展公益性家庭教育服务活动。

第十一条 国家鼓励开展家庭教育研究，鼓励高等学校开设家庭教育专业课程，支持师范院校和有条件的高等学校加强家庭教育学科建设，培养家庭教育服务专业人才，开展家庭教育服务人员培训。

第十二条 国家鼓励和支持自然人、法人和非法人组织为家庭教育事业进行捐赠或者提供志愿服务，对符合条件的，依法给予税收优惠。

国家对在家庭教育工作中做出突出贡献的组织和个人，按照有关规定给予表彰、奖励。

第十三条 每年 5 月 15 日国际家庭日所在周为全国家庭教育宣传周。

第二章 家庭责任

第十四条 父母或者其他监护人应当树立家庭是第一个课堂、家长是第一任老师的责任意识，承担对未成年人实施家庭教育的主体责任，用正确思想、方法和行为教育未成年人养成良好思想、品行和习惯。

共同生活的具有完全民事行为能力的其他家庭成员应当协助和配合未成年人的父母或者其他监护人实施家庭教育。

第十五条 未成年人的父母或者其他监护人及其他家庭成员应当注重家庭建设，培育积极健康的家庭文化，树立和传承优良家风，弘扬中华民族家庭美德，共同构建文明、和睦的家庭关系，为未成年人健康成长营造良好的家庭环境。

第十六条 未成年人的父母或者其他监护人应当针对不同年龄段未成年人的身心发展特点，以下列内容为指引，开展家庭教育：

（一）教育未成年人爱党、爱国、爱人民、爱集体、爱社会主义，树立维护国家统一的观念，铸牢中华民族共同体意识，培养家国情怀；

（二）教育未成年人崇德向善、尊老爱幼、热爱家庭、勤俭节约、团结互助、诚信友爱、遵纪守法，培养其良好社会公德、家庭美德、个人品德意识和法治意识；

（三）帮助未成年人树立正确的成才观，引导其培养广泛兴趣爱好、健康审美追求和良好学习习惯，增强科学探索精神、创新意识和能力；

（四）保证未成年人营养均衡、科学运动、睡眠充足、身心愉悦，引导其养成良好生活习惯和行为习惯，促进其身心健康发展；

（五）关注未成年人心理健康，教导其珍爱生命，对其进行交通出行、健康上网和防欺凌、防溺水、防诈骗、防拐卖、防性侵等方面的安全知识教育，帮助其掌握安全知识和技能，增强其自我保护的意识和能力；

（六）帮助未成年人树立正确的劳动观念，参加力所能及的劳动，提高生活自理能力和独立生活能力，养成吃苦耐劳的优秀品格和热爱劳动的良好习惯。

第十七条 未成年人的父母或者其他监护人实施家庭教育，应当关注未成年人的生理、心理、智力发展状况，尊重其参与相关家庭事务和发表意见的权利，合理运用以下方式方法：

（一）亲自养育，加强亲子陪伴；

（二）共同参与，发挥父母双方的作用；

（三）相机而教，寓教于日常生活之中；

（四）潜移默化，言传与身教相结合；

（五）严慈相济，关心爱护与严格要求并重；

（六）尊重差异，根据年龄和个性特点进行科学引导；

（七）平等交流，予以尊重、理解和鼓励；

（八）相互促进，父母与子女共同成长；

（九）其他有益于未成年人全面发展、健康成长的方式方法。

第十八条 未成年人的父母或者其他监护人应当树立正确的家庭教育理念，自觉学习家庭教育知识，在孕期和未成年人进入婴幼儿照护服务机构、幼儿园、中小学校等重要时段进行有针对性的学习，掌握科学的家庭教育方法，提高家庭教育的能力。

第十九条 未成年人的父母或者其他监护人应当与中小学校、幼儿园、婴幼儿照护服务机构、社区密切配合，积极参加其提供的公益性家庭教育指导和实践活动，共同促进未成年人健康成长。

第二十条 未成年人的父母分居或者离异的，应当相互配合履行家庭教育责任，任何一方不得拒绝或者怠于履行；除法律另有规定外，不得阻碍另一方实施家庭教育。

第二十一条 未成年人的父母或者其他监护人依法委托他人代为照护未成年人的，应当与被委托人、未成年人保持联系，定期了解未成年人学习、生活情况和心理状况，与被委托人共同履行家庭教育责任。

第二十二条 未成年人的父母或者其他监护人应当合理安排未成年人学习、休息、娱乐和体育锻炼的时间，避免加重未成年人学习负担，预防未成年人沉迷网络。

第二十三条 未成年人的父母或者其他监护人不得因性别、身体状况、智力等歧视未成年人，不得实施家庭暴力，不得胁迫、引诱、教唆、纵容、利用未成年人从事违反法律法规和社会公德的活动。

第三章　国家支持

第二十四条　国务院应当组织有关部门制定、修订并及时颁布全国家庭教育指导大纲。

省级人民政府或者有条件的设区的市级人民政府应当组织有关部门编写或者采用适合当地实际的家庭教育指导读本，制定相应的家庭教育指导服务工作规范和评估规范。

第二十五条　省级以上人民政府应当组织有关部门统筹建设家庭教育信息化共享服务平台，开设公益性网上家长学校和网络课程，开通服务热线，提供线上家庭教育指导服务。

第二十六条　县级以上地方人民政府应当加强监督管理，减轻义务教育阶段学生作业负担和校外培训负担，畅通学校家庭沟通渠道，推进学校教育和家庭教育相互配合。

第二十七条　县级以上地方人民政府及有关部门组织建立家庭教育指导服务专业队伍，加强对专业人员的培养，鼓励社会工作者、志愿者参与家庭教育指导服务工作。

第二十八条　县级以上地方人民政府可以结合当地实际情况和需要，通过多种途径和方式确定家庭教育指导机构。

家庭教育指导机构对辖区内社区家长学校、学校家长学校及其他家庭教育指导服务站点进行指导，同时开展家庭教育研究、服务人员队伍建设和培训、公共服务产品研发。

第二十九条　家庭教育指导机构应当及时向有需求的家庭提供服务。

对于父母或者其他监护人履行家庭教育责任存在一定困难的家庭，家庭教育指导机构应当根据具体情况，与相关部门协作配合，提供有针对性的服务。

第三十条 设区的市、县、乡级人民政府应当结合当地实际采取措施，对留守未成年人和困境未成年人家庭建档立卡，提供生活帮扶、创业就业支持等关爱服务，为留守未成年人和困境未成年人的父母或者其他监护人实施家庭教育创造条件。

教育行政部门、妇女联合会应当采取有针对性的措施，为留守未成年人和困境未成年人的父母或者其他监护人实施家庭教育提供服务，引导其积极关注未成年人身心健康状况、加强亲情关爱。

第三十一条 家庭教育指导机构开展家庭教育指导服务活动，不得组织或者变相组织营利性教育培训。

第三十二条 婚姻登记机构和收养登记机构应当通过现场咨询辅导、播放宣传教育片等形式，向办理婚姻登记、收养登记的当事人宣传家庭教育知识，提供家庭教育指导。

第三十三条 儿童福利机构、未成年人救助保护机构应当对本机构安排的寄养家庭、接受救助保护的未成年人的父母或者其他监护人提供家庭教育指导。

第三十四条 人民法院在审理离婚案件时，应当对有未成年子女的夫妻双方提供家庭教育指导。

第三十五条 妇女联合会发挥妇女在弘扬中华民族家庭美德、树立良好家风等方面的独特作用，宣传普及家庭教育知识，通过家庭教育指导机构、社区家长学校、文明家庭建设等多种渠道组织开展家庭教育实践活动，提供家庭教育指导服务。

第三十六条 自然人、法人和非法人组织可以依法设立非营利性家庭教育服务机构。

县级以上地方人民政府及有关部门可以采取政府补贴、奖励激励、购买服务等扶持措施，培育家庭教育服务机构。

教育、民政、卫生健康、市场监督管理等有关部门应当在各自职责范围内，依法对家庭教育服务机构及从业人员进行指导和监督。

第三十七条 国家机关、企业事业单位、群团组织、社会组织应当将家风建设纳入单位文化建设，支持职工参加相关的家庭教育服务活动。

文明城市、文明村镇、文明单位、文明社区、文明校园和文明家庭等创建活动，应当将家庭教育情况作为重要内容。

第四章 社 会 协 同

第三十八条 居民委员会、村民委员会可以依托城乡社区公共服务设施，设立社区家长学校等家庭教育指导服务站点，配合家庭教育指导机构组织面向居民、村民的家庭教育知识宣传，为未成年人的父母或者其他监护人提供家庭教育指导服务。

第三十九条 中小学校、幼儿园应当将家庭教育指导服务纳入工作计划，作为教师业务培训的内容。

第四十条 中小学校、幼儿园可以采取建立家长学校等方式，针对不同年龄段未成年人的特点，定期组织公益性家庭教育指导服务和实践活动，并及时联系、督促未成年人的父母或者其他监护人参加。

第四十一条 中小学校、幼儿园应当根据家长的需求，邀请有关人员传授家庭教育理念、知识和方法，组织开展家庭教育指导服务和实践活动，促进家庭与学校共同教育。

第四十二条 具备条件的中小学校、幼儿园应当在教育行政部门的指导下，为家庭教育指导服务站点开展公益性家庭教育指导服务活动提供支持。

第四十三条 中小学校发现未成年学生严重违反校规校纪的，应当及时制止、管教，告知其父母或者其他监护人，并为其父母或者其他监护人提供有针对性的家庭教育指导服务；发现未成年学生有不良行为或者严重不良行为的，按照有关法律规定处理。

第四十四条 婴幼儿照护服务机构、早期教育服务机构应当为未成年人的父母或者其他监护人提供科学养育指导等家庭教育指导服务。

第四十五条 医疗保健机构在开展婚前保健、孕产期保健、儿童保健、预防接种等服务时，应当对有关成年人、未成年人的父母或者其他监护人开展科学养育知识和婴幼儿早期发展的宣传和指导。

第四十六条 图书馆、博物馆、文化馆、纪念馆、美术馆、科技馆、体育场馆、青少年宫、儿童活动中心等公共文化服务机构和爱国主义教育基地每年应当定期开展公益性家庭教育宣传、家庭教育指导服务和实践活动，开发家庭教育类公共文化服务产品。

广播、电视、报刊、互联网等新闻媒体应当宣传正确的家庭教育知识，传播科学的家庭教育理念和方法，营造重视家庭教育的良好社会氛围。

第四十七条 家庭教育服务机构应当加强自律管理，制定家庭教育服务规范，组织从业人员培训，提高从业人员的业务素质和能力。

第五章 法律责任

第四十八条 未成年人住所地的居民委员会、村民委员会、妇女联合会，未成年人的父母或者其他监护人所在单位，以及中小学校、幼儿园等有关密切接触未成年人的单位，发现父母或者其他监护人拒绝、怠于履行家庭教育责任，或者非法阻碍其他监护人实施家庭教育的，应当予以批评教育、劝诫制止，必要时督促其接受家庭教育指导。

未成年人的父母或者其他监护人依法委托他人代为照护未成年人，有关单位发现被委托人不依法履行家庭教育责任的，适用前款规定。

第四十九条 公安机关、人民检察院、人民法院在办理案件过程中，发现未成年人存在严重不良行为或者实施犯罪行为，或者未成年人的父母或者其他监护人不正确实施家庭教育侵害未成年人合法权益的，根据情况对父母或者其他监护人予以训诫，并可以责令其接受家庭教育指导。

第五十条 负有家庭教育工作职责的政府部门、机构有下列情形之一的，由其上级机关或者主管单位责令限期改正；情节严重的，对直接负责的主管人员和其他直接责任人员依法予以处分：

（一）不履行家庭教育工作职责；

（二）截留、挤占、挪用或者虚报、冒领家庭教育工作经费；

（三）其他滥用职权、玩忽职守或者徇私舞弊的情形。

第五十一条 家庭教育指导机构、中小学校、幼儿园、婴幼儿照护服务机构、早期教育服务机构违反本法规定，不履行或者不正确履行家庭教育指导服务职责的，由主管部门责令限期改正；情节严重的，对直接负责的主管人员和其他直接责任人员依法予以处分。

第五十二条 家庭教育服务机构有下列情形之一的，由主管部门责令限期改正；拒不改正或者情节严重的，由主管部门责令停业整顿、吊销营业执照或者撤销登记：

（一）未依法办理设立手续；

（二）从事超出许可业务范围的行为或作虚假、引人误解宣传，产生不良后果；

（三）侵犯未成年人及其父母或者其他监护人合法权益。

第五十三条 未成年人的父母或者其他监护人在家庭教育过程中对未成年人实施家庭暴力的，依照《中华人民共和国未成年人保护法》、《中华人民共和国反家庭暴力法》等法律的规定追究法律责任。

第五十四条 违反本法规定，构成违反治安管理行为的，由公安机关依法予以治安管理处罚；构成犯罪的，依法追究刑事责任。

第六章 附 则

第五十五条 本法自2022年1月1日起施行。

国家教育考试违规处理办法

（2004年5月19日教育部令第18号发布 根据2012年1月5日《教育部关于修改〈国家教育考试违规处理办法〉的决定》修正）

第一章 总 则

第一条 为规范对国家教育考试违规行为的认定与处理，维护国家教育考试的公平、公正，保障参加国家教育考试的人员（以下简称考生）、从事和参与国家教育考试工作的人员（以下简称考试工作人员）的合法权益，根据《中华人民共和国教育法》及相关法律、行政法规，制定本办法。

第二条 本办法所称国家教育考试是指普通和成人高等学校招生考试、全国硕士研究生招生考试、高等教育自学考试等，由国务院教育行政部门确定实施，由经批准的实施教育考试的机构承办，面向社会公开、统一举行，其结果作为招收学历教育学生或者取得国家承认学历、学位证书依据的测试活动。

第三条 对参加国家教育考试的考生以及考试工作人员、其他相关人员，违反考试管理规定和考场纪律，影响考试公平、公正行为的认定与处理，适用本办法。

对国家教育考试违规行为的认定与处理应当公开公平、合法适当。

第四条 国务院教育行政部门及地方各级人民政府教育行政部

门负责全国或者本地区国家教育考试组织工作的管理与监督。

承办国家教育考试的各级教育考试机构负责有关考试的具体实施，依据本办法，负责对考试违规行为的认定与处理。

第二章　违规行为的认定与处理

第五条　考生不遵守考场纪律，不服从考试工作人员的安排与要求，有下列行为之一的，应当认定为考试违纪：

（一）携带规定以外的物品进入考场或者未放在指定位置的；

（二）未在规定的座位参加考试的；

（三）考试开始信号发出前答题或者考试结束信号发出后继续答题的；

（四）在考试过程中旁窥、交头接耳、互打暗号或者手势的；

（五）在考场或者教育考试机构禁止的范围内，喧哗、吸烟或者实施其他影响考场秩序的行为的；

（六）未经考试工作人员同意在考试过程中擅自离开考场的；

（七）将试卷、答卷（含答题卡、答题纸等，下同）、草稿纸等考试用纸带出考场的；

（八）用规定以外的笔或者纸答题或者在试卷规定以外的地方书写姓名、考号或者以其他方式在答卷上标记信息的；

（九）其他违反考场规则但尚未构成作弊的行为。

第六条　考生违背考试公平、公正原则，在考试过程中有下列行为之一的，应当认定为考试作弊：

（一）携带与考试内容相关的材料或者存储有与考试内容相关资料的电子设备参加考试的；

（二）抄袭或者协助他人抄袭试题答案或者与考试内容相关的资料的；

（三）抢夺、窃取他人试卷、答卷或者胁迫他人为自己抄袭提供方便的；

（四）携带具有发送或者接收信息功能的设备的；

（五）由他人冒名代替参加考试的；

（六）故意销毁试卷、答卷或者考试材料的；

（七）在答卷上填写与本人身份不符的姓名、考号等信息的；

（八）传、接物品或者交换试卷、答卷、草稿纸的；

（九）其他以不正当手段获得或者试图获得试题答案、考试成绩的行为。

第七条 教育考试机构、考试工作人员在考试过程中或者在考试结束后发现下列行为之一的，应当认定相关的考生实施了考试作弊行为：

（一）通过伪造证件、证明、档案及其他材料获得考试资格、加分资格和考试成绩的；

（二）评卷过程中被认定为答案雷同的；

（三）考场纪律混乱、考试秩序失控，出现大面积考试作弊现象的；

（四）考试工作人员协助实施作弊行为，事后查实的；

（五）其他应认定为作弊的行为。

第八条 考生及其他人员应当自觉维护考试秩序，服从考试工作人员的管理，不得有下列扰乱考试秩序的行为：

（一）故意扰乱考点、考场、评卷场所等考试工作场所秩序；

（二）拒绝、妨碍考试工作人员履行管理职责；

（三）威胁、侮辱、诽谤、诬陷或者以其他方式侵害考试工作人员、其他考生合法权益的行为；

（四）故意损坏考场设施设备；

（五）其他扰乱考试管理秩序的行为。

第九条 考生有第五条所列考试违纪行为之一的，取消该科目的考试成绩。

考生有第六条、第七条所列考试作弊行为之一的，其所报名参加考试的各阶段、各科成绩无效；参加高等教育自学考试的，当次考试各科成绩无效。

有下列情形之一的，可以视情节轻重，同时给予暂停参加该项考试 1 至 3 年的处理；情节特别严重的，可以同时给予暂停参加各种国家教育考试 1 至 3 年的处理：

（一）组织团伙作弊的；

（二）向考场外发送、传递试题信息的；

（三）使用相关设备接收信息实施作弊的；

（四）伪造、变造身份证、准考证及其他证明材料，由他人代替或者代替考生参加考试的。

参加高等教育自学考试的考生有前款严重作弊行为的，也可以给予延迟毕业时间 1 至 3 年的处理，延迟期间考试成绩无效。

第十条 考生有第八条所列行为之一的，应当终止其继续参加本科目考试，其当次报名参加考试的各科成绩无效；考生及其他人员的行为违反《中华人民共和国治安管理处罚法》的，由公安机关进行处理；构成犯罪的，由司法机关依法追究刑事责任。

第十一条 考生以作弊行为获得的考试成绩并由此取得相应的学位证书、学历证书及其他学业证书、资格资质证书或者入学资格的，由证书颁发机关宣布证书无效，责令收回证书或者予以没收；已经被录取或者入学的，由录取学校取消录取资格或者其学籍。

第十二条 在校学生、在职教师有下列情形之一的，教育考试机构应当通报其所在学校，由学校根据有关规定严肃处理，直至开除学籍或者予以解聘：

（一）代替考生或者由他人代替参加考试的；

（二）组织团伙作弊的；

（三）为作弊组织者提供试题信息、答案及相应设备等参与团伙作弊行为的。

第十三条 考试工作人员应当认真履行工作职责，在考试管理、组织及评卷等工作过程中，有下列行为之一的，应当停止其参加当年及下一年度的国家教育考试工作，并由教育考试机构或者建议其所在单位视情节轻重分别给予相应的行政处分：

（一）应回避考试工作却隐瞒不报的；

（二）擅自变更考试时间、地点或者考试安排的；

（三）提示或暗示考生答题的；

（四）擅自将试题、答卷或者有关内容带出考场或者传递给他人的；

（五）未认真履行职责，造成所负责考场出现秩序混乱、作弊严重或者视频录像资料损毁、视频系统不能正常工作的；

（六）在评卷、统分中严重失职，造成明显的错评、漏评或者积分差错的；

（七）在评卷中擅自更改评分细则或者不按评分细则进行评卷的；

（八）因未认真履行职责，造成所负责考场出现雷同卷的；

（九）擅自泄露评卷、统分等应予保密的情况的；

（十）其他违反监考、评卷等管理规定的行为。

第十四条　考试工作人员有下列作弊行为之一的，应当停止其参加国家教育考试工作，由教育考试机构或者其所在单位视情节轻重分别给予相应的行政处分，并调离考试工作岗位；情节严重，构成犯罪的，由司法机关依法追究刑事责任：

（一）为不具备参加国家教育考试条件的人员提供假证明、证件、档案，使其取得考试资格或者考试工作人员资格的；

（二）因玩忽职守，致使考生未能如期参加考试的或者使考试工作遭受重大损失的；

（三）利用监考或者从事考试工作之便，为考生作弊提供条件的；

（四）伪造、变造考生档案（含电子档案）的；

（五）在场外组织答卷、为考生提供答案的；

（六）指使、纵容或者伙同他人作弊的；

（七）偷换、涂改考生答卷、考试成绩或者考场原始记录材料的；

（八）擅自更改或者编造、虚报考试数据、信息的；

（九）利用考试工作便利，索贿、受贿、以权徇私的；

（十）诬陷、打击报复考生的。

第十五条 因教育考试机构管理混乱、考试工作人员玩忽职守，造成考点或者考场纪律混乱，作弊现象严重；或者同一考点同一时间的考试有 1/5 以上考场存在雷同卷的，由教育行政部门取消该考点当年及下一年度承办国家教育考试的资格；高等教育自学考试考区内一个或者一个以上专业考试纪律混乱，作弊现象严重，由高等教育自学考试管理机构给予该考区警告或者停考该考区相应专业 1 至 3 年的处理。

对出现大规模作弊情况的考场、考点的相关责任人、负责人及所属考区的负责人，有关部门应当分别给予相应的行政处分；情节严重，构成犯罪的，由司法机关依法追究刑事责任。

第十六条 违反保密规定，造成国家教育考试的试题、答案及评分参考（包括副题及其答案及评分参考，下同）丢失、损毁、泄密，或者使考生答卷在保密期限内发生重大事故的，由有关部门视情节轻重，分别给予责任人和有关负责人行政处分；构成犯罪的，由司法机关依法追究刑事责任。

盗窃、损毁、传播在保密期限内的国家教育考试试题、答案及评分参考、考生答卷、考试成绩的，由有关部门依法追究有关人员的责任；构成犯罪的，由司法机关依法追究刑事责任。

第十七条 有下列行为之一的，由教育考试机构建议行为人所在单位给予行政处分；违反《中华人民共和国治安管理处罚法》的，由公安机关依法处理；构成犯罪的，由司法机关依法追究刑事责任：

（一）指使、纵容、授意考试工作人员放松考试纪律，致使考场秩序混乱、作弊严重的；

（二）代替考生或者由他人代替参加国家教育考试的；

（三）组织或者参与团伙作弊的；

（四）利用职权，包庇、掩盖作弊行为或者胁迫他人作弊的；

（五）以打击、报复、诬陷、威胁等手段侵犯考试工作人员、考生人身权利的；

（六）向考试工作人员行贿的；

（七）故意损坏考试设施的；

（八）扰乱、妨害考场、评卷点及有关考试工作场所秩序后果严重的。

国家工作人员有前款行为的，教育考试机构应当建议有关纪检、监察部门，根据有关规定从重处理。

第三章　违规行为认定与处理程序

第十八条　考试工作人员在考试过程中发现考生实施本办法第五条、第六条所列考试违纪、作弊行为的，应当及时予以纠正并如实记录；对考生用于作弊的材料、工具等，应予暂扣。

考生违规记录作为认定考生违规事实的依据，应当由 2 名以上监考员或者考场巡视员、督考员签字确认。

考试工作人员应当向违纪考生告知违规记录的内容，对暂扣的考生物品应填写收据。

第十九条　教育考试机构发现本办法第七条、第八条所列行为的，应当由 2 名以上工作人员进行事实调查，收集、保存相应的证据材料，并在调查事实和证据的基础上，对所涉及考生的违规行为进行认定。

考试工作人员通过视频发现考生有违纪、作弊行为的，应当立即通知在现场的考试工作人员，并应当将视频录像作为证据保存。教育考试机构可以通过视频录像回放，对所涉及考生违规行为进行认定。

第二十条 考点汇总考生违规记录，汇总情况经考点主考签字认定后，报送上级教育考试机构依据本办法的规定进行处理。

第二十一条 考生在普通和成人高等学校招生考试、高等教育自学考试中，出现第五条所列考试违纪行为的，由省级教育考试机构或者市级教育考试机构做出处理决定，由市级教育考试机构做出的处理决定应报省级教育考试机构备案；出现第六条、第七条所列考试作弊行为的，由市级教育考试机构签署意见，报省级教育考试机构处理，省级教育考试机构也可以要求市级教育考试机构报送材料及证据，直接进行处理；出现本办法第八条所列扰乱考试秩序行为的，由市级教育考试机构签署意见，报省级教育考试机构按照前款规定处理，对考生及其他人员违反治安管理法律法规的行为，由当地公安部门处理；评卷过程中发现考生有本办法第七条所列考试作弊行为的，由省级教育考试机构做出处理决定，并通知市级教育考试机构。

考生在参加全国硕士研究生招生考试中的违规行为，由组织考试的机构认定，由相关省级教育考试机构或者受其委托的组织考试的机构做出处理决定。

在国家教育考试考场视频录像回放审查中认定的违规行为，由省级教育考试机构认定并做出处理决定。

参加其他国家教育考试考生违规行为的处理由承办有关国家教育考试的考试机构参照前款规定具体确定。

第二十二条 教育行政部门和其他有关部门在考点、考场出现大面积作弊情况或者需要对教育考试机构实施监督的情况下，应当直接介入调查和处理。

发生第十四、十五、十六条所列案件，情节严重的，由省级教育行政部门会同有关部门共同处理，并及时报告国务院教育行政部门；必要时，国务院教育行政部门参与或者直接进行处理。

第二十三条 考试工作人员在考场、考点及评卷过程中有违反本办法的行为的，考点主考、评卷点负责人应当暂停其工作，并报相应的教育考试机构处理。

第二十四条 在其他与考试相关的场所违反有关规定的考生，由市级教育考试机构或者省级教育考试机构做出处理决定；市级教育考试机构做出的处理决定应报省级教育考试机构备案。

在其他与考试相关的场所违反有关规定的考试工作人员，由所在单位根据市级教育考试机构或者省级教育考试机构提出的处理意见，进行处理，处理结果应当向提出处理的教育考试机构通报。

第二十五条 教育考试机构在对考试违规的个人或者单位做出处理决定前，应当复核违规事实和相关证据，告知被处理人或者单位做出处理决定的理由和依据；被处理人或者单位对所认定的违规事实认定存在异议的，应当给予其陈述和申辩的机会。

给予考生停考处理的，经考生申请，省级教育考试机构应当举行听证，对作弊的事实、情节等进行审查、核实。

第二十六条 教育考试机构做出处理决定应当制作考试违规处理决定书，载明被处理人的姓名或者单位名称、处理事实根据和法律依据、处理决定的内容、救济途径以及做出处理决定的机构名称和做出处理决定的时间。

考试违规处理决定书应当及时送达被处理人。

第二十七条 考生或者考试工作人员对教育考试机构做出的违规处理决定不服的，可以在收到处理决定之日起 15 日内，向其上一级教育考试机构提出复核申请；对省级教育考试机构或者承办国家教育考试的机构做出的处理决定不服的，也可以向省级教育行政部门或者授权承担国家教育考试的主管部门提出复核申请。

第二十八条 受理复核申请的教育考试机构、教育行政部门应对处理决定所认定的违规事实和适用的依据等进行审查，并在受理后 30 日内，按照下列规定作出复核决定：

（一）处理决定认定事实清楚、证据确凿，适用依据正确，程序合法，内容适当的，决定维持；

（二）处理决定有下列情况之一的，决定撤销或者变更：

1. 违规事实认定不清、证据不足的；

2. 适用依据错误的；

3. 违反本办法规定的处理程序的。

做出决定的教育考试机构对因错误的处理决定给考生造成的损失，应当予以补救。

第二十九条 申请人对复核决定或者处理决定不服的，可以依法申请行政复议或者提起行政诉讼。

第三十条 教育考试机构应当建立国家教育考试考生诚信档案，记录、保留在国家教育考试中作弊人员的相关信息。国家教育考试考生诚信档案中记录的信息未经法定程序，任何组织、个人不得删除、变更。

国家教育考试考生诚信档案可以依申请接受社会有关方面的查询，并应当及时向招生学校或单位提供相关信息，作为招生参考条件。

第三十一条 省级教育考试机构应当及时汇总本地区违反规定的考生及考试工作人员的处理情况，并向国家教育考试机构报告。

第四章 附 则

第三十二条 本办法所称考场是指实施考试的封闭空间；所称考点是指设置若干考场独立进行考务活动的特定场所；所称考区是指由省级教育考试机构设置，由若干考点组成，进行国家教育考试实施工作的特定地区。

第三十三条 非全日制攻读硕士学位全国考试、中国人民解放军高等教育自学考试及其他各级各类教育考试的违规处理可以参照本办法执行。

第三十四条 本办法自发布之日起施行。此前教育部颁布的各有关国家教育考试的违规处理规定同时废止。

未成年人学校保护规定

（2021 年 6 月 1 日中华人民共和国教育部令第 50 号公布 自 2021 年 9 月 1 日起施行）

第一章 总 则

第一条 为了落实学校保护职责，保障未成年人合法权益，促进未成年人德智体美劳全面发展、健康成长，根据《中华人民共和国教育法》《中华人民共和国未成年人保护法》等法律法规，制定本规定。

第二条 普通中小学、中等职业学校（以下简称学校）对本校未成年人（以下统称学生）在校学习、生活期间合法权益的保护，适用本规定。

第三条 学校应当全面贯彻国家教育方针，落实立德树人根本任务，弘扬社会主义核心价值观，依法办学、依法治校，履行学生权益保护法定职责，健全保护制度，完善保护机制。

第四条 学校学生保护工作应当坚持最有利于未成年人的原则，注重保护和教育相结合，适应学生身心健康发展的规律和特点；关心爱护每个学生，尊重学生权利，听取学生意见。

第五条 教育行政部门应当落实工作职责，会同有关部门健全学校学生保护的支持措施、服务体系，加强对学校学生保护工作的支持、指导、监督和评价。

第二章 一般保护

第六条 学校应当平等对待每个学生，不得因学生及其父母或者其他监护人（以下统称家长）的民族、种族、性别、户籍、职业、宗教信仰、教育程度、家庭状况、身心健康情况等歧视学生或者对学生进行区别对待。

第七条 学校应当落实安全管理职责，保护学生在校期间人身安全。学校不得组织、安排学生从事抢险救灾、参与危险性工作，不得安排学生参加商业性活动及其他不宜学生参加的活动。

学生在校内或者本校组织的校外活动中发生人身伤害事故的，学校应当依据有关规定妥善处理，及时通知学生家长；情形严重的，应当按规定向有关部门报告。

第八条 学校不得设置侵犯学生人身自由的管理措施，不得对学生在课间及其他非教学时间的正当交流、游戏、出教室活动等言行自由设置不必要的约束。

第九条 学校应当尊重和保护学生的人格尊严，尊重学生名誉，保护和培育学生的荣誉感、责任感，表彰、奖励学生做到公开、公平、公正；在教育、管理中不得使用任何贬损、侮辱学生及其家长或者所属特定群体的言行、方式。

第十条 学校采集学生个人信息，应当告知学生及其家长，并对所获得的学生及其家庭信息负有管理、保密义务，不得毁弃以及非法删除、泄露、公开、买卖。

学校在奖励、资助、申请贫困救助等工作中，不得泄露学生个人及其家庭隐私；学生的考试成绩、名次等学业信息，学校应当便利学生本人和家长知晓，但不得公开，不得宣传升学情况；除因法定事由，不得查阅学生的信件、日记、电子邮件或者其他网络通讯内容。

第十一条 学校应当尊重和保护学生的受教育权利，保障学生平等使用教育教学设施设备、参加教育教学计划安排的各种活动，并在学业成绩和品行上获得公正评价。

对身心有障碍的学生，应当提供合理便利，实施融合教育，给予特别支持；对学习困难、行为异常的学生，应当以适当方式教育、帮助，必要时，可以通过安排教师或者专业人员课后辅导等方式给予帮助或者支持。

学校应当建立留守学生、困境学生档案，配合政府有关部门做好关爱帮扶工作，避免学生因家庭因素失学、辍学。

第十二条 义务教育学校不得开除或者变相开除学生，不得以长期停课、劝退等方式，剥夺学生在校接受并完成义务教育的权利；对转入专门学校的学生，应当保留学籍，原决定机关决定转回的学生，不得拒绝接收。

义务教育学校应当落实学籍管理制度，健全辍学或者休学、长期请假学生的报告备案制度，对辍学学生应当及时进行劝返，劝返无效的，应当报告有关主管部门。

第十三条 学校应当按规定科学合理安排学生在校作息时间，保证学生有休息、参加文娱活动和体育锻炼的机会和时间，不得统一要求学生在规定的上课时间前到校参加课程教学活动。

义务教育学校不得占用国家法定节假日、休息日及寒暑假，组织学生集体补课；不得以集体补课等形式侵占学生休息时间。

第十四条 学校不得采用毁坏财物的方式对学生进行教育管理，对学生携带进入校园的违法违规物品，按规定予以暂扣的，应当统一管理，并依照有关规定予以处理。

学校不得违反规定向学生收费，不得强制要求或者设置条件要求学生及家长捐款捐物、购买商品或者服务，或者要求家长提供物质帮助、需支付费用的服务等。

第十五条 学校以发布、汇编、出版等方式使用学生作品，对外宣传或者公开使用学生个体肖像的，应当取得学生及其家长许可，并依法保护学生的权利。

第十六条 学校应当尊重学生的参与权和表达权，指导、支持学生参与学校章程、校规校纪、班级公约的制定，处理与学生权益相关的事务时，应当以适当方式听取学生意见。

第十七条 学校对学生实施教育惩戒或者处分学生的，应当依据有关规定，听取学生的陈述、申辩，遵循审慎、公平、公正的原则作出决定。

除开除学籍处分以外，处分学生应当设置期限，对受到处分的学生应当跟踪观察、有针对性地实施教育，确有改正的，到期应当予以解除。解除处分后，学生获得表彰、奖励及其他权益，不再受原处分影响。

第三章 专项保护

第十八条 学校应当落实法律规定建立学生欺凌防控和预防性侵害、性骚扰等专项制度，建立对学生欺凌、性侵害、性骚扰行为的零容忍处理机制和受伤害学生的关爱、帮扶机制。

第十九条 学校应当成立由校内相关人员、法治副校长、法律顾问、有关专家、家长代表、学生代表等参与的学生欺凌治理组织，负责学生欺凌行为的预防和宣传教育、组织认定、实施矫治、提供援助等。

学校应当定期针对全体学生开展防治欺凌专项调查，对学校是否存在欺凌等情形进行评估。

第二十条 学校应当教育、引导学生建立平等、友善、互助的同学关系，组织教职工学习预防、处理学生欺凌的相关政策、措施和方法，对学生开展相应的专题教育，并且应当根据情况给予相关学生家长必要的家庭教育指导。

第二十一条 教职工发现学生实施下列行为的，应当及时制止：

（一）殴打、脚踢、掌掴、抓咬、推撞、拉扯等侵犯他人身体或者恐吓威胁他人；

（二）以辱骂、讥讽、嘲弄、挖苦、起侮辱性绰号等方式侵犯他人人格尊严；

（三）抢夺、强拿硬要或者故意毁坏他人财物；

（四）恶意排斥、孤立他人，影响他人参加学校活动或者社会交往；

（五）通过网络或者其他信息传播方式捏造事实诽谤他人、散布谣言或者错误信息诋毁他人、恶意传播他人隐私。

学生之间，在年龄、身体或者人数等方面占优势的一方蓄意或者恶意对另一方实施前款行为，或者以其他方式欺压、侮辱另一方，造成人身伤害、财产损失或者精神损害的，可以认定为构成欺凌。

第二十二条 教职工应当关注因身体条件、家庭背景或者学习成绩等可能处于弱势或者特殊地位的学生，发现学生存在被孤立、排挤等情形的，应当及时干预。

教职工发现学生有明显的情绪反常、身体损伤等情形，应当及时沟通了解情况，可能存在被欺凌情形的，应当及时向学校报告。

学校应当教育、支持学生主动、及时报告所发现的欺凌情形，保护自身和他人的合法权益。

第二十三条 学校接到关于学生欺凌报告的，应当立即开展调查，认为可能构成欺凌的，应当及时提交学生欺凌治理组织认定和处置，并通知相关学生的家长参与欺凌行为的认定和处理。认定构成欺凌的，应当对实施或者参与欺凌行为的学生作出教育惩戒或者纪律处分，并对其家长提出加强管教的要求，必要时，可以由法治副校长、辅导员对学生及其家长进行训导、教育。

对违反治安管理或者涉嫌犯罪等严重欺凌行为，学校不得隐瞒，应当及时向公安机关、教育行政部门报告，并配合相关部门依法处理。

不同学校学生之间发生的学生欺凌事件，应当在主管教育行政部门的指导下建立联合调查机制，进行认定和处理。

第二十四条 学校应当建立健全教职工与学生交往行为准则、学生宿舍安全管理规定、视频监控管理规定等制度，建立预防、报告、处置性侵害、性骚扰工作机制。

学校应当采取必要措施预防并制止教职工以及其他进入校园的人员实施以下行为：

（一）与学生发生恋爱关系、性关系；

（二）抚摸、故意触碰学生身体特定部位等猥亵行为；

（三）对学生作出调戏、挑逗或者具有性暗示的言行；

（四）向学生展示传播包含色情、淫秽内容的信息、书刊、影片、音像、图片或者其他淫秽物品；

（五）持有包含淫秽、色情内容的视听、图文资料；

（六）其他构成性骚扰、性侵害的违法犯罪行为。

第四章 管理要求

第二十五条 学校应当制定规范教职工、学生行为的校规校纪。校规校纪应当内容合法、合理，制定程序完备，向学生及其家长公开，并按照要求报学校主管部门备案。

第二十六条 学校应当严格执行国家课程方案，按照要求开齐开足课程、选用教材和教学辅助资料。学校开发的校本课程或者引进的课程应当经过科学论证，并报主管教育行政部门备案。

学校不得与校外培训机构合作向学生提供有偿的课程或者课程辅导。

第二十七条 学校应当加强作业管理，指导和监督教师按照规定科学适度布置家庭作业，不得超出规定增加作业量，加重学生学习负担。

第二十八条 学校应当按照规定设置图书馆、班级图书角，配备适合学生认知特点、内容积极向上的课外读物，营造良好阅读环境，培养学生阅读习惯，提升阅读质量。

学校应当加强读物和校园文化环境管理，禁止含有淫秽、色情、暴力、邪教、迷信、赌博、恐怖主义、分裂主义、极端主义等危害未成年人身心健康内容的读物、图片、视听作品等，以及商业广告、有悖于社会主义核心价值观的文化现象进入校园。

第二十九条 学校应当建立健全安全风险防控体系，按照有关规定完善安全、卫生、食品等管理制度，提供符合标准的教育教学设施、设备等，制定自然灾害、突发事件、极端天气和意外伤害应急预案，配备相应设施并定期组织必要的演练。

学生在校期间学校应当对校园实行封闭管理，禁止无关人员进入校园。

第三十条 学校应当以适当方式教育、提醒学生及家长，避免学生使用兴奋剂或者镇静催眠药、镇痛剂等成瘾性药物；发现学生使用的，应当予以制止、向主管部门或者公安机关报告，并应当及时通知家长，但学生因治疗需要并经执业医师诊断同意使用的除外。

第三十一条 学校应当建立学生体质监测制度，发现学生出现营养不良、近视、肥胖、龋齿等倾向或者有导致体质下降的不良行为习惯，应当进行必要的管理、干预，并通知家长，督促、指导家长实施矫治。

学校应当完善管理制度，保障学生在课间、课后使用学校的体育运动场地、设施开展体育锻炼；在周末和节假日期间，按规定向学生和周边未成年人免费或者优惠开放。

第三十二条 学校应当建立学生心理健康教育管理制度，建立学生心理健康问题的早期发现和及时干预机制，按照规定配备专职或者兼职心理健康教育教师、建设心理辅导室，或者通过购买专业社工服务等多种方式为学生提供专业化、个性化的指导和服务。

有条件的学校，可以定期组织教职工进行心理健康状况测评，指导、帮助教职工以积极、乐观的心态对待学生。

第三十三条 学校可以禁止学生携带手机等智能终端产品进入学校或者在校园内使用；对经允许带入的，应当统一管理，除教学需要外，禁止带入课堂。

第三十四条 学校应当将科学、文明、安全、合理使用网络纳入课程内容，对学生进行网络安全、网络文明和防止沉迷网络的教育，预防和干预学生过度使用网络。

学校为学生提供的上网设施，应当安装未成年人上网保护软件或者采取其他安全保护技术措施，避免学生接触不适宜未成年人接触的信息；发现网络产品、服务、信息有危害学生身心健康内容的，或者学生利用网络实施违法活动的，应当立即采取措施并向有关主管部门报告。

第三十五条 任何人不得在校园内吸烟、饮酒。学校应当设置明显的禁止吸烟、饮酒的标识，并不得以烟草制品、酒精饮料的品牌冠名学校、教学楼、设施设备及各类教学、竞赛活动。

第三十六条 学校应当严格执行入职报告和准入查询制度，不得聘用有下列情形的人员：

（一）受到剥夺政治权利或者因故意犯罪受到有期徒刑以上刑事处罚的；

（二）因卖淫、嫖娼、吸毒、赌博等违法行为受到治安管理处罚的；

（三）因虐待、性骚扰、体罚或者侮辱学生等情形被开除或者解聘的；

（四）实施其他被纳入教育领域从业禁止范围的行为的。

学校在聘用教职工或引入志愿者、社工等校外人员时，应当要求相关人员提交承诺书；对在聘人员应当按照规定定期开展核查，发现存在前款规定情形的人员应当及时解聘。

第三十七条 学校发现拟聘人员或者在职教职工存在下列情形的，应当对有关人员是否符合相应岗位要求进行评估，必要时可以安排有专业资质的第三方机构进行评估，并将相关结论作为是否聘用或者调整工作岗位、解聘的依据：

（一）有精神病史的；

（二）有严重酗酒、滥用精神类药物史的；

（三）有其他可能危害未成年人身心健康或者可能造成不良影响的身心疾病的。

第三十八条 学校应当加强对教职工的管理，预防和制止教职工实施法律、法规、规章以及师德规范禁止的行为。学校及教职工不得实施下列行为：

（一）利用管理学生的职务便利或者招生考试、评奖评优、推荐评价等机会，以任何形式向学生及其家长索取、收受财物或者接受宴请、其他利益；

（二）以牟取利益为目的，向学生推销或者要求、指定学生购买特定辅导书、练习册等教辅材料或者其他商品、服务；

（三）组织、要求学生参加校外有偿补课，或者与校外机构、个人合作向学生提供其他有偿服务；

（四）诱导、组织或者要求学生及其家长登录特定经营性网站，参与视频直播、网络购物、网络投票、刷票等活动；

（五）非法提供、泄露学生信息或者利用所掌握的学生信息牟取利益；

（六）其他利用管理学生的职权牟取不正当利益的行为。

第三十九条 学校根据《校车安全管理条例》配备、使用校车的，应当依法建立健全校车安全管理制度，向学生讲解校车安全乘坐知识，培养学生校车安全事故应急处理技能。

第四十条 学校应当定期巡查校园及周边环境，发现存在法律禁止在学校周边设立的营业场所、销售网点的，应当及时采取应对措施，并报告主管教育部门或者其他有关主管部门。

学校及其教职工不得安排或者诱导、组织学生进入营业性娱乐场所、互联网上网服务营业场所、电子游戏场所、酒吧等不适宜未成年人活动的场所；发现学生进入上述场所的，应当及时予以制止、教育，并向上述场所的主管部门反映。

第五章　保护机制

第四十一条　校长是学生学校保护的第一责任人。学校应当指定一名校领导直接负责学生保护工作，并明确具体的工作机构，有条件的，可以设立学生保护专员开展学生保护工作。学校应当为从事学生保护工作的人员接受相关法律、理论和技能的培训提供条件和支持，对教职工开展未成年人保护专项培训。

有条件的学校可以整合欺凌防治、纪律处分等组织、工作机制，组建学生保护委员会，统筹负责学生权益保护及相关制度建设。

第四十二条　学校要树立以生命关怀为核心的教育理念，利用安全教育、心理健康教育、环境保护教育、健康教育、禁毒和预防艾滋病教育等专题教育，引导学生热爱生命、尊重生命；要有针对性地开展青春期教育、性教育，使学生了解生理健康知识，提高防范性侵害、性骚扰的自我保护意识和能力。

第四十三条　学校应当结合相关课程要求，根据学生的身心特点和成长需求开展以宪法教育为核心、以权利与义务教育为重点的法治教育，培养学生树立正确的权利观念，并开展有针对性的预防犯罪教育。

第四十四条　学校可以根据实际组成由学校相关负责人、教师、法治副校长（辅导员）、司法和心理等方面专业人员参加的专业辅导工作机制，对有不良行为的学生进行矫治和帮扶；对有严重不良行为的学生，学校应当配合有关部门进行管教，无力管教或者管教无效的，可以依法向教育行政部门提出申请送专门学校接受专门教育。

第四十五条 学校在作出与学生权益有关的决定前，应当告知学生及其家长，听取意见并酌情采纳。

学校应当发挥学生会、少代会、共青团等学生组织的作用，指导、支持学生参与权益保护，对于情节轻微的学生纠纷或者其他侵害学生权益的情形，可以安排学生代表参与调解。

第四十六条 学校应当建立与家长有效联系机制，利用家访、家长课堂、家长会等多种方式与学生家长建立日常沟通。

学校应当建立学生重大生理、心理疾病报告制度，向家长及时告知学生身体及心理健康状况；学校发现学生身体状况或者情绪反应明显异常、突发疾病或者受到伤害的，应当及时通知学生家长。

第四十七条 学校和教职工发现学生遭受或疑似遭受家庭暴力、虐待、遗弃、长期无人照料、失踪等不法侵害以及面临不法侵害危险的，应当依照规定及时向公安、民政、教育等有关部门报告。学校应当积极参与、配合有关部门做好侵害学生权利案件的调查处理工作。

第四十八条 教职员工发现学生权益受到侵害，属于本职工作范围的，应当及时处理；不属于本职工作范围或者不能处理的，应当及时报告班主任或学校负责人；必要时可以直接向主管教育行政部门或者公安机关报告。

第四十九条 学生因遭受遗弃、虐待向学校请求保护的，学校不得拒绝、推诿，需要采取救助措施的，应当先行救助。

学校应当关心爱护学生，为身体或者心理受到伤害的学生提供相应的心理健康辅导、帮扶教育。对因欺凌造成身体或者心理伤害，无法在原班级就读的学生，学生家长提出调整班级请求，学校经评估认为有必要的，应当予以支持。

第六章　支持与监督

第五十条　教育行政部门应当积极探索与人民检察院、人民法院、公安、司法、民政、应急管理等部门以及从事未成年人保护工作的相关群团组织的协同机制，加强对学校学生保护工作的指导与监督。

第五十一条　教育行政部门应当会同有关部门健全教职工从业禁止人员名单和查询机制，指导、监督学校健全准入和定期查询制度。

第五十二条　教育行政部门可以通过政府购买服务的方式，组织具有相应资质的社会组织、专业机构及其他社会力量，为学校提供法律咨询、心理辅导、行为矫正等专业服务，为预防和处理学生权益受侵害的案件提供支持。

教育行政部门、学校在与有关部门、机构、社会组织及个人合作进行学生保护专业服务与支持过程中，应当与相关人员签订保密协议，保护学生个人及家庭隐私。

第五十三条　教育行政部门应当指定专门机构或者人员承担学生保护的监督职责，有条件的，可以设立学生保护专兼职监察员负责学生保护工作，处理或者指导处理学生欺凌、性侵害、性骚扰以及其他侵害学生权益的事件，会同有关部门落实学校安全区域制度，健全依法处理涉校纠纷的工作机制。

负责学生保护职责的人员应当接受专门业务培训，具备学生保护的必要知识与能力。

第五十四条　教育行政部门应当通过建立投诉举报电话、邮箱或其他途径，受理对学校或者教职工违反本规定或者其他法律法规、侵害学生权利的投诉、举报；处理过程中发现有关人员行为涉嫌违法犯罪的，应当及时向公安机关报案或者移送司法机关。

第五十五条　县级教育行政部门应当会同民政部门，推动设立未成年人保护社会组织，协助受理涉及学生权益的投诉举报、开展侵害学生权益案件的调查和处理，指导、支持学校、教职工、家长开展学生保护工作。

第五十六条 地方教育行政部门应当建立学生保护工作评估制度，定期组织或者委托第三方对管辖区域内学校履行保护学生法定职责情况进行评估，评估结果作为学校管理水平评价、校长考评考核的依据。

各级教育督导机构应当将学校学生保护工作情况纳入政府履行教育职责评价和学校督导评估的内容。

第七章 责任与处理

第五十七条 学校未履行未成年人保护法规定的职责，违反本规定侵犯学生合法权利的，主管教育行政部门应当责令改正，并视情节和后果，依照有关规定和权限分别对学校的主要负责人、直接责任人或者其他责任人员进行诫勉谈话、通报批评、给予处分或者责令学校给予处分；同时，可以给予学校 1 至 3 年不得参与相应评奖评优，不得获评各类示范、标兵单位等荣誉的处理。

第五十八条 学校未履行对教职工的管理、监督责任，致使发生教职工严重侵害学生身心健康的违法犯罪行为，或者有包庇、隐瞒不报，威胁、阻拦报案，妨碍调查、对学生打击报复等行为的，主管教育部门应当对主要负责人和直接责任人给予处分或者责令学校给予处分；情节严重的，应当移送有关部门查处，构成违法犯罪的，依法追究相应法律责任。因监管不力、造成严重后果而承担领导责任的校长，5 年内不得再担任校长职务。

第五十九条 学校未按本规定建立学生权利保护机制，或者制定的校规违反法律法规和本规定，由主管教育部门责令限期改正、给予通报批评；情节严重、影响较大或者逾期不改正的，可以对学校主要负责人和直接负责人给予处分或者责令学校给予处分。

第六十条 教职工违反本规定的，由学校或者主管教育部门依照事业单位人员管理、中小学教师管理的规定予以处理。

教职工实施第二十四条第二款禁止行为的，应当依法予以开除或者解聘；有教师资格的，由主管教育行政部门撤销教师资格，纳入从业禁止人员名单；涉嫌犯罪的，移送有关部门依法追究责任。

教职工违反第三十八条规定牟取不当利益的，应当责令退还所收费用或者所获利益，给学生造成经济损失的，应当依法予以赔偿，并视情节给予处分，涉嫌违法犯罪的移送有关部门依法追究责任。

学校应当根据实际，建立健全校内其他工作人员聘用和管理制度，对其他人员违反本规定的，根据情节轻重予以校内纪律处分直至予以解聘，涉嫌违反治安管理或者犯罪的，移送有关部门依法追究责任。

第六十一条 教育行政部门未履行对学校的指导、监督职责，管辖区域内学校出现严重侵害学生权益情形的，由上级教育行政部门、教育督导机构责令改正、予以通报批评，情节严重的依法追究主要负责人或者直接责任人的责任。

第八章　附　　则

第六十二条 幼儿园、特殊教育学校应当根据未成年人身心特点，依据本规定有针对性地加强在园、在校未成年人合法权益的保护，并参照本规定、结合实际建立保护制度。

幼儿园、特殊教育学校及其教职工违反保护职责，侵害在园、在校未成年人合法权益的，应当适用本规定从重处理。

第六十三条 本规定自 2021 年 9 月 1 日起施行。

关于进一步减轻义务教育阶段学生作业负担和校外培训负担的意见

（2021 年 7 月）

为深入贯彻党的十九大和十九届五中全会精神，切实提升学校育人水平，持续规范校外培训（包括线上培训和线下培训），有效减轻义务教育阶段学生过重作业负担和校外培训负担（以下简称“双减”），现提出如下意见。

一、总体要求

1. 指导思想。坚持以习近平新时代中国特色社会主义思想为指导，全面贯彻党的教育方针，落实立德树人根本任务，着眼建设高质量教育体系，强化学校教育主阵地作用，深化校外培训机构治理，坚决防止侵害群众利益行为，构建教育良好生态，有效缓解家长焦虑情绪，促进学生全面发展、健康成长。

2. 工作原则。坚持学生为本、回应关切，遵循教育规律，着眼学生身心健康成长，保障学生休息权利，整体提升学校教育教学质量，积极回应社会关切与期盼，减轻家长负担；坚持依法治理、标本兼治，严格执行义务教育法、未成年人保护法等法律规定，加强源头治理、系统治理、综合治理；坚持政府主导、多方联动，强化政府统筹，落实部门职责，发挥学校主体作用，健全保障政策，明确家校社协同责任；坚持统筹推进、稳步实施，全面落实国家关于减轻学生过重学业负担有关规定，对重点难点问题先行试点，积极推广典型经验，确保“双减”工作平稳有序。

3. 工作目标。学校教育教学质量和服务水平进一步提升，作业布置更加科学合理，学校课后服务基本满足学生需要，学生学习更好回归校园，校外培训机构培训行为全面规范。学生过重作业负担和校外培训负担、家庭教育支出和家长相应精力负担 1 年内有效减轻、3 年内成效显著，人民群众教育满意度明显提升。

二、全面压减作业总量和时长，减轻学生过重作业负担

4. 健全作业管理机制。学校要完善作业管理办法，加强学科组、年级组作业统筹，合理调控作业结构，确保难度不超国家课标。建立作业校内公示制度，加强质量监督。严禁给家长布置或变相布置作业，严禁要求家长检查、批改作业。

5. 分类明确作业总量。学校要确保小学一、二年级不布置家庭书面作业，可在校内适当安排巩固练习；小学三至六年级书面作业平均完成时间不超过 60 分钟，初中书面作业平均完成时间不超过 90 分钟。

6. 提高作业设计质量。发挥作业诊断、巩固、学情分析等功能，将作业设计纳入教研体系，系统设计符合年龄特点和学习规律、体现素质教育导向的基础性作业。鼓励布置分层、弹性和个性化作业，坚决克服机械、无效作业，杜绝重复性、惩罚性作业。

7. 加强作业完成指导。教师要指导小学生在校内基本完成书面作业，初中生在校内完成大部分书面作业。教师要认真批改作业，及时做好反馈，加强面批讲解，认真分析学情，做好答疑辅导。不得要求学生自批自改作业。

8. 科学利用课余时间。学校和家长要引导学生放学回家后完成剩余书面作业，进行必要的课业学习，从事力所能及的家务劳动，开展适宜的体育锻炼，开展阅读和文艺活动。个别学生经努力仍完不成书面作业的，也应按时就寝。引导学生合理使用电子产品，控制使用时长，保护视力健康，防止网络沉迷。家长要积极与孩子沟通，关注孩子心理情绪，帮助其养成良好学习生活习惯。寄宿制学校要统筹安排好课余学习生活。

三、提升学校课后服务水平，满足学生多样化需求

9. 保证课后服务时间。学校要充分利用资源优势，有效实施各种课后育人活动，在校内满足学生多样化学习需求。引导学生自愿参加课后服务。课后服务结束时间原则上不早于当地正常下班时间；对有特殊需要的学生，学校应提供延时托管服务；初中学校工作日晚上可开设自习班。学校可统筹安排教师实行“弹性上下班制”。

10. 提高课后服务质量。学校要制定课后服务实施方案，增强课后服务的吸引力。充分用好课后服务时间，指导学生认真完成作业，对学习有困难的学生进行补习辅导与答疑，为学有余力的学生拓展学习空间，开展丰富多彩的科普、文体、艺术、劳动、阅读、兴趣小组及社团活动。不得利用课后服务时间讲新课。

11. 拓展课后服务渠道。课后服务一般由本校教师承担，也可聘请退休教师、具备资质的社会专业人员或志愿者提供。教育部门可组织区域内优秀教师到师资力量薄弱的学校开展课后服务。依法依规严肃查处教师校外有偿补课行为，直至撤销教师资格。充分利用社会资源，发挥好少年宫、青少年活动中心等校外活动场所在课后服务中的作用。

12. 做强做优免费线上学习服务。教育部门要征集、开发丰富优质的线上教育教学资源，利用国家和各地教育教学资源平台以及优质学校网络平台，免费向学生提供高质量专题教育资源和覆盖各年级各学科的学习资源，推动教育资源均衡发展，促进教育公平。各地要积极创造条件，组织优秀教师开展免费在线互动交流答疑。各地各校要加大宣传推广使用力度，引导学生用好免费线上优质教育资源。

四、坚持从严治理，全面规范校外培训行为

13. 坚持从严审批机构。各地不再审批新的面向义务教育阶段学生的学科类校外培训机构，现有学科类培训机构统一登记为非营利性机构。对原备案的线上学科类培训机构，改为审批制。各省（自治区、直辖市）要对已备案的线上学科类培训机构全面排查，并按标准重新办理审批手续。未通过审批的，取消原有备案登记和互联网信息服务业务经营许可证（ICP）。对非学科类培训机构，各地要区分体育、文化艺术、科技等类别，明确相应主管部门，分类制定标准、严格审批。依法依规严肃查处不具备相应资质条件、未经审批多址开展培训的校外培训机构。学科类培训机构一律不得上市融资，严禁资本化运作；上市公司不得通过股票市场融资投资学科类培训机构，不得通过发行股份或支付现金等方式购买学科类培训机构资产；外资不得通过兼并收购、受托经营、加盟连锁、利用可变利益实体等方式控股或参股学科类培训机构。已违规的，要进行清理整治。

14. 规范培训服务行为。建立培训内容备案与监督制度，制定出台校外培训机构培训材料管理办法。严禁超标超前培训，严禁非学科类培训机构从事学科类培训，严禁提供境外教育课程。依法依规坚决查处超范围培训、培训质量良莠不齐、内容低俗违法、盗版侵权等突出问题。严格执行未成年人保护法有关规定，校外培训机构不得占用国家法定节假日、休息日及寒暑假期组织学科类培训。培训机构不得高薪挖抢学校教师；从事学科类培训的人员必须具备相应教师资格，并将教师资格信息在培训机构场所及网站显著位置公布；不得泄露家长和学生个人信息。根据市场需求、培训成本等因素确定培训机构收费项目和标准，向社会公示、接受监督。全面使用《中小学生校外培训服务合同（示范文本）》。进一步健全常态化排查机制，及时掌握校外培训机构情况及信息，完善“黑白名单”制度。

15. 强化常态运营监管。严格控制资本过度涌入培训机构，培训机构融资及收费应主要用于培训业务经营，坚决禁止为推销业务以虚构原价、虚假折扣、虚假宣传等方式进行不正当竞争，依法依规坚决查处行业垄断行为。线上培训要注重保护学生视力，每课时不超过 30 分钟，课程间隔不少于 10 分钟，培训结束时间不晚于 21

点。积极探索利用人工智能技术合理控制学生连续线上培训时间。线上培训机构不得提供和传播“拍照搜题”等惰化学生思维能力、影响学生独立思考、违背教育教学规律的不良学习方法。聘请在境内的外籍人员要符合国家有关规定，严禁聘请在境外的外籍人员开展培训活动。

五、大力提升教育教学质量，确保学生在校内学足学好

16. 促进义务教育优质均衡发展。各地要巩固义务教育基本均衡成果，积极开展义务教育优质均衡创建工作，促进新优质学校成长，扩大优质教育资源。积极推进集团化办学、学区化治理和城乡学校共同体建设，充分激发办学活力，整体提升学校办学水平，加快缩小城乡、区域、学校间教育水平差距。

17. 提升课堂教学质量。教育部门要指导学校健全教学管理规程，优化教学方式，强化教学管理，提升学生在校学习效率。学校要开齐开足开好国家规定课程，积极推进幼小科学衔接，帮助学生做好入学准备，严格按课程标准零起点教学，做到应教尽教，确保学生达到国家规定的学业质量标准。学校不得随意增减课时、提高难度、加快进度；降低考试压力，改进考试方法，不得有提前结课备考、违规统考、考题超标、考试排名等行为；考试成绩呈现实行等级制，坚决克服唯分数的倾向。

18. 深化高中招生改革。各地要积极完善基于初中学业水平考试成绩、结合综合素质评价的高中阶段学校招生录取模式，依据不同科目特点，完善考试方式和成绩呈现方式。坚持以学定考，进一步提升中考命题质量，防止偏题、怪题、超过课程标准的难题。逐步提高优质普通高中招生指标分配到区域内初中的比例，规范普通高中招生秩序，杜绝违规招生、恶性竞争。

19. 纳入质量评价体系。地方各级党委和政府要树立正确政绩观，严禁下达升学指标或片面以升学率评价学校和教师。认真落实义务教育质量评价指南，将“双减”工作成效纳入县域和学校义务教育质量评价，把学生参加课后服务、校外培训及培训费用支出减少等情况作为重要评价内容。

六、强化配套治理，提升支撑保障能力

20. 保障学校课后服务条件。各地要根据学生规模和中小学教职工编制标准，统筹核定编制，配足配齐教师。省级政府要制定学校课后服务经费保障办法，明确相关标准，采取财政补贴、服务性收费或代收费等方式，确保经费筹措到位。课后服务经费主要用于参与课后服务教师和相关人员的补助，有关部门在核定绩效工资总量时，应考虑教师参与课后服务的因素，把用于教师课后服务补助的经费额度，作为增量纳入绩效工资并设立相应项目，不作为次年正常核定绩效工资总量的基数；对聘请校外人员提供课后服务的，课后服务补助可按劳务费管理。教师参加课后服务的表现应作为职称评聘、表彰奖励和绩效工资分配的重要参考。

21. 完善家校社协同机制。进一步明晰家校育人责任，密切家校沟通，创新协同方式，推进协同育人共同体建设。教育部门要会同妇联等部门，办好家长学校或网上家庭教育指导平台，推动社区家庭教育指导中心、服务站点建设，引导家长树立科学育儿观念，理性确定孩子成长预期，努力形成减负共识。

22. 做好培训广告管控。中央有关部门、地方各级党委和政府要加强校外培训广告管理，确保主流媒体、新媒体、公共场所、居民区各类广告牌和网络平台等不刊登、不播发校外培训广告。不得在中小学校、幼儿园内开展商业广告活动，不得利用中小学和幼儿园的教材、教辅材料、练习册、文具、教具、校服、校车等发布或变相发布广告。依法依规严肃查处各种夸大培训效果、误导公众教育观念、制造家长焦虑的校外培训违法违规广告行为。

七、扎实做好试点探索，确保治理工作稳妥推进

23. 明确试点工作要求。在全面开展治理工作的同时，确定北京市、上海市、沈阳市、广州市、成都市、郑州市、长治市、威海市、南通市为全国试点，其他省份至少选择1个地市开展试点，试点内容为第24、25、26条所列内容。

24. 坚决压减学科类校外培训。对现有学科类培训机构重新审核登记，逐步大大压减，解决过多过滥问题；依法依规严肃查处存在不符合资质、管理混乱、借机敛财、虚假宣传、与学校勾连牟利等严重问题的机构。

25. 合理利用校内外资源。鼓励有条件的学校在课余时间向学生提供兴趣类课后服务活动，供学生自主选择参加。课后服务不能满足部分学生发展兴趣特长等特殊需要的，可适当引进非学科类校外培训机构参与课后服务，由教育部门负责组织遴选，供学校选择使用，并建立评估退出机制，对出现服务水平低下、恶意在校招揽生源、不按规定提供服务、扰乱学校教育教学和招生秩序等问题的培训机构，坚决取消培训资质。

26. 强化培训收费监管。坚持校外培训公益属性，充分考虑其涉及重大民生的特点，将义务教育阶段学科类校外培训收费纳入政府指导价管理，科学合理确定计价办法，明确收费标准，坚决遏制过高收费和过度逐利行为。通过第三方托管、风险储备金等方式，对校外培训机构预收费进行风险管控，加强对培训领域贷款的监管，有效预防"退费难"、"卷钱跑路"等问题发生。

八、精心组织实施，务求取得实效

27. 全面系统做好部署。加强党对"双减"工作的领导，各省（自治区、直辖市）党委和政府要把"双减"工作作为重大民生工程，列入重要议事日程，纳入省（自治区、直辖市）党委教育工作领导小组重点任务，结合本地实际细化完善措施，确保"双减"工作落实落地。学校党组织要认真做好教师思想工作，充分调动广大教师积极性、创造性。校外培训机构要加强自身党建工作，发挥党组织战斗堡垒作用。

28. 明确部门工作责任。教育部门要抓好统筹协调，会同有关部门加强对校外培训机构日常监管，指导学校做好“双减”有关工作；宣传、网信部门要加强舆论宣传引导，网信部门要配合教育、工业和信息化部门做好线上校外培训监管工作；机构编制部门要及时为中小学校补齐补足教师编制；发展改革部门要会同财政、教育等部门制定学校课后服务性或代收费标准，会同教育等部门制定试点地区校外培训机构收费指导政策；财政部门要加强学校课后服务经费保障；人力资源社会保障部门要做好教师绩效工资核定有关工作；民政部门要做好学科类培训机构登记工作；市场监管部门要做好非学科类培训机构登记工作和校外培训机构收费、广告、反垄断等方面监管工作，加大执法检查力度，会同教育部门依法依规严肃查处违法违规培训行为；政法部门要做好相关维护和谐稳定工作；公安部门要依法加强治安管理，联动开展情报信息搜集研判和预警预防，做好相关涉稳事件应急处置工作；人民银行、银保监、证监部门负责指导银行等机构做好校外培训机构预收费风险管控工作，清理整顿培训机构融资、上市等行为；其他相关部门按照各自职责负起责任、抓好落实。

29. 联合开展专项治理行动。建立“双减”工作专门协调机制，集中组织开展专项治理行动。在教育部设立协调机制专门工作机构，做好统筹协调，加强对各地工作指导。各省（自治区、直辖市）要完善工作机制，建立专门工作机构，按照“双减”工作目标任务，明确专项治理行动的路线图、时间表和责任人。突出工作重点、关键环节、薄弱地区、重点对象等，开展全面排查整治。对违法违规行为要依法依规严惩重罚，形成警示震慑。

30. 强化督促检查和宣传引导。将落实“双减”工作情况及实际成效，作为督查督办、漠视群众利益专项整治和政府履行教育职责督导评价的重要内容。建立责任追究机制，对责任不落实、措施不到位的地方、部门、学校及相关责任人要依法依规严肃追究责任。各地要设立监管平台和专门举报电话，畅通群众监督举报途径。各省（自治区、直辖市）要及时总结“双减”工作中的好经验好做法，并做好宣传推广。新闻媒体要坚持正确舆论导向，营造良好社会氛围。

各地在做好义务教育阶段学生“双减”工作的同时，还要统筹做好面向3至6岁学龄前儿童和普通高中学生的校外培训治理工作，不得开展面向学龄前儿童的线上培训，严禁以学前班、幼小衔接班、思维训练班等名义面向学龄前儿童开展线下学科类（含外语）培训。不再审批新的面向学龄前儿童的校外培训机构和面向普通高中学生的学科类校外培训机构。对面向普通高中学生的学科类培训机构的管理，参照本意见有关规定执行。

（二）学前教育

中共中央 国务院关于学前教育深化改革规范发展的若干意见

（2018年11月7日）

学前教育是终身学习的开端，是国民教育体系的重要组成部分，是重要的社会公益事业。办好学前教育、实现幼有所育，是党的十九大作出的重大决策部署，是党和政府为老百姓办实事的重大民生工程，关系亿万儿童健康成长，关系社会和谐稳定，关系党和国家事业未来。

党的十八大以来，我国学前教育事业快速发展，资源迅速扩大、普及水平大幅提高、管理制度不断完善，“入园难”问题得到有效缓解。同时也要看到，由于底子薄、欠账多，目前学前教育仍是整个教育体系的短板，发展不平衡不充分问题十分突出，“入园难”、“入园贵”依然是困扰老百姓的烦心事之一。主要表现为：学前教育资源尤其是普惠性资源不足，政策保障体系不完善，教师队伍建设滞后，监管体制机制不健全，保教质量有待提高，存在“小学化”倾向，部分民办园过度逐利、幼儿安全问题时有发生。为进一步完善学前教育公共服务体系，切实办好新时代学前教育，更好实现幼有所育，现就学前教育深化改革规范发展提出如下意见。

一、总体要求

（一）指导思想。以习近平新时代中国特色社会主义思想为指导，全面贯彻党的十九大精神和党的教育方针，认真落实立德树人根本任务，遵循学前教育规律，牢牢把握学前教育正确发展方向，完善学前教育体制机制，健全学前教育政策保障体系，推进学前教育普及普惠安全优质发展，满足人民群众对幼有所育的美好期盼，为培养德智体美劳全面发展的社会主义建设者和接班人奠定坚实基础。

（二）基本原则

——坚持党的领导。加强党对学前教育工作的领导，确保党的教育方针在学前教育领域深入贯彻，确保立德树人根本任务落实到位，确保学前教育始终沿着正确方向发展。

——坚持政府主导。落实各级政府在学前教育规划、投入、教师队伍建设、监管等方面的责任，完善各有关部门分工负责、齐抓共管的工作机制。牢牢把握公益普惠基本方向，坚持公办民办并举，加大公共财政投入，着力扩大普惠性学前教育资源供给。

——坚持改革创新。突出问题导向，统筹兼顾、综合施策，破解制约学前教育发展的体制机制障碍，补齐制度短板，激发办园活力，鼓励引导规范社会力量办园，充分调动各方面积极性。

——坚持规范管理。遵循幼儿身心发展规律，实施科学保教，健全治理体系，堵住监管漏洞，完善学前教育法律法规，实现依法依规办园治园，促进幼儿健康快乐成长。

（三）主要目标

到2020年，全国学前三年毛入园率达到85%，普惠性幼儿园覆盖率（公办园和普惠性民办园在园幼儿占比）达到80%。广覆盖、保基本、有质量的学前教育公共服务体系基本建成，学前教育管理体制、办园体制和政策保障体系基本完善。投入水平显著提高，成本分担机制普遍建立。幼儿园办园行为普遍规范，保教质量明显提升。不同区域、不同类型城市分类解决学前教育发展问题，大型、特大型城市率先实现发展目标。

到2020年，基本形成以本专科为主体的幼儿园教师培养体系，本专科学前教育专业毕业生规模达到20万人以上；建立幼儿园教师专业成长机制，健全培训课程标准，分层分类培训150万名左右幼儿园园长、教师；建立普通高等学校学前教育专业质量认证和保障体系，幼儿园教师队伍综合素质和科学保教能力得到整体提升，幼儿园教师社会地位、待遇保障进一步提高，职业吸引力明显增强。

到2035年，全面普及学前三年教育，建成覆盖城乡、布局合理的学前教育公共服务体系，形成完善的学前教育管理体制、办园体制和政策保障体系，为幼儿提供更加充裕、更加普惠、更加优质的学前教育。

二、优化布局与办园结构

（四）科学规划布局。各地要充分考虑人口变化和城镇化发展趋势，结合实施乡村振兴战略，制定应对学前教育需求高峰方案。以县为单位制定幼儿园布局规划，切实把普惠性幼儿园建设纳入城乡公共管理和公共服务设施统一规划，列入本地区控制性详细规划和土地招拍挂建设项目成本，选定具体位置，明确服务范围，确定建设规模，确保优先建设。公办园资源不足的城镇地区，新建改扩建一批公办园。大力发展农村学前教育，每个乡镇原则上至少办好一所公办中心园，大村独立建园或设分园，小村联合办园，人口分散地区根据实际情况可举办流动幼儿园、季节班等，配备专职巡回指导教师，完善县乡村三级学前教育公共服务网络。

（五）调整办园结构。各地要把发展普惠性学前教育作为重点任务，结合本地实际，着力构建以普惠性资源为主体的办园体系，坚决扭转高收费民办园占比偏高的局面。大力发展公办园，充分发挥公办园保基本、兜底线、引领方向、平抑收费的主渠道作用。按照实现普惠目标的要求，公办园在园幼儿占比偏低的省份，逐步提高公办园在园幼儿占比，到2020年全国原则上达到50%，各地可从实际出发确定具体发展目标。积极扶持民办园提供普惠性服务，规范营利性民办园发展，满足家长不同选择性需求。

三、拓宽途径扩大资源供给

（六）实施学前教育专项。国家继续实施学前教育行动计划，逐年安排建设一批普惠性幼儿园，重点扩大农村地区、脱贫攻坚地区、新增人口集中地区普惠性资源。

（七）积极挖潜扩大增量。充分利用腾退搬迁的空置厂房、乡村公共服务设施、农村中小学闲置校舍等资源，以租赁、租借、划转等形式举办公办园。鼓励支持街道、村集体、有实力的国有企事业单位，特别是普通高等学校举办公办园，在为本单位职工子女入园提供便利的同时，也为社会提供普惠性服务。对于军队停办的幼儿园，要移交地方政府接收，实行属地化管理，确保学前教育资源不流失。

（八）规范小区配套幼儿园建设使用。2019年6月底前，各省（自治区、直辖市）要制定小区配套幼儿园建设管理办法，健全发展改革、自然资源、住房城乡建设、教育等部门联动管理机制，做好配套幼儿园规划、土地出让、园舍设计建设、验收、移交、办园等环节的监督管理。各省（自治区、直辖市）要对小区配套幼儿园规划、建设、移交、办园等情况进行专项治理，2019年年底前整改到位。老城（棚户区）改造、新城开发和居住区建设、易地扶贫搬迁应将配套建设幼儿园纳入公共管理和公共服务设施建设规划，并按照相关标准和规范予以建设，确保配套幼儿园与首期建设的居民住宅区同步规划、同步设计、同步建设、同步验收、同步交付使用。配套幼儿园由当地政府统筹安排，办成公办园或委托办成普惠性民办园，不得办成营利性幼儿园。对存在配套幼儿园缓建、缩建、停建、不建和建而不交等问题的，在整改到位之前，不得办理竣工验收。

（九）鼓励社会力量办园。政府加大扶持力度，引导社会力量更多举办普惠性幼儿园。2019 年 6 月底前，各省（自治区、直辖市）要进一步完善普惠性民办园认定标准、补助标准及扶持政策。通过购买服务、综合奖补、减免租金、派驻公办教师、培训教师、教研指导等方式，支持普惠性民办园发展，并将提供普惠性学位数量和办园质量作为奖补和支持的重要依据。

四、健全经费投入长效机制

（十）优化经费投入结构。国家进一步加大学前教育投入力度，逐步提高学前教育财政投入和支持水平，主要用于扩大普惠性资源、补充配备教师、提高教师待遇、改善办园条件。中央财政继续安排支持学前教育发展资金，支持地方多种形式扩大普惠性资源，深化体制机制改革，健全幼儿资助制度，重点向中西部农村地区和贫困地区倾斜。研究中央专项彩票公益金等支持学前教育发展的政策。地方各级政府要健全学前教育经费投入机制，规范使用管理，强化绩效评价，提高使用效益。

（十一）健全学前教育成本分担机制。各地要从实际出发，科学核定办园成本，以提供普惠性服务为衡量标准，统筹制定财政补助和收费政策，合理确定分担比例。到 2020 年，各省（自治区、直辖市）制定并落实公办园生均财政拨款标准或生均公用经费标准，合理确定并动态调整拨款水平；因地制宜制定企事业单位、部队、街道、村集体办幼儿园财政补助政策；根据办园成本、经济发展水平和群众承受能力等因素，合理确定公办园收费标准并建立定期动态调整机制。民办园收费项目和标准根据办园成本、市场需求等因素合理确定，向社会公示，并接受有关主管部门的监督。非营利性民办园（包括普惠性民办园）收费具体办法由省级政府制定。营利性民办园收费标准实行市场调节，由幼儿园自主决定。地方政府依法加强对民办园收费的价格监管，坚决抑制过高收费。

（十二）完善学前教育资助制度。各地要认真落实幼儿资助政策，确保接受普惠性学前教育的家庭经济困难儿童（含建档立卡家庭儿童、低保家庭儿童、特困救助供养儿童等）、孤儿和残疾儿童得到资助。

五、大力加强幼儿园教师队伍建设

（十三）严格依标配备教职工。各地要及时补充公办园教职工，严禁“有编不补”、长期使用代课教师。民办园按照配备标准配足配齐教职工。各类幼儿园按照国家相关规定配备卫生保健人员。

（十四）依法保障幼儿园教师地位和待遇。各地要认真落实公办园教师工资待遇保障政策，统筹工资收入政策、经费支出渠道，确保教师工资及时足额发放、同工同酬。有条件的地方可试点实施乡村公办园教师生活补助政策。按照政府购买服务范围的规定，可将公办园中保育员、安保、厨师等服务纳入政府购买服务范围，所需资金从地方财政预算中统筹安排。民办园要参照当地公办园教师工资收入水平，合理确定相应教师的工资收入。各类幼儿园依法依规足额足项为教职工缴纳社会保险和住房公积金。各地要根据学前教育特点和幼儿园教师专业标准，完善幼儿园教师职称评聘标准，畅通职称评聘通道，提高高级职称比例。对作出突出贡献的幼儿园园长、教师，按照国家有关规定予以表彰和奖励。

（十五）完善教师培养体系。办好一批幼儿师范专科学校和若干所幼儿师范学院，支持师范院校设立并办好学前教育专业。中等职业学校相关专业重点培养保育员。根据基本普及学前教育目标，制定学前教育专业培养规划，扩大本专科层次培养规模及学前教育专业公费师范生招生规模。前移培养起点，大力培养初中毕业起点的五年制专科学历的幼儿园教师。引导学前教育专业毕业生从事幼教工作，鼓励师范院校在校生辅修或转入学前教育专业，扩大有质量教师供给。创新培养模式，优化培养课程体系，突出保教融合，健全学前教育法规及规章制度，加强儿童发展、幼儿园保育教育实践类课程建设，提高培养专业化水平。2018 年启动师范院校学前教育专业国家认证工作，建立培养质量保障制度。

（十六）健全教师培训制度。出台幼儿园教师培训课程指导标准，实行幼儿园园长、教师定期培训和全员轮训制度。研究制定全国幼儿园教师培训工作方案，用两年半左右时间，通过国家、省、县三级培训网络，大规模培训幼儿园园长、教师，重点加强师德师风全员培训、非学前教育专业教师全员补偿培训和未成年人保护方面的法律培训等。创新培训模式，支持师范院校与优质幼儿园协同建立培训基地，强化专业学习与跟岗实践相结合，增强培训针对性和实效性，切实提高教师专业水平和科学保教能力。

（十七）严格教师队伍管理。认真落实教师资格准入与定期注册制度，严格执行幼儿园园长、教师专业标准，坚持公开招聘制度，全面落实幼儿园教师持证上岗，切实把好幼儿园园长、教师入口关。非学前教育专业毕业生到幼儿园从教须经专业培训并取得相应教师资格。强化师德师风建设，通过加强师德教育、完善考评制度、加大监察监督、建立信用记录、完善诚信承诺和失信惩戒机制等措施，提高教师职业素养，培养热爱幼教、热爱幼儿的职业情怀。对违反职业行为规范、影响恶劣的实行“一票否决”，终身不得从教。

六、完善监管体系

（十八）落实监管责任。强化各级党委和政府及各有关部门的监管责任，建立健全教育部门主管、各有关部门分工负责的监管机制。健全各级教育部门学前教育管理机构，充实管理力量，建设一支与学前教育事业发展规模和监管任务相适应的专业化管理队伍。

（十九）加强源头监管。严格幼儿园准入管理，各地依据国家基本标准调整完善幼儿园设置标准，严格掌握审批条件，加强对教职工资质与配备标准、办园条件等方面的审核。幼儿园审批严格执行“先证后照”制度，由县级教育部门依法进行前置审批，取得办园许可证后，到相关部门办理法人登记。对符合条件的幼儿园，按照国家相关规定进行事业单位登记。

（二十）完善过程监管。强化对幼儿园教职工资质和配备、收费行为、安全防护、卫生保健、保教质量、经费使用以及财务管理等方面的动态监管，完善年检制度。各地建立幼儿园基本信息备案及公示制度，充分利用互联网等信息化手段，向社会及时公布并更新幼儿园教职工配备、收费标准、质量评估等方面信息，主动接受社会监督。教育、民政、市场监管等部门要健全家长投诉渠道，及时回应和解决家长反映的问题。健全家长志愿者驻园值守制度，充分发挥幼儿园家长委员会作用，推动家长有效参与幼儿园重大事项决策和日常管理。建设全国学前教育管理信息系统，提高学前教育信息化管理水平。

（二十一）强化安全监管。落实相关部门对幼儿园安全保卫和监管责任，提升人防、物防、技防能力，建立全覆盖的幼儿园安全风险防控体系。幼儿园所在街道（乡镇）、城乡社区居民委员会（村民委员会）共同做好幼儿园安全监管工作。幼儿园必须把保护幼儿生命安全和健康放在首位，落实园长安全主体责任，健全各项安全管理制度和安全责任制，强化法治教育和安全教育，提高家长安全防范意识和能力，并通过符合幼儿身心特点的方式提高幼儿感知、体悟、躲避危险和伤害的能力。

（二十二）严格依法监管。加强办园行为督导，实行幼儿园责任督学挂牌督导制度。幼儿园提供虚假或误导家长信息的，纳入诚信记录。对存在伤害儿童、违规收费等行为的幼儿园，及时进行整改、追究责任；造成恶劣影响的，依法吊销办园许可证，有关责任人终身不得办学和执教；构成犯罪的，依法追究其刑事责任。

七、规范发展民办园

（二十三）稳妥实施分类管理。2019 年 6 月底前，各省（自治区、直辖市）要制定民办园分类管理实施办法，明确分类管理政策。现有民办园根据举办者申请，限期归口进行非营利性民办园或营利性民办园分类登记。在此期间，县级以上教育、民政、市场监管部门做好衔接等工作，确保分类登记平稳实施、有序进行。

（二十四）遏制过度逐利行为。民办园应依法建立财务、会计和资产管理制度，按照国家有关规定设置会计账簿，收取的费用应主要用于幼儿保教活动、改善办园条件和保障教职工待遇，每年依规向当地教育、民政或市场监管部门提交经审计的财务报告。社会资本不得通过兼并收购、受托经营、加盟连锁、利用可变利益实体、协议控制等方式控制国有资产或集体资产举办的幼儿园、非营利性幼儿园；已违规的，由教育部门会同有关部门进行清理整治，清理整治完成前不得进行增资扩股。参与并购、加盟、连锁经营的营利性幼儿园，应将与相关利益企业签订的协议报县级以上教育部门备案并向社会公布；当地教育部门应对相关利益企业和幼儿园的资质、办园方向、课程资源、数量规模及管理能力等进行严格审核，实施加盟、连锁行为的营利性幼儿园原则上应取得省级示范园资质。幼儿园控制主体或品牌加盟主体变更，须经所在区县教育部门审批，举办者变更须按规定办理核准登记手续，按法定程序履行资产交割。所属幼儿园出现安全、经营、管理、质量、财务、资产等方面问题时，举办者、实际控制人、负责幼儿园经营的管理机构应承担相应责任。民办园一律不准单独或作为一部分资产打包上市。上市公司不得通过股票市场融资投资营利性幼儿园，不得通过发行股份或支付现金等方式购买营利性幼儿园资产。

（二十五）分类治理无证办园。各地要将无证园全部纳入监管范围，建立工作台账，稳妥做好排查、分类、扶持和治理工作。加大整改扶持力度，通过整改扶持规范一批无证园，达到基本标准的，颁发办园许可证。整改后仍达不到安全卫生等办园基本要求的，地方政府要坚决予以取缔，并妥善分流和安置幼儿。2020年年底前，各地要稳妥完成无证园治理工作。

八、提高幼儿园保教质量

（二十六）全面改善办园条件。幼儿园园舍条件、玩教具和幼儿图书配备应达到规定要求。国家制定幼儿园玩教具和图书配备指南，广泛征集遴选符合幼儿身心特点的优质游戏活动资源和体现中国优秀传统文化、现代生活特色的绘本。各地要加强对玩教具和图书配备的指导，支持引导幼儿园充分利用当地自然和文化资源，合理布局空间、设施，为幼儿提供有利于激发学习探索、安全、丰富、适宜的游戏材料和玩教具，防止盲目攀比、不切实际。

（二十七）注重保教结合。幼儿园要遵循幼儿身心发展规律，树立科学保教理念，建立良好师幼关系。合理安排幼儿一日生活，为幼儿提供均衡的营养，保证充足的睡眠和适宜的锻炼，传授基本的文明礼仪，培育幼儿良好的卫生、生活、行为习惯和自我保护能力。坚持以游戏为基本活动，珍视幼儿游戏活动的独特价值，保护幼儿的好奇心和学习兴趣，尊重个体差异，鼓励支持幼儿通过亲近自然、直接感知、实际操作、亲身体验等方式学习探索，促进幼儿快乐健康成长。开展幼儿园“小学化”专项治理行动，坚决克服和纠正“小学化”倾向，小学起始年级必须按国家课程标准坚持零起点教学。

（二十八）完善学前教育教研体系。健全各级学前教育教研机构，充实教研队伍，落实教研指导责任区制度，加强园本教研、区域教研，及时解决幼儿园教师在教育实践过程中的困惑和问题。充分发挥城镇优质幼儿园和农村乡镇中心园的辐射带动作用，加强对薄弱园的专业引领和实践指导。

（二十九）健全质量评估监测体系。国家制定幼儿园保教质量评估指南，各省（自治区、直辖市）完善幼儿园质量评估标准，健全分级分类评估体系，建立一支立足实践、熟悉业务的专业化质量评估队伍，将各类幼儿园全部纳入质量评估范畴，定期向社会公布评估结果。加强幼儿园保育教育资源监管，在幼儿园推行使用的课程教学类资源须经省级学前教育专家指导委员会审核。

九、加强组织领导

（三十）加强党的领导。全面加强党对学前教育事业的领导，按照管党建与管业务相结合的原则，市、县级党委教育工作部门或教育行政部门党组织统一领导和指导幼儿园党建工作。认真落实全面从严治党要求，实现幼儿园党的组织和党的工作全覆盖。充分发挥幼儿园党组织作用，保障正确办园方向，认真做好教职工思想政治工作，厚植立德树人基础。

（三十一）健全管理体制。认真落实国务院领导、省市统筹、以县为主的学前教育管理体制。积极推动各地理顺机关、企事业单位办幼儿园的办园体制，实行属地化管理。国家完善相关法规制度，制定学前教育发展规划，推进普及学前教育，构建覆盖城乡的学前教育公共服务体系。地方政府是发展学前教育的责任主体，省级和市级政府负责统筹加强学前教育工作，推动出台地方性学前教育法规，制定相关规章和本地学前教育发展规划，健全投入机制，明确分担责任，完善相关政策措施并组织实施；县级政府对本县域学前教育发展负主体责任，负责制定学前教育发展规划和幼儿园布局、公办园的建设、教师配备补充、工资待遇及幼儿园运转，面向各类幼儿园进行监督管理，指导幼儿园做好保教工作，在土地划拨等方面对幼儿园予以优惠和支持，确保县域内学前教育规范有序健康发展。城市街道办事处、乡（镇）政府要积极支持办好本行政区域内各类幼儿园。

（三十二）完善部门协调机制。教育部门要完善政策，制定标准，充实管理、教研力量，加强学前教育的科学指导和监督管理。编制部门要结合实际合理核定公办园教职工编制。发展改革部门要把学前教育纳入当地经济社会发展规划，支持幼儿园建设发展。财政部门要完善财政支持政策，支持扩大普惠性学前教育资源。自然资源、住房城乡建设部门要将城镇小区和新农村配套幼儿园必要建设用地及时纳入相关规划，会同教育部门加强对配套幼儿园的建设、验收、移交等环节的监管落实。人力资源社会保障部门要制定完善幼儿园教职工人事（劳动）、工资待遇、社会保障和职称评聘政策。价格、财政、教育部门要根据职责分工，加强幼儿园收费管理。卫生健康部门要监督指导幼儿园卫生保健工作。民政、市场监管部门要分别对取得办学许可证的非营利性幼儿园和营利性幼儿园依法办理法人登记手续。金融监管部门要对民办园并购、融资上市等行为进行规范监管。党委政法委组织协调公安、司法等政法机关和有关部门进一步加强幼儿园安全保卫工作的指导，依法严厉打击侵害幼儿人身安全的违法犯罪行为，推动幼儿园及周边社会治安综合治理。

（三十三）建立督导问责机制。将学前教育普及普惠目标和相关政策措施落实情况作为对省级政府履行教育职责督导评估的重要内容，作为地方各级党委和政府督查工作的重点任务，纳入督导评估和目标考核体系。国务院教育督导委员会制定普及学前教育督导评估办法，以县为单位对普及学前教育情况进行评估，省级为主推动实施，国家审核认定。省一级建立专项督查机制，加强对普惠性资源配置、教师队伍建设、经费投入与成本分担机制等政府责任落实情况的督导检查，并将结果向社会公示。对发展学前教育成绩突出的地区予以表彰奖励，对履行职责不力、没有如期完成发展目标地区的责任人予以问责。

（三十四）研究制定学前教育法。加快推进学前教育立法，进一步明确学前教育在国民教育体系中的地位和公益普惠属性，强化政府和各有关部门在学前教育规划、投入、资源配置、师资队伍建设和监管等方面的责任，明确举办者对幼儿园办园条件、师资聘任、工资待遇、运转保障、经费使用与财务管理等方面的责任，促进学前教育事业健康可持续发展。加大对违法违规办园行为的惩治力度，推进学前教育走上依法办园、依法治教的轨道，保障幼儿身心健康成长。

（三十五）营造良好氛围。教育部门会同宣传、广电部门及新闻媒体认真遴选并广泛宣传各地学前教育工作的典型经验，以及为发展学前教育事业作出突出贡献的先进个人事迹，积极开展“全国学前教育宣传月”等宣传教育活动，传播科学育儿理念和知识，集中宣传展示先进典型经验，大力营造全社会关心支持学前教育改革发展的良好氛围。

支持学前教育发展资金管理办法

（2021 年 4 月 10 日　财教〔2021〕73 号）

第一条　为规范和加强支持学前教育发展资金管理，提高资金使用效益，根据国家预算管理有关规定，制定本办法。

第二条　本办法所称支持学前教育发展资金，是指中央财政用于支持学前教育发展的转移支付资金。实施期限根据教育领域中央与地方财政事权和支出责任划分、学前教育改革发展政策等确定。

第三条 支持学前教育发展资金管理遵循“中央引导、省级统筹、突出重点、讲求绩效，规范透明、强化监督”的原则。

第四条 现阶段，支持学前教育发展资金主要用于以下方面：

（一）支持地方补足普惠性资源短板。坚持公益普惠基本方向，扩大普惠性资源供给，新建改扩建公办幼儿园，理顺机关、企事业单位、街道集体办幼儿园办园体制并向社会提供普惠性服务，扶持普惠性民办园发展等。

（二）支持地方健全普惠性学前教育经费投入机制。落实公办园生均财政拨款标准或生均公用经费标准、普惠性民办园补助标准，建立动态调整机制。

（三）支持地方巩固幼儿资助制度。资助普惠性幼儿园家庭经济困难幼儿、孤儿和残疾儿童接受学前教育。

（四）支持地方提高保教质量。改善普惠性幼儿园办园条件，配备适宜的玩教具和图画书。对能够辐射带动薄弱园开展科学保教的城市优质园和乡镇公办中心园给予支持。

第五条 支持学前教育发展资金由财政部会同教育部共同管理。教育部负责审核地方提出的区域绩效目标等相关材料和数据，提供资金测算需要的基础数据，并对提供的基础数据的准确性、及时性负责。财政部根据预算管理相关规定，会同教育部研究确定有关省份资金预算金额、资金的整体绩效目标。

省级财政、教育部门负责明确省级及省以下各级财政、教育部门在基础数据审核、资金安排、使用管理等方面的责任，切实加强资金管理。

第六条 支持学前教育发展资金采取因素法分配。首先按照中西部地区 90%、东部地区 10%（适当向困难省份倾斜）的区域因素确定分地区资金规模，在此基础上再按基础因素、投入因素分配到有关省份。其中：

基础因素（权重 80%）主要考虑学前教育普及普惠、公办园发展、教师队伍建设、巩固脱贫攻坚成果与乡村振兴有效衔接等因素。各因素数据通过相关统计资料获得。

投入因素（权重 20%）主要考虑地方财政努力程度、社会力量投入等因素。各因素数据通过相关统计资料获得。

财政部会同教育部综合考虑各地工作进展等情况，研究确定绩效调节系数，对资金分配情况进行适当调节。

计算公式为：

某省份支持学前教育发展资金＝（该省份基础因素/Σ有关省份基础因素×权重+该省份投入因素/Σ有关省份投入因素×权重）×支持学前教育发展资金年度预算地区资金总额×绩效调节系数

财政部、教育部根据党中央、国务院有关决策部署和学前教育改革发展新形势等情况，适时调整完善相关分配因素、权重、计算公式等。

第七条 省级财政、教育部门应当于每年 2 月底前向财政部、教育部报送当年支持学前教育发展资金申报材料，并抄送财政部当地监管局。申报材料主要包括：

（一）上年度工作总结，包括上年度支持学前教育发展资金使用情况、年度绩效目标完成情况、绩效评价结果、地方财政投入情况、主要管理措施、问题分析及对策等。

（二）当年工作计划，主要包括当年全省工作目标和支持学前教育发展资金区域绩效目标、重点任务和资金安排计划，绩效指标要指向明确、细化量化、合理可行、相应匹配。

第八条 财政部于每年全国人民代表大会批准中央预算后三十日内，会同教育部正式下达预算，并抄送财政部当地监管局。每年 10 月 31 日前，提前下达下一年度资金预计数。省级财政在收到资金预算后，应当会同省级教育部门在三十日内按照预算级次合理分配、及时下达本行政区域县级以上各级政府部门，并抄送财政部当地监管局。

第九条 支持学前教育发展资金支付执行国库集中支付制度。涉及政府采购的，按照政府采购有关法律法规和有关制度执行。属于基本建设的项目，应当严格履行基本建设程序，执行相关建设标准和要求，确保工程质量。

第十条 省级财政、教育部门在分配支持学前教育发展资金时，应当结合本地区年度重点工作和省级财政安排相关资金，加大省级统筹力度，重点向农村地区、革命老区、边疆地区、民族地区和脱贫地区倾斜。要做好与发展改革部门安排基本建设项目等各渠道资金的统筹和对接，防止资金、项目安排重复交叉或缺位。

县（区）级财政、教育部门应当落实资金管理主体责任，加强区域内相关教育经费的统筹安排和使用，指导和督促本地区幼儿园健全财务、会计、资产管理制度。加强幼儿园预算管理，细化预算编制，硬化预算执行，强化预算监督；规范幼儿园财务管理，确保资金使用安全、规范和高效。

各级财政、教育部门要加强财政风险控制，强化流程控制、依法合规分配和使用资金，实行不相容岗位（职责）分离控制。

第十一条 支持学前教育发展资金原则上应在当年执行完毕，年度未支出的资金按财政部结转结余资金管理有关规定处理。

第十二条 各级财政、教育部门要按照全面实施预算绩效管理的要求，建立健全全过程预算绩效管理机制，按规定科学合理设定绩效目标，对照绩效目标做好绩效监控，认真组织开展绩效评价，强化评价结果应用，做好绩效信息公开，提高资金配置效率和使用效益。财政部、教育部根据工作需要适时组织开展重点绩效评价。

第十三条 财政部各地监管局应当按照工作职责和财政部要求，对资金实施监管。地方各级财政部门应当会同同级教育部门，按照各自职责加强项目审核申报、经费使用管理等工作，建立“谁使用、谁负责”的责任机制。严禁将资金用于平衡预算、偿还债务、支付利息、对外投资等支出，不得从资金中提取工作经费或管理经费。

第十四条 各级财政、教育部门及其工作人员、申报使用补助资金的部门、单位及个人存在违法违规行为的，依法责令改正；对负有责任的领导人员和直接责任人员依法给予处分；涉嫌犯罪的，依法移送有关机关处理。

第十五条 本办法由财政部、教育部负责解释。各省级财政、教育部门可以根据本办法，结合各地实际，制定具体管理办法，报财政部、教育部备案，并抄送财政部当地监管局。

第十六条 本办法自印发之日起施行。《财政部 教育部关于印发〈中央财政支持学前教育发展资金管理办法〉的通知》（财教〔2019〕256号）同时废止。

幼儿园管理条例

（1989年8月20日国务院批准　1989年9月11日国家教育委员会令第4号发布　自1990年2月1日起施行）

第一章　总　　则

第一条 为了加强幼儿园的管理，促进幼儿教育事业的发展，制定本条例。

第二条 本条例适用于招收3周岁以上学龄前幼儿，对其进行保育和教育的幼儿园。

第三条 幼儿园的保育和教育工作应当促进幼儿在体、智、德、美诸方面和谐发展。

第四条 地方各级人民政府应当根据本地区社会经济发展状况，制订幼儿园的发展规划。

幼儿园的设置应当与当地居民人口相适应。

乡、镇、市辖区和不设区的市的幼儿园的发展规划，应当包括幼儿园设置的布局方案。

第五条 地方各级人民政府可以依据本条例举办幼儿园，并鼓励和支持企业事业单位、社会团体、居民委员会、村民委员会和公民举办幼儿园或捐资助园。

第六条 幼儿园的管理实行地方负责、分级管理和各有关部门分工负责的原则。

国家教育委员会主管全国的幼儿园管理工作；地方各级人民政府的教育行政部门，主管本行政辖区内的幼儿园管理工作。

第二章 举办幼儿园的基本条件和审批程序

第七条 举办幼儿园必须将幼儿园设置在安全区域内。

严禁在污染区和危险区内设置幼儿园。

第八条 举办幼儿园必须具有与保育、教育的要求相适应的园舍和设施。

幼儿园的园舍和设施必须符合国家的卫生标准和安全标准。

第九条 举办幼儿园应当具有符合下列条件的保育、幼儿教育、医务和其他工作人员：

（一）幼儿园园长、教师应当具有幼儿师范学校（包括职业学校幼儿教育专业）毕业程度，或者经教育行政部门考核合格。

（二）医师应当具有医学院校毕业程度，医士和护士应当具有中等卫生学校毕业程度，或者取得卫生行政部门的资格认可。

（三）保健员应当具有高中毕业程度，并受过幼儿保健培训。

（四）保育员应当具有初中毕业程度，并受过幼儿保育职业培训。

慢性传染病、精神病患者，不得在幼儿园工作。

第十条 举办幼儿园的单位或者个人必须具有进行保育、教育以及维修或扩建、改建幼儿园的园舍与设施的经费来源。

第十一条 国家实行幼儿园登记注册制度，未经登记注册，任何单位和个人不得举办幼儿园。

第十二条 城市幼儿园的举办、停办、由所在区、不设区的市的人民政府教育行政部门登记注册。

农村幼儿园的举办、停办，由所在乡、镇人民政府登记注册，并报县人民政府教育行政部门备案。

第三章 幼儿园的保育和教育工作

第十三条 幼儿园应当贯彻保育与教育相结合的原则，创设与幼儿的教育和发展相适应的和谐环境，引导幼儿个性的健康发展。

幼儿园应当保障幼儿的身体健康，培养幼儿的良好生活、卫生习惯；促进幼儿的智力发展；培养幼儿热爱祖国的情感以及良好的品德行为。

第十四条 幼儿园的招生、编班应当符合教育行政部门的规定。

第十五条 幼儿园应当使用全国通用的普通话。招收少数民族为主的幼儿园，可以使用本民族通用的语言。

第十六条 幼儿园应当以游戏为基本活动形式。

幼儿园可以根据本园的实际，安排和选择教育内容与方法，但不得进行违背幼儿教育规律，有损于幼儿身心健康的活动。

第十七条 严禁体罚和变相体罚幼儿。

第十八条 幼儿园应当建立卫生保健制度，防止发生食物中毒和传染病的流行。

第十九条 幼儿园应当建立安全防护制度，严禁在幼儿园内设置威胁幼儿安全的危险建筑物和设施，严禁使用有毒、有害物质制作教具、玩具。

第二十条 幼儿园发生食物中毒、传染病流行时，举办幼儿园的单位或者个人应当立即采取紧急救护措施，并及时报告当地教育行政部门或卫生行政部门。

第二十一条 幼儿园的园舍和设施有可能发生危险时，举办幼儿园的单位或个人应当采取措施，排除险情，防止事故发生。

第四章 幼儿园的行政事务

第二十二条 各级教育行政部门应当负责监督、评估和指导幼儿园的保育、教育工作，组织培训幼儿园的师资，审定、考核幼儿园教师的资格，并协助卫生行政部门检查和指导幼儿园的卫生保健工作，会同建设行政部门制定幼儿园园舍、设施的标准。

第二十三条 幼儿园园长负责幼儿园的工作。

幼儿园园长由举办幼儿园的单位或个人聘任，并向幼儿园的登记注册机关备案。

幼儿园的教师、医师、保健员、保育员和其他工作人员，由幼儿园园长聘任，也可由举办幼儿园的单位或个人聘任。

第二十四条 幼儿园可以依据本省、自治区、直辖市人民政府制定的收费标准，向幼儿家长收取保育费、教育费。

幼儿园应当加强财务管理，合理使用各项经费，任何单位和个人不得克扣、挪用幼儿园经费。

第二十五条 任何单位和个人，不得侵占和破坏幼儿园园舍和设施，不得在幼儿园周围设置有危险、有污染或影响幼儿园采光的建筑和设施，不得干扰幼儿园正常的工作秩序。

第五章 奖励与处罚

第二十六条 凡具备下列条件之一的单位或者个人，由教育行政部门和有关部门予以奖励：

（一）改善幼儿园的办园条件成绩显著的；

（二）保育、教育工作成绩显著的；

（三）幼儿园管理工作成绩显著的。

第二十七条 违反本条例，具有下列情形之一的幼儿园，由教育行政部门视情节轻重，给予限期整顿、停止招生、停止办园的行政处罚：

（一）未经登记注册，擅自招收幼儿的；

（二）园舍、设施不符合国家卫生标准、安全标准，妨害幼儿身体健康或者威胁幼儿生命安全的；

（三）教育内容和方法违背幼儿教育规律，损害幼儿身心健康的。

第二十八条 违反本条例，具有下列情形之一的单位或者个人，由教育行政部门对直接责任人员给予警告、罚款的行政处罚，或者由教育行政部门建议有关部门对责任人员给予行政处分：

（一）体罚或变相体罚幼儿的；

（二）使用有毒、有害物质制作教具、玩具的；

（三）克扣、挪用幼儿园经费的；

（四）侵占、破坏幼儿园园舍、设备的；

（五）干扰幼儿园正常工作秩序的；

（六）在幼儿园周围设置有危险、有污染或者影响幼儿园采光的建筑和设施的。

前款所列情形，情节严重，构成犯罪的，由司法机关依法追究刑事责任。

第二十九条 当事人对行政处罚不服的，可以在接到处罚通知之日起 15 日内，向作出处罚决定的机关的上一级机关申请复议，对复议决定不服的，可在接到复议决定之日起 15 日内，向人民法院提起诉讼、当事人逾期不申请复议或者不向人民法院提起诉讼又不履行处罚决定的，由作出处罚决定的机关申请人民法院强制执行。

第六章 附 则

第三十条 省、自治区、直辖市人民政府可根据本条例制定实施办法。

第三十一条 本条例由国家教育委员会解释。

第三十二条 本条例自1990年2月1日起施行。

幼儿园工作规程

（2016年1月5日教育部令第39号公布 自2016年3月1日起施行）

第一章 总 则

第一条 为了加强幼儿园的科学管理，规范办园行为，提高保育和教育质量，促进幼儿身心健康，依据《中华人民共和国教育法》等法律法规，制定本规程。

第二条 幼儿园是对3周岁以上学龄前幼儿实施保育和教育的机构。幼儿园教育是基础教育的重要组成部分，是学校教育制度的基础阶段。

第三条 幼儿园的任务是：贯彻国家的教育方针，按照保育与教育相结合的原则，遵循幼儿身心发展特点和规律，实施德、智、体、美等方面全面发展的教育，促进幼儿身心和谐发展。

幼儿园同时面向幼儿家长提供科学育儿指导。

第四条 幼儿园适龄幼儿一般为3周岁至6周岁。

幼儿园一般为三年制。

第五条 幼儿园保育和教育的主要目标是：

（一）促进幼儿身体正常发育和机能的协调发展，增强体质，促进心理健康，培养良好的生活习惯、卫生习惯和参加体育活动的兴趣。

（二）发展幼儿智力，培养正确运用感官和运用语言交往的基本能力，增进对环境的认识，培养有益的兴趣和求知欲望，培养初步的动手探究能力。

（三）萌发幼儿爱祖国、爱家乡、爱集体、爱劳动、爱科学的情感，培养诚实、自信、友爱、勇敢、勤学、好问、爱护公物、克服困难、讲礼貌、守纪律等良好的品德行为和习惯，以及活泼开朗的性格。

（四）培养幼儿初步感受美和表现美的情趣和能力。

第六条 幼儿园教职工应当尊重、爱护幼儿，严禁虐待、歧视、体罚和变相体罚、侮辱幼儿人格等损害幼儿身心健康的行为。

第七条 幼儿园可分为全日制、半日制、定时制、季节制和寄宿制等。上述形式可分别设置，也可混合设置。

第二章 幼儿入园和编班

第八条 幼儿园每年秋季招生。平时如有缺额，可随时补招。

幼儿园对烈士子女、家中无人照顾的残疾人子女、孤儿、家庭经济困难幼儿、具有接受普通教育能力的残疾儿童等入园，按照国家和地方的有关规定予以照顾。

第九条 企业、事业单位和机关、团体、部队设置的幼儿园，除招收本单位工作人员的子女外，应当积极创造条件向社会开放，招收附近居民子女入园。

第十条 幼儿入园前，应当按照卫生部门制定的卫生保健制度进行健康检查，合格者方可入园。

幼儿入园除进行健康检查外，禁止任何形式的考试或测查。

第十一条 幼儿园规模应当有利于幼儿身心健康，便于管理，一般不超过360人。

幼儿园每班幼儿人数一般为：小班（3周岁至4周岁）25人，中班（4周岁至5周岁）30人，大班（5周岁至6周岁）35人，混合班30人。寄宿制幼儿园每班幼儿人数酌减。

幼儿园可以按年龄分别编班，也可以混合编班。

第三章　幼儿园的安全

第十二条　幼儿园应当严格执行国家和地方幼儿园安全管理的相关规定，建立健全门卫、房屋、设备、消防、交通、食品、药物、幼儿接送交接、活动组织和幼儿就寝值守等安全防护和检查制度，建立安全责任制和应急预案。

第十三条　幼儿园的园舍应当符合国家和地方的建设标准，以及相关安全、卫生等方面的规范，定期检查维护，保障安全。幼儿园不得设置在污染区和危险区，不得使用危房。

幼儿园的设备设施、装修装饰材料、用品用具和玩教具材料等，应当符合国家相关的安全质量标准和环保要求。

入园幼儿应当由监护人或者其委托的成年人接送。

第十四条　幼儿园应当严格执行国家有关食品药品安全的法律法规，保障饮食饮水卫生安全。

第十五条　幼儿园教职工必须具有安全意识，掌握基本急救常识和防范、避险、逃生、自救的基本方法，在紧急情况下应当优先保护幼儿的人身安全。

幼儿园应当把安全教育融入一日生活，并定期组织开展多种形式的安全教育和事故预防演练。

幼儿园应当结合幼儿年龄特点和接受能力开展反家庭暴力教育，发现幼儿遭受或者疑似遭受家庭暴力的，应当依法及时向公安机关报案。

第十六条　幼儿园应当投保校方责任险。

第四章　幼儿园的卫生保健

第十七条　幼儿园必须切实做好幼儿生理和心理卫生保健工作。

幼儿园应当严格执行《托儿所幼儿园卫生保健管理办法》以及

其他有关卫生保健的法规、规章和制度。

第十八条 幼儿园应当制定合理的幼儿一日生活作息制度。正餐间隔时间为 3.5—4 小时。在正常情况下，幼儿户外活动时间（包括户外体育活动时间）每天不得少于 2 小时，寄宿制幼儿园不得少于 3 小时；高寒、高温地区可酌情增减。

第十九条 幼儿园应当建立幼儿健康检查制度和幼儿健康卡或档案。每年体检一次，每半年测身高、视力一次，每季度量体重一次；注意幼儿口腔卫生，保护幼儿视力。

幼儿园对幼儿健康发展状况定期进行分析、评价，及时向家长反馈结果。

幼儿园应当关注幼儿心理健康，注重满足幼儿的发展需要，保持幼儿积极的情绪状态，让幼儿感受到尊重和接纳。

第二十条 幼儿园应当建立卫生消毒、晨检、午检制度和病儿隔离制度，配合卫生部门做好计划免疫工作。

幼儿园应当建立传染病预防和管理制度，制定突发传染病应急预案，认真做好疾病防控工作。

幼儿园应当建立患病幼儿用药的委托交接制度，未经监护人委托或者同意，幼儿园不得给幼儿用药。幼儿园应当妥善管理药品，保证幼儿用药安全。

幼儿园内禁止吸烟、饮酒。

第二十一条 供给膳食的幼儿园应当为幼儿提供安全卫生的食品，编制营养平衡的幼儿食谱，定期计算和分析幼儿的进食量和营养素摄取量，保证幼儿合理膳食。

幼儿园应当每周向家长公示幼儿食谱，并按照相关规定进行食品留样。

第二十二条 幼儿园应当配备必要的设备设施，及时为幼儿提供安全卫生的饮用水。

幼儿园应当培养幼儿良好的大小便习惯，不得限制幼儿便溺的次数、时间等。

第二十三条 幼儿园应当积极开展适合幼儿的体育活动，充分利用日光、空气、水等自然因素以及本地自然环境，有计划地锻炼幼儿肌体，增强身体的适应和抵抗能力。正常情况下，每日户外体育活动不得少于 1 小时。

幼儿园在开展体育活动时，应当对体弱或有残疾的幼儿予以特殊照顾。

第二十四条 幼儿园夏季要做好防暑降温工作，冬季要做好防寒保暖工作，防止中暑和冻伤。

第五章 幼儿园的教育

第二十五条 幼儿园教育应当贯彻以下原则和要求：

（一）德、智、体、美等方面的教育应当互相渗透，有机结合。

（二）遵循幼儿身心发展规律，符合幼儿年龄特点，注重个体差异，因人施教，引导幼儿个性健康发展。

（三）面向全体幼儿，热爱幼儿，坚持积极鼓励、启发引导的正面教育。

（四）综合组织健康、语言、社会、科学、艺术各领域的教育内容，渗透于幼儿一日生活的各项活动中，充分发挥各种教育手段的交互作用。

（五）以游戏为基本活动，寓教育于各项活动之中。

（六）创设与教育相适应的良好环境，为幼儿提供活动和表现能力的机会与条件。

第二十六条 幼儿一日活动的组织应当动静交替，注重幼儿的直接感知、实际操作和亲身体验，保证幼儿愉快的、有益的自由活动。

第二十七条 幼儿园日常生活组织，应当从实际出发，建立必要、合理的常规，坚持一贯性和灵活性相结合，培养幼儿的良好习惯和初步的生活自理能力。

第二十八条 幼儿园应当为幼儿提供丰富多样的教育活动。

教育活动内容应当根据教育目标、幼儿的实际水平和兴趣确定，以循序渐进为原则，有计划地选择和组织。

教育活动的组织应当灵活地运用集体、小组和个别活动等形式，为每个幼儿提供充分参与的机会，满足幼儿多方面发展的需要，促进每个幼儿在不同水平上得到发展。

教育活动的过程应注重支持幼儿的主动探索、操作实践、合作交流和表达表现，不应片面追求活动结果。

第二十九条 幼儿园应当将游戏作为对幼儿进行全面发展教育的重要形式。

幼儿园应当因地制宜创设游戏条件，提供丰富、适宜的游戏材料，保证充足的游戏时间，开展多种游戏。

幼儿园应当根据幼儿的年龄特点指导游戏，鼓励和支持幼儿根据自身兴趣、需要和经验水平，自主选择游戏内容、游戏材料和伙伴，使幼儿在游戏过程中获得积极的情绪情感，促进幼儿能力和个性的全面发展。

第三十条 幼儿园应当将环境作为重要的教育资源，合理利用室内外环境，创设开放的、多样的区域活动空间，提供适合幼儿年龄特点的丰富的玩具、操作材料和幼儿读物，支持幼儿自主选择和主动学习，激发幼儿学习的兴趣与探究的愿望。

幼儿园应当营造尊重、接纳和关爱的氛围，建立良好的同伴和师生关系。

幼儿园应当充分利用家庭和社区的有利条件，丰富和拓展幼儿园的教育资源。

第三十一条 幼儿园的品德教育应当以情感教育和培养良好行为习惯为主，注重潜移默化的影响，并贯穿于幼儿生活以及各项活动之中。

第三十二条 幼儿园应当充分尊重幼儿的个体差异，根据幼儿不同的心理发展水平，研究有效的活动形式和方法，注重培养幼儿良好的个性心理品质。

幼儿园应当为在园残疾儿童提供更多的帮助和指导。

第三十三条 幼儿园和小学应当密切联系，互相配合，注意两个阶段教育的相互衔接。

幼儿园不得提前教授小学教育内容，不得开展任何违背幼儿身心发展规律的活动。

第六章 幼儿园的园舍、设备

第三十四条 幼儿园应当按照国家的相关规定设活动室、寝室、卫生间、保健室、综合活动室、厨房和办公用房等，并达到相应的建设标准。有条件的幼儿园应当优先扩大幼儿游戏和活动空间。

寄宿制幼儿园应当增设隔离室、浴室和教职工值班室等。

第三十五条 幼儿园应当有与其规模相适应的户外活动场地，配备必要的游戏和体育活动设施，创造条件开辟沙地、水池、种植园地等，并根据幼儿活动的需要绿化、美化园地。

第三十六条 幼儿园应当配备适合幼儿特点的桌椅、玩具架、盥洗卫生用具，以及必要的玩教具、图书和乐器等。

玩教具应当具有教育意义并符合安全、卫生要求。幼儿园应当因地制宜，就地取材，自制玩教具。

第三十七条 幼儿园的建筑规划面积、建筑设计和功能要求，以及设施设备、玩教具配备，按照国家和地方的相关规定执行。

第七章 幼儿园的教职工

第三十八条 幼儿园按照国家相关规定设园长、副园长、教师、保育员、卫生保健人员、炊事员和其他工作人员等岗位，配足配齐教职工。

第三十九条 幼儿园教职工应当贯彻国家教育方针，具有良好品德，热爱教育事业，尊重和爱护幼儿，具有专业知识和技能以及相应的文化和专业素养，为人师表，忠于职责，身心健康。

幼儿园教职工患传染病期间暂停在幼儿园的工作。有犯罪、吸毒记录和精神病史者不得在幼儿园工作。

第四十条 幼儿园园长应当符合本规程第三十九条规定，并应当具有《教师资格条例》规定的教师资格、具备大专以上学历、有三年以上幼儿园工作经历和一定的组织管理能力，并取得幼儿园园长岗位培训合格证书。

幼儿园园长由举办者任命或者聘任，并报当地主管的教育行政部门备案。

幼儿园园长负责幼儿园的全面工作，主要职责如下：

（一）贯彻执行国家的有关法律、法规、方针、政策和地方的相关规定，负责建立并组织执行幼儿园的各项规章制度；

（二）负责保育教育、卫生保健、安全保卫工作；

（三）负责按照有关规定聘任、调配教职工，指导、检查和评估教师以及其他工作人员的工作，并给予奖惩；

（四）负责教职工的思想工作，组织业务学习，并为他们的学习、进修、教育研究创造必要的条件；

（五）关心教职工的身心健康，维护他们的合法权益，改善他们的工作条件；

（六）组织管理园舍、设备和经费；

（七）组织和指导家长工作；

（八）负责与社区的联系和合作。

第四十一条 幼儿园教师必须具有《教师资格条例》规定的幼儿园教师资格，并符合本规程第三十九条规定。

幼儿园教师实行聘任制。

幼儿园教师对本班工作全面负责，其主要职责如下：

（一）观察了解幼儿，依据国家有关规定，结合本班幼儿的发展水平和兴趣需要，制订和执行教育工作计划，合理安排幼儿一日生活；

（二）创设良好的教育环境，合理组织教育内容，提供丰富的玩具和游戏材料，开展适宜的教育活动；

（三）严格执行幼儿园安全、卫生保健制度，指导并配合保育员管理本班幼儿生活，做好卫生保健工作；

（四）与家长保持经常联系，了解幼儿家庭的教育环境，商讨符合幼儿特点的教育措施，相互配合共同完成教育任务；

（五）参加业务学习和保育教育研究活动；

（六）定期总结评估保教工作实效，接受园长的指导和检查。

第四十二条 幼儿园保育员应当符合本规程第三十九条规定，并应当具备高中毕业以上学历，受过幼儿保育职业培训。

幼儿园保育员的主要职责如下：

（一）负责本班房舍、设备、环境的清洁卫生和消毒工作；

（二）在教师指导下，科学照料和管理幼儿生活，并配合本班教师组织教育活动；

（三）在卫生保健人员和本班教师指导下，严格执行幼儿园安全、卫生保健制度；

（四）妥善保管幼儿衣物和本班的设备、用具。

第四十三条 幼儿园卫生保健人员除符合本规程第三十九条规定外，医师应当取得卫生行政部门颁发的《医师执业证书》；护士应当取得《护士执业证书》；保健员应当具有高中毕业以上学历，并经过当地妇幼保健机构组织的卫生保健专业知识培训。

幼儿园卫生保健人员对全园幼儿身体健康负责，其主要职责如下：

（一）协助园长组织实施有关卫生保健方面的法规、规章和制度，并监督执行；

（二）负责指导调配幼儿膳食，检查食品、饮水和环境卫生；

（三）负责晨检、午检和健康观察，做好幼儿营养、生长发育的监测和评价；定期组织幼儿健康体检，做好幼儿健康档案管理；

（四）密切与当地卫生保健机构的联系，协助做好疾病防控和计划免疫工作；

（五）向幼儿园教职工和家长进行卫生保健宣传和指导。

（六）妥善管理医疗器械、消毒用具和药品。

第四十四条 幼儿园其他工作人员的资格和职责，按照国家和地方的有关规定执行。

第四十五条 对认真履行职责、成绩优良的幼儿园教职工，应当按照有关规定给予奖励。

对不履行职责的幼儿园教职工，应当视情节轻重，依法依规给予相应处分。

第八章 幼儿园的经费

第四十六条 幼儿园的经费由举办者依法筹措，保障有必备的办园资金和稳定的经费来源。

按照国家和地方相关规定接受财政扶持的提供普惠性服务的国有企事业单位办园、集体办园和民办园等幼儿园，应当接受财务、审计等有关部门的监督检查。

第四十七条 幼儿园收费按照国家和地方的有关规定执行。

幼儿园实行收费公示制度，收费项目和标准向家长公示，接受社会监督，不得以任何名义收取与新生入园相挂钩的赞助费。

幼儿园不得以培养幼儿某种专项技能、组织或参与竞赛等为由，另外收取费用；不得以营利为目的组织幼儿表演、竞赛等活动。

第四十八条 幼儿园的经费应当按照规定的使用范围合理开支，坚持专款专用，不得挪作他用。

第四十九条 幼儿园举办者筹措的经费，应当保证保育和教育的需要，有一定比例用于改善办园条件和开展教职工培训。

第五十条 幼儿膳食费应当实行民主管理制度，保证全部用于幼儿膳食，每月向家长公布账目。

第五十一条 幼儿园应当建立经费预算和决算审核制度，经费预算和决算应当提交园务委员会审议，并接受财务和审计部门的监督检查。

幼儿园应当依法建立资产配置、使用、处置、产权登记、信息管理等管理制度，严格执行有关财务制度。

第九章 幼儿园、家庭和社区

第五十二条 幼儿园应当主动与幼儿家庭沟通合作，为家长提供科学育儿宣传指导，帮助家长创设良好的家庭教育环境，共同担负教育幼儿的任务。

第五十三条 幼儿园应当建立幼儿园与家长联系的制度。幼儿园可采取多种形式，指导家长正确了解幼儿园保育和教育的内容、方法，定期召开家长会议，并接待家长的来访和咨询。

幼儿园应当认真分析、吸收家长对幼儿园教育与管理工作的意见与建议。

幼儿园应当建立家长开放日制度。

第五十四条 幼儿园应当成立家长委员会。

家长委员会的主要任务是：对幼儿园重要决策和事关幼儿切身利益的事项提出意见和建议；发挥家长的专业和资源优势，支持幼儿园保育教育工作；帮助家长了解幼儿园工作计划和要求，协助幼儿园开展家庭教育指导和交流。

家长委员会在幼儿园园长指导下工作。

第五十五条 幼儿园应当加强与社区的联系与合作，面向社区宣传科学育儿知识，开展灵活多样的公益性早期教育服务，争取社区对幼儿园的多方面支持。

第十章　幼儿园的管理

第五十六条　幼儿园实行园长负责制。

幼儿园应当建立园务委员会。园务委员会由园长、副园长、党组织负责人和保教、卫生保健、财会等方面工作人员的代表以及幼儿家长代表组成。园长任园务委员会主任。

园长定期召开园务委员会会议，遇重大问题可临时召集，对规章制度的建立、修改、废除，全园工作计划，工作总结，人员奖惩，财务预算和决算方案，以及其他涉及全园工作的重要问题进行审议。

第五十七条　幼儿园应当加强党组织建设，充分发挥党组织政治核心作用、战斗堡垒作用。幼儿园应当为工会、共青团等其他组织开展工作创造有利条件，充分发挥其在幼儿园工作中的作用。

第五十八条　幼儿园应当建立教职工大会制度或者教职工代表大会制度，依法加强民主管理和监督。

第五十九条　幼儿园应当建立教研制度，研究解决保教工作中的实际问题。

第六十条　幼儿园应当制订年度工作计划，定期部署、总结和报告工作。每学年年末应当向教育等行政主管部门报告工作，必要时随时报告。

第六十一条　幼儿园应当接受上级教育、卫生、公安、消防等部门的检查、监督和指导，如实报告工作和反映情况。

幼儿园应当依法接受教育督导部门的督导。

第六十二条　幼儿园应当建立业务档案、财务管理、园务会议、人员奖惩、安全管理以及与家庭、小学联系等制度。

幼儿园应当建立信息管理制度，按照规定采集、更新、报送幼儿园管理信息系统的相关信息，每年向主管教育行政部门报送统计信息。

第六十三条　幼儿园教师依法享受寒暑假期的带薪休假。幼儿园应当创造条件，在寒暑假期间，安排工作人员轮流休假。具体办法由举办者制定。

第十一章　附　　则

第六十四条　本规程适用于城乡各类幼儿园。

第六十五条　省、自治区、直辖市教育行政部门可根据本规程，制订具体实施办法。

第六十六条　本规程自2016年3月1日起施行。1996年3月9日由原国家教育委员会令第25号发布的《幼儿园工作规程》同时废止。

（三）基础教育

中华人民共和国义务教育法

（1986年4月12日第六届全国人民代表大会第四次会议通过　2006年6月29日第十届全国人民代表大会常务委员会第二十二次会议修订　根据2015年4月24日第十二届全国人民代表大会常务委员会第十四次会议《关于修改〈中华人民共和国义务教育法〉等五部法律的决定》第一次修正　根据2018年12月29日第十三届全国人民代表大会常务委员会第七次会议《关于修改〈中华人民共和国产品质量法〉等五部法律的决定》第二次修正）

目　　录

第一章　总　　则

第一条　【立法宗旨】为了保障适龄儿童、少年接受义务教育的权利，保证义务教育的实施，提高全民族素质，根据宪法和教育法，制定本法。

第二条　【义务教育制度】国家实行九年义务教育制度。

义务教育是国家统一实施的所有适龄儿童、少年必须接受的教育，是国家必须予以保障的公益性事业。

实施义务教育，不收学费、杂费。

国家建立义务教育经费保障机制，保证义务教育制度实施。

第三条　【义务教育方针】义务教育必须贯彻国家的教育方针，实施素质教育，提高教育质量，使适龄儿童、少年在品德、智力、体质等方面全面发展，为培养有理想、有道德、有文化、有纪律的社会主义建设者和接班人奠定基础。

第四条　【义务教育对象】凡具有中华人民共和国国籍的适龄儿童、少年，不分性别、民族、种族、家庭财产状况、宗教信仰等，依法享有平等接受义务教育的权利，并履行接受义务教育的义务。

第五条　【权利保障】各级人民政府及其有关部门应当履行本法规定的各项职责，保障适龄儿童、少年接受义务教育的权利。

适龄儿童、少年的父母或者其他法定监护人应当依法保证其按时入学接受并完成义务教育。

依法实施义务教育的学校应当按照规定标准完成教育教学任务，保证教育教学质量。

社会组织和个人应当为适龄儿童、少年接受义务教育创造良好的环境。

第六条　【义务教育均衡发展】国务院和县级以上地方人民政府应当合理配置教育资源，促进义务教育均衡发展，改善薄弱学校的办学条件，并采取措施，保障农村地区、民族地区实施义务教育，保障家庭经济困难的和残疾的适龄儿童、少年接受义务教育。

国家组织和鼓励经济发达地区支援经济欠发达地区实施义务教育。

第七条　【义务教育领导体制】义务教育实行国务院领导，省、自治区、直辖市人民政府统筹规划实施，县级人民政府为主管理的体制。

县级以上人民政府教育行政部门具体负责义务教育实施工作；县级以上人民政府其他有关部门在各自的职责范围内负责义务教育实施工作。

第八条　【义务教育督导】人民政府教育督导机构对义务教育工作执行法律法规情况、教育教学质量以及义务教育均衡发展状况等进行督导，督导报告向社会公布。

第九条　【社会监督】任何社会组织或者个人有权对违反本法的行为向有关国家机关提出检举或者控告。

发生违反本法的重大事件，妨碍义务教育实施，造成重大社会影响的，负有领导责任的人民政府或者人民政府教育行政部门负责人应当引咎辞职。

第十条　【表彰奖励】对在义务教育实施工作中做出突出贡献的社会组织和个人，各级人民政府及其有关部门按照有关规定给予表彰、奖励。

第二章 学 生

第十一条 【入学时间】凡年满六周岁的儿童，其父母或者其他法定监护人应当送其入学接受并完成义务教育；条件不具备的地区的儿童，可以推迟到七周岁。

适龄儿童、少年因身体状况需要延缓入学或者休学的，其父母或者其他法定监护人应当提出申请，由当地乡镇人民政府或者县级人民政府教育行政部门批准。

第十二条 【入学地点】适龄儿童、少年免试入学。地方各级人民政府应当保障适龄儿童、少年在户籍所在地学校就近入学。

父母或者其他法定监护人在非户籍所在地工作或者居住的适龄儿童、少年，在其父母或者其他法定监护人工作或者居住地接受义务教育的，当地人民政府应当为其提供平等接受义务教育的条件。具体办法由省、自治区、直辖市规定。

县级人民政府教育行政部门对本行政区域内的军人子女接受义务教育予以保障。

第十三条 【督促入学】县级人民政府教育行政部门和乡镇人民政府组织和督促适龄儿童、少年入学，帮助解决适龄儿童、少年接受义务教育的困难，采取措施防止适龄儿童、少年辍学。

居民委员会和村民委员会协助政府做好工作，督促适龄儿童、少年入学。

第十四条 【禁止招用适龄儿童、少年；专业训练组织实施义务教育】禁止用人单位招用应当接受义务教育的适龄儿童、少年。

根据国家有关规定经批准招收适龄儿童、少年进行文艺、体育等专业训练的社会组织，应当保证所招收的适龄儿童、少年接受义务教育；自行实施义务教育的，应当经县级人民政府教育行政部门批准。

第三章 学 校

第十五条 【学校设置规划】 县级以上地方人民政府根据本行政区域内居住的适龄儿童、少年的数量和分布状况等因素，按照国家有关规定，制定、调整学校设置规划。新建居民区需要设置学校的，应当与居民区的建设同步进行。

第十六条 【选址要求和建设标准】 学校建设，应当符合国家规定的办学标准，适应教育教学需要；应当符合国家规定的选址要求和建设标准，确保学生和教职工安全。

第十七条 【寄宿制学校】 县级人民政府根据需要设置寄宿制学校，保障居住分散的适龄儿童、少年入学接受义务教育。

第十八条 【经济发达地区设置少数民族学校（班）】 国务院教育行政部门和省、自治区、直辖市人民政府根据需要，在经济发达地区设置接收少数民族适龄儿童、少年的学校（班）。

第十九条 【特殊教育的学校（班）】 县级以上地方人民政府根据需要设置相应的实施特殊教育的学校（班），对视力残疾、听力语言残疾和智力残疾的适龄儿童、少年实施义务教育。特殊教育学校（班）应当具备适应残疾儿童、少年学习、康复、生活特点的场所和设施。

普通学校应当接收具有接受普通教育能力的残疾适龄儿童、少年随班就读，并为其学习、康复提供帮助。

第二十条 【严重不良行为适龄少年的义务教育】 县级以上地方人民政府根据需要，为具有预防未成年人犯罪法规定的严重不良行为的适龄少年设置专门的学校实施义务教育。

第二十一条 【未成年犯和被采取强制措施的未成年人的义务教育】 对未完成义务教育的未成年犯和被采取强制性教育措施的未成年人应当进行义务教育，所需经费由人民政府予以保障。

第二十二条 【促进学校均衡发展；禁止改变公办学校性质】

县级以上人民政府及其教育行政部门应当促进学校均衡发展，缩小学校之间办学条件的差距，不得将学校分为重点学校和非重点学校。学校不得分设重点班和非重点班。

县级以上人民政府及其教育行政部门不得以任何名义改变或者变相改变公办学校的性质。

第二十三条　【维护学校周边秩序】各级人民政府及其有关部门依法维护学校周边秩序，保护学生、教师、学校的合法权益，为学校提供安全保障。

第二十四条　【安全制度和应急机制】学校应当建立、健全安全制度和应急机制，对学生进行安全教育，加强管理，及时消除隐患，预防发生事故。

县级以上地方人民政府定期对学校校舍安全进行检查；对需要维修、改造的，及时予以维修、改造。

学校不得聘用曾经因故意犯罪被依法剥夺政治权利或者其他不适合从事义务教育工作的人担任工作人员。

第二十五条　【禁止违法收费和谋利】学校不得违反国家规定收取费用，不得以向学生推销或者变相推销商品、服务等方式谋取利益。

第二十六条　【校长负责制】学校实行校长负责制。校长应当符合国家规定的任职条件。校长由县级人民政府教育行政部门依法聘任。

第二十七条　【禁止开除学生】对违反学校管理制度的学生，学校应当予以批评教育，不得开除。

第四章　教　　师

第二十八条　【教师权利和义务】教师享有法律规定的权利，履行法律规定的义务，应当为人师表，忠诚于人民的教育事业。

全社会应当尊重教师。

第二十九条　【平等对待学生；尊重学生人格】教师在教育教

学中应当平等对待学生，关注学生的个体差异，因材施教，促进学生的充分发展。

教师应当尊重学生的人格，不得歧视学生，不得对学生实施体罚、变相体罚或者其他侮辱人格尊严的行为，不得侵犯学生合法权益。

第三十条　【教师资格；教师职务】教师应当取得国家规定的教师资格。

国家建立统一的义务教育教师职务制度。教师职务分为初级职务、中级职务和高级职务。

第三十一条　【工资福利待遇】各级人民政府保障教师工资福利和社会保险待遇，改善教师工作和生活条件；完善农村教师工资经费保障机制。

教师的平均工资水平应当不低于当地公务员的平均工资水平。

特殊教育教师享有特殊岗位补助津贴。在民族地区和边远贫困地区工作的教师享有艰苦贫困地区补助津贴。

第三十二条　【教师培养和流动】县级以上人民政府应当加强教师培养工作，采取措施发展教师教育。

县级人民政府教育行政部门应当均衡配置本行政区域内学校师资力量，组织校长、教师的培训和流动，加强对薄弱学校的建设。

第三十三条　【引导和鼓励去农村和民族地区教学】国务院和地方各级人民政府鼓励和支持城市学校教师和高等学校毕业生到农村地区、民族地区从事义务教育工作。

国家鼓励高等学校毕业生以志愿者的方式到农村地区、民族地区缺乏教师的学校任教。县级人民政府教育行政部门依法认定其教师资格，其任教时间计入工龄。

第五章　教育教学

第三十四条　【促进学生全面发展】教育教学工作应当符合教

育规律和学生身心发展特点，面向全体学生，教书育人，将德育、智育、体育、美育等有机统一在教育教学活动中，注重培养学生独立思考能力、创新能力和实践能力，促进学生全面发展。

第三十五条 【确定教学、内容和课程设置】国务院教育行政部门根据适龄儿童、少年身心发展的状况和实际情况，确定教学制度、教育教学内容和课程设置，改革考试制度，并改进高级中等学校招生办法，推进实施素质教育。

学校和教师按照确定的教育教学内容和课程设置开展教育教学活动，保证达到国家规定的基本质量要求。

国家鼓励学校和教师采用启发式教育等教育教学方法，提高教育教学质量。

第三十六条 【促进德育】学校应当把德育放在首位，寓德育于教育教学之中，开展与学生年龄相适应的社会实践活动，形成学校、家庭、社会相互配合的思想道德教育体系，促进学生养成良好的思想品德和行为习惯。

第三十七条 【开展体育】学校应当保证学生的课外活动时间，组织开展文化娱乐等课外活动。社会公共文化体育设施应当为学校开展课外活动提供便利。

第三十八条 【教科书的编写】教科书根据国家教育方针和课程标准编写，内容力求精简，精选必备的基础知识、基本技能，经济实用，保证质量。

国家机关工作人员和教科书审查人员，不得参与或者变相参与教科书的编写工作。

第三十九条 【教科书审定制度】国家实行教科书审定制度。教科书的审定办法由国务院教育行政部门规定。

未经审定的教科书，不得出版、选用。

第四十条 【教科书价格确定】教科书价格由省、自治区、直辖市人民政府价格行政部门会同同级出版主管部门按照微利原则确定。

第四十一条　【教科书循环使用】 国家鼓励教科书循环使用。

第六章　经 费 保 障

第四十二条　【义务教育经费纳入财政预算和保证经费增长比例】 国家将义务教育全面纳入财政保障范围，义务教育经费由国务院和地方各级人民政府依照本法规定予以保障。

国务院和地方各级人民政府将义务教育经费纳入财政预算，按照教职工编制标准、工资标准和学校建设标准、学生人均公用经费标准等，及时足额拨付义务教育经费，确保学校的正常运转和校舍安全，确保教职工工资按照规定发放。

国务院和地方各级人民政府用于实施义务教育财政拨款的增长比例应当高于财政经常性收入的增长比例，保证按照在校学生人数平均的义务教育费用逐步增长，保证教职工工资和学生人均公用经费逐步增长。

第四十三条　【人均公用经费基本标准】 学校的学生人均公用经费基本标准由国务院财政部门会同教育行政部门制定，并根据经济和社会发展状况适时调整。制定、调整学生人均公用经费基本标准，应当满足教育教学基本需要。

省、自治区、直辖市人民政府可以根据本行政区域的实际情况，制定不低于国家标准的学校学生人均公用经费标准。

特殊教育学校（班）学生人均公用经费标准应当高于普通学校学生人均公用经费标准。

第四十四条　【义务教育经费投入共同负担】 义务教育经费投入实行国务院和地方各级人民政府根据职责共同负担，省、自治区、直辖市人民政府负责统筹落实的体制。农村义务教育所需经费，由各级人民政府根据国务院的规定分项目、按比例分担。

各级人民政府对家庭经济困难的适龄儿童、少年免费提供教科书并补助寄宿生生活费。

义务教育经费保障的具体办法由国务院规定。

第四十五条　【单列和均衡安排义务教育经费】地方各级人民政府在财政预算中将义务教育经费单列。

县级人民政府编制预算，除向农村地区学校和薄弱学校倾斜外，应当均衡安排义务教育经费。

第四十六条　【义务教育转移支付资金】国务院和省、自治区、直辖市人民政府规范财政转移支付制度，加大一般性转移支付规模和规范义务教育专项转移支付，支持和引导地方各级人民政府增加对义务教育的投入。地方各级人民政府确保将上级人民政府的义务教育转移支付资金按照规定用于义务教育。

第四十七条　【义务教育专项资金】国务院和县级以上地方人民政府根据实际需要，设立专项资金，扶持农村地区、民族地区实施义务教育。

第四十八条　【义务教育捐赠和基金】国家鼓励社会组织和个人向义务教育捐赠，鼓励按照国家有关基金会管理的规定设立义务教育基金。

第四十九条　【禁止侵占、挪用义务教育经费；禁止非法收费和摊派】义务教育经费严格按照预算规定用于义务教育；任何组织和个人不得侵占、挪用义务教育经费，不得向学校非法收取或者摊派费用。

第五十条　【审计监督和统计公告】县级以上人民政府建立健全义务教育经费的审计监督和统计公告制度。

第七章　法律责任

第五十一条　【未履行对义务教育经费保障职责行为的处理】国务院有关部门和地方各级人民政府违反本法第六章的规定，未履行对义务教育经费保障职责的，由国务院或者上级地方人民政府责令限期改正；情节严重的，对直接负责的主管人员和其他直接责任人员依法给予行政处分。

第五十二条　【县级以上地方人民政府违法行为的处理】县级以上地方人民政府有下列情形之一的，由上级人民政府责令限期改正；情节严重的，对直接负责的主管人员和其他直接责任人员依法给予行政处分：

（一）未按照国家有关规定制定、调整学校的设置规划的；

（二）学校建设不符合国家规定的办学标准、选址要求和建设标准的；

（三）未定期对学校校舍安全进行检查，并及时维修、改造的；

（四）未依照本法规定均衡安排义务教育经费的。

第五十三条　【政府或其教育行政部门的法律责任】县级以上人民政府或者其教育行政部门有下列情形之一的，由上级人民政府或者其教育行政部门责令限期改正、通报批评；情节严重的，对直接负责的主管人员和其他直接责任人员依法给予行政处分：

（一）将学校分为重点学校和非重点学校的；

（二）改变或者变相改变公办学校性质的。

县级人民政府教育行政部门或者乡镇人民政府未采取措施组织适龄儿童、少年入学或者防止辍学的，依照前款规定追究法律责任。

第五十四条　【侵占、挪用义务经费行为的法律责任】有下列情形之一的，由上级人民政府或者上级人民政府教育行政部门、财政部门、价格行政部门和审计机关根据职责分工责令限期改正；情节严重的，对直接负责的主管人员和其他直接责任人员依法给予处分：

（一）侵占、挪用义务教育经费的；

（二）向学校非法收取或者摊派费用的。

第五十五条　【学校或教师违反教育法、教师法行为的处理】学校或者教师在义务教育工作中违反教育法、教师法规定的，依照教育法、教师法的有关规定处罚。

第五十六条　【违法收费等行为的法律责任】学校违反国家规定收取费用的，由县级人民政府教育行政部门责令退还所收费用；对直接负责的主管人员和其他直接责任人员依法给予处分。

学校以向学生推销或者变相推销商品、服务等方式谋取利益的，由县级人民政府教育行政部门给予通报批评；有违法所得的，没收违法所得；对直接负责的主管人员和其他直接责任人员依法给予处分。

国家机关工作人员和教科书审查人员参与或者变相参与教科书编写的，由县级以上人民政府或者其教育行政部门根据职责权限责令限期改正，依法给予行政处分；有违法所得的，没收违法所得。

第五十七条　【拒收残疾儿童、少年随班就读等行为的法律责任】学校有下列情形之一的，由县级人民政府教育行政部门责令限期改正；情节严重的，对直接负责的主管人员和其他直接责任人员依法给予处分：

（一）拒绝接收具有接受普通教育能力的残疾适龄儿童、少年随班就读的；

（二）分设重点班和非重点班的；

（三）违反本法规定开除学生的；

（四）选用未经审定的教科书的。

第五十八条　【未依法送适龄儿童少年入学行为的处理】适龄儿童、少年的父母或者其他法定监护人无正当理由未依照本法规定送适龄儿童、少年入学接受义务教育的，由当地乡镇人民政府或者县级人民政府教育行政部门给予批评教育，责令限期改正。

第五十九条　【胁迫或者诱骗儿童、少年失学、辍学等行为的法律责任】有下列情形之一的，依照有关法律、行政法规的规定予以处罚：

（一）胁迫或者诱骗应当接受义务教育的适龄儿童、少年失学、辍学的；

（二）非法招用应当接受义务教育的适龄儿童、少年的；

（三）出版未经依法审定的教科书的。

第六十条 【构成犯罪的处理】违反本法规定，构成犯罪的，依法追究刑事责任。

第八章 附 则

第六十一条 【免收杂费的实施步骤】对接受义务教育的适龄儿童、少年不收杂费的实施步骤，由国务院规定。

第六十二条 【民办教育】社会组织或者个人依法举办的民办学校实施义务教育的，依照民办教育促进法有关规定执行；民办教育促进法未作规定的，适用本法。

第六十三条 【施行日期】本法自2006年9月1日起施行。

国务院关于统筹推进县域内城乡义务教育一体化改革发展的若干意见

（2016年7月2日 国发〔2016〕40号）

各省、自治区、直辖市人民政府，国务院各部委、各直属机构：

义务教育是教育工作的重中之重，是国家必须保障的公益性事业，是必须优先发展的基本公共事业，是脱贫攻坚的基础性事业。当前，我国已进入全面建成小康社会的决胜阶段，正处于新型城镇化深入发展的关键时期，这对整体提升义务教育办学条件和教育质量提出了新要求。同时，户籍制度改革、计划生育政策调整、人口及学生流动给城乡义务教育学校规划布局和城镇学位供给带来了巨大挑战。在许多地方，城乡二元结构矛盾仍然突出，乡村优质教育资源紧缺，教育质量亟待提高；城镇教育资源配置不适应新型城镇化发展，大班额问题严重。为落实全面建成小康社会要求，促进义务教育事业持续健康发展，现就统筹推进县域内城乡义务教育一体化改革发展提出如下意见。

一、指导思想

全面贯彻党的十八大和十八届三中、四中、五中全会精神，深入贯彻习近平总书记系列重要讲话精神，按照“四个全面”战略布局和党中央、国务院决策部署，切实加强党对教育工作的领导，坚持以新发展理念为引领，落实立德树人根本任务，加强学校党的建设，深化综合改革，推进依法治教，提高教育质量，统筹推进县域内城乡义务教育一体化改革发展。适应全面建成小康社会需要，合理规划城乡义务教育学校布局建设，完善城乡义务教育经费保障机制，统筹城乡教育资源配置，向乡村和城乡结合部倾斜，大力提高乡村教育质量，适度稳定乡村生源，增加城镇义务教育学位和乡镇学校寄宿床位，推进城镇义务教育公共服务常住人口全覆盖，着力解决“乡村弱”和“城镇挤”问题，巩固和均衡发展九年义务教育，加快缩小县域内城乡教育差距，为到2020年教育现代化取得重要进展和全面建成小康社会奠定坚实基础。

二、基本原则

优先发展，统筹规划。在推进新型城镇化进程中坚持优先发展义务教育，做到公共资源配置上对义务教育统筹规划、优先发展和重点保障。坚持城乡并重和软硬件并重，科学推进城乡义务教育公办学校标准化建设。

深化改革，创新机制。深化义务教育治理结构、教师管理和保障机制改革，构建与常住人口增长趋势和空间布局相适应的城乡义务教育学校布局建设机制，完善义务教育治理体系，提升义务教育治理能力现代化水平。

提高质量，公平共享。把立德树人作为根本任务，把均衡发展和品质提升作为重要抓手，积极培育和践行社会主义核心价值观，促进教育公平，使城乡学生共享有质量的教育。

分类指导，有序推进。针对东中西部、城镇类型、城镇化水平和乡村实际情况，因地制宜选择发展路径，科学规划城乡义务教育规模，保障教师按需配置，引导学生合理流动。

三、工作目标

加快推进县域内城乡义务教育学校建设标准统一、教师编制标准统一、生均公用经费基准定额统一、基本装备配置标准统一和“两免一补”政策城乡全覆盖，到2020年，城乡二元结构壁垒基本消除，义务教育与城镇化发展基本协调；城乡学校布局更加合理，大班额基本消除，乡村完全小学、初中或九年一贯制学校、寄宿制学校标准化建设取得显著进展，乡村小规模学校（含教学点）达到相应要求；城乡师资配置基本均衡，乡村教师待遇稳步提高、岗位吸引力大幅增强，乡村教育质量明显提升，教育脱贫任务全面完成。义务教育普及水平进一步巩固提高，九年义务教育巩固率达到95%。县域义务教育均衡发展和城乡基本公共教育服务均等化基本实现。

四、主要措施

（一）同步建设城镇学校。各地要按照城镇化规划和常住人口规模编制城镇义务教育学校布局规划，根据学龄人口变化趋势、中小学建设标准，预留足够的义务教育学校用地，纳入城市、镇规划并严格实施，不得随意变更，确保城镇学校建设用地。实行教育用地联审联批制度，新建配套学校建设方案，相关部门应征得同级教育行政部门同意。依法落实城镇新建居住区配套标准化学校建设，老城区改造配套学校建设不足和未达到配建学校标准的小规模居住区，由当地政府统筹新建或改扩建配套学校，确保足够的学位供给，满足学生就近入学需要。地方政府要实施“交钥匙”工程，确保配套学校建设与住宅建设首期项目同步规划、同步建设、同步交付使用。

（二）努力办好乡村教育。各地要结合国家加快水电路气等基础设施向农村延伸，在交通便利、公共服务成型的农村地区合理布局义务教育学校。同时，办好必要的乡村小规模学校。因撤并学校造成学生就学困难的，当地政府应因地制宜，采取多种方式予以妥善解决。合理制定闲置校园校舍综合利用方案，严格规范权属确认、用途变更、资产处置等程序，并优先用于教育事业。要切实提高教育资源使用效益，避免出现“边建设、边闲置”现象。着力提升乡村教育质量，按照国家课程方案开设国家课程，通过开展城乡对口帮扶和一体化办学、加强校长教师轮岗交流和乡村校长教师培训、利用信息技术共享优质资源、将优质高中招生分配指标向乡村初中倾斜等方式，补齐乡村教育短板。推动城乡教师交流，城镇学校和优质学校教师每学年到乡村学校交流轮岗的比例不低于符合交流条件教师总数的10%，其中骨干教师不低于交流轮岗教师总数的20%。结合乡村教育实际，定向培养能够承担多门学科教学任务的教师，提高教师思想政治素质和师德水平，加强对学生的思想品德教育和爱国主义教育，在音乐和美术（或艺术）、体育与健康等学科中融入优秀传统艺术和体育项目，在学科教学特别是品德、科学教学中突出实践环节，确保综合实践和校外教育活动常态化。开展专题教育、地方课程和学校课程等课程整合试点，进一步增强课程的基础性、适宜性和教学吸引力。

（三）科学推进学校标准化建设。各地要逐县（市、区）逐校建立义务教育学校标准化建设台账，全面摸清情况，完善寄宿制学校、乡村小规模学校办学标准，科学推进城乡义务教育公办学校标准化建设，全面改善贫困地区义务教育薄弱学校基本办学条件。提升乡村学校信息化水平，全面提高乡村教师运用信息技术能力，促进优质教育资源共享。适当提高寄宿制学校、规模较小学校和北方取暖地区学校公用经费补助水平，切实保障正常运转。落实义务教育学校管理标准，提高学校管理标准化水平。重点提高乡镇寄宿制学校管理服务水平，通过政府购买服务等方式为乡镇寄宿制学校提供工勤和教学辅助服务。各地要在县域义务教育基本均衡的基础上，促进义务教育优质均衡发展，探索市（地）域义务教育均衡发展实现路径，鼓励有条件的地区在更大范围开展城乡义务教育一体化改革发展试点，发挥引领示范作用。

（四）实施消除大班额计划。省级人民政府要结合本地实际制订消除大班额专项规划，明确工作任务和时间表、路线图，到2018年基本消除66人以上超大班额，到2020年基本消除56人以上大班额。各地要统筹“十三五”期间义务教育学校建设项目，按照国家规定班额标准，新建和改扩建校园校舍，重点解决城镇大班额问题，加快消除现有大班额。要通过城乡义务教育一体化、实施学区化集团化办学或学校联盟、均衡配置师资等方式，加大对薄弱学校和乡村学校的扶持力度，促进均衡发展，限制班额超标学校招生人数，合理分流学生。县级教育行政部门要建立消除大班额工作台账，对大班额学校实行销号管理，避免产生新的大班额问题。各省级人民政府要于2016年年底前将消除大班额专项规划报国家教育体制改革领导小组备案。

（五）统筹城乡师资配置。各地要依据义务教育学校教职工编制标准、学生规模和教育教学需要，按照中央严格控制机构编制有关要求，合理核定义务教育学校教职工编制。建立城乡义务教育学校教职工编制统筹配置机制和跨区域调整机制，实行教职工编制城乡、区域统筹和动态管理，盘活编制存量，提高使用效益。国务院人力资源社会保障部门和教育部门要研究确定县域统一的义务教育学校岗位结构比例，完善职称评聘政策，逐步推动县域内同学段学校岗位结构协调并向乡村适当倾斜，实现职称评审与岗位聘用制度的有效衔接，吸引优秀教师向农村流动。县级教育行政部门在核定的教职工编制总额和岗位总量内，要按照班额、生源等情况，充分考虑乡村小规模学校、寄宿制学校和城镇学校的实际需要，统筹分配各校教职工编制和岗位数量，并向同级机构编制部门、人力资源社会保障部门和财政部门备案。全面推进教师“县管校聘”改革，按照教师职业特点和岗位要求，完善教师招聘机制，统筹调配编内教师资源，着力解决乡村教师结构性缺员和城镇师资不足问题。严禁在有合格教师来源的情况下“有编不补”、长期聘用编外教师，严禁挤占挪用义务教育学校教职工编制和各种形式“吃空饷”。积极鼓励和引导乡村志愿支教活动。

（六）改革乡村教师待遇保障机制。各地要实行乡村教师收入分配倾斜政策，落实并完善集中连片特困地区和边远艰苦地区乡村教师生活补助政策，因地制宜稳步扩大实施范围，按照越往基层、越往艰苦地区补助水平越高的原则，使乡村教师实际工资收入水平不低于同职级县镇教师工资收入水平。健全长效联动机制，核定义务教育学校绩效工资总量时统筹考虑当地公务员实际收入水平，确保县域内义务教育教师平均工资收入水平不低于当地公务员的平均工资收入水平。建立乡村教师荣誉制度，使广大乡村教师有更多的获得感。完善乡村教师职业发展保障机制，合理设置乡村学校中级、高级教师岗位比例。落实中小学教师职称评聘结合政策，确保乡村学校教师职称即评即聘。将符合条件的边远艰苦地区乡村学校教师纳入当地政府住房保障体系，加快边远艰苦地区乡村教师周转宿舍建设。

（七）改革教育治理体系。各地要深化义务教育治理结构改革，完善县域内城乡义务教育一体化改革发展监测评估标准和督导评估机制，切实提高政府教育治理能力。在实行“以县为主”管理体制基础上，进一步加强省级政府统筹，完善乡村小规模学校办学机制和管理办法，将村小学和教学点纳入对乡村中心学校考核，加强乡村中心学校对村小学、教学点的指导和管理。充分发挥学校党组织政治核心作用，坚持育人为本、德育为先，全面加强思想政治教育；认真落实校长负责制，全面推进学校章程建设，完善学校重大事项决策机制，逐步形成中国特色的依法办学、自主管理、民主监督、社会参与的现代学校制度。落实学校办学自主地位，完善家长委员会，推动社区参与学校治理，建立第三方评价机制，促进学校品质提升。健全校长和班主任工作激励机制，根据考核结果合理确定校长绩效工资水平，坚持绩效工资分配向班主任倾斜，班主任工作量按当地教师标准课时工作量一半计算。创新校外教育方式，构建校内外教育相互衔接的育人机制。探索建立学生意外伤害援助机制和涉校涉生矛盾纠纷调解仲裁机制，维护学校正常教育教学秩序和师生合法权益，推动平安校园建设。

（八）改革控辍保学机制。县级人民政府要完善控辍保学部门协调机制，督促监护人送适龄儿童、少年入学并完成义务教育。进一步落实县级教育行政部门、乡镇政府、村（居）委会、学校和适龄儿童父母或其他监护人控辍保学责任，建立控辍保学目标责任制和联控联保机制。县级教育行政部门要依托全国中小学生学籍信息管理系统建立控辍保学动态监测机制，加强对农村、边远、贫困、民族等重点地区，初中等重点学段，以及流动留守儿童、家庭经济贫困儿童等重点群体的监控。义务教育学校要加大对学习困难学生的帮扶力度，落实辍学学生劝返、登记和书面报告制度，劝返无效的，应书面报告县级教育行政部门和乡镇人民政府，相关部门应依法采取措施劝返复学。居民委员会和村民委员会要协助政府做好控辍保学工作。各地要加大对家庭经济困难学生的社会救助和教育资助力度，优先将建档立卡的贫困户家庭学生纳入资助范围。深入实施农村义务教育学生营养改善计划，提高营养膳食质量，改善学生营养状况。通过保障就近入学、建设乡镇寄宿制学校、增设公共交通线路、提供校车服务等方式，确保乡村适龄儿童不因上学不便而辍学。针对农村残疾儿童实际，做到“一人一案”，切实保障农村残疾儿童平等接受义务教育权利。完善学生资助政策，继续扩大面向贫困地区定向招生专项计划招生人数，畅通绿色升学通道，切实提高贫困家庭学生升学信心。

（九）改革随迁子女就学机制。各地要进一步强化流入地政府责任，将随迁子女义务教育纳入城镇发展规划和财政保障范围，坚持积极进取、实事求是、稳步推进，适应户籍制度改革要求，建立以居住证为主要依据的随迁子女入学政策，切实简化优化随迁子女入学流程和证明要求，提供便民服务，依法保障随迁子女平等接受义务教育。利用全国中小学生学籍信息管理系统数据，推动“两免一补”资金和生均公用经费基准定额资金随学生流动可携带。要坚持以公办学校为主安排随迁子女就学，对于公办学校学位不足的可以通过政府购买服务方式安排在普惠性民办学校就读。实现混合编班和统一管理，促进随迁子女融入学校和社区。公办和民办学校都不得向随迁子女收取有别于本地户籍学生的任何费用。特大城市和随迁子女特别集中的地方，可根据实际制定随迁子女入学的具体办法。

（十）加强留守儿童关爱保护。各地要落实县、乡人民政府属地责任，建立家庭、政府、学校尽职尽责，社会力量积极参与的农村留守儿童关爱保护工作体系，促进农村留守儿童健康成长。要深入排查，建立台账，全面掌握留守儿童基本情况，加强关爱服务和救助保护，帮助解决实际困难，确保留守儿童人身安全。中小学校要加强法治教育、安全教育和心理健康教育，积极开展心理辅导。强化家庭监护主体责任，鼓励父母取得居住证的适龄儿童随父母在工作地就近入学，外出务工父母要依法履行监护职责和抚养义务。依法追究父母或其他监护人不履行监护职责的责任，依法处置各种侵害留守儿童合法权益的违法行为。发挥乡镇政府和村委会作用，督促外出务工家长履行监护责任。

五、组织保障

（一）加强党的领导。各地要认真落实党委全面从严治党主体责任，进一步加强新形势下党对城乡义务教育一体化改革发展工作的领导，全面贯彻党的教育方针，坚持社会主义办学方向。要高度重视义务教育学校党建工作，建立健全党委统一领导、教育部门具体负责、有关方面齐抓共管的学校党建工作领导体制，全面加强学校党组织建设，实现党组织全覆盖，严格党组织生活，切实做好教师思想政治工作，注重从优秀教师中发展党员，充分发挥学校党组织的战斗堡垒作用和党员教师的先锋模范作用。

（二）落实政府责任。各地要加强省级政府统筹，根据国家新型城镇化发展的总体部署和本地城镇化进程，把义务教育摆在优先发展的突出位置，纳入城镇发展规划。完善相关政策措施，通过政府购买服务、税收激励等引导和鼓励社会力量支持义务教育发展。把统筹推进县域内城乡义务教育一体化改革发展作为地方各级政府政绩考核的重要内容，完善考核机制，健全部门协调机制，及时研究解决义务教育改革发展面临的重大问题和人民群众普遍关心的热点问题，确保各项改革措施落实到位、工作目标按期实现，促进义务教育与新型城镇化协调发展。

（三）明确部门职责。各级教育部门要加强同有关部门的协调沟通，编制完善义务教育规划，积极推动县域内城乡义务教育一体化改革发展各项措施落实到位。发展改革部门在编制相关规划时，要统筹考虑义务教育学校布局，在安排重大项目和资金投入时优先支持义务教育学校建设。财政部门和教育部门要积极建立和完善城乡统一、重在农村的义务教育经费保障机制。公安部门要加强居住证管理，建立随迁子女登记制度，及时向同级教育行政部门通报有关信息。民政部门要将符合条件的特殊困难流动留守儿童和家庭经济困难儿童纳入社会救助政策保障范围，落实兜底保障职责。机构编制部门和人力资源社会保障部门要为推动实现统筹分配城乡学校教职工编制和岗位提供政策支持。人力资源社会保障部门要加强监督检查，依法督促落实职工带薪年休假制度，支持外出务工父母定期回乡看望留守儿童。国土部门要依法切实保障学校建设用地。城乡规划主管部门制定控制性详细规划涉及中小学用地的，应当征求同级教育行政部门意见。未按照规划配套建设学校的，不得发放建设工程规划核实合格书，不得办理竣工验收备案。

（四）加强督导检查。地方各级政府要加强对本地区落实有关义务教育工作情况的专项检查，定期向同级人民代表大会或其常务委员会报告义务教育工作情况。各级教育督导部门要开展县域内城乡义务教育一体化改革发展主要措施落实和工作目标完成情况的专项督导检查，完善督导检查结果公告制度和限期整改制度，强化督导结果运用。对因工作落实不到位，造成不良社会影响的部门和有关责任人，要严肃问责。

（五）营造良好氛围。各地要加大对国家新型城镇化规划、脱贫攻坚、户籍制度改革、居住证制度、县域内城乡义务教育一体化改革发展工作等的综合宣传和政策解读力度，进一步凝聚人心，统一认识，在全社会营造关心支持义务教育工作的良好氛围。要依法推进学校信息公开，有效发挥社会监督和舆论监督的积极作用。各地要认真总结成功做法和典型经验，并通过多种形式进行深入宣传和推广，使义务教育改革发展更好地服务于新型城镇化建设和全面建成小康社会奋斗目标。

义务教育学校管理标准

（2017 年 12 月 4 日　教基〔2017〕9 号）

为全面贯彻党的教育方针，促进义务教育学校（以下简称学校）不断提升治理能力和治理水平，逐步形成“标准引领、管理规范、内涵发展、富有特色”的良好局面，全面提高义务教育质量，促进教育公平，加快教育现代化，着力解决人民日益增长的美好生活需要和学校发展不平衡不充分问题，根据《教育法》《义务教育法》等有关法律法规，制定本标准。

一、基本理念

（一）育人为本　全面发展

全面贯彻党的教育方针，坚持教育为人民服务、为中国共产党治国理政服务、为巩固和发展新时代中国特色社会主义制度服务、为改革开放和社会主义现代化建设服务，落实立德树人根本任务，发展素质教育，培育和践行社会主义核心价值观，全面改进德育、智育、体育、美育，培养德智体美全面发展的社会主义建设者和接班人。

（二）促进公平　提高质量

树立公平的教育观和正确的质量观，提高办学水平，强化学生认知、合作、创新等关键能力和职业意识培养，面向每一名学生，教好每一名学生，切实保障学生平等的受教育权利。建设适合学生发展的课程，实施以学生发展为本的教学；加强教师队伍建设，提高教师整体素质；建立科学合理的评价体系，提高教育教学质量。

（三）和谐美丽　充满活力

建设安全卫生的学校基础设施，完善切实可行的安全、健康管理制度，开展以生活技能和自护、自救技能为基础的安全与健康教育。加强校园文化建设，创建平安校园、文明校园、和谐校园、美丽校园，为师生创造安定有序、和谐融洽、充满活力的工作、学习和生活环境。

（四）依法办学　科学治理

建设依法办学、自主管理、民主监督、社会参与的现代学校制度。落实学校办学自主权，提升校长依法科学治理能力，发挥中小学校党组织的政治核心和战斗堡垒作用，拓宽师生、家长和社会参与学校治理的渠道，建立健全学校民主管理制度，构建和谐的学校、家庭、社区合作关系，推动学校可持续发展。

二、基本内容

（包括：保障学生平等权益、促进学生全面发展、引领教师专业进步、提升教育教学水平、营造和谐美丽环境、建设现代学校制度等6大管理职责、22项管理任务、88条具体内容，详见列表）

管理职责	管理任务	管理内容
一、保障学生平等权益	1.1 维护学生平等入学权利	1. 根据国家法律法规和教育行政部门相关规定，落实招生入学方案，公开范围、程序、时间、结果，保障适龄儿童少年平等接受义务教育的权利。按照教育行政部门统一安排，做好进城务工人员随迁子女就学工作。 2. 坚持免试就近入学原则，不举办任何形式的入学或升学考试，不以各类竞赛、考级、奖励证书作为学生入学或升学的依据。不得提前招生、提前录取。 3. 实行均衡编班，不分重点班与非重点班。编班过程邀请相关人员参加，接受各方监督。 4. 实行收费公示制度，严格执行国家关于义务教育免费的规定。
	1.2 建立控辍保学工作机制	5. 执行国家学籍管理相关规定，利用中小学生学籍信息管理系统做好辍学学生标注登记工作，并确保学籍系统信息与实际一致。防止空挂学籍和中途辍学。 6. 严格执行学生考勤制度，建立和完善辍学学生劝返复学、登记与书面报告制度，加强家校联系，配合政府部门做好辍学学生劝返复学工作。 7. 把对学习困难学生的帮扶作为控辍保学的重点任务，建立健全学习帮扶制度。
	1.3 满足需要关注学生需求	8. 制定保障教育公平的制度，通过各种途径广泛宣传，不让一名学生受到歧视或欺凌。 9. 坚持合理便利原则满足适龄残疾儿童随班就读需要，并为其学习、生活提供帮助。创造条件为有特殊学习需要的学生建立资源教室，配备专兼职教师。 10. 为需要帮助的儿童提供情感关怀，优先满足留守儿童寄宿、乘坐校车、营养改善需求，寄宿制学校应按政府购买服务的有关规定配备服务人员。

续 表

管理职责	管理任务	管理内容
二、促进学生全面发展	2.1 提升学生道德品质	11. 推动习近平新时代中国特色社会主义思想进校园、进课堂、进头脑，落实《中小学德育工作指南》《中小学生守则》，坚持立德树人，引导学生养成良好思想素质、道德品质和行为习惯，形成积极健康的人格和良好的心理品质，促进学生核心素养提升和全面发展。 12. 教育学生爱党爱国爱人民，让学生熟记并践行社会主义核心价值观，积极开展理想信念教育、社会主义核心价值观教育、中华优秀传统文化教育、生态文明教育和心理健康教育。 13. 统筹德育资源，创新德育形式，探索课程育人、文化育人、活动育人、实践育人、管理育人、协同育人等多种途径，努力形成全员育人、全程育人、全方位育人的德育工作格局。 14. 把学生思想品德发展状况纳入综合素质评价体系，认真组织开展评价工作。 15. 建立党组织主导、校长负责、群团组织参与、家庭社会联动的德育工作机制。将德育工作经费纳入经费年度预算，优化德育队伍结构，提供德育工作必须的场所、设施。 16. 根据《青少年法治教育大纲》，依据相关学科课程标准，落实多学科协同开展法治教育，培养法治精神，树立法治信仰。
	2.2 帮助学生学会学习	17. 营造良好的学习环境与氛围，激发和保护学生的学习兴趣，培养学生的学习自信心。 18. 遵循教育规律和学生身心发展规律，帮助学生掌握科学的学习方法，养成良好的学习习惯。 19. 落实学生主体地位，引导学生独立思考和主动探究，培养学生良好思维品质。 20. 尊重学生个体差异，采用灵活多样的教学方法，因材施教，培养学生自主学习和终身学习能力。
	2.3 增进学生身心健康	21. 落实《中小学心理健康教育指导纲要》，将心理健康教育贯穿于教育教学全过程。按照建设指南建立心理辅导室，配备专兼职心理健康教育教师，科学开展心理辅导。 22. 确保学生每天锻炼 1 小时，开足并上好体育课，开展大课间体育活动，使每个学生掌握至少两项体育运动技能，养

续 表

管理职责	管理任务	管理内容
二、促进学生全面发展	2.3 增进学生身心健康	成体育锻炼习惯。配齐体育教师，加强科学锻炼指导和体育安全管理。保障并有效利用体育场地和设施器材，满足学生体育锻炼需要。 23. 建立常态化的校园体育竞赛机制，经常开展班级、年级体育比赛，每年举办全员参与的运动会。 24. 落实《国家学生体质健康标准》，定期开展学生体检和体质健康监测，重点监测学生的视力、营养状况和体质健康达标状况，及时向家长反馈。建立学生健康档案，将学生参加体育活动及体质体能健康状况等纳入学生综合素质评价。 25. 科学合理安排学校作息时间，确保学生课间和必要的课后自由活动时间，整体规划并控制各学科课后作业量。家校配合保证每天小学生 10 小时、初中生 9 小时睡眠时间。 26. 保障室内采光、照明、通风、课桌椅、黑板等设施达到规定标准，端正学生坐姿，做好眼保健操，降低学生近视新发率。
	2.4 提高学生艺术素养	27. 按照国家要求开齐开足音乐、美术课，开设书法课。利用当地教育资源，开发具有民族、地域特色的艺术教育选修课程，培养学生艺术爱好，让每个学生至少学习掌握一项艺术特长。 28. 按照国家课程方案规定的课时数和学校班级数配备艺术教师，设置艺术教室和艺术活动室，并按照国家标准配备艺术课程教学和艺术活动器材，满足艺术教育基本需求。 29. 面向全体学生组织开展艺术活动，因地制宜建立学生艺术社团或兴趣小组。 30. 充分利用社会艺术教育资源，利用当地文化艺术场地资源开展艺术教学和实践活动，有条件的学校可与社会艺术团体及社区建立合作关系。
	2.5 培养学生生活本领	31. 贯彻《关于加强中小学劳动教育的意见》，为学生提供劳动机会，家校合作使学生养成家务劳动习惯，掌握基本生活技能，培养学生吃苦耐劳精神。 32. 开齐开足综合实践活动课程，充分利用各类综合实践基地，多渠道、多种形式开展综合实践活动。寒暑假布置与劳动或社会实践相关的作业。 33. 指导学生利用学校资源、社区和地方资源完成个性化作业和实践性作业。

续 表

管理职责	管理任务	管理内容
三、引领教师专业进步	3.1 加强教师管理和职业道德建设	34. 坚持用习近平新时代中国特色社会主义思想武装教师头脑，加强教师思想政治教育和师德建设，建立健全师德建设长效机制，促进教师牢固树立和自觉践行社会主义核心价值观，严格遵守《中小学教师职业道德规范》，增强教师立德树人的荣誉感和责任感，做有理想信念、道德情操、扎实学识、仁爱之心的好老师和学生锤炼品格、学习知识、创新思维、奉献祖国的引路人。 35. 教师语言规范健康，举止文明礼貌，衣着整洁得体。 36. 严格要求教师尊重学生人格，不讽刺、挖苦、歧视学生，不体罚或变相体罚学生，不收受学生或家长礼品，不从事有偿补课。 37. 健全教师管理制度，完善教师岗位设置、职称评聘、考核评价和待遇保障机制。落实班主任工作量计算、津贴等待遇。保障教师合法权益，激发教师的积极性和创造性。 38. 关心教师生活状况和身心健康，做好教师后勤服务，丰富教师精神文化生活，减缓教师工作压力，定期安排教师体检。
	3.2 提高教师教育教学能力	39. 组织教师认真学习课程标准，熟练掌握学科教学的基本要求。 40. 针对教学过程中的实际问题开展校本教研，定期开展集体备课、听课、说课、评课等活动，提高教师专业水平和教学能力。 41. 落实《中小学班主任工作规定》，制订班主任队伍培训计划，定期组织班主任学习、交流、培训和基本功比赛，提高班主任组织管理和教育能力。 42. 推动教师阅读工作，引导教师学习经典，加强教师教育技能和教学基本功训练，提升教师普通话水平，规范汉字书写，增强学科教学能力。 43. 提高教师信息技术和现代教育装备应用能力，强化实验教学，促进现代科技与教育教学的深度融合。
	3.3 建立教师专业发展支持体系	44. 完善教师培训制度，制订教师培训规划，指导教师制订专业发展计划，建立教师专业发展档案。 45. 按规定将培训经费列入学校预算，支持教师参加必要的培训，落实每位教师五年不少于360学时的培训要求。 46. 引进优质培训资源，定期开展专题培训，促进教研、科研与培训有机结合，发挥校本研修基础作用。 47. 鼓励教师利用网络学习平台开展教研活动，建设教师学习共同体。

续 表

管理职责	管理任务	管理内容
四、提升教育教学水平	4.1 建设适合学生发展的课程	48. 落实国家义务教育课程方案和课程标准，严格遵守国家关于教材、教辅管理的相关规定，确保国家课程全面实施。不拔高教学要求，不加快教学进度。 49. 根据学生发展需要和地方、学校、社区资源条件，科学规范开设地方课程和校本课程，编制课程纲要，加强课程实施和管理。 50. 落实综合实践活动课程要求，通过考察探究、社会服务、设计制作、职业体验等方式培养学生创新精神和实践能力。每学期组织一次综合实践交流活动。 51. 创新各学科课程实施方式，强化实践育人环节，引导学生动手解决实际问题。 52. 定期开展学生学习心理研究，研究学生的学习兴趣、动机和个别化学习需要，采取有针对性的措施，改进课程实施和教学效果。
	4.2 实施以学生发展为本的教学	53. 定期开展教学质量分析，建立基于过程的学校教学质量保障机制，统筹课程、教材、教学、评价等环节，主动收集学生反馈意见，及时改进教学。 54. 采取启发式、讨论式、合作式、探究式等多种教学方式，提高学生参与课堂学习的主动性和积极性。 55. 创新作业方式，避免布置重复机械的练习，多布置科学探究式作业。可根据学生掌握情况布置分层作业。不得布置超越学生能力的作业，不得以增加作业量的方式惩罚学生。
	4.3 建立促进学生发展的评价体系	56. 对照中小学教育质量综合评价改革指标体系，进行监测，改进教育教学。 57. 实施综合素质评价，重点考察学生的思想品德、学业水平、身心健康、艺术素养、社会实践等方面的发展情况。建立学生综合素质档案，做好学生成长记录，真实反映学生发展状况。 58. 控制考试次数，探索实施等级加评语的评价方式。依据课程标准的规定和要求确定考试内容，对相关科目的实验操作考试提出要求。命题应紧密联系社会实际和学生生活经验，注重加强对能力的考察。考试成绩不进行公开排名，不以分数作为评价学生的唯一标准。
	4.4 提供便利实用的教学资源	59. 按照规定配置教学资源和设施设备，指定专人负责，建立资产台账，定期维护保养。 60. 落实《中小学图书馆（室）规程》，加强图书馆建设与应用，提升服务教育教学能力。建立实验室、功能教室等的使用管理制度，面向学生充分开放，提高使用效益。

续 表

管理职责	管理任务	管理内容
五、营造和谐美丽环境	5.1 建立切实可行的安全与健康管理制度	61. 积极借助政府部门、社会力量、专业组织，构建学校安全风险管理体系，形成以校方责任险为核心的校园保险体系。组织教职工学习有关安全工作的法律法规，落实《中小学校岗位安全工作指南》。 62. 落实《国务院办公厅关于加强中小学幼儿园安全风险防控体系建设的意见》《中小学幼儿园安全管理办法》，建立健全学校安全卫生管理制度和工作机制，采取切实措施，确保学校师生人身安全、食品饮水安全、设施安全和活动安全。使用校车的学校严格执行国家校车安全管理制度。 63. 制订突发事件应急预案，预防和应对不法分子入侵、自然灾害和公共卫生事件，落实防治校园欺凌和暴力的有关要求。
	5.2 建设安全卫生的学校基础设施	64. 配备保障学生安全与健康的基本设施和设备，落实人防、物防和技防等相关要求。学校教育、教学及生活所用的设施、设备、场所要经权威部门检测、符合国家环保、安全等标准后方可使用。 65. 定期开展校舍及其他基础设施安全隐患排查和整治工作。校舍安全隐患要及时向主管部门书面报告。 66. 设立卫生室或保健室，按要求配备专兼职卫生技术人员，落实日常卫生保健制度。 67. 设置安全警示标识和安全、卫生教育宣传橱窗，定期更换宣传内容。
	5.3 开展以生活技能为基础的安全健康教育	68. 落实《中小学公共安全教育指导纲要》，突出强化预防溺水和交通安全教育，有计划地开展国家安全、社会安全、公共卫生、意外伤害、网络、信息安全、自然灾害以及影响学生安全的其他事故或事件教育，了解保障安全的方法并掌握一定技能。 69. 落实《中小学健康教育指导纲要》，普及疾病预防、营养与食品安全以及生长发育、青春期保健知识和技能，提升师生健康素养。 70. 落实《中小学幼儿园应急疏散演练指南》，定期开展应急演练，提高师生应对突发事件和自救自护能力。
	5.4 营造健康向上的学校文化	71. 立足学校实际和文化积淀，结合区域特点，建设体现学校办学理念和思想的学校文化，发展办学特色，引领学校内涵发展。 72. 做好校园净化、绿化、美化工作，合理设计和布置校园，有效利用空间和墙面，建设生态校园、文化校园、书香校园，发挥环境育人功能。 73. 每年通过科技节、艺术节、体育节、读书节等形式，因地制宜组织丰富多彩的学校活动。

续 表

管理职责	管理任务	管理内容
六、建设现代学校制度	6.1 提升依法科学管理能力	74. 每年组织教职员工学习《宪法》、《教育法》、《义务教育法》、《教师法》和《未成年人保护法》等法律，增强法治观念，提升依法治教、依法治校能力。 75. 依法制定和修订学校章程，健全完善章程执行和监督机制，规范学校办学行为，提升学校治理水平。 76. 制定学校发展规划，确定年度实施方案，客观评估办学绩效。 77. 健全管理制度，建立便捷规范的办事程序，完善内部机构组织规则、议事规则等。 78. 认真落实《中小学校财务制度》，做好财务管理和内审工作。 79. 指定专人负责学校法制事务，建立学校法律顾问制度，充分运用法律手段维护学校合法权益。
	6.2 建立健全民主管理制度	80. 贯彻《关于加强中小学校党的建设工作的意见》，以提升组织力为重点，突出政治功能，把学校党组织建设成领导改革发展的坚强战斗堡垒，充分发挥党员教师的先锋模范作用。 81. 坚持民主集中制，定期召开校务会议，健全学校教职工（代表）大会制度，将涉及教职工切身利益及学校发展的重要事项，提交教职工（代表）大会讨论通过。 82. 设置信息公告栏，公开校务信息，公示收费项目、标准、依据等，保证教职工、学生、相关社会公众对学校重大事项、重要制度的知情权。 83. 建立问题协商机制，听取学生、教职工和家长的意见和建议，有效化解相关矛盾。 84. 发挥少先队、共青团、学生会、学生社团的作用，引导学生自我管理或参与学校治理。
	6.3 构建和谐的家庭、学校、社区合作关系	85. 健全和完善家长委员会制度，建立家长学校，设立学校开放日，提高家长在学校治理中的参与度，形成育人合力。 86. 引入社会和利益相关者的监督，密切学校与社区联系，促进社区代表参与学校治理。 87. 主动争取社会资源和社会力量支持学校改革发展。 88. 有条件的学校可将体育文化设施在课后和节假日对本校师生和所在社区居民有序开放。

三、实施要求

（一）本标准是对学校管理的基本要求，适用于全国所有义务教育学校。鉴于全国各地区的差异，各省、自治区、直辖市教育行政部门可以依据本标准和本地实际提出具体实施意见，细化标准要求。在实施过程中要因地制宜、分类指导，分步实施、逐步完善，促进当地学校提升治理水平。

（二）本标准是义务教育学校工作的重要依据。各级教育行政部门和教师培训机构要将本标准作为校长和教师培训的重要内容，结合当地情况，开展有针对性的培训，使广大校长和教师充分了解基本要求，掌握精神实质，指导具体工作。

（三）义务教育学校要将本标准作为学校治理的基本依据，强化对标研判，整改提高，树立先进的治理理念，建立健全各项管理制度，完善工作机制。校长和教师要按照本标准规范管理和教育教学行为，把标准的各项要求落到实处。

（四）教育督导部门应按照本标准修订完善义务教育学校督导评估指标体系和标准，一校一案，对标研判、依标整改，开展督导评估工作，促进学校规范办学、科学管理，提高教育质量和办学水平。

小学管理规程

（1996 年 3 月 9 日国家教育委员会令第 26 号发布
2010 年 12 月 13 日教育部令第 30 号修订）

第一章　总　　则

第一条　为加强小学内部的规范化管理，全面贯彻教育方针，全面提高教育质量，依据《中华人民共和国教育法》和其他有关教育法律、法规制定本规程。

第二条 本规程所指小学是由政府、企业事业组织、社会团体、其他社会组织及公民个人依法举办的对儿童实施普通初等教育的机构。

第三条 小学实施初等义务教育。

小学的修业年限为6年或5年。省、自治区、直辖市可根据实际情况确定本行政区域内的小学修业年限。

第四条 小学要贯彻教育必须为社会主义现代化建设服务，必须与生产劳动相结合，培养德、智、体等方面全面发展的社会主义建设者和接班人的方针。

第五条 小学教育要同学前教育和初中阶段教育相互衔接，应在学前教育的基础上，通过实施教育教学活动，使受教育者生动活泼、主动地发展，为初中阶段教育奠定基础。

第六条 小学的培养目标是：

初步具有爱祖国、爱人民、爱劳动、爱科学、爱社会主义的思想感情；遵守社会公德的意识、集体意识和文明行为习惯；良好的意志、品格和活泼开朗的性格；自我管理、分辨是非的能力。

具有阅读、书写、表达、计算的基本知识和基本技能，了解一些生活、自然和社会常识，具有初步的观察、思维、动手操作和学习的能力，养成良好的学习习惯。学习合理锻炼、养护身体的方法，养成讲究卫生的习惯，具有健康的身体和初步的环境适应能力。具有较广泛的兴趣和健康的爱美情趣。

第七条 小学的基本教学语言文字为汉语言文字。学校应推广使用普通话和规范字。

招收少数民族学生为主的学校，可使用本民族或当地民族通用的语言文字进行教学，并应根据实际情况，在适当年级开设汉语文课程。

第八条 小学实行校长负责制，校长全面负责学校行政工作。

农村地区可视情况实行中心小学校长负责制。

第九条 小学按照“分级管理，分工负责”的原则，在当地人民政府领导下实施教育工作。

第二章 入学及学籍管理

第十条 小学招收年满 6 周岁的儿童入学，条件不具备的地区，可以推迟到 7 周岁。小学实行秋季始业。

小学应按照《义务教育法》的规定，在当地政府领导下，组织服务区内的适龄儿童按时就近免试入学。小学的服务区由主管教育行政部门确定。

第十一条 小学采用班级授课制，班级的组织形式应为单式，不具备条件的也可以采用复式。教学班级名额以不超过 45 人为宜。

学校规模应有利于教育教学，有利于学生身心健康，便于管理，提高办学效益。

第十二条 小学对因病无法继续学习的学生（须具备指定医疗单位的证明）在报经有关部门批准后，可准其休学。学生休学时间超过三个月，复学时学校可据其实际学力程度并征求其本人及父母或其他监护人意见后编入相应年级。

小学对因户籍变更申请转学，并经有关教育行政部门核准符合条件者，应予及时妥善安置，不得无故拒收。

小学对因故在非户籍所在地申请就学的学生，经有关部门审核符合条件的，可准其借读。

第十三条 小学应从德、智、体等方面全面评价学生。要做好学习困难学生的辅导工作，积极创造条件逐步取消留级制度。现阶段仍实行留级制度的地方，要创造条件，逐步降低学生留级比例和减少留级次数。

小学对修完规定课程且成绩合格者，发给毕业证书；不合格者发给结业证书，毕业年级不再留级。对虽未修完小学课程，但修业年限已满当地政府规定的义务教育年限者，发给肄业证书。

第十四条 小学对学业成绩优异，提前达到更高年级学力程度的学生，可准其提前升入相应年级学习，同时报教育主管部门备案。

第十五条 小学对品学兼优的学生应予表彰，对犯有错误的学生应予批评教育，对极少数错误较严重的学生可分别给予警告、严重警告和记过处分。

小学不得开除学生。

第十六条 小学应防止未受完规定年限义务教育的学生辍学，发现学生辍学，应立即向主管部门报告，配合有关部门，依法使其复学并做好有关工作。

第十七条 小学学籍管理的具体办法由省级教育行政部门制定。

第三章 教育教学工作

第十八条 小学的主要任务是教育教学工作。其他各项工作均应以有利于教育教学工作的开展为原则。

第十九条 小学应按照国家或省级教育行政部门发布的课程计划、教学大纲进行教育教学工作。

小学在教育教学工作中，要充分发挥学科课和活动课的整体功能，对学生进行德育、智育、体育、美育和劳动教育，为学生全面发展奠定基础。

第二十条 小学要积极开展教育教学研究，运用教育理论指导教育教学活动，积极推广科研成果及成功经验。

第二十一条 小学要将德育工作摆在重要位置，校长负责，教职工参与，教书育人、管理育人、服务育人。

学校教育要同家庭教育、社会教育相结合。

第二十二条 小学应在每个教学班设置班主任教师，负责管理、指导班级工作。班主任教师要同各科任课教师、学生家长密切联系，了解掌握学生思想、品德、行为、学业等方面的情况，协调配合对学生实施教育。

班主任教师每学期要根据学生的操行表现写出评语。

第二十三条 小学对学生应以正面教育为主，肯定成绩和进步，指出缺点和不足，不得讽刺挖苦、粗暴压服，严禁体罚和变相体罚。

第二十四条 小学教学要面向全体学生，坚持因材施教的原则，充分发挥学生的主体作用；要重视基础知识教学和基本技能训练，激发学习兴趣，培养正确的学习方法、学习习惯。

第二十五条 小学应当按照教育行政部门颁布的校历安排学校工作。小学不得随意停课，若遇特殊情况必须停课的，一天以内的由校长决定，并报县教育行政部门备案；一天以上三天以内的，应经县级人民政府批准。

小学不得组织学生参加商业性的庆典、演出等活动，参加其他社会活动亦不应影响教学秩序和学校正常工作。

第二十六条 小学要合理安排作息时间。学生每日在校用于教育教学活动的时间五、六年级至多不超过 6 小时，其他年级还应适当减少。课余、晚上和节假日不得安排学生集体补课或上新课。

课后作业内容要精选，难易要适度，数量要适当，要严格执行有关规定，保证学生学业负担适量。

第二十七条 小学使用的教材，须经国家或国家授权的省级教材审定部门审定。实验教材、乡土教材须经有关的教育行政部门批准后方可使用。

小学不得要求或统一组织学生购买各类学习辅导资料。对学生使用学具等要加强引导。

第二十八条 小学应按照课程计划和教学大纲的要求通过多种形式，评测教学质量。学期末的考试科目为语文和数学，其他学科通过平时考查评定成绩。

小学毕业考试由学校命题（农村地区在县级教育行政部门指导下由乡中心小学命题），考试科目为语文和数学。

学校要建立德、智、体全面评估教育质量的科学标准，不得以考试成绩排列班级、学生的名次和作为衡量教学质量、评定教师教学工作的惟一标准。

第二十九条 小学应重视体育和美育工作。

学校严格执行国家颁布的有关学校体育工作的法规，通过体育课及其他形式的体育活动增强学生体质。学校应保证学生每天有一小时的体育活动时间。

小学应上好音乐、美术课，其他学科也要从本学科特点出发，发挥美育功能。美育要结合学生日常生活，提出服饰、仪表、语言、行为等审美要求，培养健康的审美情趣。

第三十条 小学应加强对学生的劳动教育，培养学生爱劳动、爱劳动人民、珍惜劳动成果的思想，培养从事自我服务、家务劳动、公益劳动和简单生产劳动的能力，养成劳动习惯。

第三十一条 小学应加强学生课外、校外活动指导，注意与学生家庭、少年宫（家、站）和青少年科技馆（站）等校外活动机构联系，开展有益的活动，安排好学生的课余生活。

学校组织学生参加竞赛、评奖活动，要遵照教育行政部门的有关规定执行。

第四章 人事工作

第三十二条 小学可按编制设置校长、副校长、主任、教师和其他人员。

第三十三条 小学校长是学校行政负责人。校长应具备国家规定的任职资格，由学校设置者或设置者的上级主管部门任命或聘任，副校长及教导（总务）主任等人员由校长提名，按有关规定权限和程序任命和聘任。非政府设置的小学校长，应报主管教育行政部门备案。

校长要加强教育政策法规、教育理论的学习，加强自身修养，提高管理水平，依法对学校实施管理。其主要职责是：

（一）贯彻执行国家的教育方针，执行教育法令法规和教育行政部门的指示、规定，遵循教育规律，提高教育质量；

（二）制定学校的发展规划和学年学期工作计划，并认真组织实施；

（三）遵循国家有关法律和政策，注重教职工队伍建设。依靠教职工办好学校，并维护其合法权益；

（四）发挥学校教育的主导作用，努力促进学校教育、家庭教育、社会教育的协调一致，互相配合，形成良好的育人环境。

第三十四条 小学校长应充分尊重教职工的民主权利，听取他们对于学校工作的意见、建议；教职工应服从校长的领导，认真完成本职工作。

教职工对学校工作的意见、建议，必要时可直接向主管部门反映，任何组织和个人不得阻挠。

第三十五条 小学教师应具备国家规定的任职资格，享受和履行法律规定的权利和义务，遵守职业道德，完成教育教学工作。

第三十六条 小学要加强教师队伍管理，按国家有关规定实行教师资格、职务、聘任制度，建立、健全业务考核档案。要加强教师思想政治教育、职业道德教育，树立敬业精神。对认真履行职责的优秀教师应予奖励。

第三十七条 小学应重视教师的继续教育，制订教师进修计划，积极为教师进修创造条件。教师进修应根据学校工作的需要，以在职为主，自学为主，所教学科为主。

第三十八条 小学其他人员应具备相应的政治、业务素质，其具体任职资格及职责由教育行政部门或学校按照国家有关规定制定。

第五章　行 政 工 作

第三十九条　小学可依规模内设分管教务、总务等工作的机构或人员，协助校长做好有关工作（规模较大的学校还可设年级组），其具体职责由学校制定。

第四十条　小学若规模较大，可成立由校长召集，各部门负责人参加的校务委员会，研究决定学校重大事项。

第四十一条　小学应建立教职工（代表）大会制度，加强民主管理和民主监督。大会可定期召开，不设常设机构。

第四十二条　中国共产党在小学的组织发挥政治核心作用。校长要依靠党的学校（地方）基层组织，充分发挥工会、共青团、少先队及其他组织在学校工作中的作用。

第四十三条　小学应建立、健全教育研究、业务档案、财务管理、安全工作、学习、会议等制度。

学校应建立工作人员名册、学生名册和其他统计表册，定期向主管教育行政部门上报。

第四十四条　小学应接受教育行政部门或上级主管部门的检查、监督和指导，要如实报告工作，反映情况。

学年末，学校应向教育行政部门或上级主管部门报告工作，重大问题应随时报告。

第六章　校舍、设备及经费

第四十五条　小学的办学条件及经费由学校举办者负责提供。其标准由省级人民政府制定。

小学应具备符合规定标准的校舍、场地、设施、教学仪器、图书资料。

第四十六条　小学应遵照有关规定管理使用校舍、场地等，未经主管部门批准，不得改变其用途。

要定期对校舍进行维修和维护，发现危房立即停止使用，并报上级主管部门。对侵占校舍、场地的行为，学校可依法向侵权行为者的上级主管部门反映，直至向人民法院提起诉讼。

小学要搞好校园建设规划，净化、绿化、美化校园，搞好校园文化建设，形成良好的育人环境。

第四十七条 小学应加强对教学仪器、设备、图书资料、文娱体育器材和卫生设施的管理，建立、健全制度，提高使用效率。

第四十八条 公办小学免收学费，可适当收取杂费。小学收费应严格按照省级人民政府制定的收费项目和县级以上人民政府制定的标准和办法执行。

第四十九条 小学可按有关规定举办校办产业，从学校实际出发组织师生勤工俭学。严禁采取向学生摊派钱、物的做法代替勤工俭学。

小学可按国家有关规定接受社会捐助。

第五十条 小学应科学管理、合理使用学校经费，提高使用效益。要建立健全经费管理制度，经费预算和决算应提交校务委员会或教职工代表大会审议，并接受上级财务和审计部门的监督。

第七章 卫生保健及安全

第五十一条 小学应认真执行国家有关学校卫生工作的法规、政策，建立、健全学校卫生工作制度。应有专人负责此项工作（有条件的学校应设校医室），要建立学生健康卡片，根据条件定期或不定期体检。

第五十二条 小学的环境、校舍、设施、图书、设备等应有利于学生身心健康，教育、教学活动安排要符合学生的生理、心理特点。

要不断改善学校环境卫生和教学卫生条件，开展健康教育，培养学生良好的卫生习惯，预防传染病、常见病及食物中毒。

第五十三条 小学应加强学校安全工作，因地制宜地开展安全教育，培养师生自救自护能力。凡组织学生参加的文体活动、社会实践、郊游、劳动等均应采取妥善预防措施，保障师生安全。

第八章 学校、家庭与社会

第五十四条 小学应同街道、村民委员会及附近的机关、团体、部队、企业事业单位建立社区教育组织，动员社会各界支持学校工作，优化育人环境。小学亦应发挥自身优势，为社区的精神文明建设服务。

第五十五条 小学应主动与学生家庭建立联系，运用家长学校等形式指导、帮助学生家长创设良好的家庭教育环境。

小学可成立家长委员会，使其了解学校工作，帮助学校解决办学中遇到的困难，集中反映学生家长的意见、建议。

家长委员会在校长指导下工作。

第九章 其 他

第五十六条 农村乡中心小学应在县教育部门指导下，起到办学示范、教研中心、进修基地的作用，带动当地小学教育质量的整体提高。

第五十七条 承担教育教学改革任务的小学，可在报经有关部门批准后，根据实际需要，调整本规程中的某些要求。

第十章 附 则

第五十八条 小学应根据《中华人民共和国教育法》和本规程的规定，结合本校实际情况制定本校章程。

第五十九条 本规程主要适用于城市小学、农村完全小学以上小学，其他各类小学及实施初等教育的机构可参照执行。

各省、自治区、直辖市教育行政部门可根据本规程制定实施办法。

第六十条 本规程自颁布之日起施行。

禁止妨碍义务教育实施的若干规定

（2019 年 4 月 1 日 教基厅〔2019〕2 号）

一、校外培训机构必须按照教育行政部门审批、市场监管部门登记的业务范围从事培训业务，不得违法招收义务教育阶段适龄儿童、少年开展全日制培训，替代实施义务教育。

二、校外培训机构不得发布虚假招生简章或广告，不得诱导家长将适龄儿童、少年送入培训机构，替代接受义务教育。

三、校外培训机构不得有违反党的教育方针和社会主义核心价值观的培训内容，不得以“国学”为名，传授“三从四德”、占卜、风水、算命等封建糟粕，不得利用宗教进行妨碍国家教育制度的活动。

四、适龄儿童、少年的父母或者其他法定监护人要切实履行监护人职责，除送入依法实施义务教育的学校或经县级教育行政部门批准可自行实施义务教育的相关社会组织外，不得以其他方式组织学习替代接受义务教育。

五、适龄残疾儿童、少年因身体原因无法到校接受义务教育的，家长或其他法定监护人不得擅自决定是否接受义务教育及具体方式，应当向当地教育行政部门提出申请，教育行政部门可委托残疾人教育专家委员会对其身体状况、接受教育和适应学校学习生活的能力进行评估，确定适合其身心特点的教育安置方式。

中小学教育惩戒规则（试行）

（2020年12月23日中华人民共和国教育部令第49号公布　自2021年3月1日起施行）

第一条　为落实立德树人根本任务，保障和规范学校、教师依法履行教育教学和管理职责，保护学生合法权益，促进学生健康成长、全面发展，根据教育法、教师法、未成年人保护法、预防未成年人犯罪法等法律法规和国家有关规定，制定本规则。

第二条　普通中小学校、中等职业学校（以下称学校）及其教师在教育教学和管理过程中对学生实施教育惩戒，适用本规则。

本规则所称教育惩戒，是指学校、教师基于教育目的，对违规违纪学生进行管理、训导或者以规定方式予以矫治，促使学生引以为戒、认识和改正错误的教育行为。

第三条　学校、教师应当遵循教育规律，依法履行职责，通过积极管教和教育惩戒的实施，及时纠正学生错误言行，培养学生的规则意识、责任意识。

教育行政部门应当支持、指导、监督学校及其教师依法依规实施教育惩戒。

第四条　实施教育惩戒应当符合教育规律，注重育人效果；遵循法治原则，做到客观公正；选择适当措施，与学生过错程度相适应。

第五条　学校应当结合本校学生特点，依法制定、完善校规校纪，明确学生行为规范，健全实施教育惩戒的具体情形和规则。

学校制定校规校纪，应当广泛征求教职工、学生和学生父母或者其他监护人（以下称家长）的意见；有条件的，可以组织有学生、家长及有关方面代表参加的听证。校规校纪应当提交家长委员会、教职工代表大会讨论，经校长办公会议审议通过后施行，并报主管教育部门备案。

教师可以组织学生、家长以民主讨论形式共同制定班规或者班级公约，报学校备案后施行。

第六条 学校应当利用入学教育、班会以及其他适当方式，向学生和家长宣传讲解校规校纪。未经公布的校规校纪不得施行。

学校可以根据情况建立校规校纪执行委员会等组织机构，吸收教师、学生及家长、社会有关方面代表参加，负责确定可适用的教育惩戒措施，监督教育惩戒的实施，开展相关宣传教育等。

第七条 学生有下列情形之一，学校及其教师应当予以制止并进行批评教育，确有必要的，可以实施教育惩戒：

（一）故意不完成教学任务要求或者不服从教育、管理的；

（二）扰乱课堂秩序、学校教育教学秩序的；

（三）吸烟、饮酒，或者言行失范违反学生守则的；

（四）实施有害自己或者他人身心健康的危险行为的；

（五）打骂同学、老师，欺凌同学或者侵害他人合法权益的；

（六）其他违反校规校纪的行为。

学生实施属于预防未成年人犯罪法规定的不良行为或者严重不良行为的，学校、教师应当予以制止并实施教育惩戒，加强管教；构成违法犯罪的，依法移送公安机关处理。

第八条 教师在课堂教学、日常管理中，对违规违纪情节较为轻微的学生，可以当场实施以下教育惩戒：

（一）点名批评；

（二）责令赔礼道歉、做口头或者书面检讨；

（三）适当增加额外的教学或者班级公益服务任务；

（四）一节课堂教学时间内的教室内站立；

（五）课后教导；

（六）学校校规校纪或者班规、班级公约规定的其他适当措施。

教师对学生实施前款措施后，可以以适当方式告知学生家长。

第九条 学生违反校规校纪，情节较重或者经当场教育惩戒拒不改正的，学校可以实施以下教育惩戒，并应当及时告知家长：

（一）由学校德育工作负责人予以训导；

（二）承担校内公益服务任务；

（三）安排接受专门的校规校纪、行为规则教育；

（四）暂停或者限制学生参加游览、校外集体活动以及其他外出集体活动；

（五）学校校规校纪规定的其他适当措施。

第十条 小学高年级、初中和高中阶段的学生违规违纪情节严重或者影响恶劣的，学校可以实施以下教育惩戒，并应当事先告知家长：

（一）给予不超过一周的停课或者停学，要求家长在家进行教育、管教；

（二）由法治副校长或者法治辅导员予以训诫；

（三）安排专门的课程或者教育场所，由社会工作者或者其他专业人员进行心理辅导、行为干预。

对违规违纪情节严重，或者经多次教育惩戒仍不改正的学生，学校可以给予警告、严重警告、记过或者留校察看的纪律处分。对高中阶段学生，还可以给予开除学籍的纪律处分。

对有严重不良行为的学生，学校可以按照法定程序，配合家长、有关部门将其转入专门学校教育矫治。

第十一条 学生扰乱课堂或者教育教学秩序，影响他人或者可能对自己及他人造成伤害的，教师可以采取必要措施，将学生带离教室或者教学现场，并予以教育管理。

教师、学校发现学生携带、使用违规物品或者行为具有危险性的，应当采取必要措施予以制止；发现学生藏匿违法、危险物品的，应当责令学生交出并可以对可能藏匿物品的课桌、储物柜等进行检查。

教师、学校对学生的违规物品可以予以暂扣并妥善保管，在适当时候交还学生家长；属于违法、危险物品的，应当及时报告公安机关、应急管理部门等有关部门依法处理。

第十二条 教师在教育教学管理、实施教育惩戒过程中，不得有下列行为：

（一）以击打、刺扎等方式直接造成身体痛苦的体罚；

（二）超过正常限度的罚站、反复抄写，强制做不适的动作或者姿势，以及刻意孤立等间接伤害身体、心理的变相体罚；

（三）辱骂或者以歧视性、侮辱性的言行侵犯学生人格尊严；

（四）因个人或者少数人违规违纪行为而惩罚全体学生；

（五）因学业成绩而教育惩戒学生；

（六）因个人情绪、好恶实施或者选择性实施教育惩戒；

（七）指派学生对其他学生实施教育惩戒；

（八）其他侵害学生权利的。

第十三条 教师对学生实施教育惩戒后，应当注重与学生的沟通和帮扶，对改正错误的学生及时予以表扬、鼓励。

学校可以根据实际和需要，建立学生教育保护辅导工作机制，由学校分管负责人、德育工作机构负责人、教师以及法治副校长（辅导员）、法律以及心理、社会工作等方面的专业人员组成辅导小组，对有需要的学生进行专门的心理辅导、行为矫治。

第十四条 学校拟对学生实施本规则第十条所列教育惩戒和纪律处分的，应当听取学生的陈述和申辩。学生或者家长申请听证的，学校应当组织听证。

学生受到教育惩戒或者纪律处分后，能够诚恳认错、积极改正的，可以提前解除教育惩戒或者纪律处分。

第十五条 学校应当支持、监督教师正当履行职务。教师因实施教育惩戒与学生及其家长发生纠纷，学校应当及时进行处理，教师无过错的，不得因教师实施教育惩戒而给予其处分或者其他不利处理。

教师违反本规则第十二条，情节轻微的，学校应当予以批评教育；情节严重的，应当暂停履行职责或者依法依规给予处分；给学生身心造成伤害，构成违法犯罪的，由公安机关依法处理。

第十六条 学校、教师应当重视家校协作，积极与家长沟通，使家长理解、支持和配合实施教育惩戒，形成合力。家长应当履行对子女的教育职责，尊重教师的教育权利，配合教师、学校对违规违纪学生进行管教。

家长对教师实施的教育惩戒有异议或者认为教师行为违反本规则第十二条规定的，可以向学校或者主管教育行政部门投诉、举报。学校、教育行政部门应当按照师德师风建设管理的有关要求，及时予以调查、处理。家长威胁、侮辱、伤害教师的，学校、教育行政部门应当依法保护教师人身安全、维护教师合法权益；情形严重的，应当及时向公安机关报告并配合公安机关、司法机关追究责任。

第十七条 学生及其家长对学校依据本规则第十条实施的教育惩戒或者给予的纪律处分不服的，可以在教育惩戒或者纪律处分作出后 15 个工作日内向学校提起申诉。

学校应当成立由学校相关负责人、教师、学生以及家长、法治副校长等校外有关方面代表组成的学生申诉委员会，受理申诉申请，组织复查。学校应当明确学生申诉委员会的人员构成、受理范围及处理程序等并向学生及家长公布。

学生申诉委员会应当对学生申诉的事实、理由等进行全面审查，作出维持、变更或者撤销原教育惩戒或者纪律处分的决定。

第十八条 学生或者家长对学生申诉处理决定不服的，可以向学校主管教育部门申请复核；对复核决定不服的，可以依法提起行政复议或者行政诉讼。

第十九条 学校应当有针对性地加强对教师的培训，促进教师更新教育理念、改进教育方式方法，提高教师正确履行职责的意识与能力。

每学期末，学校应当将学生受到本规则第十条所列教育惩戒和纪律处分的信息报主管教育行政部门备案。

第二十条 本规则自2021年3月1日起施行。

各地可以结合本地实际，制定本地方实施细则或者指导学校制定实施细则。

（四）校外教育培训

国务院办公厅关于规范校外培训机构发展的意见

（2018年8月6日 国办发〔2018〕80号）

各省、自治区、直辖市人民政府，国务院各部委、各直属机构：

面向中小学生的校外培训机构（以下简称校外培训机构）开展非学历教育培训是学校教育的补充，对于满足中小学生选择性学习需求、培育发展兴趣特长、拓展综合素质具有积极作用。但近年来，一些校外培训机构违背教育规律和青少年成长发展规律，开展以“应试”为导向的培训，造成中小学生课外负担过重，增加了家庭经济负担，破坏了良好的教育生态，社会反映强烈。为切实减轻中小学生过重课外负担，促进校外培训机构规范有序发展，经国务院同意，现提出如下意见。

一、总体要求

（一）指导思想。以习近平新时代中国特色社会主义思想为指导，深入贯彻落实党的十九大和十九届二中、三中全会精神，全面贯彻党的教育方针，坚持立德树人，发展素质教育，以促进中小学生身心健康发展为落脚点，以建立健全校外培训机构监管机制为着力点，努力构建校外培训机构规范有序发展的长效机制，切实解决人民群众反映强烈的中小学生课外负担过重问题，形成校内外协同育人的良好局面。

（二）基本原则。

依法规范。依法依规对校外培训机构进行审批登记、开展专项治理、强化日常监管，切实规范校外培训秩序。校外培训机构依法依规开展培训业务和相关活动，自觉维护中小学生及家长合法权益。

分类管理。鼓励发展以培养中小学生兴趣爱好、创新精神和实践能力为目标的培训，重点规范语文、数学、英语及物理、化学、生物等学科知识培训，坚决禁止应试、超标、超前培训及与招生入学挂钩的行为。

综合施策。统筹学校、社会和家庭教育，既规范校外培训机构培训行为，又同步改进中小学教育教学，提高学校教育质量和课后服务能力，强化学校育人主体地位，积极推动家长转变教育观念，做到标本兼治、务求实效。

协同治理。强化省地（市）统筹，落实以县为主管理责任。建立健全工作协调机制，有关部门各司其职、分工协作，统筹做好审批登记和监督管理，形成综合治理合力，确保积极稳妥推进。

二、明确设置标准

（三）确定设置标准。省级教育部门要会同有关部门，结合本地实际，研究制订校外培训机构设置的具体标准；省域内各地市差距大的，可授权地市级教育部门会同当地有关部门制订，并向省级教育部门及有关部门备案。

（四）遵循基本要求。各地标准必须达到以下基本要求。场所条件方面，校外培训机构必须有符合安全条件的固定场所，同一培训时段内生均面积不低于3平方米，确保不拥挤、易疏散；必须符合国家关于消防、环保、卫生、食品经营等管理规定要求。通过为参训对象购买人身安全保险等必要方式，防范和化解安全事故风险。师资条件方面，校外培训机构必须有相对稳定的师资队伍，不得聘用中小学在职教师。所聘从事培训工作的人员必须遵守宪法和法律，热爱教育事业，具有良好的思想品德和相应的培训能力；从事语文、数学、英语及物理、化学、生物等学科知识培训的教师应具有相应的教师资格。培训机构应当与所聘人员依法签订聘用合同、劳动合同或劳务协议。聘用外籍人员须符合国家有关规定。管理条件方面，校外培训机构必须坚持和加强党的领导，做到党的建设同步谋划、党的组织同步设置、党的工作同步开展，确保正确的办学方向。必须有规范的章程和相应的管理制度，明确培训宗旨、业务范围、议事决策机制、资金管理、保障条件和服务承诺等。

三、依法审批登记

（五）确保证照齐全。校外培训机构必须经审批取得办学许可证后，登记取得营业执照（或事业单位法人证书、民办非企业单位登记证书，下同），才能开展培训。已取得办学许可证和营业执照的，如不符合设置标准，应当按标准要求整改，整改不到位的要依法吊销办学许可证，终止培训活动，并依法办理变更或注销登记。

（六）严格审批登记。校外培训机构审批登记实行属地化管理。县级教育部门负责审批颁发办学许可证，未经教育部门批准，任何校外培训机构不得以家教、咨询、文化传播等名义面向中小学生开展培训业务。校外培训机构在同一县域设立分支机构或培训点的，均须经过批准；跨县域设立分支机构或培训点的，需到分支机构或培训点所在地县级教育部门审批。中小学校不得举办或参与举办校外培训机构。

四、规范培训行为

（七）细化培训安排。校外培训机构开展语文、数学、英语及物理、化学、生物等学科知识培训的内容、班次、招生对象、进度、上课时间等要向所在地县级教育部门备案并向社会公布；培训内容不得超出相应的国家课程标准，培训班次必须与招生对象所处年级相匹配，培训进度不得超过所在县（区）中小学同期进度。校外培训机构培训时间不得和当地中小学校教学时间相冲突，培训结束时间不得晚于20∶30，不得留作业；严禁组织举办中小学生学科类等级考试、竞赛及进行排名。

（八）践行诚实守信。校外培训机构应实事求是地制订招生简章、制作招生广告，向审批机关备案并向社会公示，自觉接受监督。要认真履行服务承诺，杜绝培训内容名不符实。不得以暴力、威胁等手段强迫学生接受培训。要不断改进教育教学，提高培训质量，努力提升培训对象满意度。

（九）规范收费管理。严格执行国家关于财务与资产管理的规定，收费时段与教学安排应协调一致，不得一次性收取时间跨度超过3个月的费用。各地教育部门要加强与金融部门的合作，探索通过建立学杂费专用账户、严控账户最低余额和大额资金流动等措施加强对培训机构资金的监管。培训机构收费项目及标准应当向社会公示，并接受有关部门的监督，不得在公示的项目和标准外收取其他费用，不得以任何名义向培训对象摊派费用或者强行集资。对于培训对象未完成的培训课程，有关退费事宜严格按双方合同约定以及相关法律规定办理。

五、强化监督管理

（十）完善日常监管。各地要切实加强对校外培训机构办学行为的日常监管，坚持谁审批谁监管、谁主管谁监管，防止重审批轻监管，健全监管责任体系和工作机制，切实加强监管队伍建设。教育部门负责查处未取得办学许可证违法经营的机构，并在做好办学许可证审批工作基础上，重点做好培训内容、培训班次、招生对象、教师资格及培训行为的监管工作，牵头组织校外培训市场综合执法；市场监管部门重点做好相关登记、收费、广告宣传、反垄断等方面的监管工作；人力资源社会保障部门重点做好职业培训机构未经批准面向中小学生开展培训的监管工作；机构编制、民政部门重点做好校外培训机构违反相关登记管理规定的监管工作；公安、应急管理、卫生、食品监管部门重点做好校外培训机构的安全、卫生、食品条件保障的监管工作；网信、文化、工业和信息化、广电部门在各自职责范围内配合教育部门做好线上教育监管工作。

（十一）落实年检年报制度。县级教育部门要会同有关部门按照校外培训机构设置标准、审批条件、办学行为要求和登记管理有关规定完善管理办法，认真组织开展年检和年度报告公示工作。在境外上市的校外培训机构向境外公开披露的定期报告及对公司经营活动有重大不利影响的临时报告等信息，应以中文文本在公司网站（如无公司网站，应在证券信息披露平台）向境内同步公开、接受监督。对经年检和年报公示信息抽查检查发现校外培训机构隐瞒实情、弄虚作假、违法违规办学，或不接受年检、不报送年度报告的，要依法依规严肃处理，直至吊销办学许可证，追究有关人员的法律责任。

（十二）公布黑白名单。全面推行白名单制度，对通过审批登记的，在政府网站上公布校外培训机构的名单及主要信息，并根据日常监管和年检、年度报告公示情况及时更新。各地可根据校外培训机构的设置和管理要求，建立负面清单。对已经审批登记，但有负面清单所列行为的校外培训机构，应当及时将其从白名单上清除并列入黑名单；对未经批准登记、违法违规举办的校外培训机构，予以严肃查处并列入黑名单。将黑名单信息纳入全国信用信息共享平台，按有关规定实施联合惩戒。将营利性校外培训机构的行政许可信息、行政处罚信息、黑名单信息、抽查检查结果等归集至国家企业信用信息公示系统，记于相对应企业名下并依法公示。对于非营利性校外培训机构的失信行为，依据社会组织信用信息管理有关规定进行信用管理并依法公示。

六、提高中小学育人能力

（十三）提升教学质量。切实加强中小学师德师风建设，鼓励广大教师为人师表、潜心教书育人。中小学校必须严格按照国家发布的课程方案、课程标准和学校教学计划，开足、开齐、开好每门课程。各地教育部门要指导中小学校，按照学校管理有关标准对标研判、依标整改，严格规范教育教学行为，努力提高教育教学质量，为切实减轻中小学生课外负担创造条件。坚持依法从严治教，对中小学校不遵守教学计划、“非零起点教学”等行为，要坚决查处并追究有关校长和教师的责任；对中小学教师“课上不讲课后到校外培训机构讲”、诱导或逼迫学生参加校外培训机构培训等行为，要严肃处理，直至取消有关教师的教师资格。

（十四）严明入学纪律。严肃中小学招生入学工作纪律，坚决禁止中小学校与校外培训机构联合招生，坚决查处将校外培训机构培训结果与中小学校招生入学挂钩的行为，并依法追究有关学校、校外培训机构和相关人员责任。

（十五）做好课后服务。各地要创造条件、加大投入、完善政策，强化中小学校在课后服务中的主渠道作用，普遍建立弹性离校制度。中小学校要充分挖掘学校师资和校舍条件的潜力，并积极利用校外资源，充分发挥家长委员会的作用，努力开辟多种适宜的途径，帮助学生培养兴趣、发展特长、开拓视野、增强实践，不断提高课后服务水平，可为个别学习有困难的学生提供免费辅导。坚决防止课后服务变相成为集体教学或补课。各地可根据课后服务性质，采取财政补贴、收取服务性收费或代收费等方式筹措经费。有关部门在核定绩效工资总量时，应当适当考虑学校和单位开展课后服务因素；学校和单位在核定的绩效工资总量内，对参与课后服务的教师给予适当倾斜。设定服务性收费或代收费的，应当坚持成本补偿和非营利原则，按有关规定由省级教育部门和价格主管部门联合报省级人民政府审定后执行。中小学生是否参加课后服务，由学生和家长自愿选择，严禁各地以课后服务名义乱收费。

七、加强组织领导

（十六）健全工作机制。各地要切实提高思想认识，将规范校外培训机构发展纳入重要议事日程。建立由教育部门牵头、有关部门参与的联席会议制度，制订详细的工作方案，细化分工、压实责任、大力推进。及时总结经验，研究新情况、新问题，不断改进政策措施。充分发挥相关行业协会在行业发展、规范、自律等方面的作用。注重多方联动，发展社区功能，加强少年宫、实践基地等场馆建设，多渠道满足中小学生的个性化需求，形成学校、家庭、社会育人合力。

（十七）做实专项治理。各地要开展好校外培训机构专项治理工作，进行全面摸排，认真建立工作台账，完善分类管理，对存在问题的培训机构逐一整改到位。要加大工作督促指导力度，通过开展自查、交叉检查、专项督查等方式，确保专项治理取得实际成效。

（十八）强化问责考核。教育督导部门要加强对地方政府规范校外培训机构发展工作的督导评估，评估结果作为有关领导干部综合考核评价的重要参考。建立问责机制，对责任不落实、措施不到位，造成中小学生课外负担过重，人民群众反映特别强烈的地方及相关责任人要进行严肃问责。规范治理校外培训机构及减轻中小学生课外负担不力的县（区），不得申报义务教育基本均衡和优质均衡发展评估认定；已经通过认定的，要下发专项督导通知书，限期整改。

（十九）重视宣传引导。各地要通过多种途径加强政策宣传解读，使改革精神、政策要义家喻户晓，形成良好社会氛围。通过家长会、家长学校、家访、专题报告等形式，促进家长树立正确的教育观念、成才观念，不盲目攀比，科学认识并切实减轻学生过重的课外负担。对表现突出的校外培训机构给予宣传，引导校外培训机构增强社会责任担当，强化自我约束，树立良好社会形象。

教育部办公厅关于进一步明确义务教育阶段校外培训学科类和非学科类范围的通知

（2021 年 7 月 28 日　教监管厅函〔2021〕3 号）

各省、自治区、直辖市教育厅（教委），新疆生产建设兵团教育局：

为贯彻落实中共中央办公厅、国务院办公厅印发的《关于进一步减轻义务教育阶段学生作业负担和校外培训负担的意见》，指导各地做好校外培训（包括线上培训和线下培训）治理工作，现就明确义务教育阶段校外培训学科类和非学科类范围通知如下：

一、根据国家义务教育阶段课程设置的规定，在开展校外培训时，道德与法治、语文、历史、地理、数学、外语（英语、日语、俄语）、物理、化学、生物按照学科类进行管理。对涉及以上学科国家课程标准规定的学习内容进行的校外培训，均列入学科类进行管理。

二、在开展校外培训时，体育（或体育与健康）、艺术（或音乐、美术）学科，以及综合实践活动（含信息技术教育、劳动与技术教育）等按照非学科类进行管理。

各地要严格按照国家课程方案和课程标准进行审核把关，加强日常监管和监督检查。

校外培训机构从业人员管理办法（试行）

（2021 年 9 月 9 日　教监管厅函〔2021〕9 号）

第一章　总　　则

第一条　为加强校外培训机构从业人员管理，规范机构和从业人员培训行为，依据《中华人民共和国教育法》《中华人民共和国民办教育促进法》《中华人民共和国劳动合同法》等制定本办法。

第二条　校外培训机构从业人员是指按规定面向中小学生及 3 周岁以上学龄前儿童开展校外培训的机构中的工作人员，包括：教学人员、教研人员和其他人员。其中，教学人员是指承担培训授课的人员，教研人员是指培训研究的人员；助教、带班人员等辅助人员按照其他人员进行管理。

第三条　本办法适用于招用具有中国国籍的人员，招用外籍人员应符合国家有关规定。

第二章　招用及解聘

第四条　校外培训机构从业人员应当符合下列要求：

（一）坚持以习近平新时代中国特色社会主义思想为指导，拥护中国共产党的领导和中国特色社会主义制度，全面贯彻党的教育方针，落实立德树人根本任务；

（二）爱国守法，恪守宪法原则，遵守法律法规，依法履行各项职责；

（三）具备良好的思想品德和职业道德，举止文明，关心爱护学生；教学、教研人员还应为人师表，仁爱敬业；

（四）教学、教研人员应熟悉教育教学规律和学生身心发展特点，从事按照学科类管理培训的须具备相应教师资格证书，从事按照非学科类管理培训的须具备相应的职业（专业）能力证明；

（五）非中小学、幼儿园在职教师。

第五条　校外培训机构从业人员不得为以下人员：

（一）纳入“校外培训机构从业人员黑名单”管理的；

（二）受到剥夺政治权利或者故意犯罪受到有期徒刑以上刑事处罚的。

第六条　校外培训机构专职教学、教研人员原则上不低于机构从业人员总数的50%。面向中小学生的线下培训，每班次专职教学人员原则上不低于学生人数的2%；面向3周岁以上学龄前儿童的线下培训，每班次专职培训人员原则上不低于儿童人数的6%。

第七条　校外培训机构应按照《中华人民共和国劳动合同法》有关规定与招用人员订立、履行、变更、解除或者终止劳动合同。

第八条　校外培训机构应当规范从业人员管理：

（一）校外培训机构应对拟招用人员和劳务派遣单位拟派遣至机构场所工作的人员进行性侵等违法犯罪信息查询；

（二）校外培训机构应当依法与招用人员签订书面劳动合同，明确工作内容、工作地点、工作时间、岗位职责、劳动合同期限、劳动报酬、社会保险、考核办法等；

（三）对初次招用人员，应当开展岗位培训，内容应当包括法律法规、职业道德和有关政策文件要求等；

（四）教学、教研人员的基本信息（姓名、照片等）、教师资格、从教经历、任教课程等信息应在机构培训场所及平台、网站显著位置公示，并及时在全国统一监管平台备案。其他从业人员信息应在机构内部进行公示。

第九条　校外培训机构应向社会、培训对象公开作出书面承诺，从业人员招用符合本办法第四条、第五条、第六条、第七条规定。

第十条　校外培训机构应对从业人员定期开展思想政治素质、

业务能力等培训，提高教育教研能力和服务保障水平。

第十一条 校外培训机构从业人员不得有下列情形：

（一）有损害党中央权威、违背党的路线方针政策的言行；

（二）损害国家利益，损害社会公共利益，或违背社会公序良俗；

（三）通过课堂、论坛、讲座、信息网络及其他渠道发表、转发错误观点，或编造散布虚假信息、不良信息；

（四）歧视、侮辱学生，存在虐待、伤害、体罚或变相体罚未成年人行为；

（五）在教学、培训等活动中遇突发事件、面临危险时，不顾学生安危，擅离职守，自行逃离；

（六）与学生发生不正当关系，存在猥亵、性骚扰等行为；

（七）向学生及家长索要、收受不正当财物或利益；

（八）被依法追究刑事责任；

（九）吸食毒品等违反治安管理法律法规行为；

（十）违法传教或者开展宗教活动；

（十一）宣扬或从事邪教。

从业人员有上述情形，符合《中华人民共和国劳动合同法》等法律法规关于解除劳动合同规定的，校外培训机构应当依法与其解除劳动合同，在全国统一监管平台同步更新人员信息，并报告主管教育行政部门。

第三章 检查监督

第十二条 教育行政部门或相应主管部门会同人力资源社会保障行政部门公开监督方式、畅通举报渠道，通过年度检查、专项检查、随机抽查等形式，依职责分工对机构从业人员情况进行检查。检查情况依法向社会公开，并作为机构信用管理的重要依据。

第十三条 从业人员违反本办法第十一条规定情节严重的，

经查实、审核后，纳入全国统一监管平台的“校外培训机构从业人员黑名单”管理。

第十四条 校外培训机构违反本办法的，主管教育行政部门应责令其限期改正；对多次、多项违反规定等情节严重的，责令其停止招生，改正期间禁止开展相关培训活动；对逾期未完成改正或拒绝改正等情节特别严重的，依法取消其办学许可资质。

第四章 附 则

第十五条 省级教育行政部门可结合本地实际，根据本办法制定实施细则。

第十六条 本办法自印发之日起施行，由国务院教育行政部门负责解释。

（五）高等教育

中华人民共和国高等教育法

（1998年8月29日第九届全国人民代表大会常务委员会第四次会议通过 根据2015年12月27日第十二届全国人民代表大会常务委员会第十八次会议《关于修改〈中华人民共和国高等教育法〉的决定》第一次修正 根据2018年12月29日第十三届全国人民代表大会常务委员会第七次会议《关于修改〈中华人民共和国电力法〉等四部法律的决定》第二次修正）

目 录

第一章　总　　则

第一条　为了发展高等教育事业，实施科教兴国战略，促进社会主义物质文明和精神文明建设，根据宪法和教育法，制定本法。

第二条　在中华人民共和国境内从事高等教育活动，适用本法。

本法所称高等教育，是指在完成高级中等教育基础上实施的教育。

第三条　国家坚持以马克思列宁主义、毛泽东思想、邓小平理论为指导，遵循宪法确定的基本原则，发展社会主义的高等教育事业。

第四条　高等教育必须贯彻国家的教育方针，为社会主义现代化建设服务、为人民服务，与生产劳动和社会实践相结合，使受教育者成为德、智、体、美等方面全面发展的社会主义建设者和接班人。

第五条　高等教育的任务是培养具有社会责任感、创新精神和实践能力的高级专门人才，发展科学技术文化，促进社会主义现代化建设。

第六条　国家根据经济建设和社会发展的需要，制定高等教育发展规划，举办高等学校，并采取多种形式积极发展高等教育事业。

国家鼓励企业事业组织、社会团体及其他社会组织和公民等社会力量依法举办高等学校，参与和支持高等教育事业的改革和发展。

第七条 国家按照社会主义现代化建设和发展社会主义市场经济的需要，根据不同类型、不同层次高等学校的实际，推进高等教育体制改革和高等教育教学改革，优化高等教育结构和资源配置，提高高等教育的质量和效益。

第八条 国家根据少数民族的特点和需要，帮助和支持少数民族地区发展高等教育事业，为少数民族培养高级专门人才。

第九条 公民依法享有接受高等教育的权利。

国家采取措施，帮助少数民族学生和经济困难的学生接受高等教育。

高等学校必须招收符合国家规定的录取标准的残疾学生入学，不得因其残疾而拒绝招收。

第十条 国家依法保障高等学校中的科学研究、文学艺术创作和其他文化活动的自由。

在高等学校中从事科学研究、文学艺术创作和其他文化活动，应当遵守法律。

第十一条 高等学校应当面向社会，依法自主办学，实行民主管理。

第十二条 国家鼓励高等学校之间、高等学校与科学研究机构以及企业事业组织之间开展协作，实行优势互补，提高教育资源的使用效益。

国家鼓励和支持高等教育事业的国际交流与合作。

第十三条 国务院统一领导和管理全国高等教育事业。

省、自治区、直辖市人民政府统筹协调本行政区域内的高等教育事业，管理主要为地方培养人才和国务院授权管理的高等学校。

第十四条 国务院教育行政部门主管全国高等教育工作，管理由国务院确定的主要为全国培养人才的高等学校。国务院其他有关部门在国务院规定的职责范围内，负责有关的高等教育工作。

第二章　高等教育基本制度

第十五条　高等教育包括学历教育和非学历教育。

高等教育采用全日制和非全日制教育形式。

国家支持采用广播、电视、函授及其他远程教育方式实施高等教育。

第十六条　高等学历教育分为专科教育、本科教育和研究生教育。

高等学历教育应当符合下列学业标准：

（一）专科教育应当使学生掌握本专业必备的基础理论、专门知识，具有从事本专业实际工作的基本技能和初步能力；

（二）本科教育应当使学生比较系统地掌握本学科、专业必需的基础理论、基本知识，掌握本专业必要的基本技能、方法和相关知识，具有从事本专业实际工作和研究工作的初步能力；

（三）硕士研究生教育应当使学生掌握本学科坚实的基础理论、系统的专业知识，掌握相应的技能、方法和相关知识，具有从事本专业实际工作和科学研究工作的能力。博士研究生教育应当使学生掌握本学科坚实宽广的基础理论、系统深入的专业知识、相应的技能和方法，具有独立从事本学科创造性科学研究工作和实际工作的能力。

第十七条　专科教育的基本修业年限为二至三年，本科教育的基本修业年限为四至五年，硕士研究生教育的基本修业年限为二至三年，博士研究生教育的基本修业年限为三至四年。非全日制高等学历教育的修业年限应当适当延长。高等学校根据实际需要，可以对本学校的修业年限作出调整。

第十八条　高等教育由高等学校和其他高等教育机构实施。

大学、独立设置的学院主要实施本科及本科以上教育。高等专科学校实施专科教育。经国务院教育行政部门批准，科学研究机构可以承担研究生教育的任务。

其他高等教育机构实施非学历高等教育。

第十九条 高级中等教育毕业或者具有同等学力的，经考试合格，由实施相应学历教育的高等学校录取，取得专科生或者本科生入学资格。

本科毕业或者具有同等学力的，经考试合格，由实施相应学历教育的高等学校或者经批准承担研究生教育任务的科学研究机构录取，取得硕士研究生入学资格。

硕士研究生毕业或者具有同等学力的，经考试合格，由实施相应学历教育的高等学校或者经批准承担研究生教育任务的科学研究机构录取，取得博士研究生入学资格。

允许特定学科和专业的本科毕业生直接取得博士研究生入学资格，具体办法由国务院教育行政部门规定。

第二十条 接受高等学历教育的学生，由所在高等学校或者经批准承担研究生教育任务的科学研究机构根据其修业年限、学业成绩等，按照国家有关规定，发给相应的学历证书或者其他学业证书。

接受非学历高等教育的学生，由所在高等学校或者其他高等教育机构发给相应的结业证书。结业证书应当载明修业年限和学业内容。

第二十一条 国家实行高等教育自学考试制度，经考试合格的，发给相应的学历证书或者其他学业证书。

第二十二条 国家实行学位制度。学位分为学士、硕士和博士。

公民通过接受高等教育或者自学，其学业水平达到国家规定的学位标准，可以向学位授予单位申请授予相应的学位。

第二十三条 高等学校和其他高等教育机构应当根据社会需要和自身办学条件，承担实施继续教育的工作。

第三章 高等学校的设立

第二十四条 设立高等学校，应当符合国家高等教育发展规划，符合国家利益和社会公共利益。

第二十五条 设立高等学校，应当具备教育法规定的基本条件。

大学或者独立设置的学院还应当具有较强的教学、科学研究力量，较高的教学、科学研究水平和相应规模，能够实施本科及本科以上教育。大学还必须设有三个以上国家规定的学科门类为主要学科。设立高等学校的具体标准由国务院制定。

设立其他高等教育机构的具体标准，由国务院授权的有关部门或者省、自治区、直辖市人民政府根据国务院规定的原则制定。

第二十六条 设立高等学校，应当根据其层次、类型、所设学科类别、规模、教学和科学研究水平，使用相应的名称。

第二十七条 申请设立高等学校的，应当向审批机关提交下列材料：

（一）申办报告；

（二）可行性论证材料；

（三）章程；

（四）审批机关依照本法规定要求提供的其他材料。

第二十八条 高等学校的章程应当规定以下事项：

（一）学校名称、校址；

（二）办学宗旨；

（三）办学规模；

（四）学科门类的设置；

（五）教育形式；

（六）内部管理体制；

（七）经费来源、财产和财务制度；

（八）举办者与学校之间的权利、义务；

（九）章程修改程序；

（十）其他必须由章程规定的事项。

第二十九条 设立实施本科及以上教育的高等学校，由国务院教育行政部门审批；设立实施专科教育的高等学校，由省、自治区、直辖市人民政府审批，报国务院教育行政部门备案；设立其他高等教育机构，由省、自治区、直辖市人民政府教育行政部门审批。审批设立高等学校和其他高等教育机构应当遵守国家有关规定。

审批设立高等学校，应当委托由专家组成的评议机构评议。

高等学校和其他高等教育机构分立、合并、终止，变更名称、类别和其他重要事项，由本条第一款规定的审批机关审批；修改章程，应当根据管理权限，报国务院教育行政部门或者省、自治区、直辖市人民政府教育行政部门核准。

第四章 高等学校的组织和活动

第三十条 高等学校自批准设立之日起取得法人资格。高等学校的校长为高等学校的法定代表人。

高等学校在民事活动中依法享有民事权利，承担民事责任。

第三十一条 高等学校应当以培养人才为中心，开展教学、科学研究和社会服务，保证教育教学质量达到国家规定的标准。

第三十二条 高等学校根据社会需求、办学条件和国家核定的办学规模，制定招生方案，自主调节系科招生比例。

第三十三条 高等学校依法自主设置和调整学科、专业。

第三十四条 高等学校根据教学需要，自主制定教学计划、选编教材、组织实施教学活动。

第三十五条 高等学校根据自身条件，自主开展科学研究、技术开发和社会服务。

国家鼓励高等学校同企业事业组织、社会团体及其他社会组织在科学研究、技术开发和推广等方面进行多种形式的合作。

国家支持具备条件的高等学校成为国家科学研究基地。

第三十六条 高等学校按照国家有关规定，自主开展与境外高等学校之间的科学技术文化交流与合作。

第三十七条 高等学校根据实际需要和精简、效能的原则，自主确定教学、科学研究、行政职能部门等内部组织机构的设置和人员配备；按照国家有关规定，评聘教师和其他专业技术人员的职务，调整津贴及工资分配。

第三十八条 高等学校对举办者提供的财产、国家财政性资助、受捐赠财产依法自主管理和使用。

高等学校不得将用于教学和科学研究活动的财产挪作他用。

第三十九条 国家举办的高等学校实行中国共产党高等学校基层委员会领导下的校长负责制。中国共产党高等学校基层委员会按照中国共产党章程和有关规定，统一领导学校工作，支持校长独立负责地行使职权，其领导职责主要是：执行中国共产党的路线、方针、政策，坚持社会主义办学方向，领导学校的思想政治工作和德育工作，讨论决定学校内部组织机构的设置和内部组织机构负责人的人选，讨论决定学校的改革、发展和基本管理制度等重大事项，保证以培养人才为中心的各项任务的完成。

社会力量举办的高等学校的内部管理体制按照国家有关社会力量办学的规定确定。

第四十条 高等学校的校长，由符合教育法规定的任职条件的公民担任。高等学校的校长、副校长按照国家有关规定任免。

第四十一条 高等学校的校长全面负责本学校的教学、科学研究和其他行政管理工作，行使下列职权：

（一）拟订发展规划，制定具体规章制度和年度工作计划并组织实施；

（二）组织教学活动、科学研究和思想品德教育；

（三）拟订内部组织机构的设置方案，推荐副校长人选，任免内部组织机构的负责人；

（四）聘任与解聘教师以及内部其他工作人员，对学生进行学籍管理并实施奖励或者处分；

（五）拟订和执行年度经费预算方案，保护和管理校产，维护学校的合法权益；

（六）章程规定的其他职权。

高等学校的校长主持校长办公会议或者校务会议，处理前款规定的有关事项。

第四十二条 高等学校设立学术委员会，履行下列职责：

（一）审议学科建设、专业设置，教学、科学研究计划方案；

（二）评定教学、科学研究成果；

（三）调查、处理学术纠纷；

（四）调查、认定学术不端行为；

（五）按照章程审议、决定有关学术发展、学术评价、学术规范的其他事项。

第四十三条 高等学校通过以教师为主体的教职工代表大会等组织形式，依法保障教职工参与民主管理和监督，维护教职工合法权益。

第四十四条 高等学校应当建立本学校办学水平、教育质量的评价制度，及时公开相关信息，接受社会监督。

教育行政部门负责组织专家或者委托第三方专业机构对高等学校的办学水平、效益和教育质量进行评估。评估结果应当向社会公开。

第五章　高等学校教师和其他教育工作者

第四十五条　高等学校的教师及其他教育工作者享有法律规定的权利，履行法律规定的义务，忠诚于人民的教育事业。

第四十六条　高等学校实行教师资格制度。中国公民凡遵守宪法和法律，热爱教育事业，具有良好的思想品德，具备研究生或者大学本科毕业学历，有相应的教育教学能力，经认定合格，可以取得高等学校教师资格。不具备研究生或者大学本科毕业学历的公民，学有所长，通过国家教师资格考试，经认定合格，也可以取得高等学校教师资格。

第四十七条　高等学校实行教师职务制度。高等学校教师职务根据学校所承担的教学、科学研究等任务的需要设置。教师职务设助教、讲师、副教授、教授。

高等学校的教师取得前款规定的职务应当具备下列基本条件：

（一）取得高等学校教师资格；

（二）系统地掌握本学科的基础理论；

（三）具备相应职务的教育教学能力和科学研究能力；

（四）承担相应职务的课程和规定课时的教学任务。

教授、副教授除应当具备以上基本任职条件外，还应当对本学科具有系统而坚实的基础理论和比较丰富的教学、科学研究经验，教学成绩显著，论文或者著作达到较高水平或者有突出的教学、科学研究成果。

高等学校教师职务的具体任职条件由国务院规定。

第四十八条　高等学校实行教师聘任制。教师经评定具备任职条件的，由高等学校按照教师职务的职责、条件和任期聘任。

高等学校的教师的聘任，应当遵循双方平等自愿的原则，由高等学校校长与受聘教师签订聘任合同。

第四十九条　高等学校的管理人员，实行教育职员制度。高等学校的教学辅助人员及其他专业技术人员，实行专业技术职务聘任制度。

第五十条 国家保护高等学校教师及其他教育工作者的合法权益，采取措施改善高等学校教师及其他教育工作者的工作条件和生活条件。

第五十一条 高等学校应当为教师参加培训、开展科学研究和进行学术交流提供便利条件。

高等学校应当对教师、管理人员和教学辅助人员及其他专业技术人员的思想政治表现、职业道德、业务水平和工作实绩进行考核，考核结果作为聘任或者解聘、晋升、奖励或者处分的依据。

第五十二条 高等学校的教师、管理人员和教学辅助人员及其他专业技术人员，应当以教学和培养人才为中心做好本职工作。

第六章 高等学校的学生

第五十三条 高等学校的学生应当遵守法律、法规，遵守学生行为规范和学校的各项管理制度，尊敬师长，刻苦学习，增强体质，树立爱国主义、集体主义和社会主义思想，努力学习马克思列宁主义、毛泽东思想、邓小平理论，具有良好的思想品德，掌握较高的科学文化知识和专业技能。

高等学校学生的合法权益，受法律保护。

第五十四条 高等学校的学生应当按照国家规定缴纳学费。

家庭经济困难的学生，可以申请补助或者减免学费。

第五十五条 国家设立奖学金，并鼓励高等学校、企业事业组织、社会团体以及其他社会组织和个人按照国家有关规定设立各种形式的奖学金，对品学兼优的学生、国家规定的专业的学生以及到国家规定的地区工作的学生给予奖励。

国家设立高等学校学生勤工助学基金和贷学金，并鼓励高等学校、企业事业组织、社会团体以及其他社会组织和个人设立各种形式的助学金，对家庭经济困难的学生提供帮助。

获得贷学金及助学金的学生，应当履行相应的义务。

第五十六条 高等学校的学生在课余时间可以参加社会服务和勤工助学活动，但不得影响学业任务的完成。

高等学校应当对学生的社会服务和勤工助学活动给予鼓励和支持，并进行引导和管理。

第五十七条 高等学校的学生，可以在校内组织学生团体。学生团体在法律、法规规定的范围内活动，服从学校的领导和管理。

第五十八条 高等学校的学生思想品德合格，在规定的修业年限内学完规定的课程，成绩合格或者修满相应的学分，准予毕业。

第五十九条 高等学校应当为毕业生、结业生提供就业指导和服务。

国家鼓励高等学校毕业生到边远、艰苦地区工作。

第七章 高等教育投入和条件保障

第六十条 高等教育实行以举办者投入为主、受教育者合理分担培养成本、高等学校多种渠道筹措经费的机制。

国务院和省、自治区、直辖市人民政府依照教育法第五十六条的规定，保证国家举办的高等教育的经费逐步增长。

国家鼓励企业事业组织、社会团体及其他社会组织和个人向高等教育投入。

第六十一条 高等学校的举办者应当保证稳定的办学经费来源，不得抽回其投入的办学资金。

第六十二条 国务院教育行政部门会同国务院其他有关部门根据在校学生年人均教育成本，规定高等学校年经费开支标准和筹措的基本原则；省、自治区、直辖市人民政府教育行政部门会同有关部门制订本行政区域内高等学校年经费开支标准和筹措办法，作为举办者和高等学校筹措办学经费的基本依据。

第六十三条 国家对高等学校进口图书资料、教学科研设备以及校办产业实行优惠政策。高等学校所办产业或者转让知识产权以及其他科学技术成果获得的收益，用于高等学校办学。

第六十四条 高等学校收取的学费应当按照国家有关规定管理和使用，其他任何组织和个人不得挪用。

第六十五条 高等学校应当依法建立、健全财务管理制度，合理使用、严格管理教育经费，提高教育投资效益。

高等学校的财务活动应当依法接受监督。

第八章 附 则

第六十六条 对高等教育活动中违反教育法规定的，依照教育法的有关规定给予处罚。

第六十七条 中国境外个人符合国家规定的条件并办理有关手续后，可以进入中国境内高等学校学习、研究、进行学术交流或者任教，其合法权益受国家保护。

第六十八条 本法所称高等学校是指大学、独立设置的学院和高等专科学校，其中包括高等职业学校和成人高等学校。

本法所称其他高等教育机构是指除高等学校和经批准承担研究生教育任务的科学研究机构以外的从事高等教育活动的组织。

本法有关高等学校的规定适用于其他高等教育机构和经批准承担研究生教育任务的科学研究机构，但是对高等学校专门适用的规定除外。

第六十九条 本法自 1999 年 1 月 1 日起施行。

高等教育自学考试暂行条例

（1988年3月3日国务院发布　根据2014年7月29日《国务院关于修改部分行政法规的决定》修订）

第一章　总　则

第一条　为建立高等教育自学考试制度，完善高等教育体系，根据宪法第十九条“鼓励自学成才”的规定，制定本条例。

第二条　本条例所称高等教育自学考试，是对自学者进行以学历考试为主的高等教育国家考试，是个人自学、社会助学和国家考试相结合的高等教育形式。

高等教育自学考试的任务，是通过国家考试促进广泛的个人自学和社会助学活动，推进在职专业教育和大学后继续教育，造就和选拔德才兼备的专门人才，提高全民族的思想道德、科学文化素质，适应社会主义现代化建设的需要。

第三条　中华人民共和国公民，不受性别、年龄、民族、种族和已受教育程度的限制，均可依照本条例的规定参加高等教育自学考试。

第四条　高等教育自学考试，应以教育为社会主义建设服务为根本方向，讲求社会效益，保证人才质量。根据经济建设和社会发展的需要，人才需求的科学预测和开考条件的实际可能，设置考试专业。

第五条　高等教育自学考试的专科（基础科）、本科等学历层次，与普通高等学校的学历层次水平的要求应相一致。

第二章　考试机构

第六条　全国高等教育自学考试指导委员会（以下简称“全国

考委”）在国家教育委员会领导下，负责全国高等教育自学考试工作。

全国考委由国务院教育、计划、财政、劳动人事部门的负责人，军队和有关人民团体的负责人，以及部分高等学校的校（院）长、专家、学者组成。

全国考委的职责是：

（一）根据国家的教育方针和有关政策、法规，制定高等教育自学考试的具体政策和业务规范；

（二）指导和协调各省、自治区、直辖市的高等教育自学考试工作；

（三）制定高等教育自学考试开考专业的规划，审批开考本科专业；

（四）制定和审定高等教育自学考试专业考试计划、课程自学考试大纲；

（五）根据本条例，对高等教育自学考试的有效性进行审查；

（六）组织高等教育自学考试的研究工作。

国家教育委员会设立高等教育自学考试工作管理机构，该机构同时作为全国考委的日常办事机构。

第七条　全国考委根据工作需要设立若干专业委员会，负责拟订专业考试计划和课程自学考试大纲，组织编写和推荐适合自学的高等教育教材，对本专业考试工作进行业务指导和质量评估。

第八条　省、自治区、直辖市高等教育自学考试委员会（以下简称“省考委”）在省、自治区、直辖市人民政府领导和全国考委指导下进行工作。省考委的组成，参照全国考委的组成确定。

省考委的职责是：

（一）贯彻执行高等教育自学考试的方针、政策、法规和业务规范；

（二）在全国考委关于开考专业的规划和原则的指导下，结合本地实际拟定开考专业，指定主考学校；

（三）组织本地区开考专业的考试工作；

（四）负责本地区应考者的考籍管理，颁发单科合格证书和毕业证书；

（五）指导本地区的社会助学活动；

（六）根据国家教育委员会的委托，对已经批准建校招生的成人高等学校的教学质量，通过考试的方法进行检查。

省、自治区、直辖市教育行政部门设立高等教育自学考试工作管理机构，该机构同时作为省考委的日常办事机构。

第九条 省、自治区人民政府的派出机关所辖地区（以下简称“地区”）、市、直辖市的市辖区高等教育自学考试工作委员会（以下简称“地市考委”）在地区行署或市（区）人民政府领导和省考委的指导下进行工作。

地市考委的职责是：

（一）负责本地区高等教育自学考试的组织工作；

（二）指导本地区的社会助学活动；

（三）负责组织本地区高等教育自学考试毕业人员的思想品德鉴定工作。

地市考委的日常工作由当地教育行政部门负责。

第十条 主考学校由省考委遴选专业师资力量较强的全日制普通高等学校担任。主考学校在高等教育自学考试工作上接受省考委的领导，参与命题和评卷，负责有关实践性学习环节的考核，在毕业证书上副署，办理省考委交办的其他有关工作。

主考学校应设立高等教育自学考试办事机构，根据任务配备专职工作人员，所需编制列入学校总编制数内，由学校主管部门解决。

第三章 开考专业

第十一条 高等教育自学考试开考专科新专业，由省考委确定；开考本科新专业，由省考委组织有关部门和专家进行论证，并提出申请，报全国考委审批。

第十二条 可以实行省际协作开考新专业。

第十三条 开考新专业必须具备下列条件：

（一）有健全的工作机构、必要的专职人员和经费；

（二）有符合本条例第十条规定的主考学校；

（三）有专业考试计划；

（四）有保证实践性环节考核的必要条件。

第十四条 开考承认学历的新专业，一般应在普通高等学校已有专业目录中选择确定。

第十五条 国务院各部委、各直属机构和军队系统要求开考本系统所需专业的，可以委托省考委组织办理，或由全国考委协调办理。

第十六条 全国考委每年一次集中进行专业审批。省考委应于每年 6 月底前将申报材料报送全国考委，逾期者延至下一年度重新申报办理。审批结果由全国考委于当年第三季度内下达。凡批准开考的专业均可于次年接受报考，并于首次开考前半年向社会公布开考专业名称和专业考试计划。

第四章 考试办法

第十七条 高等教育自学考试的命题由全国考委统筹安排，分别采取全国统一命题、区域命题、省级命题三种办法。逐步建立题库，实现必要的命题标准化。

试题（包括副题）及参考答案、评分标准启用前属绝密材料。

第十八条 各专业考试计划的安排，专科（基础科）一般为 3 至 4 年，本科一般为 4 至 5 年。

第十九条 按照专业考试计划的要求，每门课程进行一次性考试。课程考试合格者，发给单科合格证书，并按规定计算学分。不及格者，可参加下一次该门课程的考试。

第二十条 报考人员可在本地区的开考专业范围内，自愿选择考试专业，但根据专业要求对报考对象作职业上必要限制的专业除外。

提倡在职人员按照学用一致的原则选择考试专业。

各级各类全日制学校的在校生不得报考。

第二十一条 报考人员应按本地区的有关规定，到省考委或地市考委指定的单位办理报名手续。

第二十二条 已经取得高等学校研究生、本科生或专科生学历的人员参加高等教育自学考试的，可以按照有关规定免考部分课程。

第二十三条 高等教育自学考试以地区、市、直辖市的市辖区为单位设考场。有条件的，地市考委经省考委批准可在县设考场，由地市考委直接领导。

第五章 考籍管理

第二十四条 高等教育自学考试应考者取得一门课程的单科合格证书后，省考委即应为其建立考籍管理档案。

应考者因户口迁移或工作变动需要转地区或转专业参加考试的，按考籍管理办法办理有关手续。

第二十五条 高等教育自学考试应考者符合下列规定，可以取得毕业证书：

（一）考完专业考试计划规定的全部课程，并取得合格成绩；

（二）完成规定的毕业论文（设计）或其他教学实践任务；

（三）思想品德鉴定合格。

获得专科（基础科）或本科毕业证书者，国家承认其学历。

第二十六条 符合相应学位条件的高等教育自学考试本科毕业人员，由有学位授予权的主考学校依照《中华人民共和国学位条例》的规定，授予相应的学位。

第二十七条 高等教育自学考试应考者毕业时间，为每年的6月和12月。

第六章 社会助学

第二十八条 国家鼓励企业、事业单位和其他社会力量，根据高等教育自学考试的专业考试计划和课程自学考试大纲的要求，通过电视、广播、函授、面授等多种形式开展助学活动。

第二十九条 各种形式的社会助学活动，应当接受高等教育自学考试机构的指导和教育行政部门的管理。

第三十条 高等教育自学考试辅导材料的出版、发行，应遵守国家的有关规定。

第七章 毕业人员的使用与待遇

第三十一条 高等教育自学考试专科（基础科）或本科毕业证书获得者，在职人员由所在单位或其上级主管部门本着用其所学、发挥所长的原则，根据工作需要，调整他们的工作；非在职人员（包括农民）由省、自治区、直辖市劳动人事部门根据需要，在编制和增人指标范围内有计划地择优录用或聘用。

第三十二条 高等教育自学考试毕业证书获得者的工资待遇：非在职人员录用后，与普通高等学校同类毕业生相同；在职人员的工资待遇低于普通高等学校同类毕业生的，从获得毕业证书之日起，按普通高等学校同类毕业生工资标准执行。

第八章 考试经费

第三十三条 县以上各级所需高等教育自学考试经费，按照现行财政管理体制，在教育事业费中列支。地方各级人民政府应妥善安排，予以保证。

第三十四条 各业务部门和军队系统要求开考本部门、本系统所需专业的，须向高等教育自学考试机构提供考试补助费。

第三十五条 高等教育自学考试所收缴的报名费，应用于高等教育自学考试工作，不得挪作他用。

第九章 奖励和处罚

第三十六条 有下列情形之一的个人或单位，可由全国考委或省考委给予奖励：

（一）参加高等教育自学考试成绩特别优异或事迹突出的；

（二）从事高等教育自学考试工作，作出重大贡献的；

（三）从事高等教育自学考试的社会助学工作，取得显著成绩的。

第三十七条 高等教育自学考试应考者在考试中有夹带、传递、抄袭、换卷、代考等舞弊行为以及其他违反考试规则的行为，省考委视情节轻重，分别给予警告、取消考试成绩、停考 1 至 3 年的处罚。

第三十八条 高等教育自学考试工作人员和考试组织工作参与人员有下列行为之一的，省考委或其所在单位取消其考试工作人员资格或给予行政处分：

（一）涂改应考者试卷、考试分数及其他考籍档案材料的；

（二）在应考者证明材料中弄虚作假的；

（三）纵容他人实施本条（一）、（二）项舞弊行为的。

第三十九条 有下列破坏高等教育自学考试工作行为之一的个人，由公安机关或司法机关依法追究法律责任：

（一）盗窃或泄露试题及其他有关保密材料的；

（二）扰乱考场秩序不听劝阻的；

（三）利用职权徇私舞弊，情节严重的。

第十章 附　　则

第四十条 国家教育委员会根据本条例制定实施细则。

省、自治区、直辖市人民政府可以根据本条例和国家教育委员会的实施细则，制定具体实施办法。

第四十一条 本条例由国家教育委员会负责解释。

第四十二条 本条例自发布之日起施行。

1981 年 1 月 13 日《国务院批转教育部关于高等教育自学考试试行办法的报告》和 1983 年 5 月 3 日《国务院批转教育部等部门关于成立全国高等教育自学考试指导委员会的请示的通知》同时废止。

高等教育管理职责暂行规定

（1986 年 3 月 12 日国务院发布）

为了加强和改进对高等教育的宏观指导和管理，扩大高等学校的管理权限，进一步调动学校和广大师生员工、办学单位和用人部门等各方面的积极性，使高等教育更好地为社会主义现代化建设服务，现就国家教育委员会、国务院有关部门和省、自治区、直辖市人民政府对高等教育的管理职责及扩大高等学校的管理权限，作如下规定：

一、国家教育委员会在国务院的领导下，主管全国高等教育工作，其主要职责是：

（一）贯彻执行党和国家有关高等教育的方针政策、法律和行政法规，制订高等教育工作的具体政策和规章。

指导、检查各省、自治区、直辖市，国务院各有关部门和高等学校对党和国家有关高等教育的方针政策、法律和行政法规的贯彻执行。

（二）组织进行全国专门人才需求预测，编制全国高等教育事业发展规划和年度招生计划，调整高等教育的结构和布局。审批高等学校（含高等专科学校，下同）、研究生院的设置、撤销和调整。制订招生和毕业生分配工作的规定，编制国家统一调配的毕业生年度分配方案。

（三）制订高等学校、研究生院的设置标准。制订高等学校的基本专业目录与专业设置标准，组织审批专业设置。

（四）会同国务院有关部门制订高等教育的基建投资、事业经费、人员编制、劳动和统配物资设备的管理制度和定额标准的原则；对中央一级高等教育的基建投资、教育和科学研究经费、专项费用、外汇和统配物资设备的分配方案提出指导性建议；掌管用于调节高等教育协调发展和支持重点学科建设的基建投资、事业经费和人员编制。管理国外高等教育援款、贷款工作。

（五）制订高等学校人事管理的规章制度，规划、组织高等学校师资队伍和干部队伍建设。根据国务院《关于实行专业技术职务聘任制度的规定》，对高等学校这方面的工作进行组织和指导。

（六）指导高等学校的思想政治工作、教学工作、体育工作、卫生工作和总务工作。确定研究生、本科生、专科生的修业年限和培养规格。制订指导性的教学文件，规划、组织教材编审。组织检查、评估高等学校的教育质量。

（七）指导和管理高等学校和科学研究机构招收、培养研究生工作。指导学位授予工作。指导和管理高等学校博士后科研流动站工作。

（八）指导高等学校的科学研究工作。配合国家科学技术研究的主管部门，组织制订高等学校科学研究的规划和管理制度。促进学校与科学研究、生产、社会等部门的协作、联合及校际合作。

（九）指导和管理到国外高等学校留学人员、来华留学人员以及对外智力援助的工作，促进高等学校的国际学术交流与合作。

（十）组织为高等学校提供教育情报、人才需求信息和考试等方面的服务工作。

（十一）统一指导各种形式的成人高等教育，编制成人高等教育发展规划，制订和下达年度招生计划。会同国务院有关部门编制继续教育规划。

（十二）直接管理少数高等学校。

二、国务院有关部门在国家教育委员会的指导下，管理其直属高等学校，其主要职责是：

（一）贯彻执行党和国家有关高等教育的方针政策、法律和行政法规。

（二）组织进行本系统、本行业专门人才的需求预测，编制直接管理的高等学校的发展规划、年度招生计划和自行分配部分的毕业生分配计划。指导招生和毕业生分配工作。

（三）对直接管理的高等学校的设置、撤销和调整及所属专业的设置和重点学科建设进行审查，向国家教育委员会提出申请或建议。接受国家教育委员会的委托，按照有关规定，审批直接管理的高等专科学校所属专业的增设和撤销。

（四）负责直接管理的高等学校的基建投资、统配物资设备、事业经费预算的分配和决算的审核。

（五）指导直接管理的高等学校的思想政治工作、教学工作、科学研究工作和总务工作。任免学校主要负责人。根据国务院《关于实行专业技术职务聘任制度的规定》，对直接管理的高等学校这方面的工作进行组织和指导。

（六）按照国家教育委员会统一部署，会同有关省、自治区、直辖市对高等学校对口专业的教育质量组织评估，组织和规划对口专业的教材编审。

（七）指导和协调高等学校学生在本系统的生产实习和社会实践。鼓励高等学校有关专业、研究机构参加本系统的科学技术开发，促进企业与学校的联系。

（八）鼓励直接管理的高等学校面向社会办学，实行本部门与国务院有关部门、本部门与地方联合办学。

（九）管理本部门成人高等教育、专业培训、继续教育和有关教材编审的工作。

三、省、自治区、直辖市人民政府管理本地区内的高等学校，其主要职责是：

（一）负责指导、检查本地区内各高等学校对党和国家有关高等教育的方针政策、法律和法规的贯彻执行。

（二）组织进行本地区专门人才的需求预测，编制直接管理的高等学校的发展规划、年度招生计划，组织领导招生和毕业生分配工作。对直接管理的高等学校的设置、撤销和调整及专业设置进行审查，向国家教育委员会提出申请或建议。接受国家教育委员会的委托，按照国家有关规定，审批直接管理的高等专科学校所属专业的增设和撤销。

（三）负责直接管理的高等学校的基建投资、统配物资设备、事业经费预算的分配和决算的审核。

（四）指导直接管理的高等学校的思想政治工作、教学工作、科学研究工作和总务工作。任免学校主要负责人。根据国务院《关于实行专业技术职务聘任制度的规定》，对这些高等学校和部分国务院有关部门直接管理的高等学校这方面的工作，进行组织和指导。帮助本地区内各高等学校的总务工作逐步实现社会化。

（五）组织本地区内各高等学校的校际协作和经验交流，进行教育质量的检查与评估。指导和协调高等学校学生在本地区内的生产实习和社会实践。

（六）鼓励本地区各高等学校面向社会办学和跨地区、跨部门联合办学。在国家教育委员会指导下，对国务院有关部门直接管理的高等学校，在保证投资、经费和人才需求等条件下，统筹组织联合办学的试点。促进高等学校与科学研究、生产等部门的联合与协作。

（七）管理本地区所属成人高等教育。

四、扩大高等学校管理权限，增强高等学校适应经济和社会发展需要的能力，其主要内容是：

（一）在保证完成国家下达的培养人才任务的前提下，可以按照国家规定的比例实行跨部门、跨地区的联合办学，接受委托培养生和自费生。可以提出招生来源计划建议，按照国家有关规定，录取学生，处理和淘汰不合格的学生。落实国家下达的毕业生分配计划，制订毕业生分配方案，并向用人单位推荐部分毕业生。

（二）执行勤俭办学的方针并在遵守国家财务制度的前提下，按照“包干使用，超支不补，节余留用，自求平衡”的经费预算管理原则，可以安排使用主管部门核定的年度事业经费。

接受委托培养生、自费生，举办干部专修科、函授、夜大学及社会技术服务和咨询取得的收入，按照国家有关规定安排用于发展事业、集体福利和个人奖励。

（三）按照主管部门批准的总体设计任务书、总体规划、长远和年度基建计划，在向主管部门实行投资包干的前提下，可以自行择优选择设计施工单位。在保证实现投资效益的前提下，经过主管部门批准可以自行审定设计文件，调整长远和年度基建计划。包干投资，节余留成使用，超支不补。

（四）按照干部管理权限，可以根据规定的干部条件、编制和选拔步骤由校长提名报请任免副校长；任免其他各级行政人员；聘任、辞退教师和辞退职工。

（五）经过批准的高等学校，可以按照国家有关规定，评定副教授的任职资格，其中少数具备条件的高等学校，可以评定教授的任职资格；审定授予硕士学位的学科、专业，增补博士研究生导师。

（六）根据党和国家的教育方针政策及修业年限、培养规格，可以按社会需要调整专业服务方向，制订教学计划（培养方案）、教学大纲，选用教材，进行教学内容和方法的改革。

（七）在保证完成国家下达的科学研究任务的前提下，可以自行决定参加科学研究项目的投标，承担其他单位委托的科学研究任务，面向社会开展技术服务和咨询。

在不需要主管部门增加基建投资、事业经费和人员编制的情况下，可以自行决定单独设立或与其他单位合办科学研究机构或教学、科学研究、生产的联合体。可以接受企业单位的资助并决定其使用重点。

（八）在国家外事政策和有关规定的范围内，积极开展对外交流活动。凡属学校自筹经费（含留成外汇），经过上一级主管部门批准认为可以接受的对方资助或在主管部门下达的经费外汇限额内，可以决定出国和来华的学术交流人员。经过批准的学校可以自行负责出国人员的政治审查。

普通高等学校学生管理规定

（2017 年 2 月 4 日教育部令第 41 号修订公布　自 2017 年 9 月 1 日起施行）

第一章　总　　则

第一条　为规范普通高等学校学生管理行为，维护普通高等学校正常的教育教学秩序和生活秩序，保障学生合法权益，培养德、智、体、美等方面全面发展的社会主义建设者和接班人，依据教育法、高等教育法以及有关法律、法规，制定本规定。

第二条 本规定适用于普通高等学校、承担研究生教育任务的科学研究机构（以下称学校）对接受普通高等学历教育的研究生和本科、专科（高职）学生（以下称学生）的管理。

第三条 学校要坚持社会主义办学方向，坚持马克思主义的指导地位，全面贯彻国家教育方针；要坚持以立德树人为根本，以理想信念教育为核心，培育和践行社会主义核心价值观，弘扬中华优秀传统文化和革命文化、社会主义先进文化，培养学生的社会责任感、创新精神和实践能力；要坚持依法治校，科学管理，健全和完善管理制度，规范管理行为，将管理与育人相结合，不断提高管理和服务水平。

第四条 学生应当拥护中国共产党领导，努力学习马克思列宁主义、毛泽东思想、中国特色社会主义理论体系，深入学习习近平总书记系列重要讲话精神和治国理政新理念新思想新战略，坚定中国特色社会主义道路自信、理论自信、制度自信、文化自信，树立中国特色社会主义共同理想；应当树立爱国主义思想，具有团结统一、爱好和平、勤劳勇敢、自强不息的精神；应当增强法治观念，遵守宪法、法律、法规，遵守公民道德规范，遵守学校管理制度，具有良好的道德品质和行为习惯；应当刻苦学习，勇于探索，积极实践，努力掌握现代科学文化知识和专业技能；应当积极锻炼身体，增进身心健康，提高个人修养，培养审美情趣。

第五条 实施学生管理，应当尊重和保护学生的合法权利，教育和引导学生承担应尽的义务与责任，鼓励和支持学生实行自我管理、自我服务、自我教育、自我监督。

第二章 学生的权利与义务

第六条 学生在校期间依法享有下列权利：

（一）参加学校教育教学计划安排的各项活动，使用学校提供的教育教学资源；

（二）参加社会实践、志愿服务、勤工助学、文娱体育及科技文化创新等活动，获得就业创业指导和服务；

（三）申请奖学金、助学金及助学贷款；

（四）在思想品德、学业成绩等方面获得科学、公正评价，完成学校规定学业后获得相应的学历证书、学位证书；

（五）在校内组织、参加学生团体，以适当方式参与学校管理，对学校与学生权益相关事务享有知情权、参与权、表达权和监督权；

（六）对学校给予的处理或者处分有异议，向学校、教育行政部门提出申诉，对学校、教职员工侵犯其人身权、财产权等合法权益的行为，提出申诉或者依法提起诉讼；

（七）法律、法规及学校章程规定的其他权利。

第七条 学生在校期间依法履行下列义务：

（一）遵守宪法和法律、法规；

（二）遵守学校章程和规章制度；

（三）恪守学术道德，完成规定学业；

（四）按规定缴纳学费及有关费用，履行获得贷学金及助学金的相应义务；

（五）遵守学生行为规范，尊敬师长，养成良好的思想品德和行为习惯；

（六）法律、法规及学校章程规定的其他义务。

第三章 学籍管理

第一节 入学与注册

第八条 按国家招生规定录取的新生，持录取通知书，按学校有关要求和规定的期限到校办理入学手续。因故不能按期入学的，应当向学校请假。未请假或者请假逾期的，除因不可抗力等正当事由以外，视为放弃入学资格。

第九条 学校应当在报到时对新生入学资格进行初步审查，审查合格的办理入学手续，予以注册学籍；审查发现新生的录取通知、考生信息等证明材料，与本人实际情况不符，或者有其他违反国家招生考试规定情形的，取消入学资格。

第十条 新生可以申请保留入学资格。保留入学资格期间不具有学籍。保留入学资格的条件、期限等由学校规定。

新生保留入学资格期满前应向学校申请入学，经学校审查合格后，办理入学手续。审查不合格的，取消入学资格；逾期不办理入学手续且未有因不可抗力延迟等正当理由的，视为放弃入学资格。

第十一条 学生入学后，学校应当在3个月内按照国家招生规定进行复查。复查内容主要包括以下方面：

（一）录取手续及程序等是否合乎国家招生规定；

（二）所获得的录取资格是否真实、合乎相关规定；

（三）本人及身份证明与录取通知、考生档案等是否一致；

（四）身心健康状况是否符合报考专业或者专业类别体检要求，能否保证在校正常学习、生活；

（五）艺术、体育等特殊类型录取学生的专业水平是否符合录取要求。

复查中发现学生存在弄虚作假、徇私舞弊等情形的，确定为复查不合格，应当取消学籍；情节严重的，学校应当移交有关部门调查处理。

复查中发现学生身心状况不适宜在校学习，经学校指定的二级甲等以上医院诊断，需要在家休养的，可以按照第十条的规定保留入学资格。

复查的程序和办法，由学校规定。

第十二条 每学期开学时，学生应当按学校规定办理注册手续。不能如期注册的，应当履行暂缓注册手续。未按学校规定缴纳学费或者有其他不符合注册条件的，不予注册。

家庭经济困难的学生可以申请助学贷款或者其他形式资助，办理有关手续后注册。

学校应当按照国家有关规定为家庭经济困难学生提供教育救助，完善学生资助体系，保证学生不因家庭经济困难而放弃学业。

第二节　考核与成绩记载

第十三条　学生应当参加学校教育教学计划规定的课程和各种教育教学环节（以下统称课程）的考核，考核成绩记入成绩册，并归入学籍档案。

考核分为考试和考查两种。考核和成绩评定方式，以及考核不合格的课程是否重修或者补考，由学校规定。

第十四条　学生思想品德的考核、鉴定，以本规定第四条为主要依据，采取个人小结、师生民主评议等形式进行。

学生体育成绩评定要突出过程管理，可以根据考勤、课内教学、课外锻炼活动和体质健康等情况综合评定。

第十五条　学生每学期或者每学年所修课程或者应修学分数以及升级、跳级、留级、降级等要求，由学校规定。

第十六条　学生根据学校有关规定，可以申请辅修校内其他专业或者选修其他专业课程；可以申请跨校辅修专业或者修读课程，参加学校认可的开放式网络课程学习。学生修读的课程成绩（学分），学校审核同意后，予以承认。

第十七条　学生参加创新创业、社会实践等活动以及发表论文、获得专利授权等与专业学习、学业要求相关的经历、成果，可以折算为学分，计入学业成绩。具体办法由学校规定。

学校应当鼓励、支持和指导学生参加社会实践、创新创业活动，可以建立创新创业档案、设置创新创业学分。

第十八条 学校应当健全学生学业成绩和学籍档案管理制度，真实、完整地记载、出具学生学业成绩，对通过补考、重修获得的成绩，应当予以标注。

学生严重违反考核纪律或者作弊的，该课程考核成绩记为无效，并应视其违纪或者作弊情节，给予相应的纪律处分。给予警告、严重警告、记过及留校察看处分的，经教育表现较好，可以对该课程给予补考或者重修机会。

学生因退学等情况中止学业，其在校学习期间所修课程及已获得学分，应当予以记录。学生重新参加入学考试、符合录取条件，再次入学的，其已获得学分，经录取学校认定，可以予以承认。具体办法由学校规定。

第十九条 学生应当按时参加教育教学计划规定的活动。不能按时参加的，应当事先请假并获得批准。无故缺席的，根据学校有关规定给予批评教育，情节严重的，给予相应的纪律处分。

第二十条 学校应当开展学生诚信教育，以适当方式记录学生学业、学术、品行等方面的诚信信息，建立对失信行为的约束和惩戒机制；对有严重失信行为的，可以规定给予相应的纪律处分，对违背学术诚信的，可以对其获得学位及学术称号、荣誉等作出限制。

第三节 转专业与转学

第二十一条 学生在学习期间对其他专业有兴趣和专长的，可以申请转专业；以特殊招生形式录取的学生，国家有相关规定或者录取前与学校有明确约定的，不得转专业。

学校应当制定学生转专业的具体办法，建立公平、公正的标准和程序，健全公示制度。学校根据社会对人才需求情况的发展变化，需要适当调整专业的，应当允许在读学生转到其他相关专业就读。

休学创业或退役后复学的学生，因自身情况需要转专业的，学校应当优先考虑。

第二十二条 学生一般应当在被录取学校完成学业。因患病或者有特殊困难、特别需要，无法继续在本校学习或者不适应本校学习要求的，可以申请转学。有下列情形之一，不得转学：

（一）入学未满一学期或者毕业前一年的；

（二）高考成绩低于拟转入学校相关专业同一生源地相应年份录取成绩的；

（三）由低学历层次转为高学历层次的；

（四）以定向就业招生录取的；

（五）研究生拟转入学校、专业的录取控制标准高于其所在学校、专业的；

（六）无正当转学理由的。

学生因学校培养条件改变等非本人原因需要转学的，学校应当出具证明，由所在地省级教育行政部门协调转学到同层次学校。

第二十三条 学生转学由学生本人提出申请，说明理由，经所在学校和拟转入学校同意，由转入学校负责审核转学条件及相关证明，认为符合本校培养要求且学校有培养能力的，经学校校长办公会或者专题会议研究决定，可以转入。研究生转学还应当经拟转入专业导师同意。

跨省转学的，由转出地省级教育行政部门商转入地省级教育行政部门，按转学条件确认后办理转学手续。须转户口的由转入地省级教育行政部门将有关文件抄送转入学校所在地的公安机关。

第二十四条 学校应当按照国家有关规定，建立健全学生转学的具体办法；对转学情况应当及时进行公示，并在转学完成后 3 个月内，由转入学校报所在地省级教育行政部门备案。

省级教育行政部门应当加强对区域内学校转学行为的监督和管理，及时纠正违规转学行为。

第四节　休学与复学

第二十五条　学生可以分阶段完成学业，除另有规定外，应当在学校规定的最长学习年限（含休学和保留学籍）内完成学业。

学生申请休学或者学校认为应当休学的，经学校批准，可以休学。休学次数和期限由学校规定。

第二十六条　学校可以根据情况建立并实行灵活的学习制度。对休学创业的学生，可以单独规定最长学习年限，并简化休学批准程序。

第二十七条　新生和在校学生应征参加中国人民解放军（含中国人民武装警察部队），学校应当保留其入学资格或者学籍至退役后 2 年。

学生参加学校组织的跨校联合培养项目，在联合培养学校学习期间，学校同时为其保留学籍。

学生保留学籍期间，与其实际所在的部队、学校等组织建立管理关系。

第二十八条　休学学生应当办理手续离校。学生休学期间，学校应为其保留学籍，但不享受在校学习学生待遇。因病休学学生的医疗费按国家及当地的有关规定处理。

第二十九条　学生休学期满前应当在学校规定的期限内提出复学申请，经学校复查合格，方可复学。

第五节　退　　学

第三十条　学生有下列情形之一，学校可予退学处理：

（一）学业成绩未达到学校要求或者在学校规定的学习年限内未完成学业的；

（二）休学、保留学籍期满，在学校规定期限内未提出复学申请或者申请复学经复查不合格的；

（三）根据学校指定医院诊断，患有疾病或者意外伤残不能继续在校学习的；

（四）未经批准连续两周未参加学校规定的教学活动的；

（五）超过学校规定期限未注册而又未履行暂缓注册手续的；

（六）学校规定的不能完成学业、应予退学的其他情形。

学生本人申请退学的，经学校审核同意后，办理退学手续。

第三十一条 退学学生，应当按学校规定期限办理退学手续离校。退学的研究生，按已有毕业学历和就业政策可以就业的，由学校报所在地省级毕业生就业部门办理相关手续；在学校规定期限内没有聘用单位的，应当办理退学手续离校。

退学学生的档案由学校退回其家庭所在地，户口应当按照国家相关规定迁回原户籍地或者家庭户籍所在地。

第六节 毕业与结业

第三十二条 学生在学校规定学习年限内，修完教育教学计划规定内容，成绩合格，达到学校毕业要求的，学校应当准予毕业，并在学生离校前发给毕业证书。

符合学位授予条件的，学位授予单位应当颁发学位证书。

学生提前完成教育教学计划规定内容，获得毕业所要求的学分，可以申请提前毕业。学生提前毕业的条件，由学校规定。

第三十三条 学生在学校规定学习年限内，修完教育教学计划规定内容，但未达到学校毕业要求的，学校可以准予结业，发给结业证书。

结业后是否可以补考、重修或者补作毕业设计、论文、答辩，以及是否颁发毕业证书、学位证书，由学校规定。合格后颁发的毕业证书、学位证书，毕业时间、获得学位时间按发证日期填写。

对退学学生，学校应当发给肄业证书或者写实性学习证明。

第七节 学业证书管理

第三十四条 学校应当严格按照招生时确定的办学类型和学习

形式，以及学生招生录取时填报的个人信息，填写、颁发学历证书、学位证书及其他学业证书。

学生在校期间变更姓名、出生日期等证书需填写的个人信息的，应当有合理、充分的理由，并提供有法定效力的相应证明文件。学校进行审查，需要学生生源地省级教育行政部门及有关部门协助核查的，有关部门应当予以配合。

第三十五条 学校应当执行高等教育学籍学历电子注册管理制度，完善学籍学历信息管理办法，按相关规定及时完成学生学籍学历电子注册。

第三十六条 对完成本专业学业同时辅修其他专业并达到该专业辅修要求的学生，由学校发给辅修专业证书。

第三十七条 对违反国家招生规定取得入学资格或者学籍的，学校应当取消其学籍，不得发给学历证书、学位证书；已发的学历证书、学位证书，学校应当依法予以撤销。对以作弊、剽窃、抄袭等学术不端行为或者其他不正当手段获得学历证书、学位证书的，学校应当依法予以撤销。

被撤销学历证书、学位证书已注册的，学校应当予以注销并报教育行政部门宣布无效。

第三十八条 学历证书和学位证书遗失或者损坏，经本人申请，学校核实后应当出具相应的证明书。证明书与原证书具有同等效力。

第四章 校园秩序与课外活动

第三十九条 学校、学生应当共同维护校园正常秩序，保障学校环境安全、稳定，保障学生的正常学习和生活。

第四十条 学校应当建立和完善学生参与管理的组织形式，支持和保障学生依法、依章程参与学校管理。

第四十一条 学生应当自觉遵守公民道德规范，自觉遵守学校管理制度，创造和维护文明、整洁、优美、安全的学习和生活环境，树立安全风险防范和自我保护意识，保障自身合法权益。

第四十二条 学生不得有酗酒、打架斗殴、赌博、吸毒，传播、复制、贩卖非法书刊和音像制品等违法行为；不得参与非法传销和进行邪教、封建迷信活动；不得从事或者参与有损大学生形象、有悖社会公序良俗的活动。

学校发现学生在校内有违法行为或者严重精神疾病可能对他人造成伤害的，可以依法采取或者协助有关部门采取必要措施。

第四十三条 学校应当坚持教育与宗教相分离原则。任何组织和个人不得在学校进行宗教活动。

第四十四条 学校应当建立健全学生代表大会制度，为学生会、研究生会等开展活动提供必要条件，支持其在学生管理中发挥作用。

学生可以在校内成立、参加学生团体。学生成立团体，应当按学校有关规定提出书面申请，报学校批准并施行登记和年检制度。

学生团体应当在宪法、法律、法规和学校管理制度范围内活动，接受学校的领导和管理。学生团体邀请校外组织、人员到校举办讲座等活动，需经学校批准。

第四十五条 学校提倡并支持学生及学生团体开展有益于身心健康、成长成才的学术、科技、艺术、文娱、体育等活动。

学生进行课外活动不得影响学校正常的教育教学秩序和生活秩序。

学生参加勤工助学活动应当遵守法律、法规以及学校、用工单位的管理制度，履行勤工助学活动的有关协议。

第四十六条 学生举行大型集会、游行、示威等活动，应当按法律程序和有关规定获得批准。对未获批准的，学校应当依法劝阻或者制止。

第四十七条 学生应当遵守国家和学校关于网络使用的有关规

定，不得登录非法网站和传播非法文字、音频、视频资料等，不得编造或者传播虚假、有害信息；不得攻击、侵入他人计算机和移动通讯网络系统。

第四十八条 学校应当建立健全学生住宿管理制度。学生应当遵守学校关于学生住宿管理的规定。鼓励和支持学生通过制定公约，实施自我管理。

第五章 奖励与处分

第四十九条 学校、省（区、市）和国家有关部门应当对在德、智、体、美等方面全面发展或者在思想品德、学业成绩、科技创造、体育竞赛、文艺活动、志愿服务及社会实践等方面表现突出的学生，给予表彰和奖励。

第五十条 对学生的表彰和奖励可以采取授予“三好学生”称号或者其他荣誉称号、颁发奖学金等多种形式，给予相应的精神鼓励或者物质奖励。

学校对学生予以表彰和奖励，以及确定推荐免试研究生、国家奖学金、公派出国留学人选等赋予学生利益的行为，应当建立公开、公平、公正的程序和规定，建立和完善相应的选拔、公示等制度。

第五十一条 对有违反法律法规、本规定以及学校纪律行为的学生，学校应当给予批评教育，并可视情节轻重，给予如下纪律处分：

（一）警告；

（二）严重警告；

（三）记过；

（四）留校察看；

（五）开除学籍。

第五十二条 学生有下列情形之一，学校可以给予开除学籍处分：

（一）违反宪法，反对四项基本原则、破坏安定团结、扰乱社会秩序的；

（二）触犯国家法律，构成刑事犯罪的；

（三）受到治安管理处罚，情节严重、性质恶劣的；

（四）代替他人或者让他人代替自己参加考试、组织作弊、使用通讯设备或其他器材作弊、向他人出售考试试题或答案牟取利益，以及其他严重作弊或扰乱考试秩序行为的；

（五）学位论文、公开发表的研究成果存在抄袭、篡改、伪造等学术不端行为，情节严重的，或者参与代写论文、买卖论文的；

（六）违反本规定和学校规定，严重影响学校教育教学秩序、生活秩序以及公共场所管理秩序的；

（七）侵害其他个人、组织合法权益，造成严重后果的；

（八）屡次违反学校规定受到纪律处分，经教育不改的。

第五十三条 学校对学生作出处分，应当出具处分决定书。处分决定书应当包括下列内容：

（一）学生的基本信息；

（二）作出处分的事实和证据；

（三）处分的种类、依据、期限；

（四）申诉的途径和期限；

（五）其他必要内容。

第五十四条 学校给予学生处分，应当坚持教育与惩戒相结合，与学生违法、违纪行为的性质和过错的严重程度相适应。学校对学生的处分，应当做到证据充分、依据明确、定性准确、程序正当、处分适当。

第五十五条 在对学生作出处分或者其他不利决定之前，学校应当告知学生作出决定的事实、理由及依据，并告知学生享有陈述和申辩的权利，听取学生的陈述和申辩。

处理、处分决定以及处分告知书等，应当直接送达学生本人，学生拒绝签收的，可以以留置方式送达；已离校的，可以采取邮寄方式送达；难于联系的，可以利用学校网站、新闻媒体等以公告方式送达。

第五十六条 对学生作出取消入学资格、取消学籍、退学、开除学籍或者其他涉及学生重大利益的处理或者处分决定的，应当提交校长办公会或者校长授权的专门会议研究决定，并应当事先进行合法性审查。

第五十七条 除开除学籍处分以外，给予学生处分一般应当设置 6 到 12 个月期限，到期按学校规定程序予以解除。解除处分后，学生获得表彰、奖励及其他权益，不再受原处分的影响。

第五十八条 对学生的奖励、处理、处分及解除处分材料，学校应当真实完整地归入学校文书档案和本人档案。

被开除学籍的学生，由学校发给学习证明。学生按学校规定期限离校，档案由学校退回其家庭所在地，户口应当按照国家相关规定迁回原户籍地或者家庭户籍所在地。

第六章　学 生 申 诉

第五十九条 学校应当成立学生申诉处理委员会，负责受理学生对处理或者处分决定不服提起的申诉。

学生申诉处理委员会应当由学校相关负责人、职能部门负责人、教师代表、学生代表、负责法律事务的相关机构负责人等组成；有条件的学校可以聘请校外法律、教育等方面专家参加。

学校应当制定学生申诉的具体办法，健全学生申诉处理委员会的组成与工作规则，提供必要条件，保证其能够客观、公正地履行职责。

第六十条 学生对学校的处理或者处分决定有异议的，可以在接到学校处理或者处分决定书之日起 10 日内，向学校学生申诉处理委员会提出书面申诉。

第六十一条 学生申诉处理委员会对学生提出的申诉进行复查，并在接到书面申诉之日起15日内作出复查结论并告知申诉人。情况复杂不能在规定限期内作出结论的，经学校负责人批准，可延长15日。学生申诉处理委员会认为必要的，可以建议学校暂缓执行有关决定。

学生申诉处理委员会经复查，认为做出处理或者处分的事实、依据、程序等存在不当，可以作出建议撤销或变更的复查意见，要求相关职能部门予以研究，重新提交校长办公会或者专门会议作出决定。

第六十二条 学生对复查决定有异议的，在接到学校复查决定书之日起15日内，可以向学校所在地省级教育行政部门提出书面申诉。

省级教育行政部门应当在接到学生书面申诉之日起30个工作日内，对申诉人的问题给予处理并作出决定。

第六十三条 省级教育行政部门在处理因对学校处理或者处分决定不服提起的学生申诉时，应当听取学生和学校的意见，并可根据需要进行必要的调查。根据审查结论，区别不同情况，分别作出下列处理：

（一）事实清楚、依据明确、定性准确、程序正当、处分适当的，予以维持；

（二）认定事实不存在，或者学校超越职权、违反上位法规定作出决定的，责令学校予以撤销；

（三）认定事实清楚，但认定情节有误、定性不准确，或者适用依据有错误的，责令学校变更或者重新作出决定；

（四）认定事实不清、证据不足，或者违反本规定以及学校规定的程序和权限的，责令学校重新作出决定。

第六十四条 自处理、处分或者复查决定书送达之日起，学生在申诉期内未提出申诉的视为放弃申诉，学校或者省级教育行政部门不再受理其提出的申诉。

处理、处分或者复查决定书未告知学生申诉期限的，申诉期限自学生知道或者应当知道处理或者处分决定之日起计算，但最长不得超过6个月。

第六十五条 学生认为学校及其工作人员违反本规定，侵害其合法权益的；或者学校制定的规章制度与法律法规和本规定抵触的，可以向学校所在地省级教育行政部门投诉。

教育主管部门在实施监督、处理申诉或者投诉过程中，发现学校及其工作人员有违反法律、法规及本规定的行为或者未按照本规定履行相应义务的，或者学校自行制定的相关管理制度、规定，侵害学生合法权益的，应当责令改正；发现存在违法违纪的，应当及时进行调查处理或者移送有关部门，依据有关法律和相关规定，追究有关责任人的责任。

第七章 附　　则

第六十六条 学校对接受高等学历继续教育的学生、港澳台侨学生、留学生的管理，参照本规定执行。

第六十七条 学校应当根据本规定制定或修改学校的学生管理规定或者纪律处分规定，报主管教育行政部门备案（中央部委属校同时抄报所在地省级教育行政部门），并及时向学生公布。

省级教育行政部门根据本规定，指导、检查和监督本地区高等学校的学生管理工作。

第六十八条 本规定自2017年9月1日起施行。原《普通高等学校学生管理规定》（教育部令第21号）同时废止。其他有关文件规定与本规定不一致的，以本规定为准。

高等学校档案管理办法

（2008 年 8 月 20 日教育部令第 27 号公布　自 2008 年 9 月 1 日起施行）

第一章　总　则

第一条　为规范高等学校档案工作，提高档案管理水平，有效保护和利用档案，根据《中华人民共和国档案法》及其实施办法，制定本办法。

第二条　本办法所称的高等学校档案（以下简称高校档案），是指高等学校从事招生、教学、科研、管理等活动直接形成的对学生、学校和社会有保存价值的各种文字、图表、声像等不同形式、载体的历史记录。

第三条　高校档案工作是高等学校重要的基础性工作，学校应当加强管理，将之纳入学校整体发展规划。

第四条　国务院教育行政部门主管全国高校档案工作。省、自治区、直辖市人民政府教育行政部门主管本行政区域内高校档案工作。

国家档案行政部门和省、自治区、直辖市人民政府档案行政部门在职责范围内负责对高校档案工作的业务指导、监督和检查。

第五条　高校档案工作由高等学校校长领导，其主要职责是：

（一）贯彻执行国家关于档案管理的法律法规和方针政策，批准学校档案工作规章制度；

（二）将档案工作纳入学校整体发展规划，促进档案信息化建设与学校其他工作同步发展；

（三）建立健全与办学规模相适应的高校档案机构，落实人员编制、档案库房、发展档案事业所需设备以及经费；

（四）研究决定高校档案工作中的重要奖惩和其他重大问题。

分管档案工作的校领导协助校长负责档案工作。

第二章　机构设置与人员配备

第六条　高校档案机构包括档案馆和综合档案室。

具备下列条件之一的高等学校应当设立档案馆：

（一）建校历史在50年以上；

（二）全日制在校生规模在1万人以上；

（三）已集中保管的档案、资料在3万卷（长度300延长米）以上。

未设立档案馆的高等学校应当设立综合档案室。

第七条　高校档案机构是保存和提供利用学校档案的专门机构，应当具备符合要求的档案库房和管理设施。

需要特殊条件保管或者利用频繁且具有一定独立性的档案，可以根据实际需要设立分室单独保管。分室是高校档案机构的分支机构。

第八条　高校档案机构的管理职责是：

（一）贯彻执行国家有关档案工作的法律法规和方针政策，综合规划学校档案工作；

（二）拟订学校档案工作规章制度，并负责贯彻落实；

（三）负责接收（征集）、整理、鉴定、统计、保管学校的各类档案及有关资料；

（四）编制检索工具，编研、出版档案史料，开发档案信息资源；

（五）组织实施档案信息化建设和电子文件归档工作；

（六）开展档案的开放和利用工作；

（七）开展学校档案工作人员的业务培训；

（八）利用档案开展多种形式的宣传教育活动，充分发挥档案的文化教育功能；

（九）开展国内外档案学术研究和交流活动。

有条件的高校档案机构，可以申请创设爱国主义教育基地。

第九条 高校档案馆设馆长一名，根据需要可以设副馆长一至二名。综合档案室设主任一名，根据需要可以设副主任一至二名。

馆长、副馆长和综合档案室主任（馆长和综合档案室主任，以下简称为高校档案机构负责人），应当具备以下条件：

（一）热心档案事业，具有高级以上专业技术职务任职经历；

（二）有组织管理能力，具有开拓创新意识和精神；

（三）年富力强，身体健康。

第十条 高等学校应当为高校档案机构配备专职档案工作人员。

高校专职档案工作人员列入学校事业编制。其编制人数由学校根据本校档案机构的档案数量和工作任务确定。

第十一条 高校档案工作人员应当遵纪守法，爱岗敬业，忠于职守，具备档案业务知识和相应的科学文化知识以及现代化管理技能。

第十二条 高校档案机构中的专职档案工作人员，实行专业技术职务聘任制或者职员职级制，享受学校教学、科研和管理人员同等待遇。

第十三条 高等学校对长期接触有毒有害物质的档案工作人员，应当按照法律法规的有关规定采取有效的防护措施防止职业中毒事故的发生，保障其依法享有工伤社会保险待遇以及其他有关待遇，并可以按照有关规定予以补助。

第三章 档案管理

第十四条 高等学校应当建立、健全档案工作的检查、考核与评估制度，定期布置、检查、总结、验收档案工作，明确岗位职责，强化责任意识，提高学校档案管理水平。

第十五条 高等学校应当对纸质档案材料和电子档案材料同步归档。文件材料的归档范围是：

（一）党群类：主要包括高等学校党委、工会、团委、民主党派等组织的各种会议文件、会议记录及纪要；各党群部门的工作计划、总结；上级机关与学校关于党群管理的文件材料。

（二）行政类：主要包括高等学校行政工作的各种会议文件、会议记录及纪要；上级机关与学校关于人事管理、行政管理的材料。

（三）学生类：主要包括高等学校培养的学历教育学生的高中档案、入学登记表、体检表、学籍档案、奖惩记录、党团组织档案、毕业生登记表等。

（四）教学类：主要包括反映教学管理、教学实践和教学研究等活动的文件材料。按原国家教委、国家档案局发布的《高等学校教学文件材料归档范围》（（87）教办字016号）的相关规定执行。

（五）科研类：按原国家科委、国家档案局发布的《科学技术研究档案管理暂行规定》（国档发〔1987〕6号）执行。

（六）基本建设类：按国家档案局、原国家计委发布的《基本建设项目档案资料管理暂行规定》（国档发〔1988〕4号）执行。

（七）仪器设备类：主要包括各种国产和国外引进的精密、贵重、稀缺仪器设备（价值在10万元以上）的全套随机技术文件以及在接收、使用、维修和改进工作中产生的文件材料。

（八）产品生产类：主要包括高等学校在产学研过程中形成的文件材料、样品或者样品照片、录像等。

（九）出版物类：主要包括高等学校自行编辑出版的学报、其他学术刊物及本校出版社出版物的审稿单、原稿、样书及出版发行记录等。

（十）外事类：主要包括学校派遣有关人员出席国际会议、出国考察、讲学、合作研究、学习进修的材料；学校聘请的境外专家、教师在教学、科研等活动中形成的材料；学校开展校际交流、中外合作办学、境外办学及管理外国或者港澳台地区专家、教师、国际学生、港澳台学生等的材料；学校授予境外人士名誉职务、学位、称号等的材料。

（十一）财会类：按财政部、国家档案局发布的《会计档案管理办法》（财会字〔1998〕32 号）执行。

高等学校可以根据学校实际情况确定归档范围。归档的档案材料包括纸质、电子、照（胶）片、录像（录音）带等各种载体形式。

第十六条 高等学校实行档案材料形成单位、课题组立卷的归档制度。

学校各部门负责档案工作的人员应当按照归档要求，组织本部门的教学、科研和管理等人员及时整理档案和立卷。立卷人应当按照纸质文件材料和电子文件材料的自然形成规律，对文件材料系统整理组卷，编制页号或者件号，制作卷内目录，交本部门负责档案工作的人员检查合格后向高校档案机构移交。

第十七条 归档的档案材料应当质地优良，书绘工整，声像清晰，符合有关规范和标准的要求。电子文件的归档要求按照国家档案局发布的《电子公文归档管理暂行办法》以及《电子文件归档与管理规范》（GB/T 18894-2002）执行。

第十八条 高校档案材料归档时间为：

（一）学校各部门应当在次学年 6 月底前归档；

（二）各院系等应当在次学年寒假前归档；

（三）科研类档案应当在项目完成后两个月内归档，基建类档案应当在项目完成后三个月内归档。

第十九条 高校档案机构应当对档案进行整理、分类、鉴定和编号。

第二十条 高校档案机构应当按照国家档案局《机关文件材料归档范围和文书档案保管期限规定》，确定档案材料的保管期限。对保管期限已满、已失去保存价值的档案，经有关部门鉴定并登记造册报校长批准后，予以销毁。未经鉴定和批准，不得销毁任何档案。

第二十一条 高校档案机构应当采用先进的档案保护技术，防止档案的破损、褪色、霉变和散失。对已经破损或者字迹褪色的档案，应当及时修复或者复制。对重要档案和破损、褪色修复的档案应当及时数字化，加工成电子档案保管。

第二十二条 高校档案由高校档案机构保管。在国家需要时，高等学校应当提供所需的档案原件或者复制件。

第二十三条 高等学校与其他单位分工协作完成的项目，高校档案机构应当至少保存一整套档案。协作单位除保存与自己承担任务有关的档案正本以外，应当将复制件送交高校档案机构保存。

第二十四条 高等学校中的个人对其从事教学、科研、管理等职务活动所形成的各种载体形式的档案材料，应当按照规定及时归档，任何个人不得据为己有。

对于个人在其非职务活动中形成的重要档案材料，高校档案机构可以通过征集、代管等形式进行管理。

高校档案机构对于与学校有关的各种档案史料的征集，应当制定专门的制度和办法。

第二十五条 高校档案机构应当对所存档案和资料的保管情况定期检查，消除安全隐患，遇有特殊情况，应当立即向校长报告，及时处理。

档案库房的技术管理工作，应当建立、健全有关规章制度，由专人负责。

第二十六条 高校档案机构应当认真执行档案统计年报制度，并按照国家有关规定报送档案工作基本情况统计报表。

第四章　档案的利用与公布

第二十七条　高校档案机构应当按照国家有关规定公布档案。未经高等学校授权，其他任何组织或者个人无权公布学校档案。

属下列情况之一者，不对外公布：

（一）涉及国家秘密的；

（二）涉及专利或者技术秘密的；

（三）涉及个人隐私的；

（四）档案形成单位规定限制利用的。

第二十八条　凡持有合法证明的单位或者持有合法身份证明的个人，在表明利用档案的目的和范围并履行相关登记手续后，均可以利用已公布的档案。

境外组织或者个人利用档案的，按照国家有关规定办理。

第二十九条　查阅、摘录、复制未开放的档案，应当经档案机构负责人批准。涉及未公开的技术问题，应当经档案形成单位或者本人同意，必要时报请校长审查批准。需要利用的档案涉及重大问题或者国家秘密，应当经学校保密工作部门批准。

第三十条　高校档案机构提供利用的重要、珍贵档案，一般不提供原件。如有特殊需要，应当经档案机构负责人批准。

加盖高校档案机构公章的档案复制件，与原件具有同等效力。

第三十一条　高校档案开放应当设立专门的阅览室，并编制必要的检索工具（著录标准按《档案著录规则》（DA/T18-1999）执行），提供开放档案目录、全宗指南、档案馆指南、计算机查询系统等，为社会利用档案创造便利条件。

第三十二条　高校档案机构是学校出具档案证明的唯一机构。

高校档案机构应当为社会利用档案创造便利条件，用于公益目的的，不得收取费用；用于个人或者商业目的的，可以按照有关规定合理收取费用。

社会组织和个人利用其所移交、捐赠的档案，高校档案机构应当无偿和优先提供。

第三十三条 寄存在高校档案机构的档案，归寄存者所有。高校档案机构如果需要向社会提供利用，应当征得寄存者同意。

第三十四条 高校档案机构应当积极开展档案的编研工作。出版档案史料和公布档案，应当经档案形成单位同意，并报请校长批准。

第三十五条 高校档案机构应当采取多种形式（如举办档案展览、陈列、建设档案网站等），积极开展档案宣传工作。有条件的高校，应当在相关专业的高年级开设有关档案管理的选修课。

第五章 条件保障

第三十六条 高等学校应当将高校档案工作所需经费列入学校预算，保证档案工作的需求。

第三十七条 高等学校应当为档案机构提供专用的、符合档案管理要求的档案库房，对不适应档案事业发展需要或者不符合档案保管要求的馆库，按照《档案馆建设标准》（建标 103-2008）的要求及时进行改扩建或者新建。

存放涉密档案应当设有专门库房。

存放声像、电子等特殊载体档案，应当配置恒温、恒湿、防火、防渍、防有害生物等必要设施。

第三十八条 高等学校应当设立专项经费，为档案机构配置档案管理现代化、档案信息化所需的设备设施，加快数字档案馆（室）建设，保障档案信息化建设与学校数字化校园建设同步进行。

第六章 奖励与处罚

第三十九条 高等学校对在档案工作中做出下列贡献的单位或者个人，给予表彰与奖励：

（一）在档案的收集、整理、提供利用工作中做出显著成绩的；

（二）在档案的保护和现代化管理工作中做出显著成绩的；

（三）在档案学研究及档案史料研究工作中做出重要贡献的；

（四）将重要的或者珍贵的档案捐赠给高校档案机构的；

（五）同违反档案法律法规的行为作斗争，表现突出的。

第四十条 有下列行为之一的，高等学校应当对直接负责的主管人员和其他直接责任人员依法给予处分；构成犯罪的，由司法机关依法追究刑事责任。

（一）玩忽职守，造成档案损坏、丢失或者擅自销毁档案的；

（二）违反保密规定，擅自提供、抄录、公布档案的；

（三）涂改、伪造档案的；

（四）擅自出卖、赠送、交换档案的；

（五）不按规定归档，拒绝归档或者将档案据为己有的；

（六）其他违反档案法律法规的行为。

第七章 附 则

第四十一条 本办法适用于各类普通高等学校、成人高等学校。

第四十二条 高等学校可以根据本办法制订实施细则。

高等学校附属单位（包括附属医院、校办企业等）的档案管理，由学校根据实际情况自主确定。

第四十三条 本办法自 2008 年 9 月 1 日起施行。国家教育委员会 1989 年 10 月 10 日发布的《普通高等学校档案管理办法》（国家教育委员会令第 6 号）同时废止。

高等学校信息公开办法

（2010年4月6日教育部令第29号公布　自2010年9月1日起施行）

第一章　总　　则

第一条　为了保障公民、法人和其他组织依法获取高等学校信息，促进高等学校依法治校，根据高等教育法和政府信息公开条例的有关规定，制定本办法。

第二条　高等学校在开展办学活动和提供社会公共服务过程中产生、制作、获取的以一定形式记录、保存的信息，应当按照有关法律法规和本办法的规定公开。

第三条　国务院教育行政部门负责指导、监督全国高等学校信息公开工作。

省级教育行政部门负责统筹推进、协调、监督本行政区域内高等学校信息公开工作。

第四条　高等学校应当遵循公正、公平、便民的原则，建立信息公开工作机制和各项工作制度。

高等学校公开信息，不得危及国家安全、公共安全、经济安全、社会稳定和学校安全稳定。

第五条　高等学校应当建立健全信息发布保密审查机制，明确审查的程序和责任。高等学校公开信息前，应当依照法律法规和国家其他有关规定对拟公开的信息进行保密审查。

有关信息依照国家有关规定或者根据实际情况需要审批的，高等学校应当按照规定程序履行审批手续，未经批准不得公开。

第六条　高等学校发现不利于校园和社会稳定的虚假信息或

者不完整信息的，应当在其职责范围内及时发布准确信息予以澄清。

第二章　公开的内容

第七条　高等学校应当主动公开以下信息：

（一）学校名称、办学地点、办学性质、办学宗旨、办学层次、办学规模，内部管理体制、机构设置、学校领导等基本情况；

（二）学校章程以及学校制定的各项规章制度；

（三）学校发展规划和年度工作计划；

（四）各层次、类型学历教育招生、考试与录取规定，学籍管理、学位评定办法，学生申诉途径与处理程序；毕业生就业指导与服务情况等；

（五）学科与专业设置，重点学科建设情况，课程与教学计划，实验室、仪器设备配置与图书藏量，教学与科研成果评选，国家组织的教学评估结果等；

（六）学生奖学金、助学金、学费减免、助学贷款与勤工俭学的申请与管理规定等；

（七）教师和其他专业技术人员数量、专业技术职务等级，岗位设置管理与聘用办法，教师争议解决办法等；

（八）收费的项目、依据、标准与投诉方式；

（九）财务、资产与财务管理制度，学校经费来源、年度经费预算决算方案，财政性资金、受捐赠财产的使用与管理情况，仪器设备、图书、药品等物资设备采购和重大基建工程的招投标；

（十）自然灾害等突发事件的应急处理预案、处置情况，涉及学校的重大事件的调查和处理情况；

（十一）对外交流与中外合作办学情况，外籍教师与留学生的管理制度；

（十二）法律、法规和规章规定需要公开的其他事项。

第八条 除第七条规定需要公开的信息外，高等学校应当明确其他需要主动公开的信息内容与公开范围。

第九条 除高等学校已公开的信息外，公民、法人和其他组织还可以根据自身学习、科研、工作等特殊需要，以书面形式（包括数据电文形式）向学校申请获取相关信息。

第十条 高等学校对下列信息不予公开：

（一）涉及国家秘密的；

（二）涉及商业秘密的；

（三）涉及个人隐私的；

（四）法律、法规和规章以及学校规定的不予公开的其他信息。

其中第（二）项、第（三）项所列的信息，经权利人同意公开或者高校认为不公开可能对公共利益造成重大影响的，可以予以公开。

第三章　公开的途径和要求

第十一条 高等学校校长领导学校的信息公开工作。校长（学校）办公室为信息公开工作机构，负责学校信息公开的日常工作，具体职责是：

（一）具体承办本校信息公开事宜；

（二）管理、协调、维护和更新本校公开的信息；

（三）统一受理、协调处理、统一答复向本校提出的信息公开申请；

（四）组织编制本校的信息公开指南、信息公开目录和信息公开工作年度报告；

（五）协调对拟公开的学校信息进行保密审查；

（六）组织学校信息公开工作的内部评议；

（七）推进、监督学校内设组织机构的信息公开；

（八）承担与本校信息公开有关的其他职责。

高等学校应当向社会公开信息公开工作机构的名称、负责人、办公地址、办公时间、联系电话、传真号码、电子邮箱等。

第十二条 对依照本办法规定需要公开的信息，高等学校应当根据实际情况，通过学校网站、校报校刊、校内广播等校内媒体和报刊、杂志、广播、电视等校外媒体以及新闻发布会、年鉴、会议纪要或者简报等方式予以公开；并根据需要设置公共查阅室、资料索取点、信息公告栏或者电子屏幕等场所、设施。

第十三条 高等学校应当在学校网站开设信息公开意见箱，设置信息公开专栏、建立有效链接，及时更新信息，并通过信息公开意见箱听取对学校信息公开工作的意见和建议。

第十四条 高等学校应当编制信息公开指南和目录，并及时公布和更新。信息公开指南应当明确信息公开工作机构，信息的分类、编排体系和获取方式，依申请公开的处理和答复流程等。信息公开目录应当包括信息的索引、名称、生成日期、责任部门等内容。

第十五条 高等学校应当将学校基本的规章制度汇编成册，置于学校有关内部组织机构的办公地点、档案馆、图书馆等场所，提供免费查阅。

高等学校应当将学生管理制度、教师管理制度分别汇编成册，在新生和新聘教师报到时发放。

第十六条 高等学校完成信息制作或者获取信息后，应当及时明确该信息是否公开。确定公开的，应当明确公开的受众；确定不予公开的，应当说明理由；难以确定是否公开的，应当及时报请高等学校所在地省级教育行政部门或者上级主管部门审定。

第十七条 属于主动公开的信息，高等学校应当自该信息制作完成或者获取之日起 20 个工作日内予以公开。公开的信息内容发生变更的，应当在变更后 20 个工作日内予以更新。

学校决策事项需要征求教师、学生和学校其他工作人员意见的，公开征求意见的期限不得少于10个工作日。

法律法规对信息内容公开的期限另有规定的，从其规定。

第十八条 对申请人的信息公开申请，高等学校根据下列情况在15个工作日内分别作出答复：

（一）属于公开范围的，应当告知申请人获取该信息的方式和途径；

（二）属于不予公开范围的，应当告知申请人并说明理由；

（三）不属于本校职责范围的或者该信息不存在的，应当告知申请人，对能够确定该信息的职责单位的，应当告知申请人该单位的名称、联系方式；

（四）申请公开的信息含有不应当公开的内容但能够区分处理的，应当告知申请人并提供可以公开的信息内容，对不予公开的部分，应当说明理由；

（五）申请内容不明确的，应当告知申请人作出更改、补充；申请人逾期未补正的，视为放弃本次申请；

（六）同一申请人无正当理由重复向同一高等学校申请公开同一信息，高等学校已经作出答复且该信息未发生变化的，应当告知申请人，不再重复处理；

（七）高等学校根据实际情况作出的其他答复。

第十九条 申请人向高等学校申请公开信息的，应当出示有效身份证件或者证明文件。

申请人有证据证明高等学校提供的与自身相关的信息记录不准确的，有权要求该高等学校予以更正；该高等学校无权更正的，应当转送有权更正的单位处理，并告知申请人。

第二十条 高等学校向申请人提供信息，可以按照学校所在地省级价格部门和财政部门规定的收费标准收取检索、复制、邮寄等费用。收取的费用应当纳入学校财务管理。

高等学校不得通过其他组织、个人以有偿方式提供信息。

第二十一条 高等学校应当健全内部组织机构的信息公开制度，明确其信息公开的具体内容。

第四章 监督和保障

第二十二条 国务院教育行政部门开展对全国高等学校推进信息公开工作的监督检查。

省级教育行政部门应当加强对本行政区域内高等学校信息公开工作的日常监督检查。

高等学校主管部门应当将信息公开工作开展情况纳入高等学校领导干部考核内容。

第二十三条 省级教育行政部门和高等学校应当将信息公开工作纳入干部岗位责任考核内容。考核工作可与年终考核结合进行。

高等学校内设监察部门负责组织对本校信息公开工作的监督检查，监督检查应当有教师、学生和学校其他工作人员代表参加。

第二十四条 高等学校应当编制学校上一学年信息公开工作年度报告，并于每年10月底前报送所在地省级教育行政部门。中央部门所属高校，还应当报送其上级主管部门。

第二十五条 省级教育行政部门应当建立健全高等学校信息公开评议制度，聘请人大代表、政协委员、家长、教师、学生等有关人员成立信息公开评议委员会或者以其他形式，定期对本行政区域内高等学校信息公开工作进行评议，并向社会公布评议结果。

第二十六条 公民、法人和其他组织认为高等学校未按照本办法规定履行信息公开义务的，可以向学校内设监察部门、省级教育行政部门举报；对于中央部委所属高等学校，还可向其上级主管部门举报。收到举报的部门应当及时处理，并以适当方式向举报人告知处理结果。

第二十七条 高等学校违反有关法律法规或者本办法规定，有下列情形之一的，由省级教育行政部门责令改正；情节严重的，由省级教育行政部门或者国务院教育行政部门予以通报批评；对高等学校直接负责的主管领导和其他直接责任人员，由高等学校主管部门依据有关规定给予处分：

（一）不依法履行信息公开义务的；

（二）不及时更新公开的信息内容、信息公开指南和目录的；

（三）公开不应当公开的信息的；

（四）在信息公开工作中隐瞒或者捏造事实的；

（五）违反规定收取费用的；

（六）通过其他组织、个人以有偿服务方式提供信息的；

（七）违反有关法律法规和本办法规定的其他行为的。

高等学校上述行为侵害当事人合法权益，造成损失的，应当依法承担民事责任。

第二十八条 高等学校应当将开展信息公开工作所需经费纳入年度预算，为学校信息公开工作提供经费保障。

第五章 附 则

第二十九条 本办法所称的高等学校，是指大学、独立设置的学院和高等专科学校，其中包括高等职业学校和成人高等学校。

高等学校以外其他高等教育机构的信息公开，参照本办法执行。

第三十条 已经移交档案工作机构的高等学校信息的公开，依照有关档案管理的法律、法规和规章执行。

第三十一条 省级教育行政部门可以根据需要制订实施办法。高等学校应当依据本办法制订实施细则。

第三十二条 本办法自 2010 年 9 月 1 日起施行。

高等学校学术委员会规程

（2014年1月29日教育部令第35号公布　自2014年3月1日起施行）

第一章　总　　则

第一条　为促进高等学校规范和加强学术委员会建设，完善内部治理结构，保障学术委员会在教学、科研等学术事务中有效发挥作用，根据《中华人民共和国高等教育法》及相关规定，制定本规程。

第二条　高等学校应当依法设立学术委员会，健全以学术委员会为核心的学术管理体系与组织架构；并以学术委员会作为校内最高学术机构，统筹行使学术事务的决策、审议、评定和咨询等职权。

实施本科以上教育的普通高等学校学术委员会的组成、职责与运行等，适用本规程。

第三条　高等学校应当充分发挥学术委员会在学科建设、学术评价、学术发展和学风建设等事项上的重要作用，完善学术管理的体制、制度和规范，积极探索教授治学的有效途径，尊重并支持学术委员会独立行使职权，并为学术委员会正常开展工作提供必要的条件保障。

第四条　高等学校学术委员会应当遵循学术规律，尊重学术自由、学术平等，鼓励学术创新，促进学术发展和人才培养，提高学术质量；应当公平、公正、公开地履行职责，保障教师、科研人员和学生在教学、科研和学术事务管理中充分发挥主体作用，促进学校科学发展。

第五条　高等学校应当结合实际，依据本规程，制定学术委员会章程或者通过学校章程，具体明确学术委员会组成、职责，以及委员的产生程序、增补办法，会议制度和议事规则及其他本规程未尽事宜。

第二章 组成规则

第六条 学术委员会一般应当由学校不同学科、专业的教授及具有正高级以上专业技术职务的人员组成，并应当有一定比例的青年教师。

学术委员会人数应当与学校的学科、专业设置相匹配，并为不低于15人的单数。其中，担任学校及职能部门党政领导职务的委员，不超过委员总人数的1/4；不担任党政领导职务及院系主要负责人的专任教授，不少于委员总人数的1/2。

学校可以根据需要聘请校外专家及有关方面代表，担任专门学术事项的特邀委员。

第七条 学术委员会委员应当具备以下条件：

（一）遵守宪法法律，学风端正、治学严谨、公道正派；

（二）学术造诣高，在本学科或者专业领域具有良好的学术声誉和公认的学术成果；

（三）关心学校建设和发展，有参与学术议事的意愿和能力，能够正常履行职责；

（四）学校规定的其他条件。

第八条 学校应当根据学科、专业构成情况，合理确定院系（学部）的委员名额，保证学术委员会的组成具有广泛的学科代表性和公平性。

学术委员会委员的产生，应当经自下而上的民主推荐、公开公正的遴选等方式产生候选人，由民主选举等程序确定，充分反映基层学术组织和广大教师的意见。

特邀委员由校长、学术委员会主任委员或者1/3以上学术委员会委员提名，经学术委员会同意后确定。

第九条 学术委员会委员由校长聘任。

学术委员会委员实行任期制，任期一般可为 4 年，可连选连任，但连任最长不超过 2 届。

学术委员会每次换届，连任的委员人数应不高于委员总数的 2/3。

第十条 学术委员会设主任委员 1 名，可根据需要设若干名副主任委员。主任委员可由校长提名，全体委员选举产生；也可以采取直接由全体委员选举等方式产生，具体办法由学校规定。

第十一条 学术委员会可以就学科建设、教师聘任、教学指导、科学研究、学术道德等事项设立若干专门委员会，具体承担相关职责和学术事务；应当根据需要，在院系（学部）设置或者按照学科领域设置学术分委员会，也可以委托基层学术组织承担相应职责。

各专门委员会和学术分委员会根据法律规定、学术委员会的授权及各自章程开展工作，向学术委员会报告工作，接受学术委员会的指导和监督。

学术委员会设立秘书处，处理学术委员会的日常事务；学术委员会的运行经费，应当纳入学校预算安排。

第十二条 学术委员会委员在任期内有下列情形，经学术委员会全体会议讨论决定，可免除或同意其辞去委员职务：

（一）主动申请辞去委员职务的；

（二）因身体、年龄及职务变动等原因不能履行职责的；

（三）怠于履行职责或者违反委员义务的；

（四）有违法、违反教师职业道德或者学术不端行为的；

（五）因其他原因不能或不宜担任委员职务的。

第三章 职责权限

第十三条 学术委员会委员享有以下权利：

（一）知悉与学术事务相关的学校各项管理制度、信息等；

（二）就学术事务向学校相关职能部门提出咨询或质询；

（三）在学术委员会会议中自由、独立地发表意见，讨论、审议和表决各项决议；

（四）对学校学术事务及学术委员会工作提出建议、实施监督；

（五）学校章程或者学术委员会章程规定的其他权利。

特邀委员根据学校的规定，享有相应权利。

第十四条 学术委员会委员须履行以下义务：

（一）遵守国家宪法、法律和法规，遵守学术规范、恪守学术道德；

（二）遵守学术委员会章程，坚守学术专业判断，公正履行职责；

（三）勤勉尽职，积极参加学术委员会会议及有关活动；

（四）学校章程或者学术委员会章程规定的其他义务。

第十五条 学校下列事务决策前，应当提交学术委员会审议，或者交由学术委员会审议并直接做出决定：

（一）学科、专业及教师队伍建设规划，以及科学研究、对外学术交流合作等重大学术规划；

（二）自主设置或者申请设置学科专业；

（三）学术机构设置方案，交叉学科、跨学科协同创新机制的建设方案、学科资源的配置方案；

（四）教学科研成果、人才培养质量的评价标准及考核办法；

（五）学位授予标准及细则，学历教育的培养标准、教学计划方案、招生的标准与办法；

（六）学校教师职务聘任的学术标准与办法；

（七）学术评价、争议处理规则，学术道德规范；

（八）学术委员会专门委员会组织规程，学术分委员会章程；

（九）学校认为需要提交审议的其他学术事务。

第十六条 学校实施以下事项，涉及对学术水平做出评价的，应当由学术委员会或者其授权的学术组织进行评定：

（一）学校教学、科学研究成果和奖励，对外推荐教学、科学研究成果奖；

（二）高层次人才引进岗位人选、名誉（客座）教授聘任人选，推荐国内外重要学术组织的任职人选、人才选拔培养计划人选；

（三）自主设立各类学术、科研基金、科研项目以及教学、科研奖项等；

（四）需要评价学术水平的其他事项。

第十七条 学校做出下列决策前，应当通报学术委员会，由学术委员会提出咨询意见：

（一）制订与学术事务相关的全局性、重大发展规划和发展战略；

（二）学校预算决算中教学、科研经费的安排和分配及使用；

（三）教学、科研重大项目的申报及资金的分配使用；

（四）开展中外合作办学、赴境外办学，对外开展重大项目合作；

（五）学校认为需要听取学术委员会意见的其他事项。

学术委员会对上述事项提出明确不同意见的，学校应当做出说明、重新协商研究或者暂缓执行。

第十八条 学术委员会按照有关规定及学校委托，受理有关学术不端行为的举报并进行调查，裁决学术纠纷。

学术委员会调查学术不端行为、裁决学术纠纷，应当组织具有权威性和中立性的专家组，从学术角度独立调查取证，客观公正地进行调查认定。专家组的认定结论，当事人有异议的，学术委员会应当组织复议，必要的可以举行听证。

对违反学术道德的行为，学术委员会可以依职权直接撤销或者建议相关部门撤销当事人相应的学术称号、学术待遇，并可以同时向学校、相关部门提出处理建议。

第四章 运行制度

第十九条 学术委员会实行例会制度，每学期至少召开 1 次全体会议。根据工作需要，经学术委员会主任委员或者校长提议，或者 1/3 以上委员联名提议，可以临时召开学术委员会全体会议，商讨、决定相关事项。

学术委员会可以授权专门委员会处理专项学术事务，履行相应职责。

第二十条 学术委员会主任委员负责召集和主持学术委员会会议，必要时，可以委托副主任委员召集和主持会议。学术委员会委员全体会议应有 2/3 以上委员出席方可举行。

学术委员会全体会议应当提前确定议题并通知与会委员。经与会 1/3 以上委员同意，可以临时增加议题。

第二十一条 学术委员会议事决策实行少数服从多数的原则，重大事项应当以与会委员的 2/3 以上同意，方可通过。

学术委员会会议审议决定或者评定的事项，一般应当以无记名投票方式做出决定；也可以根据事项性质，采取实名投票方式。

学术委员会审议或者评定的事项与委员本人及其配偶和直系亲属有关，或者具有利益关联的，相关委员应当回避。

第二十二条 学术委员会会议可以根据议题，设立旁听席，允许相关学校职能部门、教师及学生代表列席旁听。

学术委员会做出的决定应当予以公示，并设置异议期。在异议期内如有异议，经 1/3 以上委员同意，可召开全体会议复议。经复议的决定为终局结论。

第二十三条 学术委员会应当建立年度报告制度，每年度对学校整体的学术水平、学科发展、人才培养质量等进行全面评价，提出意见、建议；对学术委员会的运行及履行职责的情况进行总结。

学术委员会年度报告应提交教职工代表大会审议，有关意见、建议的采纳情况，校长应当做出说明。

第五章 附 则

第二十四条 高等职业学校、成人高等学校可以参照本规程，结合自身特点，确定学术委员会的组成及职责，制定学术委员会章程。

第二十五条 高等学校现有学术委员会的组成、职责等与本规程不一致的，学校通过经核准的章程已予以规范的，可以按照学校章程的规定实施；学校章程未规定的，应当按照本规程进行调整、规范。

第二十六条 本规程自2014年3月1日起施行。

教育部此前发布的有关规章、文件中的相关规定与本规程不一致的，以本规程为准。

高等学校培养第二学士学位生的试行办法

（1987年6月6日 〔87〕教计字105号）

为了尽快地培养一批国家急需的知识面宽、跨学科的高层次专门人才，以适应四化建设的要求，自1984年以来，经原教育部和国家教委批准，少数高等学校试办了第二学士学位班。从初步实践和社会反映来看，采取第二学士学位的方式，有计划地培养某些应用学科的高层次专门人才，与培养研究生方式相辅相成，更能适合四化建设的实际需要。为了顺利地开展这项工作，现就高等学校培养第二学士学位生的有关问题，暂作如下规定：

一、培养第二学士学位生，在层次上属于大学本科后教育，与培养研究生一样，同是培养高层次专门人才的一种途径。

二、根据《中华人民共和国学位条例暂行实施办法》中所规定的十个学科门类（即：哲学、经济学、法学、教育学、文学、历史学、理学、工学、农学、医学），一般地凡是已修完一个学科门类中的某个本科专业课程，已准予毕业并获得学士学位，再攻读另一个学科门类中的某个本科专业，完成教学计划规定的各项要求，成绩合格，准予毕业的，可授予第二学士学位。

如果国家有特殊需要，经国家教委批准，在同一学科门类中，修完一个本科专业获得学士学位后，再攻读第二个本科专业，完成教学计划规定的各项要求，成绩合格，准予毕业的，也可以授予第二学士学位。

但是，目前有些高等学校在教学改革中，为了调动学生学习积极性，拓宽知识面，允许跨专业选修课程的学生，不能按攻读第二学士学位对待，不得授予第二学士学位。

三、鉴于高等学校的容量有限，而培养本专科学生的任务又很重，第二学士学位生只能根据国家的特殊需要有计划地按需培养，不大面积铺开，招生规模要从严控制，原则上限在部分办学历史较久，师资力量较强，教学科研水平较高的本科院校中试行。凡招收第二学士学位生，均须由学校根据国家需要和用人单位的要求，提出包括必要性和可行性论证内容的申请报告，经主管部门审核同意后，报国家教委审核批准。校舍紧张的重点高等学校，可以削减一些研究生招生名额，来安排招收第二学士学位生。年度招生计划由国家统一下达，并严格按计划招生。任何高等学校均不得不经批准擅自招生和授予学位。

四、第二学士学位生所攻读的专业，原则上应是学校现设的、具有学士学位授予资格的本科专业。如设置新的专业，应按规定先履行专业审批手续。

五、第二学士学位专业的招生对象，主要是大学毕业并获得学士学位的在职人员（含实行学位制度以前的大学本科毕业生。以下简称在职人员）。也可以根据国家的特殊需要，招收少量大学本科毕业并获得学士学位的应届毕业生（含按学分制提前完成学业并获得学士学位的学生。以下简称在校生）；攻读第二学士学位，均须本人自愿（在职人员报考，要经过本单位的批准），并经过必要的资格审查与入学考试、考核，择优录取。考试、考核的内容，应是第二学士学位专业的主要基础课程。招生考试及录取工作，目前可根据各专业的办学规模，采取不同的方式进行。有的专业可以实行全国统一考试、录取，有的也可以由省、市教育部门或招生学校自行组织。

为缓解高等学校校舍的紧张，在本市有住房的学生，应当尽可能实行走读。

六、第二学士学位的修业年限，一般为二年。具体修业时间和教学计划，由承担培养任务的学校提出意见，报主管部门核定。修业年限确定后，未经主管部门同意，学校不得更改。

七、培养第二学士学位生，必须保证教育质量。对攻读第二学士学位的学生，不论是在校生，还是在职人员，在教学上都要严格要求，必须依照教学要求，学完规定课程，不得迁就和随意降低标准。

攻读第二学士学位的学生，凡在规定修业年限内，修完规定课程，经考试合格，取得毕业和授予学士学位资格者，即可授予第二学士学位。凡达不到要求的，不再延长学习时间，亦不实行留级制度，可发肄业、结业证明。

对于攻读第二学士学位的学生，如发现有学习困难，无能力完成学业或表现不好的，学校可以取消其攻读第二学士学位的资格。同时也允许学习有困难的学生申请中途终止第二学士学位专业的学习。被取消资格的及中途终止学习的学生，属在校生的，按第一学士学位专业毕业分配，属在职人员的，仍回原单位工作。

八、在校生攻读第二学士学位，修业期满，获得第二学士学位者，原则上应根据国家需要，按第二学士学位专业分配工作。在职人员攻读第二学士学位，修业期满，不论是否获得第二学士学位者，均回原单位安排工作。

凡学习期满，获得第二学士学位者，毕业工作后起点工资与研究生班毕业生工资待遇相同；未获得第二学士学位者，仍按本科毕业生对待。

九、经国家教委批准，列入国家统一招生计划内的攻读第二学士学位学生，其所需经费按学校隶属关系和财政管理体制，按照研究生班的经费标准及其他待遇，分别在中央和地方的教育事业费中开支。

在校期间的生活补助费标准及其他待遇，按照硕士研究生待遇的有关规定执行，在规定学习期限内的书籍补助费，每生每年为30元。

十、第二学士学位的毕业证书和学位证书，仍按现行规定的统一格式，由学校制定颁发。但须在证书中注明第二学士学位的学科门类和专业名称。

普通高等学校举办非学历教育管理规定（试行）

（2021年11月11日　教职成厅函〔2021〕23号）

第一章　总　　则

第一条　为加强对普通高等学校（以下简称高校）举办非学历教育的管理，根据《中华人民共和国高等教育法》制定本规定。

第二条　本规定所称非学历教育是指高校在学历教育之外面向

社会举办的，以提升受教育者专业素质、职业技能、文化水平或者满足个人兴趣等为目的的各类培训、进修、研修、辅导等教育活动。以获得高等教育自学考试毕业证书为目的的自学考试辅导不在本规定的适用范围内。

第三条 非学历教育要坚持以习近平新时代中国特色社会主义思想为指导，全面贯彻党的教育方针，坚持社会主义办学方向，落实立德树人根本任务；强化公益属性，发挥市场机制作用，主动服务国家战略、经济社会发展和人的全面发展；依托学科专业优势和特色，与学校发展定位相一致、与学校办学能力相适应；坚持依法依规治理，规范办学行为，提升人才培养质量。

第四条 高校在保证完成国家下达的学历教育事业计划的前提下，方可举办非学历教育。高校举办非学历教育原则上要以自招、自办、自管为主，切实落实高校办学主体责任。

第二章 管理体制和职责

第五条 国务院教育行政部门负责非学历教育的宏观指导和统筹管理，建立健全非学历教育评价标准，完善监管体系；会同有关行业主管部门建立协同机制，加强对非学历教育的业务指导。

第六条 省级教育行政部门负责本地区非学历教育的指导、监督和管理，引导高校根据自身实际和特点优势，科学合理确定非学历教育办学规模。

第七条 高校负责本校非学历教育的发展规划、制度建设、规范办学和质量保证。高校党委应履行好管党治党、办学治校主体责任，强化基层党组织对涉及非学历教育工作的政治把关作用。高校应按照“管办分离”原则，明确归口管理部门，对非学历教育实施归口管理。归口管理部门不得设立在实际举办非学历教育的院系或部门（以下统称办学部门）。

第八条 归口管理部门负责全校非学历教育的统筹协调和规范

管理，拟订非学历教育发展规划和管理制度，建立风险防控机制；对各办学部门举办的非学历教育进行立项审批；对非学历教育的招生简介、广告宣传等进行审核；对非学历教育合同事务进行管理；对非学历教育办学进行过程指导、质量监督和绩效管理；审核发放非学历教育证书等。

第九条　根据学校非学历教育发展规划，办学部门可结合自身优势特色，按照学校相关程序开展非学历教育。校内非实体性质的单位、职能管理部门、群团组织及教职员工个人不得以高校名义举办非学历教育。高校独资、挂靠、参股、合作举办的独立法人单位，不得以高校名义举办非学历教育；法人名称中带有高校全称或简称的，如举办非学历教育应纳入高校统一管理。

第三章　立项与招生

第十条　高校办学部门举办非学历教育项目均须向归口管理部门提出立项申请，经审批同意后方可开展。除保密情形外，经审批通过的项目要依法依规进行信息公开。

第十一条　高校不得以“研究生”“硕士、博士学位”等名义举办课程进修班。面向社会举办的非学历教育不得冠以“领导干部”“总裁”“精英”“领袖”等名义，不得出现招收领导干部的宣传。

第十二条　高校应严格规范非学历教育招生行为，自行组织招生，严禁委托校外机构进行代理招生。招生宣传内容必须真实、明晰、准确。

第四章　合作办学

第十三条　高校应严格控制非学历教育合作办学，确需与校外机构开展课程设计、教学实施等方面合作办学的，应对合作方背景、资质进行严格审查。如合作方涉及本校教职员工及其特定关系人的，应在立项申报时主动申明。

第十四条 合作办学要坚持高校主体地位，严禁转移、下放、出让学校的管理权、办学权、招生权和教学权，严禁项目整体外包。脱产学习超过一个月的非学历教育、受委托的领导干部培训项目，一律不得委托给社会培训机构，或与社会培训机构联合举办。

第十五条 非学历教育合作办学合同须经归口管理部门统一审批并由学校法定代表人或授权签字人签字，加盖学校公章。高校要重点对合同中合作模式、校名校誉使用、合作期限、权利义务、收益分配、违约责任等条款进行审核。

第五章 教学管理

第十六条 高校要建立非学历教育教学管理制度和质量保障机制，加强项目设计、课程研发、教学组织、效果评价等方面管理，明确教学目标和计划安排，严格学习纪律和考勤考核，加强学员管理。

第十七条 非学历教育可采取脱产、业余形式。鼓励高校创新教学模式，开展基于互联网的信息化教学和线上线下混合教学。

第十八条 高校要加强非学历教育教学资源建设，健全开发使用标准、程序和审核评价机制。鼓励高校组织优秀师资开发高水平非学历教育教学资源。

第十九条 高校非学历教育结业证书应由归口管理部门统一制作、分类连续编号，与学历教育证书明显区别。高校要建立规范的结业证书审核与申领机制，做好结业申请材料的收集与归档。结业证书应当载明修业时段和学业内容。

第六章 财务管理

第二十条 高校要按照国家及高校所在省份主管部门的规定，建立健全非学历教育财务管理制度，规范管理、防范风险。

第二十一条 对没有明确政府定价或政府指导价的项目，高校应根据当地经济社会发展水平和培养成本合理确定收费标准。面向社会公开招生的项目，收费标准应向社会公示，自觉接受监督。涉及收费减免的，应严格履行收费减免审批程序。

第二十二条 非学历教育办学所有收入纳入学校预算，统一核算，统一管理，任何单位或个人不得隐瞒、截留、占用、挪用和坐支。高校不得授权任何单位或个人代收费，不得以接受捐赠等名义乱收费。严禁合作方以任何名义收取费用。

第二十三条 非学历教育经费支出执行国家有关财务规章制度和学校有关经费支出管理规定。属于政府采购范围的，要严格执行政府采购相关规定。使用校内资源的，要执行学校资源有偿使用相关规定。非学历教育的课酬、劳务费等酬金统一由学校财务部门据实支付。

第七章 条件保障

第二十四条 高校要加强非学历教育师资和管理队伍建设，强化师德师风建设，选聘、培育优秀人才参与非学历教育工作；要设定授课师资准入条件，动态调整师资库，完善非学历教育绩效管理制度。聘用外籍人员需符合国家有关规定。

第二十五条 高校要优化资源配置，不断改善非学历教育办学及食宿条件。鼓励将学校运动场馆、图书馆、实验室等资源向非学历教育学员开放。

第二十六条 举办非学历教育需符合场地、消防、食品、卫生、网络信息等方面的安全要求，建立健全安全管理制度和应急预警处理机制，防范各类安全责任事故发生。

第八章 监督管理与处罚

第二十七条 高校要建立非学历教育中长期规划编制、年度执行情况审查、财务审计、监督检查机制，并纳入学校党委（常委）会议事事项和“三重一大”决策范畴。

第二十八条 高校要建立覆盖非学历教育立项、研发、招生、收费、教学、评价、发证等各环节的质量管理体系，实现办学过程受监控、可追溯。高校非学历教育办学情况纳入继续教育发展年度报告工作，主动向社会公开。年度办学情况明细应报省级教育行政部门备案。

第二十九条 高校财务、审计、教师管理、学生管理、巡视巡察、纪检监察等部门要将非学历教育监督检查纳入日常工作，建立工作机制，通过日常监管、专项检查等多种方式强化监督制约，维护财经纪律，保障教学秩序，防范腐败风险。

第三十条 各省级教育行政部门要完善本地区高校非学历教育管理制度，建立办学质量抽查和评估机制，强化指导和监管。

第三十一条 主管教育行政部门要建立工作责任制和责任追究制度，依法依规严肃处理高校非学历教育办学过程中的违规违纪违法问题。

（一）对不按本规定执行的高校，或不具备教学条件、办学投入不足、教学质量低下的高校，责令限期整改；对拒不履行职责、推诿、敷衍、拖延的，应公开通报批评，并追究有关责任人责任。

（二）对弄虚作假，蒙骗学员，借办学之名营私牟利的，应责令高校立即整改，退还所收费用，并对主要责任者和其他直接责任人员依法依规给予处分。构成犯罪的，依法追究刑事责任。

第九章 附　　则

第三十二条 职业高等学校、独立设置的成人高等学校、开放大学举办非学历教育参照本规定执行。

第三十三条 高校面向特定行业、特定地域、特定群体举办的非学历教育，须同时遵守相关规定。

第三十四条 本规定的解释权属教育部。

第三十五条 本规定自发布之日起施行。

高等学校预防与处理学术不端行为办法

（2016 年 6 月 16 日教育部令第 40 号公布　自 2016 年 9 月 1 日起施行）

第一章　总　　则

第一条　为有效预防和严肃查处高等学校发生的学术不端行为，维护学术诚信，促进学术创新和发展，根据《中华人民共和国高等教育法》《中华人民共和国科学技术进步法》《中华人民共和国学位条例》等法律法规，制定本办法。

第二条　本办法所称学术不端行为是指高等学校及其教学科研人员、管理人员和学生，在科学研究及相关活动中发生的违反公认的学术准则、违背学术诚信的行为。

第三条　高等学校预防与处理学术不端行为应坚持预防为主、教育与惩戒结合的原则。

第四条　教育部、国务院有关部门和省级教育部门负责制定高等学校学风建设的宏观政策，指导和监督高等学校学风建设工作，建立健全对所主管高等学校重大学术不端行为的处理机制，建立高校学术不端行为的通报与相关信息公开制度。

第五条　高等学校是学术不端行为预防与处理的主体。高等学校应当建设集教育、预防、监督、惩治于一体的学术诚信体系，建立由主要负责人领导的学风建设工作机制，明确职责分工；依据本办法完善本校学术不端行为预防与处理的规则与程序。

高等学校应当充分发挥学术委员会在学风建设方面的作用，支持和保障学术委员会依法履行职责，调查、认定学术不端行为。

第二章　教育与预防

第六条　高等学校应当完善学术治理体系，建立科学公正的学术评价和学术发展制度，营造鼓励创新、宽容失败、不骄不躁、风清气正的学术环境。

高等学校教学科研人员、管理人员、学生在科研活动中应当遵循实事求是的科学精神和严谨认真的治学态度，恪守学术诚信，遵循学术准则，尊重和保护他人知识产权等合法权益。

第七条　高等学校应当将学术规范和学术诚信教育，作为教师培训和学生教育的必要内容，以多种形式开展教育、培训。

教师对其指导的学生应当进行学术规范、学术诚信教育和指导，对学生公开发表论文、研究和撰写学位论文是否符合学术规范、学术诚信要求，进行必要的检查与审核。

第八条　高等学校应当利用信息技术等手段，建立对学术成果、学位论文所涉及内容的知识产权查询制度，健全学术规范监督机制。

第九条　高等学校应当建立健全科研管理制度，在合理期限内保存研究的原始数据和资料，保证科研档案和数据的真实性、完整性。

高等学校应当完善科研项目评审、学术成果鉴定程序，结合学科特点，对非涉密的科研项目申报材料、学术成果的基本信息以适当方式进行公开。

第十条　高等学校应当遵循学术研究规律，建立科学的学术水平考核评价标准、办法，引导教学科研人员和学生潜心研究，形成具有创新性、独创性的研究成果。

第十一条　高等学校应当建立教学科研人员学术诚信记录，在年度考核、职称评定、岗位聘用、课题立项、人才计划、评优奖励中强化学术诚信考核。

第三章 受理与调查

第十二条 高等学校应当明确具体部门，负责受理社会组织、个人对本校教学科研人员、管理人员及学生学术不端行为的举报；有条件的，可以设立专门岗位或者指定专人，负责学术诚信和不端行为举报相关事宜的咨询、受理、调查等工作。

第十三条 对学术不端行为的举报，一般应当以书面方式实名提出，并符合下列条件：

（一）有明确的举报对象；

（二）有实施学术不端行为的事实；

（三）有客观的证据材料或者查证线索。

以匿名方式举报，但事实清楚、证据充分或者线索明确的，高等学校应当视情况予以受理。

第十四条 高等学校对媒体公开报道、其他学术机构或者社会组织主动披露的涉及本校人员的学术不端行为，应当依据职权，主动进行调查处理。

第十五条 高等学校受理机构认为举报材料符合条件的，应当及时作出受理决定，并通知举报人。不予受理的，应当书面说明理由。

第十六条 学术不端行为举报受理后，应当交由学校学术委员会按照相关程序组织开展调查。

学术委员会可委托有关专家就举报内容的合理性、调查的可能性等进行初步审查，并作出是否进入正式调查的决定。

决定不进入正式调查的，应当告知举报人。举报人如有新的证据，可以提出异议。异议成立的，应当进入正式调查。

第十七条 高等学校学术委员会决定进入正式调查的，应当通知被举报人。

被调查行为涉及资助项目的，可以同时通知项目资助方。

第十八条 高等学校学术委员会应当组成调查组，负责对被举报行为进行调查；但对事实清楚、证据确凿、情节简单的被举报行为，也可以采用简易调查程序，具体办法由学术委员会确定。

调查组应当不少于3人，必要时应当包括学校纪检、监察机构指派的工作人员，可以邀请同行专家参与调查或者以咨询等方式提供学术判断。

被调查行为涉及资助项目的，可以邀请项目资助方委派相关专业人员参与调查组。

第十九条 调查组的组成人员与举报人或者被举报人有合作研究、亲属或者导师学生等直接利害关系的，应当回避。

第二十条 调查可通过查询资料、现场查看、实验检验、询问证人、询问举报人和被举报人等方式进行。调查组认为有必要的，可以委托无利害关系的专家或者第三方专业机构就有关事项进行独立调查或者验证。

第二十一条 调查组在调查过程中，应当认真听取被举报人的陈述、申辩，对有关事实、理由和证据进行核实；认为必要的，可以采取听证方式。

第二十二条 有关单位和个人应当为调查组开展工作提供必要的便利和协助。

举报人、被举报人、证人及其他有关人员应当如实回答询问，配合调查，提供相关证据材料，不得隐瞒或者提供虚假信息。

第二十三条 调查过程中，出现知识产权等争议引发的法律纠纷的，且该争议可能影响行为定性的，应当中止调查，待争议解决后重启调查。

第二十四条 调查组应当在查清事实的基础上形成调查报告。调查报告应当包括学术不端行为责任人的确认、调查过程、事实认定及理由、调查结论等。

学术不端行为由多人集体做出的，调查报告中应当区别各责任人在行为中所发挥的作用。

第二十五条 接触举报材料和参与调查处理的人员，不得向无关人员透露举报人、被举报人个人信息及调查情况。

第四章 认 定

第二十六条 高等学校学术委员会应当对调查组提交的调查报告进行审查；必要的，应当听取调查组的汇报。

学术委员会可以召开全体会议或者授权专门委员会对被调查行为是否构成学术不端行为以及行为的性质、情节等作出认定结论，并依职权作出处理或建议学校作出相应处理。

第二十七条 经调查，确认被举报人在科学研究及相关活动中有下列行为之一的，应当认定为构成学术不端行为：

（一）剽窃、抄袭、侵占他人学术成果；

（二）篡改他人研究成果；

（三）伪造科研数据、资料、文献、注释，或者捏造事实、编造虚假研究成果；

（四）未参加研究或创作而在研究成果、学术论文上署名，未经他人许可而不当使用他人署名，虚构合作者共同署名，或者多人共同完成研究而在成果中未注明他人工作、贡献；

（五）在申报课题、成果、奖励和职务评审评定、申请学位等过程中提供虚假学术信息；

（六）买卖论文、由他人代写或者为他人代写论文；

（七）其他根据高等学校或者有关学术组织、相关科研管理机构制定的规则，属于学术不端的行为。

第二十八条 有学术不端行为且有下列情形之一的，应当认定为情节严重：

（一）造成恶劣影响的；

（二）存在利益输送或者利益交换的；

（三）对举报人进行打击报复的；

（四）有组织实施学术不端行为的；

（五）多次实施学术不端行为的；

（六）其他造成严重后果或者恶劣影响的。

第五章　处　　理

第二十九条　高等学校应当根据学术委员会的认定结论和处理建议，结合行为性质和情节轻重，依职权和规定程序对学术不端行为责任人作出如下处理：

（一）通报批评；

（二）终止或者撤销相关的科研项目，并在一定期限内取消申请资格；

（三）撤销学术奖励或者荣誉称号；

（四）辞退或解聘；

（五）法律、法规及规章规定的其他处理措施。

同时，可以依照有关规定，给予警告、记过、降低岗位等级或者撤职、开除等处分。

学术不端行为责任人获得有关部门、机构设立的科研项目、学术奖励或者荣誉称号等利益的，学校应当同时向有关主管部门提出处理建议。

学生有学术不端行为的，还应当按照学生管理的相关规定，给予相应的学籍处分。

学术不端行为与获得学位有直接关联的，由学位授予单位作暂缓授予学位、不授予学位或者依法撤销学位等处理。

第三十条　高等学校对学术不端行为作出处理决定，应当制作处理决定书，载明以下内容：

（一）责任人的基本情况；

（二）经查证的学术不端行为事实；

（三）处理意见和依据；

（四）救济途径和期限；

（五）其他必要内容。

第三十一条 经调查认定，不构成学术不端行为的，根据被举报人申请，高等学校应当通过一定方式为其消除影响、恢复名誉等。

调查处理过程中，发现举报人存在捏造事实、诬告陷害等行为的，应当认定为举报不实或者虚假举报，举报人应当承担相应责任。属于本单位人员的，高等学校应当按照有关规定给予处理；不属于本单位人员的，应通报其所在单位，并提出处理建议。

第三十二条 参与举报受理、调查和处理的人员违反保密等规定，造成不良影响的，按照有关规定给予处分或其他处理。

第六章 复　　核

第三十三条 举报人或者学术不端行为责任人对处理决定不服的，可以在收到处理决定之日起30日内，以书面形式向高等学校提出异议或者复核申请。

异议和复核不影响处理决定的执行。

第三十四条 高等学校收到异议或者复核申请后，应当交由学术委员会组织讨论，并于15日内作出是否受理的决定。

决定受理的，学校或者学术委员会可以另行组织调查组或者委托第三方机构进行调查；决定不予受理的，应当书面通知当事人。

第三十五条 当事人对复核决定不服，仍以同一事实和理由提出异议或者申请复核的，不予受理；向有关主管部门提出申诉的，按照相关规定执行。

第七章 监　　督

第三十六条 高等学校应当按年度发布学风建设工作报告，并向社会公开，接受社会监督。

第三十七条 高等学校处理学术不端行为推诿塞责、隐瞒包庇、查处不力的，主管部门可以直接组织或者委托相关机构查处。

第三十八条 高等学校对本校发生的学术不端行为，未能及时查处并做出公正结论，造成恶劣影响的，主管部门应当追究相关领导的责任，并进行通报。

高等学校为获得相关利益，有组织实施学术不端行为的，主管部门调查确认后，应当撤销高等学校由此获得的相关权利、项目以及其他利益，并追究学校主要负责人、直接负责人的责任。

第八章 附 则

第三十九条 高等学校应当根据本办法，结合学校实际和学科特点，制定本校学术不端行为查处规则及处理办法，明确各类学术不端行为的惩处标准。有关规则应当经学校学术委员会和教职工代表大会讨论通过。

第四十条 高等学校主管部门对直接受理的学术不端案件，可自行组织调查组或者指定、委托高等学校、有关机构组织调查、认定。对学术不端行为责任人的处理，根据本办法及国家有关规定执行。

教育系统所属科研机构及其他单位有关人员学术不端行为的调查与处理，可参照本办法执行。

第四十一条 本办法自 2016 年 9 月 1 日起施行。

教育部此前发布的有关规章、文件中的相关规定与本办法不一致的，以本办法为准。

教育部关于进一步加强高等学校法治工作的意见

（2020 年 7 月 15 日　教政法〔2020〕8 号）

各省、自治区、直辖市教育厅（教委），新疆生产建设兵团教育局，有关部门（单位）教育司（局），部属各高等学校、部省合建各高等学校：

为深入贯彻落实党的十九大和十九届二中、三中、四中全会精神，坚持和完善中国特色社会主义教育制度体系，推进高等学校治理体系和治理能力现代化，进一步加强高等学校法治工作，全面推进依法治教、依法办学、依法治校，现提出以下意见。

一、深化对高等学校法治工作重要性的认识。中国特色社会主义进入新时代，高等教育到了更加注重内涵发展的新阶段。随着高等教育改革的不断深入，学校办学自主权进一步落实，内部治理法治化、制度化、规范化的要求更为凸显，广大师生对民主、法治、公平、正义的诉求日益增长，参与学校治理和保障自身权益的愿望更加强烈。学校要以习近平新时代中国特色社会主义思想为指导，深入学习贯彻习近平总书记全面依法治国新理念新思想新战略和关于教育的重要论述，深刻认识新形势新变化提出的新任务新要求，切实把依法治理作为学校治理的基本理念和基本方式，融入、贯穿学校工作全过程和各方面。学校要健全领导机制、加大工作力度，以法治思维和法治方式引领、推动、保障学校改革与发展，努力在法治中国建设中发挥引领示范作用。

二、明确党政主要负责人推进法治工作第一责任人的职责。学校党政主要负责人应当切实履行依法治校组织者、推动者和实践者的职责，对学校章程制定实施、规章制度体系建设、法治工作机构和队伍建设、校内民主管理、学术治理等重要工作要亲自部署、亲自协调、亲自推进。要把法治工作纳入学校发展规划和年度工作计划。学校党委全委会和常委会、校长办公会议（校务会议）要定期听取关于法治工作的汇报，及时研究有关问题。要指定一名校领导分管法治工作，明确法治工作机构职能定位和工作人员岗位职责。学校党政主要负责人要带头依法办事。学校领导班子在年度考核述职中要围绕法治学习情况、重大事项依法决策情况、依法履职情况等进行述法；要把法治观念、法治素养作为衡量干部的重要内容，把遵守法律、依法办事作为考察干部的重要依据。学校主管部门要把依法治校、依法办学情况作为考核学校领导班子的重要指标。

三、构建系统完备的学校规章制度体系。推进学校章程的学习宣传和贯彻实施，在学校网站显著位置公布章程，将章程纳入教职工入职、学生入学培训内容。健全章程的解释和修订程序，使章程的稳定性和适用性有机统一。遵循高等教育规律和法律保留原则，积极主动利用章程修订完善推进制度创新，做到重大改革于法有据、于章程有据。加强统筹规划，提高制度供给水平和制度建设质量，推动形成以章程为核心，规范统一、分类科学、层次清晰、运行高效的学校规章制度体系。健全校内规范性文件制定发布机制，明确起草、审查、决定、公布的程序，明确合法性审查的范围和具体办法。建立校内规范性文件定期清理机制，按照法制统一的原则进行及时修订和清理，编制现行有效文件清单。推动校内规范性文件管理信息化和公开化，提高管理效率，方便师生查阅。

四、完善学校法人治理结构。坚持和完善以党委领导下的校长负责制为核心的学校领导体制和治理体系，推进决策、管理的科学化、民主化、法治化。依据国家有关规定，健全校党委全委会、党委常委会、校长办公会议（校务会议）等议事范围和议事规程。建立学校权责清单，进一步健全办学自主权运行机制和监督机制，防止滥用。重大决策全面落实师生参与、专家论证、风险评估、合法性审查和集体讨论决定的程序要求，确保决策制度科学、程序正当、过程公开、责任明确。探索建立法治工作机构负责人参与学校决策会议并发表法律意见的机制。法治工作机构的意见要记入拟发布文件的起草说明和决策会议的会议纪要。进一步完善以学术委员会为核心的学术治理体系，尊重学术自由、健全学术规范，保障学术委员会依照章程统筹行使学术事务的决策、审议、评定和咨询等职权，充分发挥其在学科建设、学术评价、学术发展和学风建设等方面的重要作用。进一步发挥教职工代表大会制度、学生代表大会制度的作用，保障师生依法、依学校章程有序参与学校管理。探索建立师生代表参与学校决策的机制，激励师生关心学校改革发展。推动健全理事会（董事会）制度。依法健全信息公开机制，加大主动公开力度，自觉接受社会监督。

五、健全师生权益保护救济机制。对教师、学生的处理、处分，应坚持教育与惩戒相结合，遵循比例原则，严格履行程序，处理、处分决定作出前应当进行合法性审查。建立健全校内权益救济制度，完善教师、学生申诉的规则与程序。探索建立听证制度，对涉及师生重大利益的处理、处分或申诉，必要时采取听证方式，确保作出处分或申诉决定程序的公平公正。建立校内救济与行政救济、司法救济有效衔接机制，保障教师、学生救济渠道的畅通。探索设立师生法律服务或援助机构，为师生依法维护权益提供咨询和服务。

六、完善学校法律风险防控体系。健全合同管理制度，加强对学校及下属机构对外签署合同的审查。积极推进学校无形资产保护、校园安全、国际交流与合作、资产经营与处置、后勤管理与服务、基建工程、教学科研、人事管理等方面涉法事务管理，梳理法律风险清单，明确处置办法。推动建立第三方调解制度和校方责任险、学校安全综合险、意外事故伤害险等保险制度，健全师生人身伤害事故纠纷的预防、处置和风险分担机制。完善工作流程，妥善应对涉及学校的诉讼、复议、仲裁等，维护学校合法权益。加强学校间的信息共享和风险预警，探索发布学校法律风险处置指南、建立案例库。

七、开展以宪法教育为核心的法治教育。学校要把学习宣传宪法摆在普法工作的首要位置，将宪法教育寓于学生培养全过程。制定学校普法规划，推进国家普法规划和教育系统普法规划贯彻实施。发挥课堂主渠道作用，在思政课等课程中全面融入宪法精神。深入开展校园法治文化建设，探索参与式、实践式教育，加强与法律实务部门协同，提升法治教育的传播力、引导力、影响力。建立学校领导干部、全体教师学法制度，学校党委理论学习中心组每年至少要安排1次以法治为主题的学习活动。

八、加强法治工作机构和队伍建设。学校应当有专门机构负责法治工作，有条件的可以独立设置负责法治工作的机构，作为学校的管理部门，统筹行使相应职权，并适应学校规模和管理需求，配齐配足工作人员。探索建立学校各职能部门、院系法治工作联络员制度，在学校法治工作机构指导下开展工作。法治工作机构负责人一般应具备法学专业背景或法律实务工作经验。建立健全法律顾问制度，由法治工作机构人员、学校相关专家、外聘执业律师组成法律顾问队伍。探索建立高等学校总法律顾问制度。加强法治工作机构条件保障，根据需要安排法治工作专项经费，保障包括法治工作机构人员、校内专家、外聘律师在内的法律顾问的工作报酬和待遇。鼓励、支持专职法治工作人员提升学历、参加法律职业资格考试，提高专业能力。教育部和各省级教育部门要制定培训计划，着力加强高等学校分管校领导、法治工作机构人员的法治培训。

九、建立评价监督机制和工作报告制度。学校要根据法律法规和学校实际，研究制定考核标准和办法，加强对学校各部门的法治工作考核，考核结果作为对各部门综合考核的重要内容。学校法治工作情况要作为年度工作的专项内容，向教职工代表大会进行报告。学校日常办学过程中发生的疑难、重大案件或可能引发重大影响、危害社会稳定的案件，要及时总结经验、分析问题并将有关情况报送主管教育部门。主管部门对涉及多所学校、可能引发重大影响的案件，要建立协调会商处理机制。通过年度高等学校法治工作会议、专题研讨会、片区会等多种形式加强工作交流和研讨。

十、营造高等学校法治工作良好的外部环境。教育部门要会同有关部门，深入落实《教育部等五部门关于深化高等教育领域简政放权放管结合优化服务改革的若干意见》，切实转变职能，减少行政干预，为学校松绑减负、简除烦苛，尊重保障学校独立法人地位和办学自主权。要坚决撤销面向学校实施的形式主义的督查检查考核事项，清理面向学校的各类评估评价评比表彰和创建活动，实施清单管理，清单之外的一律不得实施。要改进对学校的管理和评价方式，减少对学校办学的干扰，切实树立服务意识，为学校依法治校营造良好环境。

各地各校可结合本地、本校实际制定实施办法，明确任务清单、时间表和路线图，抓好贯彻落实。各地各校贯彻实施本意见的情况，请报送教育部政策法规司。

国务院办公厅关于进一步支持大学生创新创业的指导意见

（2021 年 9 月 22 日　国办发〔2021〕35 号）

各省、自治区、直辖市人民政府，国务院各部委、各直属机构：

纵深推进大众创业万众创新是深入实施创新驱动发展战略的重要支撑，大学生是大众创业万众创新的生力军，支持大学生创新创业具有重要意义。近年来，越来越多的大学生投身创新创业实践，但也面临融资难、经验少、服务不到位等问题。为提升大学生创新创业能力、增强创新活力，进一步支持大学生创新创业，经国务院同意，现提出以下意见。

一、总体要求

以习近平新时代中国特色社会主义思想为指导，深入贯彻落实党的十九大和十九届二中、三中、四中、五中全会精神，全面贯彻党的教育方针，落实立德树人根本任务，立足新发展阶段、贯彻新发展理念、构建新发展格局，坚持创新引领创业、创业带动就业，支持在校大学生提升创新创业能力，支持高校毕业生创业就业，提升人力资源素质，促进大学生全面发展，实现大学生更加充分更高质量就业。

二、提升大学生创新创业能力

（一）将创新创业教育贯穿人才培养全过程。深化高校创新创业教育改革，健全课堂教学、自主学习、结合实践、指导帮扶、文化引领融为一体的高校创新创业教育体系，增强大学生的创新精神、创业意识和创新创业能力。建立以创新创业为导向的新型人才培养模式，健全校校、校企、校地、校所协同的创新创业人才培养机制，打造一批创新创业教育特色示范课程。（教育部牵头，人力资源社会保障部等按职责分工负责）

（二）提升教师创新创业教育教学能力。强化高校教师创新创业教育教学能力和素养培训，改革教学方法和考核方式，推动教师把国际前沿学术发展、最新研究成果和实践经验融入课堂教学。完善高校双创指导教师到行业企业挂职锻炼的保障激励政策。实施高校双创校外导师专项人才计划，探索实施驻校企业家制度，吸引更多各行各业优秀人才担任双创导师。支持建设一批双创导师培训基地，定期开展培训。（教育部牵头，人力资源社会保障部等按职责分工负责）

（三）加强大学生创新创业培训。打造一批高校创新创业培训活动品牌，创新培训模式，面向大学生开展高质量、有针对性的创新创业培训，提升大学生创新创业能力。组织双创导师深入校园举办创业大讲堂，进行创业政策解读、经验分享、实践指导等。支持各类创新创业大赛对大学生创业者给予倾斜。（人力资源社会保障部、教育部等按职责分工负责）

三、优化大学生创新创业环境

（四）降低大学生创新创业门槛。持续提升企业开办服务能力，为大学生创业提供高效便捷的登记服务。推动众创空间、孵化器、加速器、产业园全链条发展，鼓励各类孵化器面向大学生创新创业团队开放一定比例的免费孵化空间，并将开放情况纳入国家级科技企业孵化器考核评价，降低大学生创新创业团队入驻条件。政府投资开发的孵化器等创业载体应安排30%左右的场地，免费提供给高校毕业生。有条件的地方可对高校毕业生到孵化器创业给予租金补贴。（科技部、教育部、市场监管总局等和地方各级人民政府按职责分工负责）

（五）便利化服务大学生创新创业。完善科技创新资源开放共享平台，强化对大学生的技术创新服务。各地区、各高校和科研院所的实验室以及科研仪器、设施等科技创新资源可以面向大学生开放共享，提供低价、优质的专业服务，支持大学生创新创业。支持行业企业面向大学生发布企业需求清单，引导大学生精准创新创业。鼓励国有大中型企业面向高校和大学生发布技术创新需求，开展“揭榜挂帅”。（科技部、发展改革委、教育部、国资委等按职责分工负责）

（六）落实大学生创新创业保障政策。落实大学生创业帮扶政策，加大对创业失败大学生的扶持力度，按规定提供就业服务、就业援助和社会救助。加强政府支持引导，发挥市场主渠道作用，鼓励有条件的地方探索建立大学生创业风险救助机制，可采取创业风险补贴、商业险保费补助等方式予以支持，积极研究更加精准、有效的帮扶措施，及时总结经验、适时推广。毕业后创业的大学生可按规定缴纳“五险一金”，减少大学生创业的后顾之忧。（人力资源社会保障部、教育部、财政部、民政部、医保局等和地方各级人民政府按职责分工负责）

四、加强大学生创新创业服务平台建设

（七）建强高校创新创业实践平台。充分发挥大学科技园、大学生创业园、大学生创客空间等校内创新创业实践平台作用，面向在校大学生免费开放，开展专业化孵化服务。结合学校学科专业特色优势，联合有关行业企业建设一批校外大学生双创实践教学基地，深入实施大学生创新创业训练计划。（教育部、科技部、人力资源社会保障部等按职责分工负责）

（八）提升大众创业万众创新示范基地带动作用。加强双创示范基地建设，深入实施创业就业“校企行”专项行动，推动企业示范基地和高校示范基地结对共建、建立稳定合作关系。指导高校示范基地所在城市主动规划和布局高校周边产业，积极承接大学生创新成果和人才等要素，打造“城校共生”的创新创业生态。推动中央企业、科研院所和相关公共服务机构利用自身技术、人才、场地、资本等优势，为大学生建设集研发、孵化、投资等于一体的创业创新培育中心、互联网双创平台、孵化器和科技产业园区。（发展改革委、教育部、科技部、国资委等按职责分工负责）

五、推动落实大学生创新创业财税扶持政策

（九）继续加大对高校创新创业教育的支持力度。在现有基础上，加大教育部中央彩票公益金大学生创新创业教育发展资金支持力度。加大中央高校教育教学改革专项资金支持力度，将创新创业教育和大学生创新创业情况作为资金分配重要因素。（财政部、教育部等按职责分工负责）

（十）落实落细减税降费政策。高校毕业生在毕业年度内从事个体经营，符合规定条件的，在3年内按一定限额依次扣减其当年实际应缴纳的增值税、城市维护建设税、教育费附加、地方教育附加和个人所得税；对月销售额15万元以下的小规模纳税人免征增值税，对小微企业和个体工商户按规定减免所得税。对创业投资企业、天使投资人投资于未上市的中小高新技术企业以及种子期、初创期科技型企业的投资额，按规定抵扣所得税应纳税所得额。对国家级、省级科技企业孵化器和大学科技园以及国家备案众创空间按规定免征增值税、房产税、城镇土地使用税。做好纳税服务，建立对接机制，强化精准支持。（财政部、税务总局等按职责分工负责）

六、加强对大学生创新创业的金融政策支持

（十一）落实普惠金融政策。鼓励金融机构按照市场化、商业可持续原则对大学生创业项目提供金融服务，解决大学生创业融资难题。落实创业担保贷款政策及贴息政策，将高校毕业生个人最高贷款额度提高至20万元，对10万元以下贷款、获得设区的市级以上荣誉的高校毕业生创业者免除反担保要求；对高校毕业生设立的符合条件的小微企业，最高贷款额度提高至300万元；降低贷款利率，简化贷款申报审核流程，提高贷款便利性，支持符合条件的高校毕业生创业就业。鼓励和引导金融机构加快产品和服务创新，为符合条件的大学生创业项目提供金融服务。（财政部、人力资源社会保障部、人民银行、银保监会等按职责分工负责）

（十二）引导社会资本支持大学生创新创业。充分发挥社会资本作用，以市场化机制促进社会资源与大学生创新创业需求更好对接，引导创新创业平台投资基金和社会资本参与大学生创业项目早期投资与投智，助力大学生创新创业项目健康成长。加快发展天使投资，培育一批天使投资人和创业投资机构。发挥财政政策作用，落实税收政策，支持天使投资、创业投资发展，推动大学生创新创业。（发展改革委、财政部、税务总局、证监会等按职责分工负责）

七、促进大学生创新创业成果转化

（十三）完善成果转化机制。研究设立大学生创新创业成果转化服务机构，建立相关成果与行业产业对接长效机制，促进大学生创新创业成果在有关行业企业推广应用。做好大学生创新项目的知识产权确权、保护等工作，强化激励导向，加快落实以增加知识价值为导向的分配政策，落实成果转化奖励和收益分配办法。加强面向大学生的科技成果转化培训课程建设。（科技部、教育部、知识产权局等按职责分工负责）

（十四）强化成果转化服务。推动地方、企业和大学生创新创业团队加强合作对接，拓宽成果转化渠道，为创新成果转化和创业项目落地提供帮助。鼓励国有大中型企业和产教融合型企业利用孵化器、产业园等平台，支持高校科技成果转化，促进高校科技成果和大学生创新创业项目落地发展。汇集政府、企业、高校及社会资源，加强对中国国际“互联网+”大学生创新创业大赛中涌现的优秀创新创业项目的后续跟踪支持，落实科技成果转化相关税收优惠政策，推动一批大赛优秀项目落地，支持获奖项目成果转化，形成大学生创新创业示范效应。（教育部、科技部、发展改革委、财政部、国资委、税务总局等按职责分工负责）

八、办好中国国际“互联网+”大学生创新创业大赛

（十五）完善大赛可持续发展机制。鼓励省级人民政府积极承办大赛，压实主办职责，进一步加强组织领导和综合协调，落实配套支持政策和条件保障。坚持政府引导、公益支持，支持行业企业深化赛事合作，拓宽办赛资金筹措渠道，适当增加大赛冠名赞助经费额度。充分利用市场化方式，研究推动中央企业、社会资本发起成立中国国际“互联网+”大学生创新创业大赛项目专项发展基金。（教育部、国资委、证监会、建设银行等按职责分工负责）

（十六）打造创新创业大赛品牌。强化大赛创新创业教育实践平台作用，鼓励各学段学生积极参赛。坚持以赛促教、以赛促学、以赛促创，丰富竞赛形式和内容。建立健全中国国际“互联网+”大学生创新创业大赛与各级各类创新创业比赛联动机制，推进大赛国际化进程，搭建全球性创新创业竞赛平台，深化创新创业教育国际交流合作。（教育部等按职责分工负责）

九、加强大学生创新创业信息服务

（十七）建立大学生创新创业信息服务平台。汇集创新创业帮扶政策、产业激励政策和全国创新创业教育优质资源，加强信息资源整合，做好国家和地方的政策发布、解读等工作。及时收集国家、区域、行业需求，为大学生精准推送行业和市场动向等信息。加强对创新创业大学生和项目的跟踪、服务，畅通供需对接渠道，支持各地积极举办大学生创新创业项目需求与投融资对接会。（教育部、发展改革委、人力资源社会保障部等按职责分工负责）

（十八）加强宣传引导。大力宣传加强高校创新创业教育、促进大学生创新创业的必要性、重要性。及时总结推广各地区、各高校的好经验好做法，选树大学生创新创业成功典型，丰富宣传形式，培育创客文化，营造敢为人先、宽容失败的环境，形成支持大学生创新创业的社会氛围。做好政策宣传宣讲，推动大学生用足用好税费减免、企业登记等支持政策。（教育部、中央宣传部牵头，地方各级人民政府、各有关部门按职责分工负责）

各地区、各有关部门要认真贯彻落实党中央、国务院决策部署，抓好本意见的贯彻落实。教育部要会同有关部门加强协调指导，督促支持大学生创新创业各项政策的落实，加强经验交流和推广。地方各级人民政府要加强组织领导，深入了解情况，优化创新创业环境，积极研究制定和落实支持大学生创新创业的政策措施，及时帮助大学生解决实际问题。

（六）职业教育与成人教育

中华人民共和国职业教育法

（1996年5月15日第八届全国人民代表大会常务委员会第十九次会议通过　2022年4月20日第十三届全国人民代表大会常务委员会第三十四次会议修订　2022年4月20日中华人民共和国主席令第112号公布　自2022年5月1日起施行）

目　录

第一章　总　　则

第一条　为了推动职业教育高质量发展，提高劳动者素质和技术技能水平，促进就业创业，建设教育强国、人力资源强国和技能型社会，推进社会主义现代化建设，根据宪法，制定本法。

第二条　本法所称职业教育，是指为了培养高素质技术技能人才，使受教育者具备从事某种职业或者实现职业发展所需要的职业道德、科学文化与专业知识、技术技能等职业综合素质和行动能力而实施的教育，包括职业学校教育和职业培训。

机关、事业单位对其工作人员实施的专门培训由法律、行政法规另行规定。

第三条 职业教育是与普通教育具有同等重要地位的教育类型，是国民教育体系和人力资源开发的重要组成部分，是培养多样化人才、传承技术技能、促进就业创业的重要途径。

国家大力发展职业教育，推进职业教育改革，提高职业教育质量，增强职业教育适应性，建立健全适应社会主义市场经济和社会发展需要、符合技术技能人才成长规律的职业教育制度体系，为全面建设社会主义现代化国家提供有力人才和技能支撑。

第四条 职业教育必须坚持中国共产党的领导，坚持社会主义办学方向，贯彻国家的教育方针，坚持立德树人、德技并修，坚持产教融合、校企合作，坚持面向市场、促进就业，坚持面向实践、强化能力，坚持面向人人、因材施教。

实施职业教育应当弘扬社会主义核心价值观，对受教育者进行思想政治教育和职业道德教育，培育劳模精神、劳动精神、工匠精神，传授科学文化与专业知识，培养技术技能，进行职业指导，全面提高受教育者的素质。

第五条 公民有依法接受职业教育的权利。

第六条 职业教育实行政府统筹、分级管理、地方为主、行业指导、校企合作、社会参与。

第七条 各级人民政府应当将发展职业教育纳入国民经济和社会发展规划，与促进就业创业和推动发展方式转变、产业结构调整、技术优化升级等整体部署、统筹实施。

第八条 国务院建立职业教育工作协调机制，统筹协调全国职业教育工作。

国务院教育行政部门负责职业教育工作的统筹规划、综合协调、宏观管理。国务院教育行政部门、人力资源社会保障行政部门和其他有关部门在国务院规定的职责范围内，分别负责有关的职业教育工作。

省、自治区、直辖市人民政府应当加强对本行政区域内职业教育工作的领导，明确设区的市、县级人民政府职业教育具体工作职责，统筹协调职业教育发展，组织开展督导评估。

县级以上地方人民政府有关部门应当加强沟通配合，共同推进职业教育工作。

第九条 国家鼓励发展多种层次和形式的职业教育，推进多元办学，支持社会力量广泛、平等参与职业教育。

国家发挥企业的重要办学主体作用，推动企业深度参与职业教育，鼓励企业举办高质量职业教育。

有关行业主管部门、工会和中华职业教育社等群团组织、行业组织、企业、事业单位等应当依法履行实施职业教育的义务，参与、支持或者开展职业教育。

第十条 国家采取措施，大力发展技工教育，全面提高产业工人素质。

国家采取措施，支持举办面向农村的职业教育，组织开展农业技能培训、返乡创业就业培训和职业技能培训，培养高素质乡村振兴人才。

国家采取措施，扶持革命老区、民族地区、边远地区、欠发达地区职业教育的发展。

国家采取措施，组织各类转岗、再就业、失业人员以及特殊人群等接受各种形式的职业教育，扶持残疾人职业教育的发展。

国家保障妇女平等接受职业教育的权利。

第十一条 实施职业教育应当根据经济社会发展需要，结合职业分类、职业标准、职业发展需求，制定教育标准或者培训方案，实行学历证书及其他学业证书、培训证书、职业资格证书和职业技能等级证书制度。

国家实行劳动者在就业前或者上岗前接受必要的职业教育的制度。

第十二条 国家采取措施，提高技术技能人才的社会地位和待遇，弘扬劳动光荣、技能宝贵、创造伟大的时代风尚。

国家对在职业教育工作中做出显著成绩的单位和个人按照有关规定给予表彰、奖励。

每年5月的第二周为职业教育活动周。

第十三条 国家鼓励职业教育领域的对外交流与合作，支持引进境外优质资源发展职业教育，鼓励有条件的职业教育机构赴境外办学，支持开展多种形式的职业教育学习成果互认。

第二章 职业教育体系

第十四条 国家建立健全适应经济社会发展需要，产教深度融合，职业学校教育和职业培训并重，职业教育与普通教育相互融通，不同层次职业教育有效贯通，服务全民终身学习的现代职业教育体系。

国家优化教育结构，科学配置教育资源，在义务教育后的不同阶段因地制宜、统筹推进职业教育与普通教育协调发展。

第十五条 职业学校教育分为中等职业学校教育、高等职业学校教育。

中等职业学校教育由高级中等教育层次的中等职业学校（含技工学校）实施。

高等职业学校教育由专科、本科及以上教育层次的高等职业学校和普通高等学校实施。根据高等职业学校设置制度规定，将符合条件的技师学院纳入高等职业学校序列。

其他学校、教育机构或者符合条件的企业、行业组织按照教育行政部门的统筹规划，可以实施相应层次的职业学校教育或者提供纳入人才培养方案的学分课程。

第十六条 职业培训包括就业前培训、在职培训、再就业培训及其他职业性培训，可以根据实际情况分级分类实施。

职业培训可以由相应的职业培训机构、职业学校实施。

其他学校或者教育机构以及企业、社会组织可以根据办学能力、社会需求，依法开展面向社会的、多种形式的职业培训。

第十七条 国家建立健全各级各类学校教育与职业培训学分、资历以及其他学习成果的认证、积累和转换机制，推进职业教育国家学分银行建设，促进职业教育与普通教育的学习成果融通、互认。

军队职业技能等级纳入国家职业资格认证和职业技能等级评价体系。

第十八条 残疾人职业教育除由残疾人教育机构实施外，各级各类职业学校和职业培训机构及其他教育机构应当按照国家有关规定接纳残疾学生，并加强无障碍环境建设，为残疾学生学习、生活提供必要的帮助和便利。

国家采取措施，支持残疾人教育机构、职业学校、职业培训机构及其他教育机构开展或者联合开展残疾人职业教育。

从事残疾人职业教育的特殊教育教师按照规定享受特殊教育津贴。

第十九条 县级以上人民政府教育行政部门应当鼓励和支持普通中小学、普通高等学校，根据实际需要增加职业教育相关教学内容，进行职业启蒙、职业认知、职业体验，开展职业规划指导、劳动教育，并组织、引导职业学校、职业培训机构、企业和行业组织等提供条件和支持。

第三章　职业教育的实施

第二十条 国务院教育行政部门会同有关部门根据经济社会发

展需要和职业教育特点，组织制定、修订职业教育专业目录，完善职业教育教学等标准，宏观管理指导职业学校教材建设。

第二十一条 县级以上地方人民政府应当举办或者参与举办发挥骨干和示范作用的职业学校、职业培训机构，对社会力量依法举办的职业学校和职业培训机构给予指导和扶持。

国家根据产业布局和行业发展需要，采取措施，大力发展先进制造等产业需要的新兴专业，支持高水平职业学校、专业建设。

国家采取措施，加快培养托育、护理、康养、家政等方面技术技能人才。

第二十二条 县级人民政府可以根据县域经济社会发展的需要，设立职业教育中心学校，开展多种形式的职业教育，实施实用技术培训。

教育行政部门可以委托职业教育中心学校承担教育教学指导、教育质量评价、教师培训等职业教育公共管理和服务工作。

第二十三条 行业主管部门按照行业、产业人才需求加强对职业教育的指导，定期发布人才需求信息。

行业主管部门、工会和中华职业教育社等群团组织、行业组织可以根据需要，参与制定职业教育专业目录和相关职业教育标准，开展人才需求预测、职业生涯发展研究及信息咨询，培育供需匹配的产教融合服务组织，举办或者联合举办职业学校、职业培训机构，组织、协调、指导相关企业、事业单位、社会组织举办职业学校、职业培训机构。

第二十四条 企业应当根据本单位实际，有计划地对本单位的职工和准备招用的人员实施职业教育，并可以设置专职或者兼职实施职业教育的岗位。

企业应当按照国家有关规定实行培训上岗制度。企业招用的从事技术工种的劳动者，上岗前必须进行安全生产教育和技术培训；招用的从事涉及公共安全、人身健康、生命财产安全等特定职业

(工种)的劳动者，必须经过培训并依法取得职业资格或者特种作业资格。

企业开展职业教育的情况应当纳入企业社会责任报告。

第二十五条 企业可以利用资本、技术、知识、设施、设备、场地和管理等要素，举办或者联合举办职业学校、职业培训机构。

第二十六条 国家鼓励、指导、支持企业和其他社会力量依法举办职业学校、职业培训机构。

地方各级人民政府采取购买服务，向学生提供助学贷款、奖助学金等措施，对企业和其他社会力量依法举办的职业学校和职业培训机构予以扶持；对其中的非营利性职业学校和职业培训机构还可以采取政府补贴、基金奖励、捐资激励等扶持措施，参照同级同类公办学校生均经费等相关经费标准和支持政策给予适当补助。

第二十七条 对深度参与产教融合、校企合作，在提升技术技能人才培养质量、促进就业中发挥重要主体作用的企业，按照规定给予奖励；对符合条件认定为产教融合型企业的，按照规定给予金融、财政、土地等支持，落实教育费附加、地方教育附加减免及其他税费优惠。

第二十八条 联合举办职业学校、职业培训机构的，举办者应当签订联合办学协议，约定各方权利义务。

地方各级人民政府及行业主管部门支持社会力量依法参与联合办学，举办多种形式的职业学校、职业培训机构。

行业主管部门、工会等群团组织、行业组织、企业、事业单位等委托学校、职业培训机构实施职业教育的，应当签订委托合同。

第二十九条 县级以上人民政府应当加强职业教育实习实训基地建设，组织行业主管部门、工会等群团组织、行业组织、企业等根据区域或者行业职业教育的需要建设高水平、专业化、开放共享的产教融合实习实训基地，为职业学校、职业培训机构开展实习实训和企业开展培训提供条件和支持。

第三十条 国家推行中国特色学徒制，引导企业按照岗位总量的一定比例设立学徒岗位，鼓励和支持有技术技能人才培养能力的企业特别是产教融合型企业与职业学校、职业培训机构开展合作，对新招用职工、在岗职工和转岗职工进行学徒培训，或者与职业学校联合招收学生，以工学结合的方式进行学徒培养。有关企业可以按照规定享受补贴。

企业与职业学校联合招收学生，以工学结合的方式进行学徒培养的，应当签订学徒培养协议。

第三十一条 国家鼓励行业组织、企业等参与职业教育专业教材开发，将新技术、新工艺、新理念纳入职业学校教材，并可以通过活页式教材等多种方式进行动态更新；支持运用信息技术和其他现代化教学方式，开发职业教育网络课程等学习资源，创新教学方式和学校管理方式，推动职业教育信息化建设与融合应用。

第三十二条 国家通过组织开展职业技能竞赛等活动，为技术技能人才提供展示技能、切磋技艺的平台，持续培养更多高素质技术技能人才、能工巧匠和大国工匠。

第四章 职业学校和职业培训机构

第三十三条 职业学校的设立，应当符合下列基本条件：

（一）有组织机构和章程；

（二）有合格的教师和管理人员；

（三）有与所实施职业教育相适应、符合规定标准和安全要求的教学及实习实训场所、设施、设备以及课程体系、教育教学资源等；

（四）有必备的办学资金和与办学规模相适应的稳定经费来源。

设立中等职业学校，由县级以上地方人民政府或者有关部门按照规定的权限审批；设立实施专科层次教育的高等职业学校，由省、自治区、直辖市人民政府审批，报国务院教育行政部门备案；

设立实施本科及以上层次教育的高等职业学校，由国务院教育行政部门审批。

专科层次高等职业学校设置的培养高端技术技能人才的部分专业，符合产教深度融合、办学特色鲜明、培养质量较高等条件的，经国务院教育行政部门审批，可以实施本科层次的职业教育。

第三十四条 职业培训机构的设立，应当符合下列基本条件：

（一）有组织机构和管理制度；

（二）有与培训任务相适应的课程体系、教师或者其他授课人员、管理人员；

（三）有与培训任务相适应、符合安全要求的场所、设施、设备；

（四）有相应的经费。

职业培训机构的设立、变更和终止，按照国家有关规定执行。

第三十五条 公办职业学校实行中国共产党职业学校基层组织领导的校长负责制，中国共产党职业学校基层组织按照中国共产党章程和有关规定，全面领导学校工作，支持校长独立负责地行使职权。民办职业学校依法健全决策机制，强化学校的中国共产党基层组织政治功能，保证其在学校重大事项决策、监督、执行各环节有效发挥作用。

校长全面负责本学校教学、科学研究和其他行政管理工作。校长通过校长办公会或者校务会议行使职权，依法接受监督。

职业学校可以通过咨询、协商等多种形式，听取行业组织、企业、学校毕业生等方面代表的意见，发挥其参与学校建设、支持学校发展的作用。

第三十六条 职业学校应当依法办学，依据章程自主管理。

职业学校在办学中可以开展下列活动：

（一）根据产业需求，依法自主设置专业；

（二）基于职业教育标准制定人才培养方案，依法自主选用或者编写专业课程教材；

（三）根据培养技术技能人才的需要，自主设置学习制度，安排教学过程；

（四）在基本学制基础上，适当调整修业年限，实行弹性学习制度；

（五）依法自主选聘专业课教师。

第三十七条 国家建立符合职业教育特点的考试招生制度。

中等职业学校可以按照国家有关规定，在有关专业实行与高等职业学校教育的贯通招生和培养。

高等职业学校可以按照国家有关规定，采取文化素质与职业技能相结合的考核方式招收学生；对有突出贡献的技术技能人才，经考核合格，可以破格录取。

省级以上人民政府教育行政部门会同同级人民政府有关部门建立职业教育统一招生平台，汇总发布实施职业教育的学校及其专业设置、招生情况等信息，提供查询、报考等服务。

第三十八条 职业学校应当加强校风学风、师德师风建设，营造良好学习环境，保证教育教学质量。

第三十九条 职业学校应当建立健全就业创业促进机制，采取多种形式为学生提供职业规划、职业体验、求职指导等就业创业服务，增强学生就业创业能力。

第四十条 职业学校、职业培训机构实施职业教育应当注重产教融合，实行校企合作。

职业学校、职业培训机构可以通过与行业组织、企业、事业单位等共同举办职业教育机构、组建职业教育集团、开展订单培养等多种形式进行合作。

国家鼓励职业学校在招生就业、人才培养方案制定、师资队伍建设、专业规划、课程设置、教材开发、教学设计、教学实施、质量评价、科学研究、技术服务、科技成果转化以及技术技能创新平台、专业化技术转移机构、实习实训基地建设等方面，与相关行业组织、企业、事业单位等建立合作机制。开展合作的，应当签订协议，明确双方权利义务。

第四十一条 职业学校、职业培训机构开展校企合作、提供社会服务或者以实习实训为目的举办企业、开展经营活动取得的收入用于改善办学条件；收入的一定比例可以用于支付教师、企业专家、外聘人员和受教育者的劳动报酬，也可以作为绩效工资来源，符合国家规定的可以不受绩效工资总量限制。

职业学校、职业培训机构实施前款规定的活动，符合国家有关规定的，享受相关税费优惠政策。

第四十二条 职业学校按照规定的收费标准和办法，收取学费和其他必要费用；符合国家规定条件的，应当予以减免；不得以介绍工作、安排实习实训等名义违法收取费用。

职业培训机构、职业学校面向社会开展培训的，按照国家有关规定收取费用。

第四十三条 职业学校、职业培训机构应当建立健全教育质量评价制度，吸纳行业组织、企业等参与评价，并及时公开相关信息，接受教育督导和社会监督。

县级以上人民政府教育行政部门应当会同有关部门、行业组织建立符合职业教育特点的质量评价体系，组织或者委托行业组织、企业和第三方专业机构，对职业学校的办学质量进行评估，并将评估结果及时公开。

职业教育质量评价应当突出就业导向，把受教育者的职业道德、技术技能水平、就业质量作为重要指标，引导职业学校培养高素质技术技能人才。

有关部门应当按照各自职责，加强对职业学校、职业培训机构的监督管理。

第五章　职业教育的教师与受教育者

第四十四条　国家保障职业教育教师的权利，提高其专业素质与社会地位。

县级以上人民政府及其有关部门应当将职业教育教师的培养培训工作纳入教师队伍建设规划，保证职业教育教师队伍适应职业教育发展的需要。

第四十五条　国家建立健全职业教育教师培养培训体系。

各级人民政府应当采取措施，加强职业教育教师专业化培养培训，鼓励设立专门的职业教育师范院校，支持高等学校设立相关专业，培养职业教育教师；鼓励行业组织、企业共同参与职业教育教师培养培训。

产教融合型企业、规模以上企业应当安排一定比例的岗位，接纳职业学校、职业培训机构教师实践。

第四十六条　国家建立健全符合职业教育特点和发展要求的职业学校教师岗位设置和职务（职称）评聘制度。

职业学校的专业课教师（含实习指导教师）应当具有一定年限的相应工作经历或者实践经验，达到相应的技术技能水平。

具备条件的企业、事业单位经营管理和专业技术人员，以及其他有专业知识或者特殊技能的人员，经教育教学能力培训合格的，可以担任职业学校的专职或者兼职专业课教师；取得教师资格的，可以根据其技术职称聘任为相应的教师职务。取得职业学校专业课教师资格可以视情况降低学历要求。

第四十七条　国家鼓励职业学校聘请技能大师、劳动模范、能工巧匠、非物质文化遗产代表性传承人等高技能人才，通过担任专职或者兼职专业课教师、设立工作室等方式，参与人才培养、技术开发、技能传承等工作。

第四十八条　国家制定职业学校教职工配备基本标准。省、自治区、直辖市应当根据基本标准，制定本地区职业学校教职工配备标准。

县级以上地方人民政府应当根据教职工配备标准、办学规模等，确定公办职业学校教职工人员规模，其中一定比例可以用于支持职业学校面向社会公开招聘专业技术人员、技能人才担任专职或者兼职教师。

第四十九条 职业学校学生应当遵守法律、法规和学生行为规范，养成良好的职业道德、职业精神和行为习惯，努力学习，完成规定的学习任务，按照要求参加实习实训，掌握技术技能。

职业学校学生的合法权益，受法律保护。

第五十条 国家鼓励企业、事业单位安排实习岗位，接纳职业学校和职业培训机构的学生实习。接纳实习的单位应当保障学生在实习期间按照规定享受休息休假、获得劳动安全卫生保护、参加相关保险、接受职业技能指导等权利；对上岗实习的，应当签订实习协议，给予适当的劳动报酬。

职业学校和职业培训机构应当加强对实习实训学生的指导，加强安全生产教育，协商实习单位安排与学生所学专业相匹配的岗位，明确实习实训内容和标准，不得安排学生从事与所学专业无关的实习实训，不得违反相关规定通过人力资源服务机构、劳务派遣单位，或者通过非法从事人力资源服务、劳务派遣业务的单位或个人组织、安排、管理学生实习实训。

第五十一条 接受职业学校教育，达到相应学业要求，经学校考核合格的，取得相应的学业证书；接受职业培训，经职业培训机构或者职业学校考核合格的，取得相应的培训证书；经符合国家规定的专门机构考核合格的，取得相应的职业资格证书或者职业技能等级证书。

学业证书、培训证书、职业资格证书和职业技能等级证书，按照国家有关规定，作为受教育者从业的凭证。

接受职业培训取得的职业技能等级证书、培训证书等学习成果，经职业学校认定，可以转化为相应的学历教育学分；达到相应职业学校学业要求的，可以取得相应的学业证书。

接受高等职业学校教育，学业水平达到国家规定的学位标准的，可以依法申请相应学位。

第五十二条 国家建立对职业学校学生的奖励和资助制度，对特别优秀的学生进行奖励，对经济困难的学生提供资助，并向艰苦、特殊行业等专业学生适当倾斜。国家根据经济社会发展情况适时调整奖励和资助标准。

国家支持企业、事业单位、社会组织及公民个人按照国家有关规定设立职业教育奖学金、助学金，奖励优秀学生，资助经济困难的学生。

职业学校应当按照国家有关规定从事业收入或者学费收入中提取一定比例资金，用于奖励和资助学生。

省、自治区、直辖市人民政府有关部门应当完善职业学校资助资金管理制度，规范资助资金管理使用。

第五十三条 职业学校学生在升学、就业、职业发展等方面与同层次普通学校学生享有平等机会。

高等职业学校和实施职业教育的普通高等学校应当在招生计划中确定相应比例或者采取单独考试办法，专门招收职业学校毕业生。

各级人民政府应当创造公平就业环境。用人单位不得设置妨碍职业学校毕业生平等就业、公平竞争的报考、录用、聘用条件。机关、事业单位、国有企业在招录、招聘技术技能岗位人员时，应当明确技术技能要求，将技术技能水平作为录用、聘用的重要条件。事业单位公开招聘中有职业技能等级要求的岗位，可以适当降低学历要求。

第六章　职业教育的保障

第五十四条　国家优化教育经费支出结构，使职业教育经费投入与职业教育发展需求相适应，鼓励通过多种渠道依法筹集发展职业教育的资金。

第五十五条　各级人民政府应当按照事权和支出责任相适应的原则，根据职业教育办学规模、培养成本和办学质量等落实职业教育经费，并加强预算绩效管理，提高资金使用效益。

省、自治区、直辖市人民政府应当制定本地区职业学校生均经费标准或者公用经费标准。职业学校举办者应当按照生均经费标准或者公用经费标准按时、足额拨付经费，不断改善办学条件。不得以学费、社会服务收入冲抵生均拨款。

民办职业学校举办者应当参照同层次职业学校生均经费标准，通过多种渠道筹措经费。

财政专项安排、社会捐赠指定用于职业教育的经费，任何组织和个人不得挪用、克扣。

第五十六条　地方各级人民政府安排地方教育附加等方面的经费，应当将其中可用于职业教育的资金统筹使用；发挥失业保险基金作用，支持职工提升职业技能。

第五十七条　各级人民政府加大面向农村的职业教育投入，可以将农村科学技术开发、技术推广的经费适当用于农村职业培训。

第五十八条　企业应当根据国务院规定的标准，按照职工工资总额一定比例提取和使用职工教育经费。职工教育经费可以用于举办职业教育机构、对本单位的职工和准备招用人员进行职业教育等合理用途，其中用于企业一线职工职业教育的经费应当达到国家规定的比例。用人单位安排职工到职业学校或者职业培训机构接受职业教育的，应当在其接受职业教育期间依法支付工资，保障相关待遇。

企业设立具备生产与教学功能的产教融合实习实训基地所发生的费用，可以参照职业学校享受相应的用地、公用事业费等优惠。

第五十九条 国家鼓励金融机构通过提供金融服务支持发展职业教育。

第六十条 国家鼓励企业、事业单位、社会组织及公民个人对职业教育捐资助学，鼓励境外的组织和个人对职业教育提供资助和捐赠。提供的资助和捐赠，必须用于职业教育。

第六十一条 国家鼓励和支持开展职业教育的科学技术研究、教材和教学资源开发，推进职业教育资源跨区域、跨行业、跨部门共建共享。

国家逐步建立反映职业教育特点和功能的信息统计和管理体系。

县级以上人民政府及其有关部门应当建立健全职业教育服务和保障体系，组织、引导工会等群团组织、行业组织、企业、学校等开展职业教育研究、宣传推广、人才供需对接等活动。

第六十二条 新闻媒体和职业教育有关方面应当积极开展职业教育公益宣传，弘扬技术技能人才成长成才典型事迹，营造人人努力成才、人人皆可成才、人人尽展其才的良好社会氛围。

第七章 法律责任

第六十三条 在职业教育活动中违反《中华人民共和国教育法》、《中华人民共和国劳动法》等有关法律规定的，依照有关法律的规定给予处罚。

第六十四条 企业未依照本法规定对本单位的职工和准备招用的人员实施职业教育、提取和使用职工教育经费的，由有关部门责令改正；拒不改正的，由县级以上人民政府收取其应当承担的职工教育经费，用于职业教育。

第六十五条 职业学校、职业培训机构在职业教育活动中违反本法规定的，由教育行政部门或者其他有关部门责令改正；教育教学质量低下或者管理混乱，造成严重后果的，责令暂停招生、限期整顿；逾期不整顿或者经整顿仍达不到要求的，吊销办学许可证或者责令停止办学。

第六十六条 接纳职业学校和职业培训机构学生实习的单位违反本法规定，侵害学生休息休假、获得劳动安全卫生保护、参加相关保险、接受职业技能指导等权利的，依法承担相应的法律责任。

职业学校、职业培训机构违反本法规定，通过人力资源服务机构、劳务派遣单位或者非法从事人力资源服务、劳务派遣业务的单位或个人组织、安排、管理学生实习实训的，由教育行政部门、人力资源社会保障行政部门或者其他有关部门责令改正，没收违法所得，并处违法所得一倍以上五倍以下的罚款；违法所得不足一万元的，按一万元计算。

对前款规定的人力资源服务机构、劳务派遣单位或者非法从事人力资源服务、劳务派遣业务的单位或个人，由人力资源社会保障行政部门或者其他有关部门责令改正，没收违法所得，并处违法所得一倍以上五倍以下的罚款；违法所得不足一万元的，按一万元计算。

第六十七条 教育行政部门、人力资源社会保障行政部门或者其他有关部门的工作人员违反本法规定，滥用职权、玩忽职守、徇私舞弊的，依法给予处分；构成犯罪的，依法追究刑事责任。

第八章 附 则

第六十八条 境外的组织和个人在境内举办职业学校、职业培训机构，适用本法；法律、行政法规另有规定的，从其规定。

第六十九条 本法自 2022 年 5 月 1 日起施行。

中等专业教育自学考试暂行规定

（1991 年 6 月 12 日国家教育委员会令第 16 号发布
自发布之日起施行）

第一章　总　　则

第一条　为建立和健全中等专业教育自学考试制度，根据国务院发布的《高等教育自学考试暂行条例》的原则，制定本规定。

第二条　中等专业教育自学考试（以下简称“中专自学考试”），是对自学者进行以学历考试为主的中等专业教育国家考试，是个人自学、社会助学和国家考试相结合的中等专业教育形式。它是自学考试制度的一个重要层次，同时也是我国中等专业教育的组成部分。

第三条　中专自学考试的任务是：通过国家考试促进个人自学和社会助学活动，推进在职专业教育和从业人员就业前的专业培训，造就和选拔德才兼备的中级专门人才，以适应社会主义现代化建设的需要。

第二章　考 试 机 构

第四条　全国高等教育自学考试指导委员会（以下简称“全国考委”）在国家教育委员会的领导下，同时管理全国中专自学考试工作。

全国考委管理中专自学考试的职责是：

（1）根据国家的教育方针和有关政策、法规，制定中专自学考试的具体政策和业务规范；

（2）指导和协调各省、自治区、直辖市的中专自学考工作；

（3）对中专自学考试工作进行检查、监督和评估。

第五条 中专自学考试主要是地方性事业。省、自治区、直辖市高等教育自学考试委员会（以下简称“省考委”）同时管理本地区中专自学考试工作。省考委的组成，应有一定比例的中专学校领导和教师参加。

省考委管理中专自学考试的职责是：

（1）贯彻执行中专自学考试的方针、政策、法规和业务规范；

（2）制定本地区的专业开考规划，审定开考专业、指定专业指导学校或组建专业指导小组；

（3）制定和审定开考专业的专业考试计划、课程自学考试大纲，组织编写有关自学用书和自学参考资料；

（4）领导和组织考试工作，颁发专业合格证书和毕业证书；

（5）指导社会助学活动；

（6）组织开展中专自学考试的研究工作。

省考委的日常办事机构可同时负责中专自学考试工作。

第六条 省、自治区人民政府所辖市、地区、直辖市的市辖区高等教育自学考试工作委员会（以下简称“地市考委”）同时管理本地区中专自学考试工作。

地市考委管理中专自学考试的职责是：

（1）负责报名、考场安排等考试的组织工作；

（2）配合有关部门组织开展社会助学活动，做好课程自学考试大纲和自学用书的供应工作；

（3）会同有关部门组织安排实践性环节的考核；

（4）管理应考者的考籍档案，颁发单科合格证书；

（5）负责组织对毕业人员的成绩复审和思想品德鉴定工作；

（6）在省考委关于开考专业的规划和原则指导下，根据本地区的需要和可能，提出开考专业申请。

地市考委有关中专自学考试的日常工作，由当地教育行政部门负责。

第七条 专业指导学校由省考委遴选专业师资力量较强的全日制中专学校担任。专业指导学校在中专自学考试工作上接受省考委的领导。其职责是：

（1）受省考委委托，拟定专业考试计划、课程自学考试大纲；

（2）参与命题、评卷，负责实践性环节的考核；

（3）对考试质量进行研究分析；

（4）办理省考委交办的其他有关工作。

专业指导学校应设立中专自学考试办事机构。参照国家教委、劳动人事部（85）教职字 008 号文件精神，根据任务配备必要的专职或兼职工作人员，所需编制列入学校总编制内，不另行增加。

省考委根据需要建立的专业指导小组，行使专业指导学校的职责。其组成由省考委自行确定。

第三章　开考专业

第八条 中专自学考试应根据经济建设和社会发展的需要，人才需求的科学预测和开考条件的实际可能，设计考试专业。要防止单纯为了满足个人学历的要求，盲目设置考试专业。

第九条 开考专业应有保证专业开考的专业师资力量，相应的工作机构，必要的专职人员、经费和保证实践性环节考核的必要条件。

第十条 开考专业的考试质量标准，应在总体上保证与招收初中毕业生的全日制中专学校的同类专业相一致。

第十一条 开考新专业，应经过有关部门和专家论证。专业考试计划须经省考委批准并报全国考委备案，在开考半年前向社会公布。

第十二条 用人部门要求开考本系统所需专业的，可委托省考委组织办理。任何单位和部门不能自行组织中专自学考试。

第十三条 跨省开考专业，须经有关省考委审核同意。有些特殊专业，可实行省际协作和委托开考。

第十四条 停考专业须经省考委批准并报全国考委备案。

第四章 考试办法

第十五条 凡中华人民共和国具有初中毕业文化程度或经过严格考核确认具有同等学力的公民，不受性别、年龄、民族、种族的限制，均可参加中专自学考试。

第十六条 报考人员可自愿选择考试专业，但根据专业要求对报考对象作职业上必要限制的专业除外。

提倡在职人员按照学用一致，理论和实践结合的原则选择考试专业。

各级各类全日制学校在校生不得报考。

第十七条 报考人员应按本地区的有关规定，到省考委或地市考委指定的单位办理报名手续。

第十八条 中专自学考试的命题由省考委统一组织。试题（包括副题）及参考答案、评分标准启用前属绝密材料。

第十九条 中专自学考试以地区、市、直辖市的市辖区为单位设考场。有条件的，经省考委批准可在县设考场，由县教育行政部门负责。

第二十条 中专自学考试实行单科累计制度。课程考试合格者，发给单科合格证书。不及格者，可参加下一次该门课程的考试。

第二十一条 中专自学考试同时实行中专专业证书、单科合格证书制度。中专专业证书的标准，应在本岗位专业知识上达到全日制中专同类专业相应的水平，符合本职工作对干部专业知识方面的要求。取得专业证书者继续参加本专业学历考试，可以免考专业考试计划中已及格的相同课程。

第五章　考 籍 管 理

第二十二条　中专自学考试的应考者，取得一科合格证书后，应建立相应的考籍档案，其考试成绩长期有效，各省、自治区、直辖市之间相互承认。

第二十三条　在籍应考者因户口迁移、工作变动或其他原因需要转考或转专业者，可按有关规定办理转专业手续。

转考或转专业后，原专业考试合格并与新专业相同或相近课程，要求相同或高于新专业课程的，不再重复考试；原合格课程比新专业课程要求低的，应重新考试。

第二十四条　经批准停考的专业，在籍应考者可转入相近专业继续考试。无相近专业，应考者可重新选择其他专业参加考试。免考课程，按转专业的有关规定办理。

第二十五条　中专自学考试应考者符合下列规定，可以取得毕业证书：

（1）考完专业考试计划规定的全部课程，并取得合格成绩；

（2）完成规定的实践性环节考核任务；

（3）思想品德鉴定合格。

获得中专自学考试毕业证书者，国家承认其学历。

第二十六条　中专自学考试应考者的毕业时间，一般为每年的6月和12月。

第六章　专业人员的使用与待遇

第二十七条　中专自学考试毕业证书获得者，在职人员可以当干部（技术人员），也可以当工人。可由所在单位或其上级主管部门，根据工作需要，本着学用一致的原则，适当安排。非在职人员（包括农民），可在用人部门需要并有增人指标的情况下，通过考试考核择优录用和聘用。

第二十八条 中专自学考试毕业证书获得者的工资待遇：获得中专自学考试毕业证书后，新招收录用为国家机关、事业单位的人员，当干部的，要有一年的见习期，见习期间的工资待遇及见习期间如何确定职务工资问题，按国发〔1989〕82号文件关于中专毕业的有关规定执行；新招收录用为工人的，按国家对工人的有关规定执行。原为国家正式职工，获得毕业证书后仍在机关事业单位工作，原工资低于上述新招收录用人员工资标准的，可按新招收录用人员的工资标准执行，原工资高于新招收录用人员工资标准的，仍拿原工资。

第七章 考试经费

第二十九条 县以上各级所需中专自学考试经费，按照现行财政管理体制，在当地财政部门核定的教育事业费中列支。

第三十条 各业务部门要求开考本部门、本系统所需专业的，须向当地自学考试机构提供考试补助费。所需费用，从按规定提的职工教育经费中开支，不足部分在自有资金或预算外资金中解决。

第三十一条 中专自学考试所收缴的报名费，应用于自学考试工作，不得挪作他用。

第八章 社会助学

第三十二条 国家鼓励企业、事业单位和其他社会力量，根据中专自学考试的专业考试计划和课程自学考试大纲的要求，通过电视、广播、函授等多种形式开展助学活动。

第三十三条 各种形式的社会助学活动，应接受当地自学考试机构的指导和教育行政部门的管理。为保证命题与辅导分开的原则，主考单位和命题人员不得举办或参与助学的教学活动。

第三十四条 中专自学考试辅导材料的出版、发行，应遵守国家的有关规定。

第九章　奖励和处罚

第三十五条　有下列情形之一的个人或单位，可由全国考委或省考委给予奖励：

（1）参加中专自学考试成绩特别优异或事迹突出的；

（2）从事中专自学考试工作，做出重大贡献的；

（3）从事中专自学考试的社会助学工作，取得显著成绩的。

第三十六条　中专自学考试工作人员和考试组织工作参与人员有下列行为之一的，省考委或其所在单位取消其考试工作人员资格或给予行政处分：

（1）涂改应考者试卷、考试分数及其他考籍档案材料的；

（2）在应考者证明材料中弄虚作假的；

（3）纵容他人实施上述舞弊行为的。

第三十七条　中专自学考试应考者在考试中有夹带、传递、抄袭、换卷、代考等舞弊行为以及其他违反考试规则的行为，省考委视情节轻重，分别给予警告、取消考试成绩、停考 1 年至 2 年的处罚。

第三十八条　有下列破坏中专自学考试工作行为之一的个人，提请公安机关或司法机关依法追究法律责任：

（1）盗窃或泄露试题及其他有关保密材料的；

（2）扰乱考场秩序不听劝阻的；

（3）利用职权徇私舞弊，情节严重的。

第十章　附　　则

第三十九条　本规定由国家教育委员会负责解释。

第四十条　省、自治区、直辖市教育行政部门可以根据本规定制定具体实施办法。

第四十一条　本规定自发布之日起施行。

中等职业学校职业指导工作规定

（2018 年 4 月 20 日　教职成〔2018〕4 号）

第一章　总　　则

第一条　为规范和加强中等职业学校职业指导工作，不断提高人才培养质量，扩大优质职业教育资源供给，依据《中华人民共和国职业教育法》等法律法规，制订本规定。

第二条　职业指导是职业教育的重要内容，是职业学校的基础性工作。在中等职业学校开展职业指导工作，主要是通过学业辅导、职业指导教育、职业生涯咨询、创新创业教育和就业服务等，培养学生规划管理学业、职业生涯的意识和能力，培育学生的工匠精神和质量意识，为适应融入社会、就业创业和职业生涯可持续发展做好准备。

第三条　中等职业学校职业指导工作应深入贯彻习近平新时代中国特色社会主义思想，坚持立德树人、育人为本，遵循职业教育规律和学生成长规律，适应经济社会发展需求，完善机制、整合资源，构建全方位职业指导工作体系，动员学校全员参与、全程服务，持续提升职业指导工作水平。

第四条　中等职业学校职业指导工作应坚持以下原则：

（一）以学生为本原则。通过开展生动活泼的教学与实践活动，充分调动学生的积极性、主动性，引导学生参与体验，激发职业兴趣，增强职业认同，帮助学生形成职业生涯决策和规划能力。

（二）循序渐进原则。坚持从经济社会发展、学校办学水平以及学生自身实际出发，遵循学生身心发展和职业生涯发展规律，循序渐进开展有针对性的职业指导。

（三）教育与服务相结合原则。面向全体学生开展职业生涯教育，帮助学生树立正确的职业理想，学会职业选择。根据学生个体差异，开展有针对性的职业指导服务，为学生就业、择业、创业提供帮助，促进学生顺利就业创业和可持续发展。

（四）协同推进原则。职业指导工作应贯穿学校教育教学和管理服务的全过程，融入课程教学、实训实习、校企合作、校园文化活动和学生日常管理中，全员全程协同推进。

第二章　主 要 任 务

第五条　开展学业辅导。激发学生的学习兴趣，帮助学生结合自身特点及专业，进行学业规划与管理，养成良好的学习习惯和行为，培养学生终身学习的意识与能力。

第六条　开展职业指导教育。帮助学生认识自我，了解社会，了解专业和职业，增强职业意识，树立正确的职业观和职业理想，增强学生提高职业素养的自觉性，培育职业精神；引导学生选择职业、规划职业，提高求职择业过程中的抗挫折能力和职业转换的适应能力，更好地适应和融入社会。

第七条　提供就业服务。帮助学生了解就业信息、就业有关法律法规，掌握求职技巧，疏导求职心理，促进顺利就业。鼓励开展就业后的跟踪指导。

第八条　开展职业生涯咨询。通过面谈或小组辅导，开展有针对性的职业咨询辅导，满足学生的个性化需求。鼓励有条件的学校面向社会开展职业生涯咨询服务和面向中小学生开展职业启蒙教育。

第九条　开展创新创业教育。帮助学生学习创新创业知识，了解创新创业的途径和方法，树立创新创业意识，提高创新创业能力。

第三章　主 要 途 径

第十条　课程教学是职业指导的主渠道。中等职业学校应根据学生认知规律和身心特点，在开设应有的职业生涯规划课程基础上，采取必修、选修相结合的方式开设就业指导、创新创业等课程。持续改进教学方式方法，注重采用案例教学、情景模拟、行动教学等，提高教学效果。

第十一条 实践活动是职业指导的重要载体。中等职业学校可通过开展实训实习以及组织学生参加校内外拓展活动、企业现场参观培训、观摩人才招聘会等活动，强化学生的职业体验，提升职业素养。

第十二条 中等职业学校可通过职业心理倾向测评、创新创业能力测评、自我分析、角色扮演等个性化服务，帮助学生正确认识自我和社会，解决在择业和成长中的问题。

第十三条 中等职业学校应主动加强与行业、企业的合作，提供有效就业信息。组织供需见面会等，帮助学生推荐实习和就业单位。

第十四条 中等职业学校应充分利用各种优质网络资源，运用信息化手段开展职业指导服务。鼓励有条件的地区建立适合本地区需要的人才就业网络平台，发布毕业生信息和社会人才需求信息，为学生就业提供高效便捷的服务。

第四章 师资队伍

第十五条 中等职业学校应在核定的编制内至少配备1名具有一定专业水准的专兼职教师从事职业指导。鼓励选聘行业、企业优秀人员担任兼职职业指导教师。

第十六条 中等职业学校职业指导教师负责课程教学、活动组织、咨询服务等，其主要职责如下：

（一）了解学生的职业心理和职业认知情况，建立学生职业生涯档案，跟踪指导学生成长。

（二）根据学生职业认知水平，开展职业生涯规划、就业指导、创新创业等课程教学。

（三）策划和组织开展就业讲座、供需见面会、职业访谈等活动。

（四）结合学生个性化需要，提供有针对性的咨询服务或小组辅导。

（五）积极参加职业指导相关业务培训、教研活动、企业实践等，及时更新职业指导信息，提高职业指导的专业能力和教学科研水平。

（六）跟踪调查毕业生就业状况，做好总结分析反馈，为专业设置、招生、课程改革等提供合理化建议。

（七）配合做好其他职业指导相关工作。

第十七条 中等职业学校应加强职业指导教师的业务培训和考核。对职业指导教师的考核，注重过程性评价。

第五章 工作机制

第十八条 中等职业学校职业指导工作实行校长负责制。学校应建立专门工作机构，形成以专兼职职业指导教师为主体，班主任、思想政治课教师、学生管理人员等为辅助的职业指导工作体系。

第十九条 中等职业学校职业指导涉及教学管理、学生管理等工作领域，相关部门应积极配合支持。学校应主动对接行业组织、企业、家长委员会等，协同推进职业指导工作。

第二十条 中等职业学校应建立职业指导考核评价体系，定期开展职业指导工作评价，对在职业指导工作中做出突出贡献的，应予以相应激励。

第二十一条 中等职业学校应建立毕业生就业统计公告制度，按规定向上级主管部门报送并及时向社会发布毕业生就业情况。

第二十二条 中等职业学校应结合举办“职业教育活动周”等

活动，积极展示优秀毕业生风采，广泛宣传高素质劳动者和技术技能人才先进事迹，大力弘扬劳模精神和工匠精神，营造劳动光荣的社会风尚和精益求精的敬业风气。

第六章 实施保障

第二十三条 各地教育行政部门和中等职业学校应为职业指导工作提供必要的人力、物力和经费保障，确保职业指导工作有序开展。

第二十四条 各地教育行政部门应加强对中等职业学校校长、职业指导教师、其他管理人员的职业指导业务培训，将职业指导纳入教师培训的必修内容。

第二十五条 各地教育行政部门应当积极协调人社、税务、金融等部门，为中等职业学校毕业生就业创业创造良好的政策环境。

第二十六条 中等职业学校应拓展和用足用好校内外职业指导场所、机构等资源。有条件的学校可建立学生创新创业孵化基地。

第二十七条 中等职业学校应将职业指导信息化建设统筹纳入学校整体信息化建设中，建立健全职业指导信息服务平台。

第二十八条 中等职业学校应加强职业指导的教学科研工作，与相关专业机构合作开展职业指导研究和课程建设，不断提高职业指导工作专业化水平。

第七章 附 则

第二十九条 各省、自治区、直辖市教育行政部门可依据本规定制订实施细则。

第三十条 本规定由教育部负责解释，自发布之日起施行。

中等职业学校管理规程

（2010 年 5 月 13 日 教职成〔2010〕6 号）

第一章 总 则

第一条 为进一步规范中等职业学校管理，全面提高管理水平、教育质量和办学效益，促进中等职业教育科学发展，依据《中华人民共和国教育法》、《中华人民共和国职业教育法》等相关法律法规，制定本规程。

第二条 本规程适用于依法设立的各类中等职业学校（包括普通中等专业学校、成人中等专业学校、职业高中、技工学校）。中等职业学校的设立依据国家和省级教育行政部门发布的中等职业学校设置标准，其设立、变更、终止应当报省级教育行政部门依法审批或备案。

第三条 中等职业学校实行学历教育和职业培训相结合，职前教育和职后教育相结合。积极开展农村实用技术培训、农村劳动力转移培训、农民工培训、下岗再就业培训、社区居民培训等各类教育培训活动。

第四条 中等职业学校实行全日制和非全日制相结合的教育形式。实施学历教育，主要招收初中毕业生和具有同等学力的人员，基本学制以三年为主；招收高中毕业生，基本学制以一年为主。学校在对学生进行高中层次文化知识教育的同时，根据职业岗位的要求实施职业道德教育、职业知识教育和职业技能训练，培养与我国社会主义现代化建设要求相适应，具有综合职业能力，在生产、管理、服务一线工作的高素质劳动者和技能型人才。

第五条 各级教育行政部门负有中等职业学校管理和组织领导

职责，其他相关部门按照各自职责负责中等职业学校相关管理工作。

省级教育行政部门应当加强对学校办学资质的审核和监管，在每年春季招生工作开始前，公布本地区本年度具有招生和享受国家助学政策的学校名单。

第六条 学校应当依法制定学校章程，按照章程自主办学。学校实行校长负责制，聘任具备法定任职条件、熟悉职业教育规律、敬业创新、管理能力强的人员担任校长。新任校长应当经过岗前培训，持证上岗。学校章程中应当明确校长在学校发展规划、行政管理、教育教学管理、人事管理、财务管理等方面的责任、权利和义务。

学校建立健全校长考核及激励约束机制。

第二章 学校内部管理体制

第七条 学校建立校长全面负责行政工作、党组织保障监督、教职工民主参与管理的内部管理体制。民办学校实行理事会或者董事会领导下的校长负责制。

学校建立党组织，并确保党组织发挥监督、保障和参与重大决策的作用。学校应当在党组织领导下，建立共青团、学生会组织，组织开展生动有效的思想政治教育活动。

第八条 学校建立和完善教职工代表大会制度，依法保障教职工参与民主管理和监督的权利，发挥教职工代表大会参与学校重大决策的作用。学校建立工会组织，维护教职工合法权益。

第九条 学校根据国家有关政策，结合自身发展实际，合理设置内部管理机构，并明确其职责，规模较大的学校可以设置若干专业部（系），实行校、部（系）二级管理。

第三章 教职工管理

第十条 学校按照人事管理规定，科学设置各类岗位，公共基础课教师和专业技能课教师保持合理比例，实行固定岗位和流动岗位相结合、专职岗位和兼职岗位相结合的岗位管理办法，逐步提高同时具有教师资格证书和职业资格证书的“双师型”教师比例，不断优化教职工队伍结构。

第十一条 学校实行教师聘任制。根据《中华人民共和国教师法》和国家关于事业单位人员聘用制度的有关规定，科学制定学校教师聘任管理制度和具体管理办法。按照公开、平等、竞争、择优的原则，在定员、定岗、定责的基础上聘任、解聘或辞退教职工。学校应当建立健全保障教职工合法权益的程序和制度。

第十二条 学校实行教师职务制度。逐步提高同时具有中等职业学校教师职务和职业资格证书的专业课教师比例，实习指导教师应当具有相当于助理工程师及以上专业技术职务或者中级及以上工人技术等级。

学校建立有利于引进企业优秀专业技术人才到学校担任专、兼职教师的聘任制度。学校可以根据需要通过“特岗、特聘、特邀”等形式，向行业组织、企业和事业单位聘任专业课教师或实习指导教师。

第十三条 学校建立教师到企业实践制度。专业技能课教师、实习指导教师每两年应当有两个月以上时间到企业或生产服务一线实践。鼓励教师参加高一级学历进修或提高业务能力的培训。

第十四条 学校按照国家有关规定要求，建立健全师德考评奖励机制，开展师德师风教育、法制教育和安全教育。

学校应当加强班主任队伍建设，建立健全班主任业绩考核和激励约束机制。

第四章 教学管理

第十五条 学校应当设立教学管理机构，制定教学管理制度，建立健全教学管理运行机制，保证教学计划的实施。

第十六条 学校实行工学结合的人才培养模式，坚持专业教育与生产实践相结合。

第十七条 学校根据经济社会发展和劳动力市场需求，按照《中等职业学校专业目录》设置的专业，应当经学校主管部门同意，地市级以上教育行政部门核准，报省级教育行政部门备案。设置《中等职业学校专业目录》外专业，应当经省级教育行政部门核准，报国家教育行政部门备案。

学校应当与行业企业紧密合作，共同建立专业建设委员会和专业教学指导委员会，加强专业建设和教学指导。

第十八条 学校根据国家教育行政部门发布的指导性教学文件，制订实施性教学计划。

学校依据国家教育行政部门发布的教学大纲或教学指导方案组织教学、检查教学质量、评价教学效果、选编教材和装备教学设施。加强课程管理，严格执行国家教育行政部门设置的公共基础课程和专业技能课程，设置必修课和选修课。

第十九条 学校应当建立严格规范的教材管理制度。优先选用国家规划教材。根据培养目标和产业发展需要，可以开发使用校本教材。

第二十条 学校应当加强教学过程管理。建立健全教学质量监控与评价制度，有部门专门负责教学督导工作，定期组织实施综合性教学质量检查。

第二十一条 学校应当加强校内外实习实训基地的建设，加强对实践性教学环节的管理，保证实践教学的质量。建立健全学生实习就业管理制度，学校应有相应机构负责学生实习就业工作，加强对学生的安全教育，增强学生安全意识，提高学生自我防护能力。学校应当做好学生实习责任保险工作。

第二十二条 学校应当积极推行学历证书与职业资格证书并举的“双证书”制度。专业技能课程的教学内容应当与职业资格标准相结合，突出职业技能训练。学校应当组织学生参加职业技能鉴定，开展技能竞赛活动。

第二十三条 学校应当设立教学研究机构，加强教研和科研工作，积极组织教师参与国家和地方的教研活动。

第五章 德育管理

第二十四条 学校应当将德育工作放在首位，遵循学生身心发展规律，增强德育工作的针对性、实效性、时代性和吸引力，把社会主义核心价值体系融入职业教育人才培养的全过程，将德育全方位融入学校各方面工作。

第二十五条 学校应当加强对德育工作的组织和领导，明确各部门育人责任，设置德育和学生管理专门机构，建立专兼职学生管理队伍，使德育落实到教育教学工作的各个环节。

第二十六条 学校应当加强校园文化建设，优化校园人文环境和自然环境，完善校园文化活动设施，注重汲取产业文化的优秀成分，发挥文化、环境育人作用。

充分发挥共青团、学生会等学生社团组织在校园文化建设中的独特作用，开展丰富多彩的校园文化活动。

第二十七条 学校应当按照相关要求开足德育课课程，发挥德育课在德育工作的主渠道、主阵地作用。加强其他课程教学和实习实训等环节的德育工作，强化职业道德教育。加强学生的心理健康教育。

第二十八条 学校应当建立和完善学生思想道德评价制度，改革德育考核办法，加强德育过程的评价管理，建立学生德育档案。

第六章 学生管理

第二十九条 学校应当依法保护学生合法权益，平等对待学生，尊重学生的个体差异，促进学生全面发展。

第三十条 学校应当严格执行国家教育行政部门发布的中等职业学校学生学籍管理及其他有关规定，认真做好学生入学注册、课堂教学、成绩考核、实习实训、学籍变动、纪律与考勤、奖励与处分以及毕业、结业等各项管理工作。

第三十一条 学校根据《中等职业学校德育大纲》等规定，制定学生日常行为管理规范，做好学生日常行为管理工作。

第三十二条 学校建立健全学生学习管理制度，加强学风建设，引导学生刻苦钻研理论和实践知识，努力提高综合职业素养。

第三十三条 学校建立健全学生奖励和处分制度，学生奖学金、助学金、减免学费等制度。

第七章 招生管理与就业服务

第三十四条 学校应当根据有关规定，按照教育行政部门和招生管理部门的要求，明确学校招生管理部门职责，做好招生工作，严肃招生纪律，规范招生行为。坚决杜绝有偿招生和通过非法中介招生，不得与不具备中等职业学历教育资质的学校或机构联合招生。学校发布招生广告（含招生简章），应当真实准确，并按照有关规定报教育行政部门备案。

第三十五条 学校应当加强职业指导工作，做好毕业生就业、创业服务工作，维护毕业生的合法权益。

第三十六条 学校应当制定招生管理和就业服务的规章制度，对违反规定的，应当追究相关部门和人员的责任。

第三十七条 学校违反有关规定开展招生和就业服务活动的，教育行政部门应当依据法律和有关规定给予严肃处理；对涉嫌犯罪的，应当移送司法机关，依法追究有关人员的法律责任。

第八章 资产管理与后勤服务

第三十八条 学校应当做好校园总体规划，做到功能分区合理，满足发展要求，体现职业教育特色。加强校园建设和管理，建设安全、整洁、文明、优美、和谐的学习、工作和生活环境。

第三十九条 学校应当依法建立健全财务、会计制度和资产管理制度，做好规范收费和财务公开，建立健全会计账簿，加强内部控制和审计制度。

第四十条 学校应当依照国家有关规定，加强和规范对国家助学金和免学费补助资金的管理，健全资助体系和监管机制，防范和杜绝违反国家有关规定骗取国家助学金和免学费补助资金等违规违法行为。

第四十一条 学校应当做好资产的登记、使用、维护、折旧和报废等资产管理工作。

第四十二条 学校应当按照规定，建立和完善设施设备采购、管理和使用制度。加强对教学设施，实习实训设施的管理。

第四十三条 学校应当加强后勤管理工作，创新后勤服务管理机制，促进后勤服务社会化，提高服务质量和效益。

第四十四条 学校应当依照有关规定，做好膳食、宿舍管理等后勤保障工作，为师生提供优质服务。

第九章 安全管理

第四十五条 学校应当制定安全预防、日常安全管理、应急处理等安全管理制度，落实安全责任制。设立安全管理机构，配备安全管理人员，全面开展安全管理工作。

第四十六条 学校应当保证校内建筑物及其附属设施、教学设备、土地、道路、绿化设施、交通工具等学校设施设备符合安全标准，定期检查，消除安全隐患。

第四十七条 学校应当加强学生的法制、安全、卫生防疫等教育，开展逃生避险、救护演练、消防演练等活动，增强学生的法制意识、安全意识、卫生意识。

第四十八条 学校应当保障校内活动中的学生和教职员工的安全，保障经由学校组织或批准的校外活动中学生和教职员工的安全。加强学生实验、实习实训安全管理。

第四十九条 学校应当加强与当地公安机关和社区的联系，建立校园安全联防制度和安全工作协调机制，加强学校周边环境综合治理。

第十章 附 则

第五十条 各省、自治区、直辖市教育行政部门可以依照本规程制定实施细则或相应的管理制度。

第五十一条 本规程从发布之日起施行。

本科层次职业教育专业设置管理办法（试行）

（2021 年 1 月 22 日 教职成厅〔2021〕1 号）

第一章 总 则

第一条 为做好本科层次职业教育专业设置管理，根据《中华人民共和国教育法》《中华人民共和国职业教育法》《中华人民共和国学位条例》《中华人民共和国高等教育法》和《国家职业教育改革实施方案》等规定，制定本办法。

第二条 本科层次职业教育专业设置应牢固树立新发展理念，坚持需求导向、服务发展，顺应新一轮科技革命和产业变革，主动服务产业基础高级化、产业链现代化，服务建设现代化经济体系和实现更高质量更充分就业需要，遵循职业教育规律和人才成长规律，适应学生全面可持续发展的需要。

第三条 本科层次职业教育专业设置应体现职业教育类型特点，坚持高层次技术技能人才培养定位，进行系统设计，促进中等职业教育、专科层次职业教育、本科层次职业教育纵向贯通、有机衔接，促进普职融通。

第四条 教育部负责全国本科层次职业教育专业设置的管理和指导，坚持试点先行，按照更高标准，严格规范程序，积极稳慎推进。

第五条 省级教育行政部门根据教育部有关规定，做好本行政区域内高校本科层次职业教育专业建设规划，优化资源配置和专业结构。

第六条 教育部制订并发布本科层次职业教育专业目录，每年动态增补，五年调整一次。高校依照相关规定，在专业目录内设置专业。

第七条 本科层次职业教育专业目录是设置与调整本科层次职业教育专业、实施人才培养、组织招生、授予学位、指导就业、开展教育统计和人才需求预测等工作的重要依据，是学生选择就读本科层次职业教育专业、社会用人单位选用毕业生的重要参考。

第二章　专业设置条件与要求

第八条 高校设置本科层次职业教育专业应紧紧围绕国家和区域经济社会产业发展重点领域，服务产业新业态、新模式，对接新职业，聚焦确需长学制培养的相关专业。原则上应符合第九条至第十四条规定的条件和要求。

第九条 设置本科层次职业教育专业需有详实的专业设置可行性报告。可行性报告包括对行业企业的调研分析，对自身办学基础和专业特色的分析，对培养目标和培养规格的论证，有保障开设本专业可持续发展的规划和相关制度等。拟设置的本科层次职业教育专业需与学校办学特色相契合，所依托专业应是省级及以上重点

(特色)专业。

第十条 设置本科层次职业教育专业须有完成专业人才培养所必需的教师队伍，具体应具备以下条件：

（一）全校师生比不低于1:18；所依托专业专任教师与该专业全日制在校生人数之比不低于1:20，高级职称专任教师比例不低于30%，具有研究生学位专任教师比例不低于50%，具有博士研究生学位专任教师比例不低于15%。

（二）本专业的专任教师中，“双师型”教师占比不低于50%。来自行业企业一线的兼职教师占一定比例并有实质性专业教学任务，其所承担的专业课教学任务授课课时一般不少于专业课总课时的20%。

（三）有省级及以上教育行政部门等认定的高水平教师教学(科研)创新团队，或省级及以上教学名师、高层次人才担任专业带头人，或专业教师获省级及以上教学领域有关奖励两项以上。

第十一条 设置本科层次职业教育专业需有科学规范的专业人才培养方案，具体应具备以下条件：

（一）培养方案应校企共同制订，需遵循技术技能人才成长规律，突出知识与技能的高层次，使毕业生能够从事科技成果、实验成果转化，生产加工中高端产品、提供中高端服务，能够解决较复杂问题和进行较复杂操作。

（二）实践教学课时占总课时的比例不低于50%，实验实训项目（任务）开出率达到100%。

第十二条 设置本科层次职业教育专业需具备开办专业所必需的合作企业、经费、校舍、仪器设备、实习实训场所等办学条件：

（一）应与相关领域产教融合型企业等优质企业建立稳定合作关系。积极探索现代学徒制等培养模式，促进学历证书与职业技能等级证书互通衔接。

（二）有稳定的、可持续使用的专业建设经费并逐年增长。专业生均教学科研仪器设备值原则上不低于 1 万元。

（三）有稳定的、数量够用的实训基地，满足师生实习实训（培训）需求。

第十三条 设置本科层次职业教育专业需在技术研发与社会服务上有较好的工作基础，具体应具备以下条件：

（一）有省级及以上技术研发推广平台（工程研究中心、协同创新中心、重点实验室或技术技能大师工作室、实验实训基地等）。

（二）能够面向区域、行业企业开展科研、技术研发、社会服务等项目，并产生明显的经济和社会效益。

（三）专业面向行业企业和社会开展职业培训人次每年不少于本专业在校生人数的 2 倍。

第十四条 设置本科层次职业教育专业需有较高的培养质量基础和良好的社会声誉，具体应具备以下条件：

（一）所依托专业招生计划完成率一般不低于 90%，新生报到率一般不低于 85%。

（二）所依托专业应届毕业生就业率不低于本省域内高校平均水平。

第三章 专业设置程序

第十五条 专业设置和调整，每年集中通过专门信息平台进行管理。

第十六条 高校设置本科层次职业教育专业应以专业目录为基本依据，符合专业设置基本条件，并遵循以下基本程序：

（一）开展行业、企业、就业市场调研，做好人才需求分析和预测。

（二）在充分考虑区域产业发展需求的基础上，结合学校办学实际，进行专业设置必要性和可行性论证。符合条件的高等职业学校（专科）设置本科层次职业教育专业总数不超过学校专业总数的30%，本科层次职业教育专业学生总数不超过学校在校生总数的30%。

（三）根据国家有关规定，提交相关论证材料，包括学校和专业基本情况、拟设置专业论证报告、人才培养方案、专业办学条件、相关教学文件等。

（四）专业设置论证材料经学校官网公示后报省级教育行政部门。

（五）省级教育行政部门在符合条件的高校范畴内组织论证提出拟设专业，并报备教育部，教育部公布相关结果。

第四章　专业设置指导与监督

第十七条　教育部负责协调国家行业主管部门、行业组织定期发布行业人才需求以及专业设置指导建议等信息，负责建立健全专业设置评议专家组织，加强对本科层次职业教育专业设置的宏观管理。

第十八条　省级教育行政部门通过统筹规划、信息服务、专家指导等措施，指导区域内高校设置专业。

高校定期对专业设置情况进行自我评议，评议结果列入高校质量年度报告。

第十九条　教育行政部门应建立健全专业设置的预警和动态调整机制，把招生、办学、就业、生均经费投入等情况评价结果作为优化专业布局、调整专业结构的基本依据。

第二十条　教育行政部门对本科层次职业教育专业组织阶段性评价和周期性评估监测，高校所开设专业出现办学条件严重不足、教学质量低下、就业率过低等情形的，应调减该专业招生计划，直至停止招生。连续 3 年不招生的，原则上应及时撤销该专业点。

第五章 附 则

第二十一条 本办法自发布之日起实施，由教育部职业教育与成人教育司负责解释。

（七）民办教育

中华人民共和国民办教育促进法

（2002 年 12 月 28 日第九届全国人民代表大会常务委员会第三十一次会议通过 根据 2013 年 6 月 29 日第十二届全国人民代表大会常务委员会第三次会议《关于修改〈中华人民共和国文物保护法〉等十二部法律的决定》第一次修正 根据 2016 年 11 月 7 日第十二届全国人民代表大会常务委员会第二十四次会议《关于修改〈中华人民共和国民办教育促进法〉的决定》第二次修正 根据 2018 年 12 月 29 日第十三届全国人民代表大会常务委员会第七次会议《关于修改〈中华人民共和国劳动法〉等七部法律的决定》第三次修正）

目 录

第一章　总　　则

第一条　为实施科教兴国战略，促进民办教育事业的健康发展，维护民办学校和受教育者的合法权益，根据宪法和教育法制定本法。

第二条　国家机构以外的社会组织或者个人，利用非国家财政性经费，面向社会举办学校及其他教育机构的活动，适用本法。本法未作规定的，依照教育法和其他有关教育法律执行。

第三条　民办教育事业属于公益性事业，是社会主义教育事业的组成部分。

国家对民办教育实行积极鼓励、大力支持、正确引导、依法管理的方针。

各级人民政府应当将民办教育事业纳入国民经济和社会发展规划。

第四条　民办学校应当遵守法律、法规，贯彻国家的教育方针，保证教育质量，致力于培养社会主义建设事业的各类人才。

民办学校应当贯彻教育与宗教相分离的原则。任何组织和个人不得利用宗教进行妨碍国家教育制度的活动。

第五条　民办学校与公办学校具有同等的法律地位，国家保障民办学校的办学自主权。

国家保障民办学校举办者、校长、教职工和受教育者的合法权益。

第六条　国家鼓励捐资办学。

国家对为发展民办教育事业做出突出贡献的组织和个人，给予奖励和表彰。

第七条 国务院教育行政部门负责全国民办教育工作的统筹规划、综合协调和宏观管理。

国务院人力资源社会保障行政部门及其他有关部门在国务院规定的职责范围内分别负责有关的民办教育工作。

第八条 县级以上地方各级人民政府教育行政部门主管本行政区域内的民办教育工作。

县级以上地方各级人民政府人力资源社会保障行政部门及其他有关部门在各自的职责范围内，分别负责有关的民办教育工作。

第九条 民办学校中的中国共产党基层组织，按照中国共产党章程的规定开展党的活动，加强党的建设。

第二章 设 立

第十条 举办民办学校的社会组织，应当具有法人资格。

举办民办学校的个人，应当具有政治权利和完全民事行为能力。

民办学校应当具备法人条件。

第十一条 设立民办学校应当符合当地教育发展的需求，具备教育法和其他有关法律、法规规定的条件。

民办学校的设置标准参照同级同类公办学校的设置标准执行。

第十二条 举办实施学历教育、学前教育、自学考试助学及其他文化教育的民办学校，由县级以上人民政府教育行政部门按照国家规定的权限审批；举办实施以职业技能为主的职业资格培训、职业技能培训的民办学校，由县级以上人民政府人力资源社会保障行政部门按照国家规定的权限审批，并抄送同级教育行政部门备案。

第十三条 申请筹设民办学校，举办者应当向审批机关提交下列材料：

（一）申办报告，内容应当主要包括：举办者、培养目标、办学规模、办学层次、办学形式、办学条件、内部管理体制、经费筹措与管理使用等；

（二）举办者的姓名、住址或者名称、地址；

（三）资产来源、资金数额及有效证明文件，并载明产权；

（四）属捐赠性质的校产须提交捐赠协议，载明捐赠人的姓名、所捐资产的数额、用途和管理方法及相关有效证明文件。

第十四条 审批机关应当自受理筹设民办学校的申请之日起三十日内以书面形式作出是否同意的决定。

同意筹设的，发给筹设批准书。不同意筹设的，应当说明理由。

筹设期不得超过三年。超过三年的，举办者应当重新申报。

第十五条 申请正式设立民办学校的，举办者应当向审批机关提交下列材料：

（一）筹设批准书；

（二）筹设情况报告；

（三）学校章程、首届学校理事会、董事会或者其他决策机构组成人员名单；

（四）学校资产的有效证明文件；

（五）校长、教师、财会人员的资格证明文件。

第十六条 具备办学条件，达到设置标准的，可以直接申请正式设立，并应当提交本法第十三条和第十五条（三）、（四）、（五）项规定的材料。

第十七条 申请正式设立民办学校的，审批机关应当自受理之日起三个月内以书面形式作出是否批准的决定，并送达申请人；其中申请正式设立民办高等学校的，审批机关也可以自受理之日起六个月内以书面形式作出是否批准的决定，并送达申请人。

第十八条 审批机关对批准正式设立的民办学校发给办学许可证。

审批机关对不批准正式设立的，应当说明理由。

第十九条 民办学校的举办者可以自主选择设立非营利性或者营利性民办学校。但是，不得设立实施义务教育的营利性民办学校。

非营利性民办学校的举办者不得取得办学收益，学校的办学结余全部用于办学。

营利性民办学校的举办者可以取得办学收益，学校的办学结余依照公司法等有关法律、行政法规的规定处理。

民办学校取得办学许可证后，进行法人登记，登记机关应当依法予以办理。

第三章 学校的组织与活动

第二十条 民办学校应当设立学校理事会、董事会或者其他形式的决策机构并建立相应的监督机制。

民办学校的举办者根据学校章程规定的权限和程序参与学校的办学和管理。

第二十一条 学校理事会或者董事会由举办者或者其代表、校长、教职工代表等人员组成。其中三分之一以上的理事或者董事应当具有五年以上教育教学经验。

学校理事会或者董事会由五人以上组成，设理事长或者董事长一人。理事长、理事或者董事长、董事名单报审批机关备案。

第二十二条 学校理事会或者董事会行使下列职权：

（一）聘任和解聘校长；

（二）修改学校章程和制定学校的规章制度；

（三）制定发展规划，批准年度工作计划；

（四）筹集办学经费，审核预算、决算；

（五）决定教职工的编制定额和工资标准；

（六）决定学校的分立、合并、终止；

（七）决定其他重大事项。

其他形式决策机构的职权参照本条规定执行。

第二十三条 民办学校的法定代表人由理事长、董事长或者校长担任。

第二十四条 民办学校参照同级同类公办学校校长任职的条件聘任校长，年龄可以适当放宽。

第二十五条 民办学校校长负责学校的教育教学和行政管理工作，行使下列职权：

（一）执行学校理事会、董事会或者其他形式决策机构的决定；

（二）实施发展规划，拟订年度工作计划、财务预算和学校规章制度；

（三）聘任和解聘学校工作人员，实施奖惩；

（四）组织教育教学、科学研究活动，保证教育教学质量；

（五）负责学校日常管理工作；

（六）学校理事会、董事会或者其他形式决策机构的其他授权。

第二十六条 民办学校对招收的学生，根据其类别、修业年限、学业成绩，可以根据国家有关规定发给学历证书、结业证书或者培训合格证书。

对接受职业技能培训的学生，经备案的职业技能鉴定机构鉴定合格的，可以发给国家职业资格证书。

第二十七条 民办学校依法通过以教师为主体的教职工代表大会等形式，保障教职工参与民主管理和监督。

民办学校的教师和其他工作人员，有权依照工会法，建立工会组织，维护其合法权益。

第四章　教师与受教育者

第二十八条 民办学校的教师、受教育者与公办学校的教师、受教育者具有同等的法律地位。

第二十九条 民办学校聘任的教师，应当具有国家规定的任教资格。

第三十条 民办学校应当对教师进行思想品德教育和业务培训。

第三十一条 民办学校应当依法保障教职工的工资、福利待遇和其他合法权益，并为教职工缴纳社会保险费。

国家鼓励民办学校按照国家规定为教职工办理补充养老保险。

第三十二条 民办学校教职工在业务培训、职务聘任、教龄和工龄计算、表彰奖励、社会活动等方面依法享有与公办学校教职工同等权利。

第三十三条 民办学校依法保障受教育者的合法权益。

民办学校按照国家规定建立学籍管理制度，对受教育者实施奖励或者处分。

第三十四条 民办学校的受教育者在升学、就业、社会优待以及参加先进评选等方面享有与同级同类公办学校的受教育者同等权利。

第五章 学校资产与财务管理

第三十五条 民办学校应当依法建立财务、会计制度和资产管理制度，并按照国家有关规定设置会计账簿。

第三十六条 民办学校对举办者投入民办学校的资产、国有资产、受赠的财产以及办学积累，享有法人财产权。

第三十七条 民办学校存续期间，所有资产由民办学校依法管理和使用，任何组织和个人不得侵占。

任何组织和个人都不得违反法律、法规向民办教育机构收取任何费用。

第三十八条 民办学校收取费用的项目和标准根据办学成本、市场需求等因素确定，向社会公示，并接受有关主管部门的监督。

非营利性民办学校收费的具体办法，由省、自治区、直辖市人民政府制定；营利性民办学校的收费标准，实行市场调节，由学校自主决定。

民办学校收取的费用应当主要用于教育教学活动、改善办学条件和保障教职工待遇。

第三十九条 民办学校资产的使用和财务管理受审批机关和其他有关部门的监督。

民办学校应当在每个会计年度结束时制作财务会计报告，委托会计师事务所依法进行审计，并公布审计结果。

第六章 管理与监督

第四十条 教育行政部门及有关部门应当对民办学校的教育教学工作、教师培训工作进行指导。

第四十一条 教育行政部门及有关部门依法对民办学校实行督导，建立民办学校信息公示和信用档案制度，促进提高办学质量；组织或者委托社会中介组织评估办学水平和教育质量，并将评估结果向社会公布。

第四十二条 民办学校的招生简章和广告，应当报审批机关备案。

第四十三条 民办学校侵犯受教育者的合法权益，受教育者及其亲属有权向教育行政部门和其他有关部门申诉，有关部门应当及时予以处理。

第四十四条 国家支持和鼓励社会中介组织为民办学校提供服务。

第七章 扶持与奖励

第四十五条 县级以上各级人民政府可以设立专项资金，用于资助民办学校的发展，奖励和表彰有突出贡献的集体和个人。

第四十六条 县级以上各级人民政府可以采取购买服务、助学贷款、奖助学金和出租、转让闲置的国有资产等措施对民办学校予以扶持；对非营利性民办学校还可以采取政府补贴、基金奖励、捐资激励等扶持措施。

第四十七条 民办学校享受国家规定的税收优惠政策；其中，非营利性民办学校享受与公办学校同等的税收优惠政策。

第四十八条 民办学校依照国家有关法律、法规，可以接受公民、法人或者其他组织的捐赠。

国家对向民办学校捐赠财产的公民、法人或者其他组织按照有关规定给予税收优惠，并予以表彰。

第四十九条 国家鼓励金融机构运用信贷手段，支持民办教育事业的发展。

第五十条 人民政府委托民办学校承担义务教育任务，应当按照委托协议拨付相应的教育经费。

第五十一条 新建、扩建非营利性民办学校，人民政府应当按照与公办学校同等原则，以划拨等方式给予用地优惠。新建、扩建营利性民办学校，人民政府应当按照国家规定供给土地。

教育用地不得用于其他用途。

第五十二条 国家采取措施，支持和鼓励社会组织和个人到少数民族地区、边远贫困地区举办民办学校，发展教育事业。

第八章 变更与终止

第五十三条 民办学校的分立、合并，在进行财务清算后，由学校理事会或者董事会报审批机关批准。

申请分立、合并民办学校的，审批机关应当自受理之日起三个月内以书面形式答复；其中申请分立、合并民办高等学校的，审批机关也可以自受理之日起六个月内以书面形式答复。

第五十四条 民办学校举办者的变更，须由举办者提出，在进行财务清算后，经学校理事会或者董事会同意，报审批机关核准。

第五十五条 民办学校名称、层次、类别的变更，由学校理事会或者董事会报审批机关批准。

申请变更为其他民办学校，审批机关应当自受理之日起三个月内以书面形式答复；其中申请变更为民办高等学校的，审批机关也可以自受理之日起六个月内以书面形式答复。

第五十六条 民办学校有下列情形之一的，应当终止：

（一）根据学校章程规定要求终止，并经审批机关批准的；

（二）被吊销办学许可证的；

（三）因资不抵债无法继续办学的。

第五十七条 民办学校终止时，应当妥善安置在校学生。实施义务教育的民办学校终止时，审批机关应当协助学校安排学生继续就学。

第五十八条 民办学校终止时，应当依法进行财务清算。

民办学校自己要求终止的，由民办学校组织清算；被审批机关依法撤销的，由审批机关组织清算；因资不抵债无法继续办学而被终止的，由人民法院组织清算。

第五十九条 对民办学校的财产按照下列顺序清偿：

（一）应退受教育者学费、杂费和其他费用；

（二）应发教职工的工资及应缴纳的社会保险费用；

（三）偿还其他债务。

非营利性民办学校清偿上述债务后的剩余财产继续用于其他非营利性学校办学；营利性民办学校清偿上述债务后的剩余财产，依照公司法的有关规定处理。

第六十条 终止的民办学校，由审批机关收回办学许可证和销毁印章，并注销登记。

第九章　法律责任

第六十一条 民办学校在教育活动中违反教育法、教师法规定的，依照教育法、教师法的有关规定给予处罚。

第六十二条 民办学校有下列行为之一的，由县级以上人民政府教育行政部门、人力资源社会保障行政部门或者其他有关部门责令限期改正，并予以警告；有违法所得的，退还所收费用后没收违法所得；情节严重的，责令停止招生、吊销办学许可证；构成犯罪的，依法追究刑事责任：

（一）擅自分立、合并民办学校的；

（二）擅自改变民办学校名称、层次、类别和举办者的；

（三）发布虚假招生简章或者广告，骗取钱财的；

（四）非法颁发或者伪造学历证书、结业证书、培训证书、职业资格证书的；

（五）管理混乱严重影响教育教学，产生恶劣社会影响的；

（六）提交虚假证明文件或者采取其他欺诈手段隐瞒重要事实骗取办学许可证的；

（七）伪造、变造、买卖、出租、出借办学许可证的；

（八）恶意终止办学、抽逃资金或者挪用办学经费的。

第六十三条 县级以上人民政府教育行政部门、人力资源社会保障行政部门或者其他有关部门有下列行为之一的，由上级机关责令其改正；情节严重的，对直接负责的主管人员和其他直接责任人员，依法给予处分；造成经济损失的，依法承担赔偿责任；构成犯罪的，依法追究刑事责任：

（一）已受理设立申请，逾期不予答复的；

（二）批准不符合本法规定条件申请的；

（三）疏于管理，造成严重后果的；

（四）违反国家有关规定收取费用的；

（五）侵犯民办学校合法权益的；

（六）其他滥用职权、徇私舞弊的。

第六十四条 违反国家有关规定擅自举办民办学校的，由所在地县级以上地方人民政府教育行政部门或者人力资源社会保障行政部门会同同级公安、民政或者市场监督管理等有关部门责令停止办学、退还所收费用，并对举办者处违法所得一倍以上五倍以下罚款；构成违反治安管理行为的，由公安机关依法给予治安管理处罚；构成犯罪的，依法追究刑事责任。

第十章　附　　则

第六十五条　本法所称的民办学校包括依法举办的其他民办教育机构。

本法所称的校长包括其他民办教育机构的主要行政负责人。

第六十六条　境外的组织和个人在中国境内合作办学的办法，由国务院规定。

第六十七条　本法自2003年9月1日起施行。1997年7月31日国务院颁布的《社会力量办学条例》同时废止。

中华人民共和国民办教育促进法实施条例

（2004年3月5日中华人民共和国国务院令第399号公布　2021年4月7日中华人民共和国国务院令第741号修订）

第一章　总　　则

第一条　根据《中华人民共和国民办教育促进法》（以下简称民办教育促进法），制定本条例。

第二条　国家机构以外的社会组织或者个人可以利用非国家财政性经费举办各级各类民办学校；但是，不得举办实施军事、警察、政治等特殊性质教育的民办学校。

民办教育促进法和本条例所称国家财政性经费，是指财政拨款、依法取得并应当上缴国库或者财政专户的财政性资金。

第三条 各级人民政府应当依法支持和规范社会力量举办民办教育，保障民办学校依法办学、自主管理，鼓励、引导民办学校提高质量、办出特色，满足多样化教育需求。

对于举办民办学校表现突出或者为发展民办教育事业做出突出贡献的社会组织或者个人，按照国家有关规定给予奖励和表彰。

第四条 民办学校应当坚持中国共产党的领导，坚持社会主义办学方向，坚持教育公益性，对受教育者加强社会主义核心价值观教育，落实立德树人根本任务。

民办学校中的中国共产党基层组织贯彻党的方针政策，依照法律、行政法规和国家有关规定参与学校重大决策并实施监督。

第二章 民办学校的设立

第五条 国家机构以外的社会组织或者个人可以单独或者联合举办民办学校。联合举办民办学校的，应当签订联合办学协议，明确合作方式、各方权利义务和争议解决方式等。

国家鼓励以捐资、设立基金会等方式依法举办民办学校。以捐资等方式举办民办学校，无举办者的，其办学过程中的举办者权责由发起人履行。

在中国境内设立的外商投资企业以及外方为实际控制人的社会组织不得举办、参与举办或者实际控制实施义务教育的民办学校；举办其他类型民办学校的，应当符合国家有关外商投资的规定。

第六条 举办民办学校的社会组织或者个人应当有良好的信用状况。举办民办学校可以用货币出资，也可以用实物、建设用地使用权、知识产权等可以用货币估价并可以依法转让的非货币财产作价出资；但是，法律、行政法规规定不得作为出资的财产除外。

第七条 实施义务教育的公办学校不得举办或者参与举办民办

学校，也不得转为民办学校。其他公办学校不得举办或者参与举办营利性民办学校。但是，实施职业教育的公办学校可以吸引企业的资本、技术、管理等要素，举办或者参与举办实施职业教育的营利性民办学校。

公办学校举办或者参与举办民办学校，不得利用国家财政性经费，不得影响公办学校教学活动，不得仅以品牌输出方式参与办学，并应当经其主管部门批准。公办学校举办或者参与举办非营利性民办学校，不得以管理费等方式取得或者变相取得办学收益。

公办学校举办或者参与举办的民办学校应当具有独立的法人资格，具有与公办学校相分离的校园、基本教育教学设施和独立的专任教师队伍，按照国家统一的会计制度独立进行会计核算，独立招生，独立颁发学业证书。

举办或者参与举办民办学校的公办学校依法享有举办者权益，依法履行国有资产管理义务。

第八条 地方人民政府不得利用国有企业、公办教育资源举办或者参与举办实施义务教育的民办学校。

以国有资产参与举办民办学校的，应当根据国家有关国有资产监督管理的规定，聘请具有评估资格的中介机构依法进行评估，根据评估结果合理确定出资额，并报对该国有资产负有监管职责的机构备案。

第九条 国家鼓励企业以独资、合资、合作等方式依法举办或者参与举办实施职业教育的民办学校。

第十条 举办民办学校，应当按时、足额履行出资义务。民办学校存续期间，举办者不得抽逃出资，不得挪用办学经费。

举办者可以依法募集资金举办营利性民办学校，所募集资金应当主要用于办学，不得擅自改变用途，并按规定履行信息披露义务。民办学校及其举办者不得以赞助费等名目向学生、学生家长收取或者变相收取与入学关联的费用。

第十一条 举办者依法制定学校章程，负责推选民办学校首届理事会、董事会或者其他形式决策机构的组成人员。

举办者可以依据法律、法规和学校章程规定的程序和要求参加或者委派代表参加理事会、董事会或者其他形式决策机构，并依据学校章程规定的权限行使相应的决策权、管理权。

第十二条 民办学校举办者变更的，应当签订变更协议，但不得涉及学校的法人财产，也不得影响学校发展，不得损害师生权益；现有民办学校的举办者变更的，可以根据其依法享有的合法权益与继任举办者协议约定变更收益。

民办学校的举办者不再具备法定条件的，应当在6个月内向审批机关提出变更；逾期不变更的，由审批机关责令变更。

举办者为法人的，其控股股东和实际控制人应当符合法律、行政法规规定的举办民办学校的条件，控股股东和实际控制人变更的，应当报主管部门备案并公示。

举办者变更，符合法定条件的，审批机关应当在规定的期限内予以办理。

第十三条 同时举办或者实际控制多所民办学校的，举办者或者实际控制人应当具备与其所开展办学活动相适应的资金、人员、组织机构等条件与能力，并对所举办民办学校承担管理和监督职责。

同时举办或者实际控制多所民办学校的举办者或者实际控制人向所举办或者实际控制的民办学校提供教材、课程、技术支持等服务以及组织教育教学活动，应当符合国家有关规定并建立相应的质量标准和保障机制。

同时举办或者实际控制多所民办学校的，应当保障所举办或者实际控制的民办学校依法独立开展办学活动，存续期间所有资产由学校依法管理和使用；不得改变所举办或者实际控制的非营利性民办学校的性质，直接或者间接取得办学收益；也不得滥用市场支配地位，排除、限制竞争。

任何社会组织和个人不得通过兼并收购、协议控制等方式控制实施义务教育的民办学校、实施学前教育的非营利性民办学校。

第十四条 实施国家认可的教育考试、职业资格考试和职业技能等级考试等考试的机构，举办或者参与举办与其所实施的考试相关的民办学校应当符合国家有关规定。

第十五条 设立民办学校的审批权限，依照有关法律、法规的规定执行。

地方人民政府及其有关部门应当依法履行实施义务教育的职责。设立实施义务教育的民办学校，应当符合当地义务教育发展规划。

第十六条 国家鼓励民办学校利用互联网技术在线实施教育活动。

利用互联网技术在线实施教育活动应当符合国家互联网管理有关法律、行政法规的规定。利用互联网技术在线实施教育活动的民办学校应当取得相应的办学许可。

民办学校利用互联网技术在线实施教育活动，应当依法建立并落实互联网安全管理制度和安全保护技术措施，发现法律、行政法规禁止发布或者传输的信息的，应当立即停止传输，采取消除等处置措施，防止信息扩散，保存有关记录，并向有关主管部门报告。

外籍人员利用互联网技术在线实施教育活动，应当遵守教育和外国人在华工作管理等有关法律、行政法规的规定。

第十七条 民办学校的举办者在获得筹设批准书之日起 3 年内完成筹设的，可以提出正式设立申请。

民办学校在筹设期内不得招生。

第十八条 申请正式设立实施学历教育的民办学校的，审批机关受理申请后，应当组织专家委员会评议，由专家委员会提出咨询意见。

第十九条 民办学校的章程应当规定下列主要事项：

（一）学校的名称、住所、办学地址、法人属性；

（二）举办者的权利义务，举办者变更、权益转让的办法；

（三）办学宗旨、发展定位、层次、类型、规模、形式等；

（四）学校开办资金、注册资本，资产的来源、性质等；

（五）理事会、董事会或者其他形式决策机构和监督机构的产生方法、人员构成、任期、议事规则等；

（六）学校党组织负责人或者代表进入学校决策机构和监督机构的程序；

（七）学校的法定代表人；

（八）学校自行终止的事由，剩余资产处置的办法与程序；

（九）章程修改程序。

民办学校应当将章程向社会公示，修订章程应当事先公告，征求利益相关方意见。完成修订后，报主管部门备案或者核准。

第二十条 民办学校只能使用一个名称。

民办学校的名称应当符合有关法律、行政法规的规定，不得损害社会公共利益，不得含有可能引发歧义的文字或者含有可能误导公众的其他法人名称。营利性民办学校可以在学校牌匾、成绩单、毕业证书、结业证书、学位证书及相关证明、招生广告和简章上使用经审批机关批准的法人简称。

第二十一条 民办学校开办资金、注册资本应当与学校类型、层次、办学规模相适应。民办学校正式设立时，开办资金、注册资本应当缴足。

第二十二条 对批准正式设立的民办学校，审批机关应当颁发办学许可证，并向社会公告。

办学许可的期限应当与民办学校的办学层次和类型相适应。民办学校在许可期限内无违法违规行为的，有效期届满可以自动延续、换领新证。

民办学校办学许可证的管理办法由国务院教育行政部门、人力资源社会保障行政部门依据职责分工分别制定。

第二十三条 民办学校增设校区应当向审批机关申请地址变更；设立分校应当向分校所在地审批机关单独申请办学许可，并报原审批机关备案。

第二十四条 民办学校依照有关法律、行政法规的规定申请法人登记，登记机关应当依法予以办理。

第三章 民办学校的组织与活动

第二十五条 民办学校理事会、董事会或者其他形式决策机构的负责人应当具有中华人民共和国国籍，具有政治权利和完全民事行为能力，在中国境内定居，品行良好，无故意犯罪记录或者教育领域不良从业记录。

民办学校法定代表人应当由民办学校决策机构负责人或者校长担任。

第二十六条 民办学校的理事会、董事会或者其他形式决策机构应当由举办者或者其代表、校长、党组织负责人、教职工代表等共同组成。鼓励民办学校理事会、董事会或者其他形式决策机构吸收社会公众代表，根据需要设独立理事或者独立董事。实施义务教育的民办学校理事会、董事会或者其他形式决策机构组成人员应当具有中华人民共和国国籍，且应当有审批机关委派的代表。

民办学校的理事会、董事会或者其他形式决策机构每年至少召开2次会议。经1/3以上组成人员提议，可以召开理事会、董事会或者其他形式决策机构临时会议。讨论下列重大事项，应当经2/3以上组成人员同意方可通过：

（一）变更举办者；

（二）聘任、解聘校长；

（三）修改学校章程；

（四）制定发展规划；

（五）审核预算、决算；

（六）决定学校的分立、合并、终止；

（七）学校章程规定的其他重大事项。

第二十七条 民办学校应当设立监督机构。监督机构应当有党的基层组织代表，且教职工代表不少于1/3。教职工人数少于20人的民办学校可以只设1至2名监事。

监督机构依据国家有关规定和学校章程对学校办学行为进行监督。监督机构负责人或者监事应当列席学校决策机构会议。

理事会、董事会或者其他形式决策机构组成人员及其近亲属不得兼任、担任监督机构组成人员或者监事。

第二十八条 民办学校校长依法独立行使教育教学和行政管理职权。

民办学校内部组织机构的设置方案由校长提出，报理事会、董事会或者其他形式决策机构批准。

第二十九条 民办学校依照法律、行政法规和国家有关规定，自主开展教育教学活动；使用境外教材的，应当符合国家有关规定。

实施高等教育和中等职业技术学历教育的民办学校，可以按照办学宗旨和培养目标自主设置专业、开设课程、选用教材。

实施普通高中教育、义务教育的民办学校可以基于国家课程标准自主开设有特色的课程，实施教育教学创新，自主设置的课程应当报主管教育行政部门备案。实施义务教育的民办学校不得使用境外教材。

实施学前教育的民办学校开展保育和教育活动，应当遵循儿童身心发展规律，设置、开发以游戏、活动为主要形式的课程。

实施以职业技能为主的职业资格培训、职业技能培训的民办学校可以按照与培训专业（职业、工种）相对应的国家职业标准及相关职业培训要求开展培训活动，不得教唆、组织学员规避监管，以不正当手段获取职业资格证书、成绩证明等。

第三十条 民办学校应当按照招生简章或者招生广告的承诺，开设相应课程，开展教育教学活动，保证教育教学质量。

民办学校应当提供符合标准的校舍和教育教学设施设备。

第三十一条 实施学前教育、学历教育的民办学校享有与同级同类公办学校同等的招生权，可以在审批机关核定的办学规模内，自主确定招生的标准和方式，与公办学校同期招生。

实施义务教育的民办学校应当在审批机关管辖的区域内招生，纳入审批机关所在地统一管理。实施普通高中教育的民办学校应当主要在学校所在设区的市范围内招生，符合省、自治区、直辖市人民政府教育行政部门有关规定的可以跨区域招生。招收接受高等学历教育学生的应当遵守国家有关规定。

县级以上地方人民政府教育行政部门、人力资源社会保障行政部门应当为外地的民办学校在本地招生提供平等待遇，不得设置跨区域招生障碍实行地区封锁。

民办学校招收学生应当遵守招生规则，维护招生秩序，公开公平公正录取学生。实施义务教育的民办学校不得组织或者变相组织学科知识类入学考试，不得提前招生。

民办学校招收境外学生，按照国家有关规定执行。

第三十二条 实施高等学历教育的民办学校符合学位授予条件的，依照有关法律、行政法规的规定经审批同意后，可以获得相应的学位授予资格。

第四章　教师与受教育者

第三十三条 民办学校聘任的教师或者教学人员应当具备相应的教师资格或者其他相应的专业资格、资质。

民办学校应当有一定数量的专任教师；其中，实施学前教育、学历教育的民办学校应当按照国家有关规定配备专任教师。

鼓励民办学校创新教师聘任方式，利用信息技术等手段提高教学效率和水平。

第三十四条 民办学校自主招聘教师和其他工作人员，并应当与所招聘人员依法签订劳动或者聘用合同，明确双方的权利义务等。

民办学校聘任专任教师，在合同中除依法约定必备条款外，还应当对教师岗位及其职责要求、师德和业务考核办法、福利待遇、培训和继续教育等事项作出约定。

公办学校教师未经所在学校同意不得在民办学校兼职。

民办学校聘任外籍人员，按照国家有关规定执行。

第三十五条 民办学校应当建立教师培训制度，为受聘教师接受相应的思想政治培训和业务培训提供条件。

第三十六条 民办学校应当依法保障教职工待遇，按照学校登记的法人类型，按时足额支付工资，足额缴纳社会保险费和住房公积金。国家鼓励民办学校按照有关规定为教职工建立职业年金或者企业年金等补充养老保险。

实施学前教育、学历教育的民办学校应当从学费收入中提取一定比例建立专项资金或者基金，由学校管理，用于教职工职业激励或者增加待遇保障。

第三十七条 教育行政部门应当会同有关部门建立民办幼儿园、中小学专任教师劳动、聘用合同备案制度，建立统一档案，记录教师的教龄、工龄，在培训、考核、专业技术职务评聘、表彰奖励、权利保护等方面，统筹规划、统一管理，与公办幼儿园、中小学聘任的教师平等对待。

民办职业学校、高等学校按照国家有关规定自主开展教师专业技术职务评聘。

教育行政部门应当会同有关部门完善管理制度，保证教师在公办学校和民办学校之间的合理流动；指导和监督民办学校建立健全教职工代表大会制度。

第三十八条 实施学历教育的民办学校应当依法建立学籍和教学管理制度，并报主管部门备案。

第三十九条 民办学校及其教师、职员、受教育者申请政府设立的有关科研项目、课题等，享有与同级同类公办学校及其教师、职员、受教育者同等的权利。相关项目管理部门应当按规定及时足额拨付科研项目、课题资金。

各级人民政府应当保障民办学校的受教育者在升学、就业、社会优待、参加先进评选，以及获得助学贷款、奖助学金等国家资助等方面，享有与同级同类公办学校的受教育者同等的权利。

实施学历教育的民办学校应当建立学生资助、奖励制度，并按照不低于当地同级同类公办学校的标准，从学费收入中提取相应资金用于资助、奖励学生。

第四十条 教育行政部门、人力资源社会保障行政部门和其他有关部门，组织有关的评奖评优、文艺体育活动和课题、项目招标，应当为民办学校及其教师、职员、受教育者提供同等的机会。

第五章 民办学校的资产与财务管理

第四十一条 民办学校应当依照《中华人民共和国会计法》和国家统一的会计制度进行会计核算，编制财务会计报告。

第四十二条 民办学校应当建立办学成本核算制度，基于办学成本和市场需求等因素，遵循公平、合法和诚实信用原则，考虑经济效益与社会效益，合理确定收费项目和标准。对公办学校参与举办、使用国有资产或者接受政府生均经费补助的非营利性民办学校，省、自治区、直辖市人民政府可以对其收费制定最高限价。

第四十三条 民办学校资产中的国有资产的监督、管理，按照国家有关规定执行。

民办学校依法接受的捐赠财产的使用和管理，依照有关法律、行政法规执行。

第四十四条 非营利性民办学校收取费用、开展活动的资金往来，应当使用在有关主管部门备案的账户。有关主管部门应当对该账户实施监督。

营利性民办学校收入应当全部纳入学校开设的银行结算账户，办学结余分配应当在年度财务结算后进行。

第四十五条 实施义务教育的民办学校不得与利益关联方进行交易。其他民办学校与利益关联方进行交易的，应当遵循公开、公平、公允的原则，合理定价、规范决策，不得损害国家利益、学校利益和师生权益。

民办学校应当建立利益关联方交易的信息披露制度。教育、人力资源社会保障以及财政等有关部门应当加强对非营利性民办学校与利益关联方签订协议的监管，并按年度对关联交易进行审查。

前款所称利益关联方是指民办学校的举办者、实际控制人、校长、理事、董事、监事、财务负责人等以及与上述组织或者个人之间存在互相控制和影响关系、可能导致民办学校利益被转移的组织或者个人。

第四十六条 在每个会计年度结束时，民办学校应当委托会计师事务所对年度财务报告进行审计。非营利性民办学校应当从经审计的年度非限定性净资产增加额中，营利性民办学校应当从经审计的年度净收益中，按不低于年度非限定性净资产增加额或者净收益的 10%的比例提取发展基金，用于学校的发展。

第六章 管理与监督

第四十七条 县级以上地方人民政府应当建立民办教育工作联席会议制度。教育、人力资源社会保障、民政、市场监督管理等部门应当根据职责会同有关部门建立民办学校年度检查和年度报告制度，健全日常监管机制。

教育行政部门、人力资源社会保障行政部门及有关部门应当建立民办学校信用档案和举办者、校长执业信用制度，对民办学校进行执法监督的情况和处罚、处理结果应当予以记录，由执法、监督人员签字后归档，并依法依规公开执法监督结果。相关信用档案和信用记录依法纳入全国信用信息共享平台、国家企业信用信息公示系统。

第四十八条　审批机关应当及时公开民办学校举办者情况、办学条件等审批信息。

教育行政部门、人力资源社会保障行政部门应当依据职责分工，定期组织或者委托第三方机构对民办学校的办学水平和教育质量进行评估，评估结果应当向社会公开。

第四十九条　教育行政部门及有关部门应当制定实施学前教育、学历教育民办学校的信息公示清单，监督民办学校定期向社会公开办学条件、教育质量等有关信息。

营利性民办学校应当通过全国信用信息共享平台、国家企业信用信息公示系统公示相关信息。

有关部门应当支持和鼓励民办学校依法建立行业组织，研究制定相应的质量标准，建立认证体系，制定推广反映行业规律和特色要求的合同示范文本。

第五十条　民办学校终止的，应当交回办学许可证，向登记机关办理注销登记，并向社会公告。

民办学校自己要求终止的，应当提前6个月发布拟终止公告，依法依章程制定终止方案。

民办学校无实际招生、办学行为的，办学许可证到期后自然废止，由审批机关予以公告。民办学校自行组织清算后，向登记机关办理注销登记。

对于因资不抵债无法继续办学而被终止的民办学校，应当向人民法院申请破产清算。

第五十一条 国务院教育督导机构及省、自治区、直辖市人民政府负责教育督导的机构应当对县级以上地方人民政府及其有关部门落实支持和规范民办教育发展法定职责的情况进行督导、检查。

县级以上人民政府负责教育督导的机构依法对民办学校进行督导并公布督导结果，建立民办中小学、幼儿园责任督学制度。

第七章 支持与奖励

第五十二条 各级人民政府及有关部门应当依法健全对民办学校的支持政策，优先扶持办学质量高、特色明显、社会效益显著的民办学校。

县级以上地方人民政府可以参照同级同类公办学校生均经费等相关经费标准和支持政策，对非营利性民办学校给予适当补助。

地方人民政府出租、转让闲置的国有资产应当优先扶持非营利性民办学校。

第五十三条 民办学校可以依法以捐赠者的姓名、名称命名学校的校舍或者其他教育教学设施、生活设施。捐赠者对民办学校发展做出特殊贡献的，实施高等学历教育的民办学校经国务院教育行政部门按照国家规定的条件批准，其他民办学校经省、自治区、直辖市人民政府教育行政部门或者人力资源社会保障行政部门按照国家规定的条件批准，可以以捐赠者的姓名或者名称作为学校校名。

第五十四条 民办学校享受国家规定的税收优惠政策；其中，非营利性民办学校享受与公办学校同等的税收优惠政策。

第五十五条 地方人民政府在制定闲置校园综合利用方案时，应当考虑当地民办教育发展需求。

新建、扩建非营利性民办学校，地方人民政府应当按照与公办学校同等原则，以划拨等方式给予用地优惠。

实施学前教育、学历教育的民办学校使用土地，地方人民政府可以依法以协议、招标、拍卖等方式供应土地，也可以采取长期租赁、先租后让、租让结合的方式供应土地，土地出让价款和租金可以在规定期限内按合同约定分期缴纳。

第五十六条 在西部地区、边远地区和少数民族地区举办的民办学校申请贷款用于学校自身发展的，享受国家相关的信贷优惠政策。

第五十七条 县级以上地方人民政府可以根据本行政区域的具体情况，设立民办教育发展专项资金，用于支持民办学校提高教育质量和办学水平、奖励举办者等。

国家鼓励社会力量依法设立民办教育发展方面的基金会或者专项基金，用于支持民办教育发展。

第五十八条 县级人民政府根据本行政区域实施学前教育、义务教育或者其他公共教育服务的需要，可以与民办学校签订协议，以购买服务等方式，委托其承担相应教育任务。

委托民办学校承担普惠性学前教育、义务教育或者其他公共教育任务的，应当根据当地相关教育阶段的委托协议，拨付相应的教育经费。

第五十九条 县级以上地方人民政府可以采取政府补贴、以奖代补等方式鼓励、支持非营利性民办学校保障教师待遇。

第六十条 国家鼓励、支持保险机构设立适合民办学校的保险产品，探索建立行业互助保险等机制，为民办学校重大事故处理、终止善后、教职工权益保障等事项提供风险保障。

金融机构可以在风险可控前提下开发适合民办学校特点的金融产品。民办学校可以以未来经营收入、知识产权等进行融资。

第六十一条 除民办教育促进法和本条例规定的支持与奖励措施外，省、自治区、直辖市人民政府还可以根据实际情况，制定本地区促进民办教育发展的支持与奖励措施。

各级人民政府及有关部门在对现有民办学校实施分类管理改革

时，应当充分考虑有关历史和现实情况，保障受教育者、教职工和举办者的合法权益，确保民办学校分类管理改革平稳有序推进。

第八章　法 律 责 任

第六十二条　民办学校举办者及实际控制人、决策机构或者监督机构组成人员有下列情形之一的，由县级以上人民政府教育行政部门、人力资源社会保障行政部门或者其他有关部门依据职责分工责令限期改正，有违法所得的，退还所收费用后没收违法所得；情节严重的，1至5年内不得新成为民办学校举办者或实际控制人、决策机构或者监督机构组成人员；情节特别严重、社会影响恶劣的，永久不得新成为民办学校举办者或实际控制人、决策机构或者监督机构组成人员；构成违反治安管理行为的，由公安机关依法给予治安管理处罚；构成犯罪的，依法追究刑事责任：

（一）利用办学非法集资，或者收取与入学关联的费用的；

（二）未按时、足额履行出资义务，或者抽逃出资、挪用办学经费的；

（三）侵占学校法人财产或者非法从学校获取利益的；

（四）与实施义务教育的民办学校进行关联交易，或者与其他民办学校进行关联交易损害国家利益、学校利益和师生权益的；

（五）伪造、变造、买卖、出租、出借办学许可证的；

（六）干扰学校办学秩序或者非法干预学校决策、管理的；

（七）擅自变更学校名称、层次、类型和举办者的；

（八）有其他危害学校稳定和安全、侵犯学校法人权利或者损害教职工、受教育者权益的行为的。

第六十三条　民办学校有下列情形之一的，依照民办教育促进法第六十二条规定给予处罚：

（一）违背国家教育方针，偏离社会主义办学方向，或者未保障学校党组织履行职责的；

（二）违反法律、行政法规和国家有关规定开展教育教学活动的；

（三）理事会、董事会或者其他形式决策机构未依法履行职责的；

（四）教学条件明显不能满足教学要求、教育教学质量低下，未及时采取措施的；

（五）校舍、其他教育教学设施设备存在重大安全隐患，未及时采取措施的；

（六）侵犯受教育者的合法权益，产生恶劣社会影响的；

（七）违反国家规定聘任、解聘教师，或者未依法保障教职工待遇的；

（八）违反规定招生，或者在招生过程中弄虚作假的；

（九）超出办学许可范围，擅自改变办学地址或者设立分校的；

（十）未依法履行公示办学条件和教育质量有关材料、财务状况等信息披露义务，或者公示的材料不真实的；

（十一）未按照国家统一的会计制度进行会计核算、编制财务会计报告，财务、资产管理混乱，或者违反法律、法规增加收费项目、提高收费标准的；

（十二）有其他管理混乱严重影响教育教学的行为的。

法律、行政法规对前款规定情形的处罚另有规定的，从其规定。

第六十四条 民办学校有民办教育促进法第六十二条或者本条例第六十三条规定的违法情形的，由县级以上人民政府教育行政部门、人力资源社会保障行政部门或者其他有关部门依据职责分工对学校决策机构负责人、校长及直接责任人予以警告；情节严重的，1至5年内不得新成为民办学校决策机构负责人或者校长；情节特别严重、社会影响恶劣的，永久不得新成为民办学校决策机构负责人或者校长。

同时举办或者实际控制多所民办学校的举办者或者实际控制人

违反本条例规定，对所举办或者实际控制的民办学校疏于管理，造成恶劣影响的，由县级以上教育行政部门、人力资源社会保障行政部门或者其他有关部门依据职责分工责令限期整顿；拒不整改或者整改后仍发生同类问题的，1 至 5 年内不得举办新的民办学校，情节严重的，10 年内不得举办新的民办学校。

第六十五条 违反本条例规定举办、参与举办民办学校或者在民办学校筹设期内招生的，依照民办教育促进法第六十四条规定给予处罚。

第九章 附 则

第六十六条 本条例所称现有民办学校，是指 2016 年 11 月 7 日《全国人民代表大会常务委员会关于修改〈中华人民共和国民办教育促进法〉的决定》公布前设立的民办学校。

第六十七条 本条例规定的支持与奖励措施适用于中外合作办学机构。

第六十八条 本条例自 2021 年 9 月 1 日起施行。

国务院关于鼓励社会力量兴办教育促进民办教育健康发展的若干意见

（2016 年 12 月 29 日 国发〔2016〕81 号）

各省、自治区、直辖市人民政府，国务院各部委、各直属机构：

社会力量兴办教育是指各种社会力量以捐赠、出资、投资、合作等方式举办或者参与举办法律法规允许的各级各类学校和其他教育机构。改革开放以来，作为社会力量兴办教育主要形式的民办教育不断发展壮大，形成了从学前教育到高等教育、从学历教育到非学历教育，层次类型多样、充满生机活力的发展局面，有效增加了教育服务供给，为推动教育现代化、促进经济社会发展作出了积极贡献，已经成为社会主义教育事业的重要组成部分。同时，民办教育也面临许多制约发展的问题和困难。为鼓励社会力量兴办教育，促进民办教育健康发展，现提出如下意见。

一、总体要求

（一）指导思想。全面贯彻落实党的十八大和十八届三中、四中、五中、六中全会精神，深入贯彻习近平总书记系列重要讲话精神，按照“四个全面”战略布局和党中央、国务院决策部署，牢固树立并切实贯彻创新、协调、绿色、开放、共享五大发展理念，全面贯彻党的教育方针，坚持社会主义办学方向，坚持立德树人，培育和践行社会主义核心价值观。以实行分类管理为突破口，创新体制机制，完善扶持政策，加强规范管理，提高办学质量，进一步调动社会力量兴办教育的积极性，促进民办教育持续健康发展，培养德智体美全面发展的社会主义建设者和接班人。

（二）基本原则。

育人为本，德育为先。把立德树人作为根本任务，把理想信念教育摆在首要位置，形成全员、全过程、全方位育人的工作格局，提高学生服务国家服务人民的社会责任感、勇于探索的创新精神和善于解决问题的实践能力。

分类管理，公益导向。实行非营利性和营利性分类管理，实施差别化扶持政策，积极引导社会力量举办非营利性民办学校。坚持教育的公益属性，无论是非营利性民办学校还是营利性民办学校都要始终把社会效益放在首位。

优化环境，综合施策。统筹教育、登记、财政、土地、收费等相关政策，营造有利于民办教育发展的制度环境。

依法管理，规范办学。简政放权、放管结合、优化服务，依法履职，规范办学秩序，全面提高民办教育治理水平。

鼓励改革，上下联动。依靠改革创新推动发展，坚持顶层设计与基层创新相结合，共同破解民办教育改革发展难题和障碍。

二、加强党对民办学校的领导

（三）切实加强民办学校党的建设。全面加强民办学校党的思想建设、组织建设、作风建设、反腐倡廉建设、制度建设，增强政治意识、大局意识、核心意识、看齐意识。完善民办学校党组织设置，理顺民办学校党组织隶属关系，健全各级党组织工作保障机制，选好配强民办学校党组织负责人。民办学校党组织要发挥政治核心作用，强化思想引领，牢牢把握社会主义办学方向，牢牢把握党对民办学校意识形态工作的领导权、话语权，切实维护民办学校和谐稳定。民办高校党组织负责人兼任政府派驻学校的督导专员。实现学校基层党组织全覆盖、党建工作上水平，有效发挥基层党组织的战斗堡垒作用和共产党员的先锋模范作用。积极做好党员发展和教育管理服务工作。坚持党建带群建，加强民办学校共青团组织建设。各地要把民办学校党组织建设、党对民办学校的领导作为民办学校年度检查的重要内容。

（四）加强和改进民办学校思想政治教育工作。把思想政治教育工作纳入学校事业发展规划，把思想政治工作队伍建设纳入学校人才队伍培养规划，全面提升思想政治教育工作水平。切实加强思想政治理论课和思想品德课课程、教材、教师队伍建设，深入推进中国特色社会主义理论体系进教材、进课堂、进头脑，把社会主义核心价值观融入教育教学全过程、教书育人各环节，不断增强广大师生中国特色社会主义道路自信、理论自信、制度自信、文化自信。提高思想政治教育的针对性、实效性和吸引力、感染力，切实加强理想信念、爱国主义、集体主义、中国特色社会主义教育和中华优秀传统文化、革命传统文化、民族团结教育，引导学生树立正确的世界观、人生观、价值观。大力开展社会实践和志愿服务，积极开展心理健康教育。创新网络思想政治教育方式，大力弘扬主旋律、传播正能量，全面提高教书育人、实践育人、科研育人、管理育人、服务育人的水平。

三、创新体制机制

（五）建立分类管理制度。对民办学校（含其他民办教育机构）实行非营利性和营利性分类管理。非营利性民办学校举办者不取得办学收益，办学结余全部用于办学。营利性民办学校举办者可以取得办学收益，办学结余依据国家有关规定进行分配。民办学校依法享有法人财产权。

举办者自主选择举办非营利性民办学校或者营利性民办学校，依法依规办理登记。对现有民办学校按照举办者自愿的原则，通过政策引导，实现分类管理。

（六）建立差别化政策体系。国家积极鼓励和大力支持社会力量举办非营利性民办学校。各级人民政府要完善制度政策，在政府补贴、政府购买服务、基金奖励、捐资激励、土地划拨、税费减免等方面对非营利性民办学校给予扶持。各级人民政府可根据经济社会发展需要和公共服务需求，通过政府购买服务及税收优惠等方式对营利性民办学校给予支持。

（七）放宽办学准入条件。社会力量投入教育，只要是不属于法律法规禁止进入以及不损害第三方利益、社会公共利益、国家安全的领域，政府不得限制。政府制定准入负面清单，列出禁止和限制的办学行为。各地要重新梳理民办学校准入条件和程序，进一步简政放权，吸引更多的社会资源进入教育领域。

（八）拓宽办学筹资渠道。鼓励和吸引社会资金进入教育领域举办学校或者投入项目建设。创新教育投融资机制，多渠道吸引社会资金，扩大办学资金来源。鼓励金融机构在风险可控前提下开发适合民办学校特点的金融产品，探索办理民办学校未来经营收入、知识产权质押贷款业务，提供银行贷款、信托、融资租赁等多样化的金融服务。鼓励社会力量对非营利性民办学校给予捐赠。

（九）探索多元主体合作办学。推广政府和社会资本合作（PPP）模式，鼓励社会资本参与教育基础设施建设和运营管理、提供专业化服务。积极鼓励公办学校与民办学校相互购买管理服务、教学资源、科研成果。探索举办混合所有制职业院校，允许以资本、知识、技术、管理等要素参与办学并享有相应权利。鼓励营利性民办学校建立股权激励机制。

（十）健全学校退出机制。捐资举办的民办学校终止时，清偿后剩余财产统筹用于教育等社会事业。2016 年 11 月 7 日《全国人民代表大会常务委员会关于修改〈中华人民共和国民办教育促进法〉的决定》公布前设立的民办学校，选择登记为非营利性民办学校的，终止时，民办学校的财产依法清偿后有剩余的，按照国家有关规定给予出资者相应的补偿或者奖励，其余财产继续用于其他非营利性学校办学；选择登记为营利性民办学校的，应当进行财务清算，依法明确财产权属，终止时，民办学校的财产依法清偿后有剩余的，依照《中华人民共和国公司法》有关规定处理。具体办法由省、自治区、直辖市制定。2016 年 11 月 7 日后设立的民办学校终止时，财产处置按照有关规定和学校章程处理。各地要结合实际，健全民办学校退出机制，依法保护受教育者的合法权益。

四、完善扶持制度

（十一）加大财政投入力度。各级人民政府可按照《中华人民共和国预算法》、《中华人民共和国教育法》、《中华人民共和国民办教育促进法》等法律法规和制度要求，因地制宜，调整优化教育支出结构，加大对民办教育的扶持力度。财政扶持民办教育发展的资金要纳入预算，并向社会公开，接受审计和社会监督，提高资金使用效益。

（十二）创新财政扶持方式。地方各级人民政府应建立健全政府补贴制度，明确补贴的项目、对象、标准、用途。完善政府购买服务的标准和程序，建立绩效评价制度，制定向民办学校购买就读学位、课程教材、科研成果、职业培训、政策咨询等教育服务的具体政策措施。地方各级人民政府可按照国家关于基金会管理的规定设立民办教育发展基金，支持成立相应的基金会，组织开展各类有利于民办教育事业发展的活动。

（十三）落实同等资助政策。民办学校学生与公办学校学生按规定同等享受助学贷款、奖助学金等国家资助政策。各级人民政府应建立健全民办学校助学贷款业务扶持制度，提高民办学校家庭经济困难学生获得资助的比例。民办学校要建立健全奖助学金评定、发放等管理机制，应从学费收入中提取不少于5%的资金，用于奖励和资助学生。落实鼓励捐资助学的相关优惠政策措施，积极引导和鼓励企事业单位、社会组织和个人面向民办学校设立奖助学金，加大资助力度。

（十四）落实税费优惠等激励政策。民办学校按照国家有关规定享受相关税收优惠政策。对企业办的各类学校、幼儿园自用的房产、土地，免征房产税、城镇土地使用税。对企业支持教育事业的公益性捐赠支出，按照税法有关规定，在年度利润总额12%以内的部分，准予在计算应纳税所得额时扣除；对个人支持教育事业的公益性捐赠支出，按照税收法律法规及政策的相关规定在个人所得税前予以扣除。非营利性民办学校与公办学校享有同等待遇，按照税法规定进行免税资格认定后，免征非营利性收入的企业所得税。捐资建设校舍及开展表彰资助等活动的冠名依法尊重捐赠人意愿。民办学校用电、用水、用气、用热，执行与公办学校相同的价格政策。

（十五）实行差别化用地政策。民办学校建设用地按科教用地管理。非营利性民办学校享受公办学校同等政策，按划拨等方式供应土地。营利性民办学校按国家相应的政策供给土地。只有一个意向用地者的，可按协议方式供地。土地使用权人申请改变全部或者部分土地用途的，政府应当将申请改变用途的土地收回，按时价定价，重新依法供应。

（十六）实行分类收费政策。规范民办学校收费。非营利性民办学校收费，通过市场化改革试点，逐步实行市场调节价，具体政策由省级人民政府根据办学成本以及本地公办教育保障程度、民办学校发展情况等因素确定。营利性民办学校收费实行市场调节价，具体收费标准由民办学校自主确定。政府依法加强对民办学校收费行为的监管。

（十七）保障依法自主办学。扩大民办高等学校和中等职业学校专业设置自主权，鼓励学校根据国家战略需求和区域产业发展需要，依法依规设置和调整学科专业。民办中小学校在完成国家规定课程前提下，可自主开展教育教学活动。支持民办学校参与考试招生制度改革。社会声誉好、教学质量高、就业有保障的民办高等职业学校，可在核定的办学规模内自主确定招生范围和年度招生计划。中等以下层次民办学校按照国家有关规定，在核定的办学规模内，与当地公办学校同期面向社会自主招生。各地不得对民办学校跨区域招生设置障碍。

（十八）保障学校师生权益。完善学校、个人、政府合理分担的民办学校教职工社会保障机制。民办学校应依法为教职工足额缴纳社会保险费和住房公积金。鼓励民办学校按规定为教职工建立补充养老保险，改善教职工退休后的待遇。落实跨统筹地区社会保险关系转移接续政策，完善民办学校教师户籍迁移等方面的服务政策，探索建立民办学校教师人事代理制度和交流制度，促进教师合理流动。民办学校教师在资格认定、职务评聘、培养培训、评优表彰等方面与公办学校教师享有同等权利。非营利性民办学校教师享受当地公办学校同等的人才引进政策。民办学校学生在评奖评优、升学就业、社会优待、医疗保险等方面与同级同类公办学校学生享有同等权利。依法落实民办学校师生对学校办学管理的知情权、参与权，保障师生参与民主管理和民主监督的权利。完善民办学校师生争议处理机制，维护师生的合法权益。

五、加快现代学校制度建设

（十九）完善学校法人治理。民办学校要依法制定章程，按照章程管理学校。健全董事会（理事会）和监事（会）制度，董事会（理事会）和监事（会）成员依据学校章程规定的权限和程序共同参与学校的办学和管理。董事会（理事会）应当优化人员构成，由举办者或者其代表、校长、党组织负责人、教职工代表等共同组成。监事会中应当有党组织领导班子成员。探索实行独立董事（理事）、监事制度。健全党组织参与决策制度，积极推进“双向进入、交叉任职”，学校党组织领导班子成员通过法定程序进入学校决策机构和行政管理机构，党员校长、副校长等行政机构成员可按照党的有关规定进入党组织领导班子。学校党组织要支持学校决策机构和校长依法行使职权，督促其依法治教、规范管理。完善校长选聘机制，依法保障校长行使管理权。民办学校校长应熟悉教育及相关法律法规，具有5年以上教育管理经验和良好办学业绩，个人信用状况良好。学校关键管理岗位实行亲属回避制度。完善教职工代表大会和学生代表大会制度。

（二十）健全资产管理和财务会计制度。民办学校应当明确产权关系，建立健全资产管理制度。民办学校举办者应依法履行出资义务，将出资用于办学的土地、校舍和其他资产足额过户到学校名下。存续期间，民办学校对举办者投入学校的资产、国有资产、受赠的财产以及办学积累享有法人财产权，任何组织和个人不得侵占、挪用、抽逃。进一步规范民办学校会计核算，建立健全第三方审计制度。非营利性和营利性民办学校按照登记的法人属性，根据国家有关规定执行相应的会计制度。民办学校要明晰财务管理，依法设置会计账簿。民办学校应将举办者出资、政府补助、受赠、收费、办学积累等各类资产分类登记入账，定期开展资产清查，并将清查结果向社会公布。各地要探索制定符合民办学校特点的财务管理办法，完善民办学校年度财务、决算报告和预算报告报备制度。

（二十一）规范学校办学行为。民办学校要诚实守信、规范办学。办学条件应符合国家和地方规定的设置标准和有关要求，在校生数要控制在审批机关核定的办学规模内。要按照国家和地方有关规定做好宣传、招生工作，招生简章和广告须经审批机关备案。具有举办学历教育资格的民办学校，应按国家有关规定做好学籍管理工作，对招收的学历教育学生，学习期满成绩合格的颁发毕业证书，未达到学历教育要求的发给结业证书或者其他学业证书；对符合学位授予条件的学生，颁发相应的学位证书。各类民办学校对招收的非学历教育学生，发给结业证书或者培训合格证书。

（二十二）落实安全管理责任。民办学校应遵守国家有关安全法律、法规和规章，重视校园安全工作，确保校园安全技术防范系统建设符合国家和地方有关标准，学校选址和校舍建筑符合国家抗震设防、消防技术等相关标准。建立健全安全管理制度和应急机制，制定和完善突发事件应急预案，定期开展安全检查、巡查，及时发现和消除安全隐患。加强学生和教职员工安全教育培训，定期开展针对上课、课间、午休等不同场景的安全演练，提高师生安全意识和逃生自救能力。建立安全工作组织机构，配备学校内部安全保卫人员，明确安全工作职责。

六、提高教育教学质量

（二十三）明确学校办学定位。积极引导民办学校服务社会需求，更新办学理念，深化教育教学改革，创新办学模式，加强内涵建设，提高办学质量。学前教育阶段鼓励举办普惠性民办幼儿园，坚持科学保教，防止和纠正“小学化”现象。中小学校要执行国家课程方案和课程标准，坚持特色办学优质发展，满足多样化需求。职业院校应明确技术技能人才培养定位，服务区域经济和产业发展，深化产教融合、校企合作，提高技术技能型人才培养水平。鼓励举办应用技术类本科高等学校，培养适应经济结构调整、产业转型升级和新产业、新业态、新商业模式需要的人才。充分发挥民办教育在完善终身教育体系、构建学习型社会中的积极作用。

（二十四）加强教师队伍建设。各级人民政府和民办学校要把教师队伍建设作为提高教育教学质量的重要任务。各地要将民办学校教师队伍建设纳入教师队伍建设整体规划。民办学校要着力加强教师思想政治工作，建立健全教育、宣传、考核、监督与奖惩相结合的师德建设长效机制，全面提升教师师德素养。加强辅导员、班主任队伍建设。加强教学研究活动，重视青年教师培养，加大教师培训力度，不断提高教师的业务能力和水平。学校要在学费收入中安排一定比例资金用于教师培训。要关心教师工作和生活，提高教师工资和福利待遇。吸引各类高层次人才到民办学校任教，做到事业留人、感情留人、待遇留人。

（二十五）引进培育优质教育资源。鼓励支持高水平有特色民办学校培育优质学科、专业、课程、师资、管理，整体提升教育教学质量，着力打造一批具有国际影响力和竞争力的民办教育品牌，着力培养一批有理想、有境界、有情怀、有担当的民办教育家。允许民办高等学校和中等职业学校与世界高水平同类学校在学科、专业、课程建设以及人才培养等方面开展交流。

七、提高管理服务水平

（二十六）强化部门协调机制。各级人民政府要将发展民办教育纳入经济社会发展和教育事业整体规划，加强制度建设、标准制定、政策实施、统筹协调等工作，积极推进民办教育改革发展。国务院建立由教育部牵头，中央编办、国家发展改革委、公安部、民政部、财政部、人力资源社会保障部、国土资源部、住房城乡建设部、人民银行、税务总局、工商总局、银监会、证监会等部门参加的部际联席会议制度，协调解决民办教育发展中的重点难点问题，不断完善制度政策，优化民办教育发展环境。各地也应建立相应的部门协调机制。要将鼓励支持社会力量兴办教育作为考核各级人民政府改进公共服务方式的重要内容。

（二十七）改进政府管理方式。各级人民政府和行政管理部门要积极转变职能，减少事前审批，加强事中事后监管，提高政府管理服务水平。进一步清理涉及民办教育的行政许可事项，向社会公布权力清单、责任清单，严禁法外设权。改进许可方式，简化许可流程，明确工作时限，规范行政许可工作。建立民办教育管理信息系统，推广电子政务和网上办事，逐步实现日常管理事项网上并联办理，及时主动公开行政审批事项，提高服务效率，接受社会监督。

（二十八）健全监督管理机制。加强民办教育管理机构建设，强化民办教育督导，完善民办学校年度报告和年度检查制度。加强对新设立民办学校举办者的资格审查。完善民办学校财务会计制度、内部控制制度、审计监督制度，加强风险防范。推进民办教育信息公开，建立民办学校信息强制公开制度。建立违规失信惩戒机制，将违规办学的学校及其举办者和负责人纳入“黑名单”，规范学校办学行为。健全联合执法机制，加大对违法违规办学行为的查处力度。大力推进管办评分离，建立民办学校第三方质量认证和评估制度。民办学校行政管理部门根据评估结果，对办学质量不合格的民办学校予以警告、限期整改直至取消办学资格。

（二十九）发挥行业组织作用。积极培育民办教育行业组织，支持行业组织在行业自律、交流合作、协同创新、履行社会责任等方面发挥桥梁和纽带作用。依托各类专业机构开展民办学校咨询服务等工作。支持非营利性民办高等学校联盟等行业组织及其他教育中介组织在引导民办学校坚持公益性办学、创新人才培养模式、提升人才培养质量等方面发挥作用。

（三十）切实加强宣传引导。深入推进民办教育综合改革，鼓励地方和学校先行先试，总结推广试点地区和学校的成功做法和先进经验。加大对民办教育的宣传力度，按照国家有关规定奖励和表彰对民办教育改革发展作出突出贡献的集体和个人，树立民办教育良好社会形象，努力营造全社会共同关心、共同支持社会力量兴办教育的良好氛围。

鼓励社会力量兴办教育，促进民办教育健康发展，是一项事关当前、又利长远的重要任务。国务院有关部门要进一步解放思想，凝聚共识，加强领导，周密部署，切实落实鼓励社会力量兴办教育的各项政策措施。地方各级人民政府要根据本意见，因地制宜，积极探索，稳步推进，抓紧制定出台符合地方实际的实施意见和配套措施。

营利性民办学校监督管理实施细则

（2016 年 12 月 30 日　教发〔2016〕20 号）

第一章　总　　则

第一条　为贯彻落实《国务院关于鼓励社会力量兴办教育促进民办教育健康发展的若干意见》，规范营利性民办学校办学行为，促进民办教育健康发展，根据《中华人民共和国教育法》《中华人民共和国民办教育促进法》和 2016 年 11 月 7 日《全国人民代表大会常务委员会关于修改〈中华人民共和国民办教育促进法〉的决定》等法律法规，制定本细则。

第二条　社会组织或者个人可以举办营利性民办高等学校和其他高等教育机构、高中阶段教育学校和幼儿园，不得设立实施义务教育的营利性民办学校。

社会组织或者个人不得以财政性经费、捐赠资产举办或者参与举办营利性民办学校。

第三条　营利性民办学校应当遵守国家法律法规，全面贯彻党的教育方针，坚持党的领导，坚持社会主义办学方向，坚持立德树人，对受教育者加强社会主义核心价值观教育，培养德、智、体、美等方面全面发展的社会主义建设者和接班人。

营利性民办学校应当坚持教育的公益性，始终把培养高素质人才、服务经济社会发展放在首位，实现社会效益与经济效益相统一。

第四条 审批机关、工商行政管理部门和其他相关部门在职责范围内，依法对营利性民办学校行使监督管理职权。

第二章 学校设立

第五条 批准设立营利性民办学校参照国家同级同类学校设置标准，一般分筹设、正式设立两个阶段。经批准筹设的营利性民办学校，举办者应当自批准筹设之日起3年内提出正式设立申请，3年内未提出正式设立申请的，原筹设批复文件自然废止。

营利性民办学校在筹设期内不得招生。

第六条 审批机关应当坚持高水平、有特色导向批准设立营利性民办学校。设立营利性民办高等学校，应当纳入地方高等学校设置规划，按照学校设置标准、办学条件和学科专业数量等严格核定办学规模。中等以下层次营利性民办学校办学规模由省级人民政府根据当地实际制定。

第七条 营利性民办学校注册资本数额要与学校类别、层次、办学规模相适应。

第八条 举办营利性民办学校的社会组织或者个人应当具备与举办学校的层次、类型、规模相适应的经济实力，其净资产或者货币资金能够满足学校建设和发展的需要。

第九条 举办营利性民办学校的社会组织，应当具备下列条件：

（一）有中华人民共和国法人资格。

（二）信用状况良好，未被列入企业经营异常名录或严重违法失信企业名单，无不良记录。

（三）法定代表人有中华人民共和国国籍，在中国境内定居，信用状况良好，无犯罪记录，有政治权利和完全民事行为能力。

第十条 举办营利性民办学校的个人，应当具备下列条件：

（一）有中华人民共和国国籍，在中国境内定居。

（二）信用状况良好，无犯罪记录。

（三）有政治权利和完全民事行为能力。

第十一条 申请筹设营利性民办学校，举办者应当提交下列材料：

（一）筹设申请报告。内容主要包括：举办者的名称、地址或者姓名、住址及其资质，筹设学校的名称、地址、办学层次、办学规模、办学条件、培养目标、办学形式、内部管理机制、党组织设置、经费筹措与管理使用等。

（二）设立学校论证报告。

（三）举办者资质证明文件。举办者是社会组织的，应当包括社会组织的许可证、登记证或者营业执照、法定代表人有效身份证件复印件，决策机构、权力机构负责人及组成人员名单和有效身份证件复印件，有资质的会计师事务所出具的该社会组织近 2 年的年度财务会计报告审计结果，决策机构、权力机构同意投资举办学校的决议。举办者是个人的，应当包括有效身份证件复印件、个人存款、有本人签名的投资举办学校的决定等证明文件。

（四）资产来源、资金数额及有效证明文件，并载明产权。

（五）民办学校举办者再申请举办营利性民办学校的，还应当提交其举办或者参与举办的现有民办学校的办学许可证、登记证或者营业执照、组织机构代码证、校园土地使用权证、校舍房屋产权证明复印件，近 2 年年度检查的证明材料，有资质的会计师事务所出具的学校上年度财务会计报告审计结果。

（六）有两个以上举办者的，应当提交合作办学协议，明确各举办者的出资数额、出资方式、权利义务，举办者的排序、争议解决办法等内容。出资计入学校注册资本的，应当明确各举办者计入注册资本的出资数额、出资方式、占注册资本的比例。

第十二条 申请正式设立营利性民办学校，举办者应当提交下列材料：

（一）正式设立申请报告。

（二）筹设批准书。

（三）举办者资质证明文件。提交材料同本细则第十一条第（三）项。

（四）学校章程。

（五）学校首届董事会、监事（会）、行政机构负责人及组成人员名单和有效身份证件复印件。

（六）学校党组织负责人及组成人员名单和有效身份证件复印件，教职工党员名单。

（七）学校资产及其来源的有效证明文件。

（八）学校教师、财会人员名单及资格证明文件。

第十三条 直接申请正式设立营利性民办学校的，须提交本细则第十一条第（二）项规定的材料、第十二条除第（二）项以外的材料。

第十四条 审批机关对批准正式设立的营利性民办学校发给办学许可证；对不批准正式设立的，应当书面说明理由。经审批正式设立的营利性民办学校应当依法到工商行政管理部门登记。

第十五条 设立营利性民办学校，要坚持党的建设同步谋划、党的组织同步设置、党的工作同步开展。

第三章 组织机构

第十六条 营利性民办学校应当建立董事会、监事（会）、行政机构，同时建立党组织、教职工（代表）大会和工会。

营利性民办学校法定代表人由董事长或者校长担任。

第十七条 营利性民办学校董事会、行政机构、校长应当依据国家有关法律法规和学校章程设立和行使职权。

第十八条 营利性民办学校监事会中教职工代表不得少于1/3，主要履行以下职权：

（一）检查学校财务。

（二）监督董事会和行政机构成员履职情况。

（三）向教职工（代表）大会报告履职情况。

（四）国家法律法规和学校章程规定的其他职权。

第十九条 有犯罪记录、无民事行为能力或者限制行为能力者不得在学校董事会、监事会、行政机构任职。一个自然人不得同时在同一所学校的董事会、监事会任职。

第二十条 营利性民办学校应当切实加强党组织建设，强化党组织政治核心和政治引领作用，在事关学校办学方向、师生重大利益的重要决策中发挥指导、保障和监督作用。推进双向进入、交叉任职，党组织书记应当通过法定程序进入学校董事会和行政机构，党员校长、副校长等行政机构成员可按照党的有关规定进入党组织领导班子。监事会中应当有党组织领导班子成员。营利性民办学校应当加强共青团组织建设，充分发挥教职工（代表）大会和工会的作用。

第四章 教育教学

第二十一条 营利性民办学校应当以培养人才为中心，遵循教育规律，不断提高教育教学质量，增强受教育者的社会责任感、创新精神、实践能力。

第二十二条 营利性民办学校应当抓好思想政治教育和德育工作。加强思想政治理论课和思想品德课教学，推进中国特色社会主义理论体系进教材、进课堂、进头脑。深入开展理想信念、爱国主义、集体主义、中国特色社会主义教育和中华优秀传统文化、革命传统文化、民族团结教育，引导师生员工树立正确的世界观、人生观、价值观。

第二十三条 实施学历教育的营利性民办学校应当按照国家规定设置专业、开设课程、选用教材。营利性民办幼儿园应当依据国家和地方有关规定科学开展保育和教育活动。

第二十四条 营利性民办学校招收学历教育学生、境外学生应当遵守国家有关规定，招生简章和广告应当报审批机关备案。其中，本科高等学校的招生简章和广告应当报省级人民政府教育行政部门备案。

第二十五条 营利性民办学校聘任的教师应当具备国家规定的教师资格或者相关专业技能资格，学校应当按照《中华人民共和国教师法》《中华人民共和国劳动合同法》等国家法律法规和有关规定与教职工签订劳动合同。学校应当加强教师师德建设和业务培训，依法保障教职工工资、福利待遇和其他合法权益。学校聘任外籍教师应当符合国家有关规定。

第五章 财务资产

第二十六条 营利性民办学校执行《中华人民共和国公司法》及有关法律规定的财务会计制度。学校应当独立设置财务管理机构，统一学校财务核算，不得账外核算。

第二十七条 营利性民办学校应当建立健全财务内部控制制度，按实际发生数列支，不得虚列虚报，不得以计划数或者预算数代替实际支出数。

第二十八条 营利性民办学校按学期或者学年收费，收费项目及标准应当向社会公示 30 天后执行。不得在公示的项目和标准外收取其他费用，不得以任何名义向学生摊派费用或者强行集资。

第二十九条 营利性民办学校收入应当全部纳入学校财务专户，出具税务部门规定的合法票据，由学校财务部门统一核算、统一管理，保障学校的教育教学、学生资助、教职工待遇以及学校的建设和发展。学校应当将党建工作、思想政治工作和群团组织工作经费纳入学校经费预算。

第三十条 营利性民办学校拥有法人财产权，存续期间，学校所有资产由学校依法管理和使用，任何组织和个人不得侵占、挪用、抽逃。营利性民办学校举办者不得抽逃注册资本，不得用教育教学设施抵押贷款、进行担保，办学结余分配应当在年度财务结算后进行。

第三十一条 营利性民办学校应当建立健全学校风险防范、安全管理制度和应急预警处理机制，保障学校师生权益、生命财产安全，维护学校安全稳定。学校法定代表人是学校安全稳定工作的第一责任人。

第六章 信息公开

第三十二条 营利性民办学校应当依据法律法规建立信息公开制度及信息公开保密审查机制，公开的信息不得危及国家安全、公共安全、经济安全、社会稳定和学校安全稳定。

第三十三条 营利性民办高等学校信息公开内容应当执行《高等学校信息公开办法》等国家有关规定，其他营利性民办学校信息公开办法由地方人民政府学校主管部门制定。

第三十四条 营利性民办学校应当按照《企业信息公示暂行条例》规定，通过国家企业信用信息公示系统，公示年度报告信息、行政许可信息以及行政处罚信息等信用信息。

第三十五条 营利性民办学校信息应当通过学校网站、信息公告栏、电子屏幕等场所和设施公开，并可根据需要设置公共阅览室、资料索取点方便调取和查阅。除学校已经公开的信息外，社会组织或者个人可以书面形式向学校申请获取其他信息。

第七章 变更与终止

第三十六条 营利性民办学校分立、合并、终止及其他重大事项变更，应当由学校董事会通过后报审批机关审批、核准，并依法向工商行政管理部门申请变更、注销登记手续。其中，营利性民办本科高等学校分立、合并、终止、名称变更由教育部审批，其他事项变更由省级人民政府核准。

第三十七条 营利性民办学校分立、合并、终止及其他重大事项变更，应当制定实施方案和应急工作预案，并按隶属关系报学校主管部门备案，保障学校教育教学秩序和师生权益不受影响。

第三十八条 营利性民办学校有下列情形之一的，应当终止：

（一）根据学校章程规定要求终止，并经审批机关批准的。

（二）被吊销办学许可证的。

（三）因资不抵债无法继续办学的。

第三十九条 营利性民办学校终止时，应当依法进行财务清算，财产清偿依据《中华人民共和国民办教育促进法》等法律法规和学校章程的规定处理，切实保障学校师生和相关方面的权益。

第四十条 营利性民办学校终止时，应当及时办理建制撤销、注销登记手续，将学校办学许可证正副本、印章交回原审批机关，将营业执照正副本缴回原登记管理机关。

第四十一条 营利性民办学校发生分立、合并、终止等重大事项变更，学校党组织应当及时向上级党组织报告，上级党组织应当及时对学校党组织的变更或者撤销作出决定。

第八章 监督与处罚

第四十二条 教育、人力资源社会保障行政部门依据《中华人民共和国民办教育促进法》规定的管理权限，对营利性民办学校实施年度检查制度。工商行政管理部门对营利性民办学校实施年度报告公示制度。

第四十三条 教育、人力资源社会保障行政部门依据《中华人民共和国民办教育促进法》规定的管理权限，加大对营利性民办学校招生简章的监管力度，对于使用未经备案的招生简章、发布虚假招生简章的民办学校依法依规予以处理。

第四十四条 教育、人力资源社会保障行政部门依据《中华人民共和国民办教育促进法》规定的管理权限，加强对营利性民办学校办学行为和教育教学质量的监督管理，依法依规开展督导和检查，组织或者委托社会组织定期进行办学水平和教育教学质量评估，并向社会公布评估结果。

第四十五条 教育行政部门应当加强对实施学历教育的营利性民办学校执行电子学籍和学历证书电子注册制度情况的监督，对非法颁发或者伪造学历证书、学位证书的营利性民办学校依法予以处理。

第四十六条 地方教育、人力资源社会保障及其他相关部门应当通过实施审计、建立监管平台等措施对营利性民办学校财务资产状况进行监督。

第四十七条 营利性民办学校违反《中华人民共和国教育法》《中华人民共和国民办教育促进法》及相关法律法规，有下列行为之一的，由教育、人力资源社会保障、工商行政部门或者其他相关部门依法责令限期改正，并予以警告；有违法所得的，退还所收费用后没收违法所得；情节严重的，责令停止招生、吊销办学许可证；构成犯罪的，依法追究刑事责任：

（一）办学方向、教学内容、办学行为违背党的教育方针，违反国家相关法律规定。

（二）办学条件达不到国家规定标准，存在安全隐患。

（三）提供虚假资质或者进行虚假广告、宣传等行为。

（四）筹设期间违规招生，办学期间违规收费。

（五）因学校责任造成教育教学及安全事故。

（六）抽逃办学资金、非法集资。

（七）存在其他违反法律法规行为。

第四十八条 民办学校有下列情形之一的，其举办者不得再举办或者参与举办营利性民办学校：

（一）法人财产权未完全落实。

（二）民办学校属营利性的，其被列入企业经营异常名录或严重违法失信企业名单。

（三）办学条件不达标。

（四）近 2 年有年度检查不合格情况。

（五）法律法规规定的其他情形。

第九章 附 则

第四十九条 营利性民办培训机构参照本细则执行。

第五十条 本细则由教育部、人力资源社会保障部、工商总局负责解释。

（八）特殊教育

残疾人教育条例

（1994 年 8 月 23 日中华人民共和国国务院令第 161 号发布 根据 2011 年 1 月 8 日《国务院关于废止和修改部分行政法规的决定》修订 2017 年 1 月 11 日国务院第 161 次常务会议修订通过 2017 年 2 月 1 日中华人民共和国国务院令第 674 号公布 自 2017 年 5 月 1 日起施行）

第一章 总 则

第一条 为了保障残疾人受教育的权利，发展残疾人教育事业，根据《中华人民共和国教育法》和《中华人民共和国残疾人保障法》，制定本条例。

第二条 国家保障残疾人享有平等接受教育的权利，禁止任何基于残疾的教育歧视。

残疾人教育应当贯彻国家的教育方针，并根据残疾人的身心特性和需要，全面提高其素质，为残疾人平等地参与社会生活创造条件。

第三条 残疾人教育是国家教育事业的组成部分。

发展残疾人教育事业，实行普及与提高相结合、以普及为重点的方针，保障义务教育，着重发展职业教育，积极开展学前教育，逐步发展高级中等以上教育。

残疾人教育应当提高教育质量，积极推进融合教育，根据残疾人的残疾类别和接受能力，采取普通教育方式或者特殊教育方式，优先采取普通教育方式。

第四条 县级以上人民政府应当加强对残疾人教育事业的领导，将残疾人教育纳入教育事业发展规划，统筹安排实施，合理配置资源，保障残疾人教育经费投入，改善办学条件。

第五条 国务院教育行政部门主管全国的残疾人教育工作，统筹规划、协调管理全国的残疾人教育事业；国务院其他有关部门在国务院规定的职责范围内负责有关的残疾人教育工作。

县级以上地方人民政府教育行政部门主管本行政区域内的残疾人教育工作；县级以上地方人民政府其他有关部门在各自的职责范围内负责有关的残疾人教育工作。

第六条 中国残疾人联合会及其地方组织应当积极促进和开展残疾人教育工作，协助相关部门实施残疾人教育，为残疾人接受教育提供支持和帮助。

第七条 学前教育机构、各级各类学校及其他教育机构应当依照本条例以及国家有关法律、法规的规定，实施残疾人教育；对符合法律、法规规定条件的残疾人申请入学，不得拒绝招收。

第八条 残疾人家庭应当帮助残疾人接受教育。

残疾儿童、少年的父母或者其他监护人应当尊重和保障残疾儿童、少年接受教育的权利，积极开展家庭教育，使残疾儿童、少年及时接受康复训练和教育，并协助、参与有关教育机构的教育教学活动，为残疾儿童、少年接受教育提供支持。

第九条 社会各界应当关心和支持残疾人教育事业。残疾人所在社区、相关社会组织和企事业单位，应当支持和帮助残疾人平等接受教育、融入社会。

第十条 国家对为残疾人教育事业作出突出贡献的组织和个人，按照有关规定给予表彰、奖励。

第十一条 县级以上人民政府负责教育督导的机构应当将残疾人教育实施情况纳入督导范围，并可以就执行残疾人教育法律法规情况、残疾人教育教学质量以及经费管理和使用情况等实施专项督导。

第二章 义务教育

第十二条 各级人民政府应当依法履行职责，保障适龄残疾儿童、少年接受义务教育的权利。

县级以上人民政府对实施义务教育的工作进行监督、指导、检查，应当包括对残疾儿童、少年实施义务教育工作的监督、指导、检查。

第十三条 适龄残疾儿童、少年的父母或者其他监护人，应当依法保证其残疾子女或者被监护人入学接受并完成义务教育。

第十四条 残疾儿童、少年接受义务教育的入学年龄和年限，应当与当地儿童、少年接受义务教育的入学年龄和年限相同；必要时，其入学年龄和在校年龄可以适当提高。

第十五条 县级人民政府教育行政部门应当会同卫生行政部

门、民政部门、残疾人联合会，根据新生儿疾病筛查和学龄前儿童残疾筛查、残疾人统计等信息，对义务教育适龄残疾儿童、少年进行入学前登记，全面掌握本行政区域内义务教育适龄残疾儿童、少年的数量和残疾情况。

第十六条 县级人民政府应当根据本行政区域内残疾儿童、少年的数量、类别和分布情况，统筹规划，优先在部分普通学校中建立特殊教育资源教室，配备必要的设备和专门从事残疾人教育的教师及专业人员，指定其招收残疾儿童、少年接受义务教育；并支持其他普通学校根据需要建立特殊教育资源教室，或者安排具备相应资源、条件的学校为招收残疾学生的其他普通学校提供必要的支持。

县级人民政府应当为实施义务教育的特殊教育学校配备必要的残疾人教育教学、康复评估和康复训练等仪器设备，并加强九年一贯制义务教育特殊教育学校建设。

第十七条 适龄残疾儿童、少年能够适应普通学校学习生活、接受普通教育的，依照《中华人民共和国义务教育法》的规定就近到普通学校入学接受义务教育。

适龄残疾儿童、少年能够接受普通教育，但是学习生活需要特别支持的，根据身体状况就近到县级人民政府教育行政部门在一定区域内指定的具备相应资源、条件的普通学校入学接受义务教育。

适龄残疾儿童、少年不能接受普通教育的，由县级人民政府教育行政部门统筹安排进入特殊教育学校接受义务教育。

适龄残疾儿童、少年需要专人护理，不能到学校就读的，由县级人民政府教育行政部门统筹安排，通过提供送教上门或者远程教育等方式实施义务教育，并纳入学籍管理。

第十八条 在特殊教育学校学习的残疾儿童、少年，经教育、康复训练，能够接受普通教育的，学校可以建议残疾儿童、少年的父母或者其他监护人将其转入或者升入普通学校接受义务教育。

在普通学校学习的残疾儿童、少年，难以适应普通学校学习生活的，学校可以建议残疾儿童、少年的父母或者其他监护人将其转入指定的普通学校或者特殊教育学校接受义务教育。

第十九条 适龄残疾儿童、少年接受教育的能力和适应学校学习生活的能力应当根据其残疾类别、残疾程度、补偿程度以及学校办学条件等因素判断。

第二十条 县级人民政府教育行政部门应当会同卫生行政部门、民政部门、残疾人联合会，建立由教育、心理、康复、社会工作等方面专家组成的残疾人教育专家委员会。

残疾人教育专家委员会可以接受教育行政部门的委托，对适龄残疾儿童、少年的身体状况、接受教育的能力和适应学校学习生活的能力进行评估，提出入学、转学建议；对残疾人义务教育问题提供咨询，提出建议。

依照前款规定作出的评估结果属于残疾儿童、少年的隐私，仅可被用于对残疾儿童、少年实施教育、康复。教育行政部门、残疾人教育专家委员会、学校及其工作人员对在工作中了解的残疾儿童、少年评估结果及其他个人信息负有保密义务。

第二十一条 残疾儿童、少年的父母或者其他监护人与学校就入学、转学安排发生争议的，可以申请县级人民政府教育行政部门处理。

接到申请的县级人民政府教育行政部门应当委托残疾人教育专家委员会对残疾儿童、少年的身体状况、接受教育的能力和适应学校学习生活的能力进行评估并提出入学、转学建议，并根据残疾人教育专家委员会的评估结果和提出的入学、转学建议，综合考虑学校的办学条件和残疾儿童、少年及其父母或者其他监护人的意愿，对残疾儿童、少年的入学、转学安排作出决定。

第二十二条 招收残疾学生的普通学校应当将残疾学生合理编入班级；残疾学生较多的，可以设置专门的特殊教育班级。

招收残疾学生的普通学校应当安排专门从事残疾人教育的教师

或者经验丰富的教师承担随班就读或者特殊教育班级的教育教学工作，并适当缩减班级学生数额，为残疾学生入学后的学习、生活提供便利和条件，保障残疾学生平等参与教育教学和学校组织的各项活动。

第二十三条 在普通学校随班就读残疾学生的义务教育，可以适用普通义务教育的课程设置方案、课程标准和教材，但是对其学习要求可以有适度弹性。

第二十四条 残疾儿童、少年特殊教育学校（班）应当坚持思想教育、文化教育、劳动技能教育与身心补偿相结合，并根据学生残疾状况和补偿程度，实施分类教学；必要时，应当听取残疾学生父母或者其他监护人的意见，制定符合残疾学生身心特性和需要的个别化教育计划，实施个别教学。

第二十五条 残疾儿童、少年特殊教育学校（班）的课程设置方案、课程标准和教材，应当适合残疾儿童、少年的身心特性和需要。

残疾儿童、少年特殊教育学校（班）的课程设置方案、课程标准由国务院教育行政部门制订；教材由省级以上人民政府教育行政部门按照国家有关规定审定。

第二十六条 县级人民政府教育行政部门应当加强对本行政区域内的残疾儿童、少年实施义务教育工作的指导。

县级以上地方人民政府教育行政部门应当统筹安排支持特殊教育学校建立特殊教育资源中心，在一定区域内提供特殊教育指导和支持服务。特殊教育资源中心可以受教育行政部门的委托承担以下工作：

（一）指导、评价区域内的随班就读工作；

（二）为区域内承担随班就读教育教学任务的教师提供培训；

（三）派出教师和相关专业服务人员支持随班就读，为接受送教上门和远程教育的残疾儿童、少年提供辅导和支持；

（四）为残疾学生父母或者其他监护人提供咨询；

（五）其他特殊教育相关工作。

第三章 职业教育

第二十七条 残疾人职业教育应当大力发展中等职业教育，加快发展高等职业教育，积极开展以实用技术为主的中期、短期培训，以提高就业能力为主，培养技术技能人才，并加强对残疾学生的就业指导。

第二十八条 残疾人职业教育由普通职业教育机构和特殊职业教育机构实施，以普通职业教育机构为主。

县级以上地方人民政府应当根据需要，合理设置特殊职业教育机构，改善办学条件，扩大残疾人中等职业学校招生规模。

第二十九条 普通职业学校不得拒绝招收符合国家规定的录取标准的残疾人入学，普通职业培训机构应当积极招收残疾人入学。

县级以上地方人民政府应当采取措施，鼓励和支持普通职业教育机构积极招收残疾学生。

第三十条 实施残疾人职业教育的学校和培训机构，应当根据社会需要和残疾人的身心特性合理设置专业，并与企业合作设立实习实训基地，或者根据教学需要和条件办好实习基地。

第四章 学前教育

第三十一条 各级人民政府应当积极采取措施，逐步提高残疾幼儿接受学前教育的比例。

县级人民政府及其教育行政部门、民政部门等有关部门应当支持普通幼儿园创造条件招收残疾幼儿；支持特殊教育学校和具备办学条件的残疾儿童福利机构、残疾儿童康复机构等实施学前教育。

第三十二条 残疾幼儿的教育应当与保育、康复结合实施。

招收残疾幼儿的学前教育机构应当根据自身条件配备必要的康

复设施、设备和专业康复人员，或者与其他具有康复设施、设备和专业康复人员的特殊教育机构、康复机构合作对残疾幼儿实施康复训练。

第三十三条 卫生保健机构、残疾幼儿的学前教育机构、儿童福利机构和家庭，应当注重对残疾幼儿的早期发现、早期康复和早期教育。

卫生保健机构、残疾幼儿的学前教育机构、残疾儿童康复机构应当就残疾幼儿的早期发现、早期康复和早期教育为残疾幼儿家庭提供咨询、指导。

第五章 普通高级中等以上教育及继续教育

第三十四条 普通高级中等学校、高等学校、继续教育机构应当招收符合国家规定的录取标准的残疾考生入学，不得因其残疾而拒绝招收。

第三十五条 设区的市级以上地方人民政府可以根据实际情况举办实施高级中等以上教育的特殊教育学校，支持高等学校设置特殊教育学院或者相关专业，提高残疾人的受教育水平。

第三十六条 县级以上人民政府教育行政部门以及其他有关部门、学校应当充分利用现代信息技术，以远程教育等方式为残疾人接受成人高等教育、高等教育自学考试等提供便利和帮助，根据实际情况开设适合残疾人学习的专业、课程，采取灵活开放的教学和管理模式，支持残疾人顺利完成学业。

第三十七条 残疾人所在单位应当对本单位的残疾人开展文化知识教育和技术培训。

第三十八条 扫除文盲教育应当包括对年满 15 周岁以上的未丧失学习能力的文盲、半文盲残疾人实施的扫盲教育。

第三十九条 国家、社会鼓励和帮助残疾人自学成才。

第六章 教 师

第四十条 县级以上人民政府应当重视从事残疾人教育的教师培养、培训工作，并采取措施逐步提高他们的地位和待遇，改善他们的工作环境和条件，鼓励教师终身从事残疾人教育事业。

县级以上人民政府可以采取免费教育、学费减免、助学贷款代偿等措施，鼓励具备条件的高等学校毕业生到特殊教育学校或者其他特殊教育机构任教。

第四十一条 从事残疾人教育的教师，应当热爱残疾人教育事业，具有社会主义的人道主义精神，尊重和关爱残疾学生，并掌握残疾人教育的专业知识和技能。

第四十二条 专门从事残疾人教育工作的教师（以下称特殊教育教师）应当符合下列条件：

（一）依照《中华人民共和国教师法》的规定取得教师资格；

（二）特殊教育专业毕业或者经省、自治区、直辖市人民政府教育行政部门组织的特殊教育专业培训并考核合格。

从事听力残疾人教育的特殊教育教师应当达到国家规定的手语等级标准，从事视力残疾人教育的特殊教育教师应当达到国家规定的盲文等级标准。

第四十三条 省、自治区、直辖市人民政府可以根据残疾人教育发展的需求，结合当地实际为特殊教育学校和指定招收残疾学生的普通学校制定教职工编制标准。

县级以上地方人民政府教育行政部门应当会同其他有关部门，在核定的编制总额内，为特殊教育学校配备承担教学、康复等工作的特殊教育教师和相关专业人员；在指定招收残疾学生的普通学校设置特殊教育教师等专职岗位。

第四十四条 国务院教育行政部门和省、自治区、直辖市人民政府应当根据残疾人教育发展的需要有计划地举办特殊教育师范院校，支持普通师范院校和综合性院校设置相关院系或者专业，培养特殊教育教师。

普通师范院校和综合性院校的师范专业应当设置特殊教育课程，使学生掌握必要的特殊教育的基本知识和技能，以适应对随班就读的残疾学生的教育教学需要。

第四十五条 县级以上地方人民政府教育行政部门应当将特殊教育教师的培训纳入教师培训计划，以多种形式组织在职特殊教育教师进修提高专业水平；在普通教师培训中增加一定比例的特殊教育内容和相关知识，提高普通教师的特殊教育能力。

第四十六条 特殊教育教师和其他从事特殊教育的相关专业人员根据国家有关规定享受特殊岗位补助津贴及其他待遇；普通学校的教师承担残疾学生随班就读教学、管理工作的，应当将其承担的残疾学生教学、管理工作纳入其绩效考核内容，并作为核定工资待遇和职务评聘的重要依据。

县级以上人民政府教育行政部门、人力资源社会保障部门在职务评聘、培训进修、表彰奖励等方面，应当为特殊教育教师制定优惠政策、提供专门机会。

第七章 条件保障

第四十七条 省、自治区、直辖市人民政府应当根据残疾人教育的特殊情况，依据国务院有关行政主管部门的指导性标准，制定本行政区域内特殊教育学校的建设标准、经费开支标准、教学仪器设备配备标准等。

义务教育阶段普通学校招收残疾学生，县级人民政府财政部门及教育行政部门应当按照特殊教育学校生均预算内公用经费标准足额拨付费用。

第四十八条 各级人民政府应当按照有关规定安排残疾人教育经费，并将所需经费纳入本级政府预算。

县级以上人民政府根据需要可以设立专项补助款，用于发展残疾人教育。

地方各级人民政府用于义务教育的财政拨款和征收的教育费附加，应当有一定比例用于发展残疾儿童、少年义务教育。

地方各级人民政府可以按照有关规定将依法征收的残疾人就业保障金用于特殊教育学校开展各种残疾人职业教育。

第四十九条 县级以上地方人民政府应当根据残疾人教育发展的需要统筹规划、合理布局，设置特殊教育学校，并按照国家有关规定配备必要的残疾人教育教学、康复评估和康复训练等仪器设备。

特殊教育学校的设置，由教育行政部门按照国家有关规定审批。

第五十条 新建、改建、扩建各级各类学校应当符合《无障碍环境建设条例》的要求。

县级以上地方人民政府及其教育行政部门应当逐步推进各级各类学校无障碍校园环境建设。

第五十一条 招收残疾学生的学校对经济困难的残疾学生，应当按照国家有关规定减免学费和其他费用，并按照国家资助政策优先给予补助。

国家鼓励有条件的地方优先为经济困难的残疾学生提供免费的学前教育和高中教育，逐步实施残疾学生高中阶段免费教育。

第五十二条 残疾人参加国家教育考试，需要提供必要支持条件和合理便利的，可以提出申请。教育考试机构、学校应当按照国家有关规定予以提供。

第五十三条 国家鼓励社会力量举办特殊教育机构或者捐资助学；鼓励和支持民办学校或者其他教育机构招收残疾学生。

县级以上地方人民政府及其有关部门对民办特殊教育机构、招收残疾学生的民办学校，应当按照国家有关规定予以支持。

第五十四条 国家鼓励开展残疾人教育的科学研究，组织和扶持盲文、手语的研究和应用，支持特殊教育教材的编写和出版。

第五十五条 县级以上人民政府及其有关部门应当采取优惠政策和措施，支持研究、生产残疾人教育教学专用仪器设备、教具、学具、软件及其他辅助用品，扶持特殊教育机构兴办和发展福利企业和辅助性就业机构。

第八章 法律责任

第五十六条 地方各级人民政府及其有关部门违反本条例规定，未履行残疾人教育相关职责的，由上一级人民政府或者其有关部门责令限期改正；情节严重的，予以通报批评，并对直接负责的主管人员和其他直接责任人员依法给予处分。

第五十七条 学前教育机构、学校、其他教育机构及其工作人员违反本条例规定，有下列情形之一的，由其主管行政部门责令改正，对直接负责的主管人员和其他直接责任人员依法给予处分；构成违反治安管理行为的，由公安机关依法给予治安管理处罚；构成犯罪的，依法追究刑事责任：

（一）拒绝招收符合法律、法规规定条件的残疾学生入学的；

（二）歧视、侮辱、体罚残疾学生，或者放任对残疾学生的歧视言行，对残疾学生造成身心伤害的；

（三）未按照国家有关规定对经济困难的残疾学生减免学费或者其他费用的。

第九章 附　　则

第五十八条 本条例下列用语的含义：

融合教育是指将对残疾学生的教育最大程度地融入普通教育。

特殊教育资源教室是指在普通学校设置的装备有特殊教育和康复训练设施设备的专用教室。

第五十九条 本条例自2017年5月1日起施行。

教育部等四部门关于加快发展残疾人职业教育的若干意见

（2018 年 4 月 23 日　教职成〔2018〕5 号）

各省、自治区、直辖市教育厅（教委）、发展改革委、财政厅（局）、残联，新疆生产建设兵团教育局、发展改革委、财政局、残联：

为深入贯彻落实党的十九大精神以及中共中央办公厅和国务院办公厅关于深化教育体制机制改革的有关精神、国务院关于加快推进残疾人小康进程的有关精神、《第二期特殊教育提升计划（2017—2020 年）》，办好特殊教育，加快发展残疾人职业教育，加快推进残疾人小康进程，现提出以下意见。

一、充分认识加快发展残疾人职业教育的重要意义

习近平总书记指出，“全面建成小康社会，残疾人一个也不能少”“共同富裕路上，一个不能掉队”。加快发展残疾人职业教育，有利于更好满足残疾人受教育的权利，提升残疾人受教育的水平，促进教育公平，推进基本实现教育现代化；有利于帮助残疾人提高就业创业能力，促进残疾人就业和全面发展，更好融入社会，平等享有人生出彩的机会；有利于帮助贫困残疾人脱贫增收，阻断贫困代际传递，加快残疾人小康进程，确保全面小康路上不让一个人掉队。

近年来，我国残疾人职业教育得到较快发展，规模明显扩大，保障条件逐步得到完善。但总体来看，残疾人职业教育整体水平有待提高，办学水平偏低、师资力量薄弱、布局不合理等问题依然比较突出，与整体职业教育发展水平和广大残疾人接受职业教育的迫切需求存在较大差距。各地要充分认识发展残疾人职业教育的重大意义，高度重视并采取切实措施加快发展残疾人职业教育。

二、以中等职业教育为重点不断扩大残疾人接受职业教育的机会

大力发展残疾人中等职业教育，让完成义务教育且有意愿的残疾人都能接受适合的中等职业教育。职业院校要通过随班就读、专门编班等形式，逐步扩大招收残疾学生的规模，不得以任何理由拒绝接收符合规定录取标准的残疾学生入学。

现有的残疾人职业院校要根据需求不断完善残疾人职业教育的专业设置，有针对性的开设适合残疾人学习的专业，积极探索设置面向智力残疾学生、多重残疾学生的专业或方向，扩大残疾人就读专业的选择机会，为残疾人提供适合的职业教育，同步促进残疾人的康复与职业技能提升。每个省（区、市）集中力量至少办好一所面向全省招生的残疾人中等职业学校。

加快发展残疾人高等职业教育。鼓励职业院校与现有独立设置的特殊教育机构合作办学，联合招生、学分互认、课程互选，共同培养残疾学生。对于获得由教育部主办或联办的全国职业院校技能大赛三等奖以上奖项或由省级教育行政部门主办或联办的省级职业院校技能大赛一等奖的残疾人以及具有高级工或技师资格（或相当职业资格）、获得县级劳动模范先进个人称号的在职在岗残疾人，经报名地省级教育行政部门核实资格、高等职业院校考核公示，并在教育部阳光高考平台公示后，可由高等职业院校免试录取，接受高等职业教育。

三、改进残疾人职业教育的办学条件

各地要加大对残疾人职业教育的投入，在落实职业院校生均拨款制度的同时，适当提高接受职业教育残疾学生的生均拨款水平。要用好残疾人事业发展资金、就业补助资金等，支持残疾人接受职业教育和培训。鼓励企事业单位、社会组织、公民个人捐资支持残疾人职业教育发展。

加强残疾人职业院校基础建设。招收残疾学生的职业院校应实施必要的无障碍环境改造，为残疾学生就学、生活提供便利；建立特殊教育资源教室，配备相应专业人员，适当改造校内外实习实训场所，满足残疾学生课程学习和实习实训需要。鼓励职业院校与现有独立设置的特殊教育学校共建共享实训实习和创业孵化基地。修订《残疾人中等职业学校设置标准（试行）》，制订残疾人职业院校办学标准。

加大对接受职业教育残疾学生的资助保障，家庭经济困难的残疾学生优先享受国家助学金等。各地可结合实际，为接受职业教育的残疾学生提供特殊学习用品和交通费补助等。

四、提高残疾人职业教育的质量

不断提高残疾人职业教育的质量，为残疾人提供更多个性化教育、适合的教育。

要落实立德树人根本任务，遵循职业教育规律和残疾学生身心特点，把培育和践行社会主义核心价值观融入教育教学全过程，加强残疾学生思想道德教育和职业精神的培育。

要加大对残疾人职业教育课程、教材建设的指导监督力度，加强残疾人职业教育教材和教学资源建设，组织开发适合残疾人的职业教育教材。鼓励职业院校开发适合残疾人职业教育的校本教材。要发挥现有残疾人职业教育机构在区域内的辐射引领作用，引导其对接收残疾学生的职业院校提供必要的业务指导和帮助。

各地要加强残疾人职业教育教师的培养培训，专业课教师每5年应有不少于6个月的企业或生产服务一线实践，没有企业工作经历的新任教师应先实践再上岗。职业院校要遴选和安排具有特殊教育资质或教学经验丰富的教师承担随班就读或特殊教育班级（专业）的教育教学工作，为残疾学生配备优质师资。

各地要根据实际需要，参照当地出台的特殊教育学校教职工编制标准，落实职业院校开展残疾人职业教育教学和管理工作所需编制，合理配备教师、生活辅导人员和相关专业人员。要落实残疾人职业教育教师工资待遇、职称评定、表彰奖励等方面的倾斜政策，切实保障从事残疾人职业教育教师的各项待遇。

五、加强残疾人的就业指导和援助

各职业院校、各残疾人就业服务机构要结合残疾学生特点和需求提供就业创业指导，提高残疾学生的就业创业能力，开展“一对一”服务，做到不就业不脱钩。依托全国残疾人就业创业网络服务平台，及时发布求职和招聘信息。鼓励用人单位雇佣残疾人从事适当工作，用人单位招用人员，不得歧视残疾人。

各职业院校要积极参与政府购买残疾人职业技能培训服务和残疾人职业培训基地创建工作，针对劳动力市场需要、残疾人的实际，开展形式多样的职业技能培训和创业培训。

六、强化残疾人职业教育的组织领导

加强组织保障。各地要建立部门协同推进的工作机制。教育部门要将残疾人职业教育纳入职业教育发展的总体规划，明确目标和责任，统筹安排实施。财政部门要加大残疾人职业教育的投入，改善残疾人职业院校办学条件。残联组织要建设好现有独立设置的残疾人职业院校，继续做好残疾学生的康复训练、辅具适配以及就业指导服务等工作。其他部门积极参与、大力支持，为残疾人职业教育事业提供便利和帮助。

加强宣传引导。各地要加大对残疾人职业教育的宣传力度，扩大社会影响力，为残疾人职业教育事业发展营造良好社会环境。

加强督导检查。各级教育督导机构要将残疾人职业教育实施情况纳入督导范围，对残疾人职业教育发展水平、残疾人教育法律法规的执行、相关教育经费落实、管理使用等情况实施督导。

特殊教育补助资金管理办法

（2021 年 4 月 10 日　财教〔2021〕72 号）

第一条　为规范和加强特殊教育补助资金管理，提高资金使用效益，根据国家预算管理有关规定，制定本办法。

第二条　本办法所称特殊教育补助资金（以下简称补助资金），是指中央财政用于支持特殊教育发展的转移支付资金。实施期限根据教育领域中央与地方财政事权和支出责任划分改革方案、支持特殊教育改革发展政策等确定。

第三条　补助资金遵循“中央引导、省级统筹、突出重点、讲求绩效、规范透明、强化监督”的原则。

第四条　补助资金支持范围为全国独立设置的特殊教育学校和招收较多残疾学生随班就读的普通中小学校。重点支持中西部省份和东部部分困难地区。补助资金主要用于以下方面：

（一）支持特殊教育学校改善办学条件（不含新建），配备特殊教育专用设备设施和仪器；对特殊教育学校和随班就读学生较多的普通学校进行无障碍设施改造。

（二）支持承担特殊教育资源中心（含孤独症儿童教育中心）职能的学校和设置特殊教育资源教室的普通学校配置必要的设施设备。

（三）支持向重度残疾学生接受义务教育提供送教上门服务，为送教上门的教师提供必要的交通补助；支持普通中小学校创设融合校园文化环境，推进融合教育。

第五条　补助资金由财政部会同教育部共同管理。教育部负责审核地方提供的区域绩效目标等相关材料和数据，提供资金测算需要的基础数据，并对基础数据准确性、及时性负责。财政部根据预算管理相关规定，会同教育部研究确定有关省份资金预算金额、资金的整体绩效目标。

省级财政、教育部门明确省级及省以下各级财政、教育部门在基础数据审核、资金安排、使用管理等方面的责任，切实加强资金管理。

第六条 补助资金采取因素法分配。按照基础因素、投入因素分配到有关省份。其中：

基础因素（权重 80%）主要考虑特殊教育事业发展、教师队伍建设、改革创新等因素。各因素数据通过相关统计资料获得。

投入因素（权重 20%）主要考虑地方财政努力程度等因素。各因素数据通过相关统计资料获得。

财政部会同教育部综合考虑各地工作进展等情况，研究确定绩效调节系数，对资金分配情况进行适当调节。

计算公式为：

某省份补助资金=（该省份基础因素/∑有关省份基础因素×权重+该省份投入因素/∑有关省份投入因素×权重）×补助资金年度预算资金总额×绩效调节系数

财政部、教育部根据党中央、国务院有关决策部署和特殊教育改革发展新形势等情况，适时调整完善相关分配因素、权重、计算公式等。

第七条 省级财政、教育部门应当于每年 2 月底前，向财政部、教育部报送当年补助资金申报材料，并同时抄送财政部当地监管局。申报材料主要包括：

（一）上年度工作总结，包括上年度补助资金使用情况、年度绩效目标完成情况、绩效评价结果、地方财政投入情况、主要管理措施、问题分析及对策等。

（二）当年工作计划，主要包括当年全省工作目标和补助资金区域绩效目标、重点任务和资金安排计划，绩效指标要指向明确、细化量化、合理可行、相应匹配。

第八条 财政部于每年全国人民代表大会批准中央预算后三十日内，会同教育部正式下达资金预算，并抄送财政部有关监管局。每年 10 月 31 日前，提前下达下一年度资金预计数。省级财政在收到资金预算后，应当会同省级教育部门在三十日内按照预算级次合理分配、及时下达本行政区域县级以上各级政府部门，并抄送财政部当地监管局。

第九条 补助资金支付执行国库集中支付制度。涉及政府采购的，按照政府采购法律法规和有关制度执行。

第十条 省级财政、教育部门在分配补助资金时，应当结合本地区年度重点工作和省级财政安排相关资金，加大省级统筹力度，做好与发展改革部门安排基本建设项目等各渠道资金的统筹和对接，防止资金、项目安排重复交叉或缺位。

县（区）级财政、教育部门应当落实资金管理主体责任，加强区域内相关教育经费的统筹安排和使用，指导和督促本地区特殊教育学校健全财务、会计、资产管理制度。加强特殊教育学校预算管理，细化预算编制，硬化预算执行，强化预算监督；规范学校财务管理，确保资金使用安全、规范和高效。

各级财政、教育部门要加强财政风险控制，强化流程控制、依法合规分配和使用资金，实行不相容岗位（职责）分离控制。

第十一条 补助资金原则上应在当年执行完毕，年度未支出的资金按财政部结转结余资金管理有关规定处理。

第十二条 各级财政、教育部门要按照全面实施预算绩效管理的要求，建立健全全过程预算绩效管理机制，按规定科学合理设定绩效目标，对照绩效目标做好绩效监控，认真组织开展绩效评价，强化评价结果应用，做好绩效信息公开，提高资金配置效率和使用效益。财政部根据工作需要适时组织开展重点绩效评价。

第十三条 财政部各地监管局应当按照工作职责和财政部要求，对资金实施监管。地方各级财政部门应当会同同级教育部门，按照各自职责加强项目审核申报、经费使用管理等工作，建立“谁使用、谁负责”的责任机制。严禁将资金用于平衡预算、偿还债务、支付利息、对外投资等支出，不得从补助资金中提取工作经费或管理经费。

第十四条 各级财政、教育部门及其工作人员、申报使用补助资金的部门、单位及个人存在违法违规行为的，依法责令改正；对负有责任的领导人员和直接责任人员依法给予处分；涉嫌犯罪的，依法移送有关机关处理。

第十五条 本办法由财政部、教育部负责解释。各级财政、教育部门可以根据本办法，结合各地实际，制定具体管理办法，报财政部、教育部备案，并抄送财政部当地监管局。

第十六条 本办法自印发之日起施行。《财政部 教育部关于印发〈特殊教育补助资金管理办法〉的通知》（财教〔2019〕261号）同时废止。

三 学位管理

中华人民共和国学位条例

（1980年2月12日第五届全国人民代表大会常务委员会第十三次会议通过　根据2004年8月28日第十届全国人民代表大会常务委员会第十一次会议《关于修改〈中华人民共和国学位条例〉的决定》修正）

第一条　为了促进我国科学专门人才的成长，促进各门学科学术水平的提高和教育、科学事业的发展，以适应社会主义现代化建设的需要，特制定本条例。

第二条　凡是拥护中国共产党的领导、拥护社会主义制度，具有一定学术水平的公民，都可以按照本条例的规定申请相应的学位。

第三条　学位分学士、硕士、博士三级。

第四条　高等学校本科毕业生，成绩优良，达到下述学术水平者，授予学士学位：

（一）较好地掌握本门学科的基础理论、专门知识和基本技能；

（二）具有从事科学研究工作或担负专门技术工作的初步能力。

第五条　高等学校和科学研究机构的研究生，或具有研究生毕业同等学力的人员，通过硕士学位的课程考试和论文答辩，成绩合格，达到下述学术水平者，授予硕士学位：

（一）在本门学科上掌握坚实的基础理论和系统的专门知识；

（二）具有从事科学研究工作或独立担负专门技术工作的能力。

第六条 高等学校和科学研究机构的研究生，或具有研究生毕业同等学力的人员，通过博士学位的课程考试和论文答辩，成绩合格，达到下述学术水平者，授予博士学位：

（一）在本门学科上掌握坚实宽广的基础理论和系统深入的专门知识；

（二）具有独立从事科学研究工作的能力；

（三）在科学或专门技术上做出创造性的成果。

第七条 国务院设立学位委员会，负责领导全国学位授予工作。学位委员会设主任委员一人，副主任委员和委员若干人。主任委员、副主任委员和委员由国务院任免。

第八条 学士学位，由国务院授权的高等学校授予；硕士学位、博士学位，由国务院授权的高等学校和科学研究机构授予。

授予学位的高等学校和科学研究机构（以下简称学位授予单位）及其可以授予学位的学科名单，由国务院学位委员会提出，经国务院批准公布。

第九条 学位授予单位，应当设立学位评定委员会，并组织有关学科的学位论文答辩委员会。

学位论文答辩委员会必须有外单位的有关专家参加，其组成人员由学位授予单位遴选决定。学位评定委员会组成人员名单由学位授予单位确定，报国务院有关部门和国务院学位委员会备案。

第十条 学位论文答辩委员会负责审查硕士和博士学位论文、组织答辩，就是否授予硕士学位或博士学位作出决议。决议以不记名投票方式，经全体成员三分之二以上通过，报学位评定委员会。

学位评定委员会负责审查通过学士学位获得者的名单；负责对学位论文答辩委员会报请授予硕士学位或博士学位的决议，作出是否批准的决定。决定以不记名投票方式，经全体成员过半数通过。决定授予硕士学位或博士学位的名单，报国务院学位委员会备案。

第十一条 学位授予单位，在学位评定委员会作出授予学位的决议后，发给学位获得者相应的学位证书。

第十二条 非学位授予单位应届毕业的研究生，由原单位推荐，可以就近向学位授予单位申请学位。经学位授予单位审查同意，通过论文答辩，达到本条例规定的学术水平者，授予相应的学位。

第十三条 对于在科学或专门技术上有重要的著作、发明、发现或发展者，经有关专家推荐，学位授予单位同意，可以免除考试，直接参加博士学位论文答辩。对于通过论文答辩者，授予博士学位。

第十四条 对于国内外卓越的学者或著名的社会活动家，经学位授予单位提名，国务院学位委员会批准，可以授予名誉博士学位。

第十五条 在我国学习的外国留学生和从事研究工作的外国学者，可以向学位授予单位申请学位。对于具有本条例规定的学术水平者，授予相应的学位。

第十六条 非学位授予单位和学术团体对于授予学位的决议和决定持有不同意见时，可以向学位授予单位或国务院学位委员会提出异议。学位授予单位和国务院学位委员会应当对提出的异议进行研究和处理。

第十七条 学位授予单位对于已经授予的学位，如发现有舞弊作伪等严重违反本条例规定的情况，经学位评定委员会复议，可以撤销。

第十八条 国务院对于已经批准授予学位的单位，在确认其不能保证所授学位的学术水平时，可以停止或撤销其授予学位的资格。

第十九条 本条例的实施办法，由国务院学位委员会制定，报国务院批准。

第二十条 本条例自 1981 年 1 月 1 日起施行。

中华人民共和国
学位条例暂行实施办法

（国务院学位委员会制定 1981 年 5 月 20 日国务院批转）

第一条 根据中华人民共和国学位条例，制定本暂行实施办法。

第二条 学位按下列学科的门类授予：哲学、经济学、法学、教育学、文学、历史学、理学、工学、农学、医学。

学 士 学 位

第三条 学士学位由国务院授权的高等学校授予。

高等学校本科学生完成教学计划的各项要求，经审核准予毕业，其课程学习和毕业论文（毕业设计或其他毕业实践环节）的成绩，表明确已较好地掌握本门学科的基础理论、专门知识和基本技能，并具有从事科学研究工作或担负专门技术工作的初步能力的，授予学士学位。

第四条 授予学士学位的高等学校，应当由系逐个审核本科毕业生的成绩和毕业鉴定等材料，对符合本暂行办法第三条及有关规定的，可向学校学位评定委员会提名，列入学士学位获得者的名单。

非授予学士学位的高等学校，对达到学士学术水平的本科毕业生，应当由系向学校提出名单，经学校同意后，由学校就近向本系统、本地区的授予学士学位的高等学校推荐。授予学士学位的高等学校有关的系，对非授予学士学位的高等学校推荐的本科毕业生进行审查考核，认为符合本暂行办法第三条及有关规定的，可向学校学位评定委员会提名，列入学士学位获得者的名单。

第五条 学士学位获得者的名单，经授予学士学位的高等学校学位评定委员会审查通过，由授予学士学位的高等学校授予学士学位。

硕士学位

第六条 硕士学位由国务院授权的高等学校和科学研究机构授予。

申请硕士学位人员应当在学位授予单位规定的期限内，向学位授予单位提交申请书和申请硕士学位的学术论文等材料。学位授予单位应当在申请日期截止后两个月内进行审查，决定是否同意申请，并将结果通知申请人及其所在单位。

非学位授予单位应届毕业的研究生申请时，应当送交本单位关于申请硕士学位的推荐书。

同等学力人员申请时，应当送交两位副教授、教授或相当职称的专家的推荐书。学位授予单位对未具有大学毕业学历的申请人员，可以在接受申请前，采取适当方式，考核其某些大学课程。

申请人员不得同时向两个学位授予单位提出申请。

第七条 硕士学位的考试课程和要求：1. 马克思主义理论课。要求掌握马克思主义的基本理论。2. 基础理论课和专业课，一般为 3 至 4 门。要求掌握坚实的基础理论和系统的专门知识。3. 一门外国语。要求比较熟练地阅读本专业的外文资料。

学位授予单位研究生的硕士学位课程考试，可按上述的课程要求，结合培养计划安排进行。

非学位授予单位研究生的硕士学位课程考试，由学位授予单位组织进行。凡经学位授予单位审核，认为其在原单位的课程考试内容和成绩合格的，可以免除部分或全部课程考试。

同等学力人员的硕士学位课程考试，由学位授予单位组织进行。

申请硕士学位人员必须通过规定的课程考试，成绩合格，方可参加论文答辩。规定考试的课程中，如有一门不及格，可在半年内申请补考一次；补考不及格的，不能参加论文答辩。

试行学分制的学位授予单位，应当按上述的课程要求，规定授予硕士学位所应取得的课程学分。申请硕士学位人员必须取得规定的学分后，方可参加论文答辩。

第八条　硕士学位论文对所研究的课题应当有新的见解，表明作者具有从事科学研究工作或独立担负专门技术工作的能力。

学位授予单位应当聘请 1 至 2 位与论文有关学科的专家评阅论文。评阅人应当对论文写出详细的学术评语，供论文答辩委员会参考。

硕士学位论文答辩委员会由 3 至 5 人组成。成员中一般应当有外单位的专家。论文答辩委员会主席由副教授、教授或相当职称的专家担任。

论文答辩委员会根据答辩的情况，就是否授予硕士学位作出决议。决议采取不记名投票方式，经全体成员三分之二以上同意，方得通过。决议经论文答辩委员会主席签字后，报送学位评定委员会。会议应当有记录。

硕士学位论文答辩不合格的，经论文答辩委员会同意，可在一年内修改论文，重新答辩一次。

第九条　硕士学位论文答辩委员会多数成员如认为申请人的论文已相当于博士学位的学术水平，除作出授予硕士学位的决议外，可向授予博士学位的单位提出建议，由授予博士学位的单位按本暂行办法博士学位部分中有关规定办理。

博士学位

第十条 博士学位由国务院授权的高等学校和科学研究机构授予。

申请博士学位人员应当在学位授予单位规定的期限内，向学位授予单位提交申请书和申请博士学位的学术论文等材料。学位授予单位应当在申请日期截止后两个月内进行审查，决定是否同意申请，并将结果通知申请人及其所在单位。

同等学力人员申请时，应当送交两位教授或相当职称的专家的推荐书。学位授予单位对未获得硕士学位的申请人员，可以在接受申请前，采取适当方式，考核其某些硕士学位的基础理论课和专业课。

申请人员不得同时向两个学位授予单位提出申请。

第十一条 博士学位的考试课程和要求：

1. 马克思主义理论课。要求较好地掌握马克思主义的基本理论。

2. 基础理论课和专业课。要求掌握坚实宽广的基础理论和系统深入的专门知识。考试范围由学位授予单位的学位评定委员会审定。基础理论课和专业课的考试，由学位授予单位学位评定委员会指定三位专家组成的考试委员会主持。考试委员会主席必须由教授、副教授或相当职称的专家担任。

3. 两门外国语。第一外国语要求熟练地阅读本专业的外文资料，并具有一定的写作能力；第二外国语要求有阅读本专业外文资料的初步能力。个别学科、专业，经学位授予单位的学位评定委员会审定，可只考第一外国语。

攻读博士学位研究生的课程考试，可按上述的课程要求，结合培养计划安排进行。

第十二条 申请博士学位人员必须通过博士学位的课程考试，

成绩合格，方可参加博士学位论文答辩。

申请博士学位人员在科学或专门技术上有重要著作、发明、发现或发展的，应当向学位授予单位提交有关的出版著作、发明的鉴定或证明书等材料，经两位教授或相当职称的专家推荐，学位授予单位按本暂行办法第十一条审查同意，可以免除部分或全部课程考试。

第十三条 博士学位论文应当表明作者具有独立从事科学研究工作的能力，并在科学或专门技术上做出创造性的成果。博士学位论文或摘要，应当在答辩前3个月印送有关单位，并经同行评议。

学位授予单位应当聘请两位与论文有关学科的专家评阅论文，其中一位应当是外单位的专家。评阅人应当对论文写出详细的学术评语，供论文答辩委员会参考。

第十四条 博士学位论文答辩委员会由5至7人组成。成员的半数以上应当是教授或相当职称的专家。成员中必须包括2至3位外单位的专家。论文答辩委员会主席一般应当由教授或相当职称的专家担任。

论文答辩委员会根据答辩的情况，就是否授予博士学位作出决议。决议采取不记名投票方式，经全体成员三分之二以上同意，方得通过。决议经论文答辩委员会主席签字后，报送学位评定委员会。会议应当有记录。

博士学位的论文答辩一般应当公开举行；已经通过的博士学位论文或摘要应当公开发表（保密专业除外）。

博士学位论文答辩不合格的，经论文答辩委员会同意，可在两年内修改论文，重新答辩1次。

第十五条 博士学位论文答辩委员会认为申请人的论文虽未达到博士学位的学术水平，但已达到硕士学位的学术水平，而且申请人又尚未获得过该学科硕士学位的，可作出授予硕士学位的决议，报送学位评定委员会。

名誉博士学位

第十六条 名誉博士学位由国务院授权授予博士学位的单位授予。

第十七条 授予名誉博士学位须经学位授予单位的学位评定委员会讨论通过，由学位授予单位报国务院学位委员会批准后授予。

学位评定委员会

第十八条 学位授予单位的学位评定委员会根据国务院批准的授予学位的权限，分别履行以下职责：

（一）审查通过接受申请硕士学位和博士学位的人员名单；

（二）确定硕士学位的考试科目、门数和博士学位基础理论课和专业课的考试范围，审批主考人和论文答辩委员会成员名单；

（三）通过学士学位获得者的名单；

（四）作出授予硕士学位的决定；

（五）审批申请博士学位人员免除部分或全部课程考试的名单；

（六）作出授予博士学位的决定；

（七）通过授予名誉博士学位的人员名单；

（八）作出撤销违反规定而授予学位的决定；

（九）研究和处理授予学位的争议和其他事项。

第十九条 学位授予单位的学位评定委员会由 9 至 25 人组成，任期 2 至 3 年。成员应当包括学位授予单位主要负责人和教学、研究人员。

授予学士学位的高等学校，参加学位评定委员会的教学人员应当从本校讲师以上教师中遴选。授予学士学位、硕士学位和博士学位的单位，参加学位评定委员会的教学、研究人员，主要应当从本单位副教授、教授或相当职称的专家中遴选。授予博士学位的单位，学位评定委员会中至少应当有半数以上的教授或相当职称的专家。

学位评定委员会主席由学位授予单位具有教授、副教授或相当职称的主要负责人（高等学校校长，主管教学、科学研究和研究生工作的副校长，或科学研究机构相当职称的人员）担任。

学位评定委员会可以按学位的学科门类，设置若干分委员会，各由7至15人组成，任期2至3年。分委员会主席必须由学位评定委员会委员担任。分委员会协助学位评定委员会工作。

学位评定委员会成员名单，应当由各学位授予单位报主管部门批准，主管部门转报国务院学位委员会备案。

学位评定委员会可根据需要，配备必要的专职或兼职的工作人员，处理日常工作。

第二十条 学位授予单位每年应当将授予学士学位的人数、授予硕士学位和博士学位的名单及有关材料，分别报主管部门和国务院学位委员会备案。

其他规定

第二十一条 在我国学习的外国留学生申请学士学位，参照本暂行办法第三条及有关规定办理。

在我国学习的外国留学生和从事研究或教学工作的外国学者申请硕士学位或博士学位，参照本暂行办法的有关规定办理。

第二十二条 学士学位的证书格式，由教育部制定。硕士学位和博士学位的证书格式，由国务院学位委员会制定。学位获得者的学位证书，由学位授予单位发给。

第二十三条 已经通过的硕士学位和博士学位的论文，应当交存学位授予单位图书馆1份；已经通过的博士学位论文，还应当交存北京图书馆和有关的专业图书馆各1份。

第二十四条 在职人员申请硕士学位或博士学位，经学位授予单位审核同意参加课程考试和论文答辩后，准备参加考试或答辩，可享有不超过两个月的假期。

第二十五条 学位授予单位可根据本暂行实施办法，制定本单位授予学位的工作细则。

学位证书和学位授予信息管理办法

（2015年6月26日 学位〔2015〕18号）

第一章 总 则

第一条 为规范学位证书制发，加强学位授予信息管理，根据《中华人民共和国高等教育法》和《中华人民共和国学位条例》及其暂行实施办法，制定本办法。

第二条 学位证书是学位获得者达到相应学术水平的证明，由授予学位的高等学校和科学研究机构（简称“学位授予单位”）制作并颁发给学位获得者。本办法所指学位证书为博士学位证书、硕士学位证书和学士学位证书。

第三条 学位授予信息是学位获得者申请学位的相关信息，以及学位证书的主要信息，包括博士学位、硕士学位和学士学位授予信息。

第二章 学位证书制发

第四条 学位证书由学位授予单位自主设计、印制。

第五条 学位证书应包括以下内容：

（一）学位获得者姓名、性别、出生日期（与本人身份证件信息一致），近期免冠正面彩色照片（骑缝加盖学位授予单位钢印）。

（二）攻读学位的学科、专业名称（名称符合国家学科专业目录及相关设置的规定）。

（三）所授学位的学科门类或专业学位类别（按国家法定门类

或专业学位类别全称填写）。

（四）学位授予单位名称，校（院、所）长签名。

（五）证书编号。统一采取十六位阿拉伯数字的编号方法。十六位数字编号的前五位为学位授予单位代码；第六位为学位授予的级别，博士为2，硕士为3，学士为4；第七至第十位为授予学位的年份（如2016年授予的学位，填2016）；后六位数为各学位授予单位自行编排的号码。

（六）发证日期（填写学位授予单位学位评定委员会批准授予学位的日期）。

第六条 对于撤销的学位，学位授予单位应予以公告，宣布学位证书作废。

第七条 学位证书遗失或损坏的，经本人申请，学位授予单位核实后可出具相应的“学位证明书”。学位证明书应注明原学位证书编号等内容。学位证明书与学位证书具有同等效力。

第三章 学位授予信息报送

第八条 学位授予信息主要包括：学位获得者个人基本信息、学业信息、研究生学位论文信息等。信息报送内容由国务院学位委员会办公室制定。

第九条 学位授予单位根据国务院学位委员会办公室制定的学位授予信息数据结构和有关要求，结合本单位实际情况，确定信息收集范围，采集学位授予信息并报送省级学位主管部门。

第十条 省级学位主管部门汇总、审核、统计、发布本地区学位授予单位的学位授予信息并报送国务院学位委员会办公室。

第十一条 国务院学位委员会办公室汇总各省（自治区、直辖市）和军队系统的学位授予信息，开展学位授予信息的统计、发布。

第十二条 学位授予单位在做出撤销学位的决定后，应及时将有关信息报送省级学位主管部门和国务院学位委员会办公室。

第十三条 确需更改的学位授予信息，由学位授予单位提出申请，经省级学位主管部门审核确认后，由省级学位主管部门报送国务院学位委员会办公室进行更改。

第四章 管理与监督

第十四条 学位授予单位负责：

（一）设计、制作和颁发学位证书；

（二）收集、整理、核实和报送本单位学位授予信息，确保信息质量；

（三）将学位证书的样式及其变化情况、学位评定委员会通过的学位授予决定及名单及时报送省级学位主管部门备查。

第十五条 省级学位主管部门负责：

（一）本地区学位证书和学位授予信息的监督管理，查处违规行为；

（二）组织实施本地区学位授予信息的汇总、审核和报送。

（三）对本地区学位授予信息的更改进行审核确认。

第十六条 国务院学位委员会办公室负责：

（一）学位证书和学位授予信息的规范管理，制定有关的管理办法和工作要求，指导查处违规行为；

（二）组织开展学位授予信息报送工作；

（三）学位授予信息系统的运行管理；

（四）学位证书信息网上查询的监管。

第五章 附 则

第十七条 根据有关规定，学位授予单位印制的学位证书，不得使用国徽图案。

第十八条 学位证书是否制作外文副本，由学位授予单位决定。

第十九条 中国人民解放军系统的学位证书和学位授予信息管理，由军队学位委员会参照本办法制定具体规定。

第二十条 本办法自 2016 年 1 月 1 日起实行。有关规定与本办法不一致的，以本办法为准。

学士学位授权与授予管理办法

（2019 年 7 月 9 日　学位〔2019〕20 号）

第一章　总　　则

第一条 为改进和加强学士学位授权与授予工作，提高学士学位授予质量，实现高等教育内涵式发展，根据《中华人民共和国高等教育法》《中华人民共和国学位条例》及其暂行实施办法，制定本办法。

第二条 学士学位授权与授予工作应以习近平新时代中国特色社会主义思想为指导，贯彻落实党的十九大精神和全国教育大会精神，全面落实党的教育方针和立德树人根本任务，牢牢抓住提高人才培养质量这个核心点，培养德智体美劳全面发展的社会主义建设者和接班人。

第三条 学士学位授权与授予工作应坚持完善制度、依法管理、保证质量、激发活力的原则。

第二章　学位授权

第四条 学士学位授权分为新增学士学位授予单位授权和新增学士学位授予专业授权。

第五条 普通高等学校的学士学位授权按属地原则由省（区、市）学位委员会负责审批。军队院校的学士学位授权由军队学位委员会负责审批。

第六条 省（区、市）学位委员会、军队学位委员会（以下简称为“省级学位委员会”）应制定学士学位授权审核标准。审核标准应明确办学方向、师资队伍、基本条件、课程设置、教学方式、管理制度等要求，不低于本科院校设置标准和本科专业设置标准。

第七条 省级学位委员会应制定学士学位授权审核办法，完善审批程序。审核工作应加强与院校设置、专业设置等工作的衔接。

第八条 经教育部批准设置的普通高等学校，原则上应在招收首批本科生的当年，向省级学位委员会提出学士学位授予单位授权申请。

经教育部批准或备案的新增本科专业，学士学位授予单位原则上应在本专业招收首批本科生的当年，向省级学位委员会提出学士学位授予专业授权申请。

第九条 学士学位授予单位撤销的授权专业应报省级学位委员会备案。已获得学士学位授权的专业停止招生五年以上的，视为自动放弃授权，恢复招生的须按照新增本科专业重新申请学士学位授权。

第十条 省级学位委员会可组织具有博士学位授予权的高等学校，开展本科专业的学士学位授权自主审核工作，审核结果由省级学位委员会批准。

第三章　学位授予

第十一条 学士学位应按学科门类或专业学位类别授予。授予学士学位的学科门类应符合学位授予学科专业目录的规定。本科专业目录中规定可授多个学科门类学位的专业，学士学位授予单位应按教育部批准或备案设置专业时规定的学科门类授予学士学位。

第十二条 学士学位授予单位应制定本单位的学士学位授予标

准，学位授予标准应落实立德树人根本任务，坚持正确育人导向，强化思想政治要求，符合《中华人民共和国学位条例》及其暂行实施办法的规定。

第十三条 学士学位授予单位应明确本单位的学士学位授予程序。

（一）普通高等学校授予全日制本科毕业生学士学位的程序主要是：审查是否符合学士学位授予标准，符合标准的列入学士学位授予名单，学校学位评定委员会作出是否批准的决议。学校学位评定委员会表决通过的决议和学士学位授予名单应在校内公开，并报省级学位委员会备查。

（二）普通高等学校授予高等学历继续教育本科毕业生学士学位的程序应与全日制本科毕业生相同。授予学士学位的专业应是本单位已获得学士学位授权并正在开展全日制本科生培养的专业。学校学位评定委员会办公室应会同学校教务部门提出学位课程基本要求，共同组织或委托相关省级教育考试机构组织高等学历继续教育本科毕业生学业水平测试，对通过测试的接受其学士学位申请。

（三）具有学士学位授予权的成人高等学校，授予学士学位的程序应符合本条第一款和第二款规定。

第十四条 具有学士学位授予权的普通高等学校，可向本校符合学位授予标准的全日制本科毕业生授予辅修学士学位。授予辅修学士学位应制定专门的实施办法，对课程要求及学位论文（或毕业设计）作出明确规定，支持学有余力的学生辅修其他本科专业。辅修学士学位应与主修学士学位归属不同的本科专业大类，对没有取得主修学士学位的不得授予辅修学士学位。辅修学士学位在主修学士学位证书中予以注明，不单独发放学位证书。

第十五条 具有学士学位授予权的普通高等学校，可在本校全日制本科学生中设立双学士学位复合型人才培养项目。项目必须坚持高起点、高标准、高质量，所依托的学科专业应具有博士学位授予权，且分属两个不同的学科门类。项目须由专家进行论证，应有专门的人才培养方案，经学校学位评定委员会表决通过、学校党委常委会会议研究同意，并报省级学位委员会审批通过后，通过高考招收学生。本科毕业并达到学士学位要求的，可授予双学士学位。双学士学位只发放一本学位证书，所授两个学位应在证书中予以注明。

第十六条 具有学士学位授予权的普通高等学校之间，可授予全日制本科毕业生联合学士学位。联合学士学位应根据校际合作办学协议，由合作高等学校共同制定联合培养项目和实施方案，报合作高等学校所在地省级学位委员会审批。联合培养项目所依托的专业应是联合培养单位具有学士学位授权的专业，通过高考招收学生并予以说明。授予联合学士学位应符合联合培养单位各自的学位授予标准，学位证书由本科生招生入学时学籍所在的学士学位授予单位颁发，联合培养单位可在证书上予以注明，不再单独发放学位证书。

第十七条 学士学位授予单位可按一定比例对特别优秀的学士学位获得者予以表彰，并颁发相应的荣誉证书或奖励证书。

第四章 管理与监督

第十八条 国务院学位委员会负责学士学位的宏观政策、发展指导、质量监督和信息管理等工作，完善学位授予信息系统，及时准确发布学位授予信息，为社会、学生查询提供便利。

第十九条 省级学位委员会负责本地区、本系统学士学位管理、监督和信息工作，科学规划，优化布局，引导、指导、督导学位授予单位服务需求、提高质量、特色发展，定期向国务院学位委员会报送学位授予信息。

第二十条 学士学位授予单位应完善学士学位管理的相关规章制度，建立严格的学士学位授予质量保障机制，主动公开本单位学士学位管理的相关规章制度，依法依规有序开展学位授予工作，惩处学术不端行为。严格执行《学位证书和学位授予信息管理办法》，按照招生时确定的学习形式，填写、颁发学位证书，标示具体的培养类型（普通高等学校全日制、联合培养、高等学历继续教育），并认真、准确做好学士学位证书备案、管理、公示及防伪信息报备工作，严禁信息造假、虚报、漏报，定期向省级学位委员会报送信息。

第二十一条 省级学位委员会应主动公开本地区、本系统学士学位相关信息，每年定期公开发布学士学位授予单位和授权专业名单。

第二十二条 国务院学位委员会将学士学位质量监督纳入到学位质量保障体系。省级学位委员会应建立学士学位授权与授予质量评估制度和抽检制度，原则上在学士学位授予单位完成首次学位授予后对其进行质量评估，并定期对学士学位授予单位和授权专业进行质量抽检，加强对双学士学位、辅修学士学位、联合学士学位的质量监管；建立完善高等学历继续教育学士学位授予质量监督机制；对存在质量问题的学士学位授予单位或授权专业，可采取工作约谈、停止招生、撤销授权等措施。

第二十三条 学士学位授予单位应建立相应的学位授予救济制度，处理申请、授予、撤销等过程中出现的异议，建立申诉复议通道，保障学生权益。

第五章 附　　则

第二十四条 高等学校与境外机构合作办学授予外方学士学位的，按《中外合作办学条例》执行。

第二十五条 自本办法实施之日起，学位授予单位不再招收第二学士学位生。

第二十六条 本办法由国务院学位委员会负责解释。

最高人民法院、最高人民检察院关于办理伪造、贩卖伪造的高等院校学历、学位证明刑事案件如何适用法律问题的解释

（2001年6月21日最高人民法院审判委员会第1181次会议、2001年7月2日最高人民检察院第九届检察委员会第91次会议通过　2001年7月3日最高人民法院、最高人民检察院公告公布　自2001年7月5日起施行　法释〔2001〕22号）

为依法惩处伪造、贩卖伪造的高等院校学历、学位证明的犯罪活动，现就办理这类案件适用法律的有关问题解释如下：

对于伪造高等院校印章制作学历、学位证明的行为，应当依照刑法第二百八十条第二款的规定，以伪造事业单位印章罪定罪处罚。

明知是伪造高等院校印章制作的学历、学位证明而贩卖的，以伪造事业单位印章罪的共犯论处。

四 教育督导

教育督导条例

（2012年8月29日国务院第215次常务会议通过
2012年9月9日中华人民共和国国务院令第624号公布
自2012年10月1日起施行）

第一章 总 则

第一条 为了保证教育法律、法规、规章和国家教育方针、政策的贯彻执行，实施素质教育，提高教育质量，促进教育公平，推动教育事业科学发展，制定本条例。

第二条 对法律、法规规定范围的各级各类教育实施教育督导，适用本条例。

教育督导包括以下内容：

（一）县级以上人民政府对下级人民政府落实教育法律、法规、规章和国家教育方针、政策的督导；

（二）县级以上地方人民政府对本行政区域内的学校和其他教育机构（以下统称学校）教育教学工作的督导。

第三条 实施教育督导应当坚持以下原则：

（一）以提高教育教学质量为中心；

（二）遵循教育规律；

（三）遵守教育法律、法规、规章和国家教育方针、政策的规定；

（四）对政府履行教育工作相关职责的督导与对学校教育教学工作的督导并重，监督与指导并重；

（五）实事求是、客观公正。

第四条 国务院教育督导机构承担全国的教育督导实施工作，制定教育督导的基本准则，指导地方教育督导工作。

县级以上地方人民政府负责教育督导的机构承担本行政区域的教育督导实施工作。

国务院教育督导机构和县级以上地方人民政府负责教育督导的机构（以下统称教育督导机构）在本级人民政府领导下独立行使督导职能。

第五条 县级以上人民政府应当将教育督导经费列入财政预算。

第二章 督 学

第六条 国家实行督学制度。

县级以上人民政府根据教育督导工作需要，为教育督导机构配备专职督学。教育督导机构可以根据教育督导工作需要聘任兼职督学。

兼职督学的任期为 3 年，可以连续任职，连续任职不得超过 3 个任期。

第七条 督学应当符合下列条件：

（一）坚持党的基本路线，热爱社会主义教育事业；

（二）熟悉教育法律、法规、规章和国家教育方针、政策，具有相应的专业知识和业务能力；

（三）坚持原则，办事公道，品行端正，廉洁自律；

（四）具有大学本科以上学历，从事教育管理、教学或者教育研究工作10年以上，工作实绩突出；

（五）具有较强的组织协调能力和表达能力；

（六）身体健康，能胜任教育督导工作。

符合前款规定条件的人员经教育督导机构考核合格，可以由县级以上人民政府任命为督学，或者由教育督导机构聘任为督学。

第八条 督学受教育督导机构的指派实施教育督导。

教育督导机构应当加强对督学实施教育督导活动的管理，对其履行督学职责的情况进行考核。

第九条 督学实施教育督导，应当客观公正地反映实际情况，不得隐瞒或者虚构事实。

第十条 实施督导的督学是被督导单位主要负责人的近亲属或者有其他可能影响客观公正实施教育督导情形的，应当回避。

第三章 督导的实施

第十一条 教育督导机构对下列事项实施教育督导：

（一）学校实施素质教育的情况，教育教学水平、教育教学管理等教育教学工作情况；

（二）校长队伍建设情况，教师资格、职务、聘任等管理制度建设和执行情况，招生、学籍等管理情况和教育质量，学校的安全、卫生制度建设和执行情况，校舍的安全情况，教学和生活设施、设备的配备和使用等教育条件的保障情况，教育投入的管理和使用情况；

（三）义务教育普及水平和均衡发展情况，各级各类教育的规划布局、协调发展等情况；

（四）法律、法规、规章和国家教育政策规定的其他事项。

第十二条 教育督导机构实施教育督导，可以行使下列职权：

（一）查阅、复制财务账目和与督导事项有关的其他文件、资料；

（二）要求被督导单位就督导事项有关问题作出说明；

（三）就督导事项有关问题开展调查；

（四）向有关人民政府或者主管部门提出对被督导单位或者其相关负责人给予奖惩的建议。

被督导单位及其工作人员对教育督导机构依法实施的教育督导应当积极配合，不得拒绝和阻挠。

第十三条 县级人民政府负责教育督导的机构应当根据本行政区域内的学校布局设立教育督导责任区，指派督学对责任区内学校的教育教学工作实施经常性督导。

教育督导机构根据教育发展需要或者本级人民政府的要求，可以就本条例第十一条规定的一项或者几项事项对被督导单位实施专项督导，也可以就本条例第十一条规定的所有事项对被督导单位实施综合督导。

第十四条 督学对责任区内学校实施经常性督导每学期不得少于2次。

县级以上人民政府对下一级人民政府应当每5年至少实施一次专项督导或者综合督导；县级人民政府负责教育督导的机构对本行政区域内的学校，应当每3至5年实施一次综合督导。

第十五条 经常性督导结束，督学应当向教育督导机构提交报告；发现违法违规办学行为或者危及师生生命安全的隐患，应当及时督促学校和相关部门处理。

第十六条 教育督导机构实施专项督导或者综合督导，应当事先确定督导事项，成立督导小组。督导小组由3名以上督学组成。

教育督导机构可以根据需要联合有关部门实施专项督导或者综合督导，也可以聘请相关专业人员参加专项督导或者综合督导活动。

第十七条 教育督导机构实施专项督导或者综合督导，应当事先向被督导单位发出书面督导通知。

第十八条 教育督导机构可以要求被督导单位组织自评。被督导单位应当按照要求进行自评，并将自评报告报送教育督导机构。督导小组应当审核被督导单位的自评报告。

督导小组应当对被督导单位进行现场考察。

第十九条 教育督导机构实施专项督导或者综合督导，应当征求公众对被督导单位的意见，并采取召开座谈会或者其他形式专门听取学生及其家长和教师的意见。

第二十条 督导小组应当对被督导单位的自评报告、现场考察情况和公众的意见进行评议，形成初步督导意见。

督导小组应当向被督导单位反馈初步督导意见；被督导单位可以进行申辩。

第二十一条 教育督导机构应当根据督导小组的初步督导意见，综合分析被督导单位的申辩意见，向被督导单位发出督导意见书。

督导意见书应当就督导事项对被督导单位作出客观公正的评价；对存在的问题，应当提出限期整改要求和建议。

第二十二条 被督导单位应当根据督导意见书进行整改，并将整改情况报告教育督导机构。

教育督导机构应当对被督导单位的整改情况进行核查。

第二十三条 专项督导或者综合督导结束，教育督导机构应当向本级人民政府提交督导报告；县级以上地方人民政府负责教育督导的机构还应当将督导报告报上一级人民政府教育督导机构备案。

督导报告应当向社会公布。

第二十四条 县级以上人民政府或者有关主管部门应当将督导报告作为对被督导单位及其主要负责人进行考核、奖惩的重要依据。

第四章 法律责任

第二十五条 被督导单位及其工作人员有下列情形之一的，由教育督导机构通报批评并责令其改正；拒不改正或者情节严重的，对直接负责的主管人员和其他责任人员，由教育督导机构向有关人民政府或者主管部门提出给予处分的建议：

（一）拒绝、阻挠教育督导机构或者督学依法实施教育督导的；

（二）隐瞒实情、弄虚作假，欺骗教育督导机构或者督学的；

（三）未根据督导意见书进行整改并将整改情况报告教育督导机构的；

（四）打击报复督学的；

（五）有其他严重妨碍教育督导机构或者督学依法履行职责情形的。

第二十六条 督学或者教育督导机构工作人员有下列情形之一的，由教育督导机构给予批评教育；情节严重的，依法给予处分，对督学还应当取消任命或者聘任；构成犯罪的，依法追究刑事责任：

（一）玩忽职守，贻误督导工作的；

（二）弄虚作假，徇私舞弊，影响督导结果公正的；

（三）滥用职权，干扰被督导单位正常工作的。

督学违反本条例第十条规定，应当回避而未回避的，由教育督导机构给予批评教育。

督学违反本条例第十五条规定，发现违法违规办学行为或者危及师生生命安全隐患而未及时督促学校和相关部门处理的，由教育督导机构给予批评教育；情节严重的，依法给予处分，取消任命或者聘任；构成犯罪的，依法追究刑事责任。

第五章　附　　则

第二十七条 本条例自 2012 年 10 月 1 日起施行。

督学管理暂行办法

（2016 年 7 月 29 日　教督〔2016〕2 号）

第一章　总　　则

第一条　为强化国家教育督导，加强督学队伍建设，促进督学管理科学化、规范化、专业化，提高教育督导工作质量和水平，保障教育事业科学发展，根据《教育督导条例》，制定本办法。

第二条　督学是受教育督导机构指派实施教育督导工作的人员，包括专职督学和兼职督学。

第三条　各级人民政府及教育督导机构对所任命或聘任的督学实施管理。

第二章　聘　　任

第四条　专职督学由县级以上人民政府按照干部人事管理权限和程序任命，兼职督学由县级以上人民政府教育督导机构根据教育督导工作需要聘任，并颁发聘书和督学证。

第五条　各级人民政府及教育督导机构应配齐督学，建立督学动态更替和补充机制。国家督学数量由国务院教育督导委员会根据国家教育督导工作需要确定。省级、市级、县级督学数量由本级人民政府或教育督导机构根据本区域内督导工作需要确定。

第六条　督学除符合《教育督导条例》第二章第七条的任职条件外，还应适应改革发展和教育督导工作需要，达到下列工作要求：

（一）热爱教育督导工作，能够深入一线、深入学校、深入师生开展教育督导工作。

（二）熟悉教育督导业务，掌握必要的检查指导、评估验收以及监测方面专业知识和技术。

（三）能够保证教育督导工作时间。

第七条 聘任程序：

（一）推荐：相关单位按要求向聘任单位推荐参聘人员。

（二）审核：聘任单位对参聘人员按程序进行审查、遴选。

（三）公示：聘任单位将拟聘督学人员名单向社会公示，公示期不得少于 7 个工作日。

（四）公布：聘任单位向督学颁发聘书，聘任结果向上级教育督导机构报备并向社会公布。

第八条 兼职督学每届任期 3 年，续聘一般不得超过 3 届。

第三章 责 权

第九条 督学按照《教育督导条例》规定开展教育督导工作。

第十条 督学受教育督导机构指派，履行以下职责：

（一）对政府及有关部门履行教育职责情况进行督导。

（二）对各级各类学校教育教学工作情况实施督导。

（三）对师生或群众反映的教育热点、难点等重大问题实施督导。

（四）对严重影响或损害师生安全、合法权益、教育教学秩序等的突发事件，及时督促处理并第一时间报告上级教育督导部门。

（五）每次完成督导任务后，及时向本级教育督导机构报告督导情况，提交督导报告。

（六）完成本级人民政府及教育督导机构交办的其他工作事项。

第十一条 督学受教育督导机构指派，实施教育督导时可行使以下权力：

（一）就督导事项有关问题进入相关部门和学校开展调查。

（二）查阅、复制与督导事项有关的文件、材料。

（三）要求被督导单位就督导事项有关问题作出说明。

（四）采取约谈有关负责人等方式督促问题整改落实。

（五）对被督导单位的整改情况进行监督、检查。

第十二条 教育督导机构负责为兼职督学开展教育督导工作提供经费保障。

第十三条 各级政府及有关部门应积极支持督学晋升职级或职称，为督学开展工作提供必要的工作条件。

第十四条 督学开展教育督导工作，须向被督导单位出示督学证。

第四章 监 管

第十五条 各级教育督导机构对督学工作进行管理，主要包括：

（一）实施督导时遵守有关规定情况。

（二）督导报告撰写并向教育督导机构提交情况。

（三）督导意见反馈和督促整改情况。

（四）按要求接受培训情况。

第十六条 各级人民政府教育督导机构对本级督学进行登记管理，动态掌握督学相关信息。

第十七条 督学与被督导对象的关系可能影响客观公正实施教育督导的，督学应当回避。

第十八条 督学应主动公开联系方式和督导事项等，方便社会了解督导工作情况，广泛接受社会监督。

第十九条 各级教育督导机构受理对督学不当行为的举报，经查实后依照有关规定处理。对督学违法违规等受到处分的，及时向上级教育督导机构报告。

第五章 培 训

第二十条 各级教育督导机构按照职责负责组织督学的岗前及在岗培训，新聘督学上岗前应接受培训。

第二十一条 督学培训可采取集中培训、网络学习和个人自学相结合的方式进行，督学每年参加集中培训时间累积应不少于40学时。

第二十二条 培训主要内容包括：

（一）教育法律、法规、方针、政策、规章、制度和相关文件。

（二）教育学、心理学、教育管理、学校管理、应急处理与安全防范等相关理论和知识。

（三）评估与监测理论、问卷与量表等工具开发在教育督导工作中的应用。

（四）督导实施、督导规程和报告撰写等业务知识。

（五）现代信息技术的应用。

（六）教育督导实践案例。

第二十三条 国务院教育督导委员会办公室负责指导全国督学培训工作及组织相关培训，地方各级教育督导机构负责本区域督学培训工作的组织实施。

第二十四条 各级教育督导机构建立本级督学培训档案，对参加培训的种类、内容和时间等情况进行记录备案。

第六章　考　　核

第二十五条 督学考核应包括以下主要内容：

（一）督导工作完成情况。包括实施督导、督导报告、督促整改、任务完成和工作总结等情况。

（二）参加培训情况。包括参加集中培训和自主学习等情况。

（三）廉洁自律情况。包括遵守廉政规定、遵守工作纪律和工作作风等情况。

第二十六条 各级教育督导机构负责本级督学年度考核和任期考核。对专职督学、兼职督学进行分类考核，并结合本地实际制订具体考核标准，采取个人自评和督导部门考核相结合方式对督学进行考核，对考核优秀的督学按相应规定给予表彰奖励。

第二十七条 各级教育督导机构对督学考核后形成书面意见告知本人及所在单位并存档备案，作为对其使用、培养、聘任、续聘、解聘的重要依据。

第二十八条 督学有下列情形之一的，教育督导机构给予解聘：

（一）无正当理由不参加教育督导工作的。

（二）弄虚作假，徇私舞弊，影响督导结果公平公正的。

（三）滥用职权，打击报复，干扰被督导单位正常工作的。

（四）受到行政处分、刑事处罚的。

（五）年度考核不合格的。

第二十九条 督学不能正常履行职责须书面请辞，聘任单位于30日内批准并向社会公布。

第七章 附 则

第三十条 各地教育督导机构可根据本办法，结合本地实际，制定具体实施细则或本地督学管理办法，并报上一级教育督导机构备案。

第三十一条 本办法自发布之日起施行。

国家义务教育质量监测方案（2021年修订版）

（2021年9月15日 教督〔2021〕2号）

为深入贯彻习近平总书记关于教育的重要论述和全国教育大会精神，落实《深化新时代教育评价改革总体方案》《关于深化教育教学改革 全面提高义务教育质量的意见》《关于深化新时代教育督导体制机制改革的意见》和《义务教育质量评价指南》（教基〔2021〕3 号）等文件要求，进一步完善国家义务教育质量监测制度，推动落实立德树人根本任务，促进义务教育质量提升，制定此方案。

一、指导思想

以习近平新时代中国特色社会主义思想为指导，全面贯彻党的教育方针，紧密围绕落实立德树人根本任务，扭转唯分数、唯升学等不科学的教育评价导向，引导聚焦教育教学质量、遵循教育规律，以全面客观的监测数据支撑教育决策、服务改进教育教学管理，促进培养德智体美劳全面发展的社会主义建设者和接班人。

二、基本原则

（一）坚持立德树人。落实立德树人根本任务，突出“五育并举”，拓展监测学科领域，构建全面覆盖德智体美劳教育质量的监测指标体系。

（二）服务质量提升。紧扣课程标准（或指导纲要），监测学生各学科领域的发展水平及核心素养，系统挖掘影响学生发展质量的关键因素，精准服务教育质量提升。

（三）注重方法创新。充分运用人工智能与大数据、脑科学等领域前沿技术方法，开展计算机网络测试、人机交互测试等，探索多领域综合评价和跨年度增值评价，推动监测工作更加科学高效。

（四）强化结果运用。坚持问题诊断和示范引领并重，建立监测问题反馈和预警机制，督促问题改进；推广典型地区经验案例。推动各地建立结果运用机制，有效发挥监测诊断、改进、引导功能。

三、监测学科领域及周期

监测学科领域主要包括德育、语文、数学、英语、科学、体育与健康、艺术、劳动、心理健康。

每个监测周期为三年，每年监测三个学科领域。第一年度监测数学、体育与健康、心理健康，第二年度监测语文、艺术、英语，第三年度监测德育、科学、劳动。

四、监测对象

依据义务教育课程标准（或指导纲要）中的学段划分情况，考虑学生认知和学习能力发展的阶段性特征，监测对象为义务教育阶段四年级和八年级学生。

五、监测内容

对照《义务教育质量评价指南》和义务教育课程标准（或指导纲要），主要开展学生发展质量和相关影响因素监测。

（一）学生发展质量监测。围绕学生全面发展要求，重点监测学生德智体美劳教育质量状况。德育主要监测学生的理想信念、道德行为规范以及基本国情常识掌握情况等。语文主要监测学生掌握语文基础知识情况、阅读能力和书面表达能力等。数学主要监测学生掌握数学基础知识和思维方法情况、运算能力、问题解决能力等。英语主要监测学生掌握英语基础知识情况，阅读、写作等综合语言运用能力等。科学主要监测学生掌握科学基础知识和思维方法情况、科学探究能力等。体育与健康主要监测学生身体形态、机能、体能状况以及健康生活习惯等。艺术主要监测学生掌握艺术基础知识情况，通过艺术作品和活动感受美、表达美的能力，审美趣味和审美格调。劳动主要监测学生劳动观念、劳动知识和能力、劳动习惯和品质等。心理健康主要监测学生情绪、人际交往等发展状况以及常见的心理行为问题等。

（二）相关影响因素监测。调查影响学生发展质量的相关因素，如各学科领域的课程或教育活动开设、学生学业负担、教学条件保障、教师配备、教育教学、学校管理以及区域教育管理情况等。

六、主要环节

（一）工具研制

组织专家研制测试卷、相关因素调查问卷以及表现性测试工具。测试卷监测学生在有关学科领域的发展水平，重点关注学生探究和解决问题的能力。相关因素调查问卷调查影响学生发展水平的相关因素，分为学生问卷、教师问卷、校长问卷、区县教育管理者问卷等。表现性测试工具用于体育与健康、科学、艺术等学科领域，通过学生现场项目参与和演示，监测运动、操作、演唱能力等。

（二）样本抽取

根据我国义务教育阶段学校和学生量大、面广的特点，采取分层不等概率抽样方法，分三个阶段进行抽样。其中，根据人口总量、经济发展水平和教育发展状况，在31个省（区、市）和新疆生产建设兵团抽取样本县（市、区），占全国总县数十分之一左右（每年约340个）。根据地理位置、城乡分布、学校类型等因素，采用按规模成比例概率抽样方法，在样本县（市、区）抽取样本学校，原则上每个样本县（市、区）抽取12所小学、8所初中。在样本学校随机抽取学生，原则上每所样本小学抽取30名四年级学生、样本初中抽取30名八年级学生，样本个人信息严格保密。

（三）现场测试

为了保证测试操作规范，所有样本县（市、区）、样本校按照要求，在规定时间开展统一测试，测试总时长为一天半。测试安排在本校，严格按照规定程序进行。综合考虑学习内容的完整性和便于组织测试等因素，原则上每年测试时间安排在5月下旬。

（四）水平划定

根据课程标准和学生答题的实际表现，对学生学业水平进行等级划分和具体描述。参照国际监测通行方式，结合我国教育教学实际，将学生学业表现划分为水平Ⅳ（优秀）、水平Ⅲ（良好）、水平Ⅱ（中等）、水平Ⅰ（待提高）四个水平段。

（五）数据分析

在监测数据扫描录入基础上，经过数据清理、跨年对比、数据链接等环节生成监测数据库，运用多种统计分析方法深入挖掘数据，形成监测结果。

（六）报告研制

根据报告目的、内容和阅读对象的不同，主要研制形成国家监测报告、分省监测报告、区县监测诊断报告、政策咨询报告四类报告。

1. 国家监测报告。呈现全国学生在各监测学科领域发展水平的总体状况、影响学生发展水平的主要因素以及相关分析，以适当方式向社会发布。

2. 分省监测报告。分省（区、市）呈现学生在各监测学科领域的发展水平、影响该省（区、市）学生发展水平的主要因素以及相关分析。该报告主要供省级人民政府和有关教育部门使用。

3. 区县监测诊断报告。分县（市、区）呈现学生在各监测学科领域的发展水平、影响该县（市、区）学生发展水平的主要因素以及相关分析，诊断教育质量问题。该报告主要供县级人民政府和有关教育部门使用，供学校改进教育教学参考。

4. 政策咨询报告。针对教育热点难点问题进行专题研究，结合一线教育实际深入分析并提出改进建议。该报告主要供有关领导和部门参阅，供地方调整教育政策参考。

（七）结果运用

1. 服务决策咨询。向国务院领导和有关部门呈送国家监测报告和政策咨询报告，为教育政策的制定和调整提供支撑。

2. 督促问题改进。向各省级人民政府反馈监测发现的主要问题清单和分省监测报告，督促问题整改。建立监测预警机制，对全面发展质量不佳、质量下滑趋势明显的地区进行预警，对有关责任人员约谈问责。

3. 支撑督导评估。监测结果直接应用于督导评估工作，作为县域义务教育优质均衡发展督导评估、义务教育质量评价等工作的重要参考。

4. 引领质量提升。宣传推广监测发现的典型地区经验案例，搭建监测学习交流平台。加强监测数据挖掘运用，鼓励开展监测相关学术研究，引领推动教学改革、改进教育管理。

七、组织实施

国家义务教育质量监测工作由各级政府教育督导部门组织实施。国务院教育督导委员会办公室负责统筹规划、政策指导和过程监督，委托教育部基础教育质量监测中心承担业务培训、工具研发、数据采集、报告研制等工作。省级教育督导部门负责本地区的测试组织和过程监督。市级教育督导部门负责本地区的测试协调和指导。县级教育督导部门负责组织现场测试。

探索监测结果与政策调整的联动机制。各地建立省级统筹、区县为主的监测结果运用制度，教育督导部门牵头加强与有关部门协同联动，积极探索适合本地区的监测结果运用模式。建立并完善地方监测机构，探索对地方监测机构在监测工具研发、抽样等方面技术标准的认定。

八、纪律与监督

国家义务教育质量监测严肃工作纪律，坚持公平公正，确保工具安全，杜绝模题应考、干扰抽样、弄虚作假等行为，广泛接受学校、师生和社会的监督。国务院教育督导委员会办公室、省级教育督导部门对监测组织工作的规范性、工具保密性进行全程监督，公开监督举报电话，受理举报并提出处理意见。

原《国家义务教育质量监测方案》（国教督办〔2015〕4 号）自本方案印发之日起废止。

教育督导问责办法

（2021年7月20日　国教督〔2021〕2号）

第一章　总　　则

第一条　根据《中华人民共和国教育法》《教育督导条例》等法律法规和《中共中央办公厅 国务院办公厅关于深化新时代教育督导体制机制改革的意见》，结合教育督导工作特点，制定本办法。

第二条　教育督导问责以习近平新时代中国特色社会主义思想为指导，全面贯彻党的十九大和十九届二中、三中、四中、五中全会精神，深入贯彻落实习近平总书记关于教育的重要论述和全国教育大会精神，全面贯彻落实党的教育方针，弘扬社会主义核心价值观，推动提高教育治理能力，督促各地各校全面加强党的领导，坚持社会主义办学方向，切实履行立德树人职责，办好人民满意的教育。

第三条　本办法所称教育督导问责是指各级人民政府教育督导机构在教育督导工作中，发现地方政府及有关职能部门、各类学校和其他教育机构、有关工作人员等被督导对象，存在不履行、不完全履行或不正确履行教育职责的问题，由有关部门依照职能和管理权限进行内部监督和责任追究的一项工作制度。

第四条　教育督导问责遵循依法问责、分级实施、程序规范、公开透明的原则。

第五条　被督导单位、有关人员存在本办法规定的问责情形，需要进行问责的，适用本办法。

第二章　问责情形

第六条　被督导的地方各级人民政府和相关职能部门及其相

关责任人有下列情形之一的，应当予以问责：

（一）贯彻落实党的教育方针和党中央、国务院教育决策部署不力，对学校思想政治教育不重视，履行规划、建设、投入、人员编制、待遇保障、监督管理、语言文字工作等教育职责不到位，严重影响本地区教育发展。

（二）违反有关教育法律法规，学校办学行为不规范，整体教育教学质量持续下降、教育结构失衡、侵犯学校合法权益、群众满意度低。

（三）教育攻坚任务完成严重滞后，未按时保质保量完成规定目标任务。

（四）教育群体性事件多发高发、应对不力、群众反映强烈。

（五）因履行教育职责严重失职、安全风险防控体系建设保障或卫生防疫不力，导致发生重大安全事故或重大涉校案（事）件。

（六）对教育督导发现的问题整改不力、推诿扯皮、不作为等导致没有完成整改落实任务。

（七）下级人民政府、所辖（属）学校和行政区域内其他教育机构对发现的问题整改不力或整改后出现严重反弹。

（八）阻挠、干扰或不配合教育督导工作，提供虚假信息，威胁恐吓、打击报复教育督导人员。

（九）其他应当问责的情形。

第七条　被督导的各级各类学校、其他教育机构及其相关责任人有下列情形之一的，应当予以问责：

（一）贯彻落实党的教育方针和党中央、国务院教育决策部署不力，在各级教育督导机构组织的评估监测、督导检查工作中未达到合格（通过）标准。

（二）违反有关教育法律法规和政策要求，在招生入学、人才培养、科学研究、课程开设和教材使用等工作中存在办学行为不规范或出现严重违规；未按要求加强各类学校和其他教育机构管理，存在超标超前培训、虚假宣传、超期收费等违法违规行为，侵害师生合法权益，出现教师师德严重失范、学生欺凌等危害学生身心健康情况或重大负面舆情。

（三）教育群体性事件多发高发、应对不力、处置失当，群众反映强烈。

（四）落实安全主体责任、卫生防疫主体责任、食品安全校长负责制不力，安全风险防控体系建设不达标，导致发生重大安全事故、严重食品安全事件或重大涉校案（事）件。

（五）对教育督导发现的问题整改不力、推诿扯皮、不作为或没有完成整改落实任务。

（六）阻挠、干扰或不配合教育督导工作，提供虚假信息，威胁恐吓、打击报复教育督导人员。

（七）其他应当问责的情形。

第八条 督学、教育督导机构工作人员有下列情形之一的，应当予以问责：

（一）玩忽职守，不作为、慢作为，贻误督导工作。

（二）弄虚作假，徇私舞弊，影响督导结果公正。

（三）滥用职权、乱作为，干扰被督导单位正常工作。

（四）发现违法违规办学行为或者危及师生生命安全隐患而未提出整改意见并督促学校和相关部门处理。

（五）违反中央八项规定精神、违反党风廉政建设规定。

（六）其他没有履行法律法规规定的工作职责。

第三章 问责方式

第九条 对被督导单位的问责方式为：

（一）公开批评。各级人民政府教育督导委员会办公室以适当方式向社会公开督导报告，对存在违法违规情形予以点名批评并视情况通过新闻媒体予以曝光。

（二）约谈。各级人民政府教育督导委员会办公室对被督导问责单位相关负责人进行约谈，作出书面记录并报送其所在地党委和政府以及上级相关部门备案。

（三）督导通报。各级人民政府教育督导委员会办公室将教育督导结果和整改情况等通报至其所在地党委和政府以及上级相关部门。

（四）资源调整。各级人民政府教育督导委员会办公室通报被督导问责单位所在地党委和政府及有关部门，要求对被督导问责单位在表彰奖励、政策支持、财政拨款、招生计划、学科专业设置等方面，依照职权进行限制或调减。

各类学校和其他教育机构（含民办学校和教育培训机构）如依据法律规定应予以行政处罚的，由各级人民政府教育督导委员会办公室提请县级以上人民政府教育行政部门、人力资源社会保障行政部门、市场监管部门或者其他有关部门依据职责分工责令限期改正，视违法情形依法予以警告、退还所收费用后没收违法所得、罚款、责令停止招生、撤销办学资格或吊销办学许可证。

上述问责方式，可以根据问题严重程度单独使用或合并使用。

第十条 对被督导单位相关责任人的问责方式为：

（一）责令检查。各级人民政府教育督导委员会办公室责令被督导问责单位相关负责人作出书面检查。

（二）约谈。各级人民政府教育督导委员会办公室对被督导问责单位相关负责人进行约谈，作出书面记录并报送被督导问责单位所在地党委和政府以及上级部门备案，作为个人考核的重要依据。

（三）通报批评。各级人民政府教育督导委员会办公室将教育督导结果、整改情况和被督导问责单位有关负责人的工作表现通报至其所在地党委和政府以及上级部门。

（四）组织处理。各级人民政府教育督导委员会办公室通知被督导问责单位所在地党委和政府以及上级部门，对被督导单位直接负责的主管人员和其他责任人员提出包括停职检查、调整职务、责令辞职、降职、免职等组织处理建议。对于民办学校或其他教育机构，责成教育行政主管部门依法督促学校撤换相关负责人。

（五）处分。需要采取处分方式问责的，各级人民政府教育督导委员会办公室可根据情况将问题线索移交相关机关，并提出相应处分建议。

公职人员涉嫌违法犯罪的，由各级人民政府教育督导委员会办公室将问题线索移交具有管辖权限的监察机关，提请监察机关处理。其他人员涉嫌违法犯罪的，由各级人民政府教育督导委员会办公室将问题线索移交被督导问责单位所在地相关公安机关或司法机关，提请其依法处理。

民办学校和教育培训机构举办者及其实际控制人、决策机构或者监督机构组成人员如违反《中华人民共和国民办教育促进法》《中华人民共和国民办教育促进法实施条例》等法律法规，由各级人民政府教育督导委员会办公室提请县级以上人民政府教育行政部门、人力资源社会保障行政部门、市场监管部门或者其他有关部门依据职责分工责令限期改正，退还所收费用后没收违法所得、罚款，依法对有关人员予以从业禁止处罚，并纳入其诚信记录。

上述问责方式，可以根据问题严重程度单独使用或合并使用。

第十一条 对督学、教育督导机构及其工作人员的问责方式为：

（一）批评教育。各级人民政府教育督导委员会办公室对其给予批评教育。

（二）责令检查。各级人民政府教育督导委员会办公室责令其作出书面检查。

（三）通报批评。各级人民政府教育督导委员会办公室将其表现通报至其所在地党委和政府以及上级部门。

（四）取消资格。各级人民政府教育督导委员会办公室按规定程序，取消其督学资格或将其调离督导工作岗位。

（五）组织处理。各级人民政府教育督导委员会办公室通知其所在地党委和政府以及上级部门，提出组织处理建议，包括停职检查、调整职务、责令辞职、降职、免职等。

（六）处分。需要采取处分方式问责的，各级人民政府教育督导委员会办公室可根据情况将问题线索移交相关机关，并提出相应处分建议。

公职人员涉嫌违法犯罪的，由各级人民政府教育督导委员会办公室将问题线索移交具有管辖权限的监察机关，提请监察机关处理。其他人员涉嫌违法犯罪的，由各级人民政府教育督导委员会办公室将问题线索移交被督导问责单位所在地相关公安机关或司法机关，提请其依法处理。

上述问责方式，可以根据问题严重程度单独使用或合并使用。

第十二条　有下列情形之一的，应当从重处理：

（一）隐瞒事实真相，阻挠、干扰或不配合教育督导工作。

（二）对举报人、控告人、检举人和督学、教育督导机构工作人员威胁恐吓、打击报复。

（三）被问责后，仍不纠正错误或不落实整改任务。

（四）一年内被教育督导问责两次及以上。

（五）其他依规、依纪、依法应当从重处理的情形。

第四章　问责程序

第十三条　教育督导工作完成后 60 天内，各级人民政府教育督导委员会办公室会同有关部门（单位）成立调查认定工作组，对各类教育督导工作中发现的问题（包括本级教育督导委员会成员单位反馈其在教育督导工作中发现的问题）进行调查认定，撰写事实材料，决定是否启动问责。

第十四条　各级人民政府教育督导委员会办公室就认定事实和问责意见告知被问责对象，应当以书面方式为主，听取被问责对象的陈述申辩。

第十五条 各级人民政府教育督导委员会办公室依据相关法律法规形成问责意见，征求本级教育督导委员会有关成员单位意见后，提交本级人民政府教育督导委员会主任或副主任审定。

第十六条 各级人民政府教育督导委员会办公室向被问责对象印发问责决定，应当明确问责的基本情况、问责事实、问责依据、问责方式、生效时间等。

第十七条 各级人民政府教育督导委员会办公室根据问责决定实施问责，对于组织处理、处分、追究法律责任等需要其他部门实施的问责，各级教育督导委员会办公室负责做好沟通工作，配合有关部门进行问责或者作出其他处理。

第十八条 问责决定一旦实施，根据问责情形严重程度在一定范围公开。情形严重或整改不力者，应通过政府门户网站、主流新闻媒体等载体，按照有关规定及时向社会公布，接受人民群众监督。

第十九条 被问责对象对问责决定不服，可自收到问责决定之日起 30 日内，向作出问责决定的人民政府教育督导委员会办公室申请复核。有关人民政府教育督导委员会办公室应当自收到复核申请之日起 30 日内，作出复核决定并反馈提出复核申请的单位或个人。

对复核决定不服，可以自收到复核决定之日起 15 日内向上一级人民政府教育督导委员会办公室提出书面申诉。也可以不经复核，自收到问责决定之日起 15 日内直接提出申诉。有关人民政府教育督导委员会办公室应当自收到申诉之日起 60 日内作出申诉处理决定，并将《申诉处理决定书》反馈提出申诉的单位或个人。认为原问责决定有误的，应当及时告知原问责部门，原问责部门应当自收到《申诉处理决定书》15 日内予以纠正。

涉及组织处理和纪律处分的，被问责对象可向作出相应决定的组织人事部门、纪检监察机关提出复核或申诉。

复核、申诉期间，不停止问责决定的执行。

第二十条 各级人民政府教育督导委员会办公室在复核申诉期满30天内对有关问责情况进行归档，提请有关人事部门将问责情况归入人事档案。

第二十一条 各级人民政府教育督导委员会办公室应当监督问责决定的实施，对被问责对象进行回访、复查，监督、指导问题整改。问责情况应作为单位或个人在考核、晋升、评优、表彰等方面的重要依据。

第五章 组织实施

第二十二条 各级人民政府教育督导委员会负责本地区教育督导问责工作，依法追究存在违规行为的单位、个人的责任。各级人民政府教育督导委员会成员单位依照部门职责落实教育督导问责职责。

第二十三条 国务院教育督导委员会统一领导全国教育督导问责工作，负责对被督导的各省（区、市）人民政府及其相关职能部门、部属学校进行问责。地方各级人民政府教育督导委员会负责对本行政区域内下一级人民政府及其相关职能部门、辖（属）各级各类学校和其他教育机构进行问责。各级人民政府教育督导委员会办公室负责具体实施教育督导问责工作。

第二十四条 根据问责工作需要，各级人民政府教育督导委员会办公室应主动配合教育督导委员会成员单位或纪检监察机关、司法机关等做好问责工作。

第二十五条 各级人民政府教育督导委员会负责对下一级人民政府教育督导委员会教育督导问责工作的监督。

第二十六条 各级人民政府教育督导委员会办公室要定期将本行政区域内的问责情况报送给上一级人民政府教育督导委员会办

公室备案。国务院教育督导委员会办公室建立全国教育督导问责信息工作平台，推动信息共享和实时监管。

第六章　附　　则

第二十七条　地方各级人民政府教育督导委员会可依据本办法，结合本地区实际制定实施细则，并报上一级人民政府教育督导委员会备案。

第二十八条　本办法由国务院教育督导委员会办公室负责解释。

第二十九条　本办法自 2021 年 9 月 1 日起施行。

五 教育经费与投入

义务教育薄弱环节改善与能力提升补助资金管理办法

（2021 年 7 月 7 日　财教〔2021〕127 号）

第一条　为规范和加强义务教育薄弱环节改善与能力提升补助资金管理，提高资金使用效益，根据国家预算管理有关规定，制定本办法。

第二条　本办法所称义务教育薄弱环节改善与能力提升补助资金（以下称补助资金），是指中央财政用于支持义务教育发展，改善薄弱环节和提升办学能力的转移支付资金。重点支持中西部地区和东部部分困难地区。实施期限为 2021—2025 年。

第三条　补助资金管理遵循“中央引导、省级统筹，突出重点、注重绩效，规范透明、强化监督”的原则。

第四条　补助资金主要用于以下方面：

（一）支持改善农村学校基本办学条件，因地制宜加强学校教室、宿舍和食堂等设施建设，配齐洗浴、饮水等学生生活必需的设施设备，改善学校寄宿条件，根据需要设置心理咨询室、图书室等功能教室；按照国家规范要求加强校园安全设施设备建设；支持取暖设施和卫生厕所改造；改善规划保留的乡村小规模学校办学条件，保障教育教学需要。

（二）支持新建、改扩建必要的义务教育学校，有序扩大城镇学位供给，巩固消除“大班额”成果。

（三）支持学校网络设施设备和“三个课堂”建设，配备体育、美育和劳动教育所需必要设施设备，建设必要的体育、美育场地和劳动教育场所，改善校园文化环境。

补助资金支持的学校必须是已列入当地学校布局规划、拟长期保留的义务教育阶段公办学校。完全中学和十二年一贯制学校的高中部以及因打造“重点校”而形成的超大规模学校不纳入支持范围。

礼堂、体育馆、游泳馆（池）、教师周转宿舍和独立建筑的办公楼建设，校舍日常维修改造和抗震加固，零星设备购置，教育行政部门机关及直属非教学机构的建设和设备购置，以及其他超越办学标准的事项，不得列入补助资金使用范围。

第五条 补助资金由财政部会同教育部共同管理。教育部负责审核地方提出的区域绩效目标等相关材料和数据，提供资金测算需要的基础数据，并对提供的基础数据的准确性、及时性负责。财政部根据预算管理相关规定，会同教育部研究确定有关省份补助资金预算金额、资金的整体绩效目标。

省级财政、教育部门负责明确省级及省以下各级财政、教育部门在基础数据审核、资金安排、使用管理等方面的责任，切实加强资金管理。

第六条 补助资金采取因素法分配，首先按照西部、中部、东部各占50%、40%、10%的区域因素确定分地区资金规模，在此基础上再按基础因素、投入因素分配到有关省份，重点向基础薄弱、财力困难的省份倾斜。其中：

基础因素（权重80%），主要考虑学生数等事业发展情况，以及巩固脱贫攻坚成果与乡村振兴有效衔接、落实中央决策部署等因素。各因素数据主要通过相关统计资料获得。

投入因素（权重 20%），主要考虑生均一般公共预算教育支出等反映地方财政努力程度的因素。各因素数据主要通过相关统计资料获得。

财政部会同教育部综合考虑各地工作进展等情况，研究确定绩效调节系数，对资金分配情况进行适当调节。

计算公式为：

某省份补助资金=（该省份基础因素/∑有关省份基础因素×权重+该省份投入因素/∑有关省份投入因素×权重）×补助资金年度预算地区资金总额×绩效调节系数

财政部、教育部根据党中央、国务院有关决策部署和义务教育改革发展新形势等情况，适时调整完善相关分配因素、权重、计算公式等。

第七条 省级财政、教育部门应当于每年 2 月底前向财政部、教育部报送当年补助资金申报材料，并抄送财政部当地监管局。申报材料主要包括：

（一）上年度工作总结，包括上年度补助资金使用情况、年度绩效目标完成情况、绩效评价结果、地方财政投入情况、主要管理措施、问题分析及对策等。

（二）当年工作计划，主要包括当年全省工作目标和补助资金区域绩效目标、重点任务和资金安排计划，绩效指标要指向明确、细化量化、合理可行、相应匹配。

第八条 财政部于每年全国人民代表大会批准中央预算后三十日内，会同教育部正式下达补助资金预算，并抄送财政部当地监管局。每年 10 月 31 日前，提前下达下一年度补助资金预计数。省级财政部门在收到补助资金预算后，应当会同省级教育部门在三十日内按照预算级次合理分配、及时下达本行政区域县级以上各级政府部门，并抄送财政部当地监管局。

第九条 补助资金支付执行国库集中支付制度。涉及政府采购的，按照政府采购有关法律法规和有关制度执行。属于基本建设的项目，应当严格履行基本建设程序，执行相关建设标准和要求，确保工程质量。

第十条 省级财政、教育部门在分配补助资金时，应当结合本地区年度重点工作和省级财政安排相关资金，加大省级统筹力度，重点向欠发达地区、民族地区、边境地区、革命老区倾斜。要做好与农村义务教育学校校舍安全保障长效机制、发展改革部门安排基本建设项目等各渠道资金的统筹和对接，防止资金、项目安排重复交叉或缺位。

县（区）级财政、教育部门应当落实资金管理主体责任，加强区域内相关教育经费的统筹安排和使用，兼顾不同规模学校运转的实际情况，坚持“实用、够用、安全、节俭”的原则，严禁超标准建设和豪华建设。要加强学校预算管理，细化预算编制，硬化预算执行，强化预算监督；规范学校财务管理，确保补助资金使用安全、规范和有效。

各级财政、教育部门要加强财政风险控制，强化流程控制、依法合规分配和使用资金，实行不相容岗位（职责）分离控制。

第十一条 各地要切实做好项目前期准备工作，强化项目管理，加快预算执行进度。补助资金原则上应在当年执行完毕，年度未支出的资金按财政部结转结余资金管理有关规定处理。

第十二条 各级财政、教育部门要按照全面实施预算绩效管理的要求，建立健全全过程预算绩效管理机制，按规定科学合理设定绩效目标，对照绩效目标做好绩效监控，认真组织开展绩效评价，强化评价结果运用，做好绩效信息公开，提高补助资金配置效率和使用效益。财政部、教育部根据工作需要适时组织开展重点绩效评价。

第十三条 财政部各地监管局应当按照工作职责和财政部要

求，对补助资金实施监管。地方各级财政部门应当会同同级教育部门，按照各自职责加强项目审核申报、经费使用管理等工作，建立“谁使用、谁负责”的责任机制。严禁将补助资金用于平衡预算、偿还债务、支付利息、对外投资等支出，不得从补助资金中提取工作经费或管理经费。

第十四条 各级财政、教育部门及其工作人员、申报使用补助资金的部门、单位及个人存在违法违规行为的，依法责令改正并追究相应责任；涉嫌犯罪的，依法移送有关机关处理。

第十五条 本办法由财政部、教育部负责解释。各省级财政、教育部门可以根据本办法，结合各地实际，制定具体管理办法，报财政部、教育部备案，并抄送财政部当地监管局。

第十六条 本办法自印发之日起施行。《财政部 教育部关于印发〈义务教育薄弱环节改善与能力提升补助资金管理办法〉的通知》（财教〔2019〕100号）同时废止。

生源地信用助学贷款风险补偿金管理办法

（2022年1月7日　财教〔2022〕1号）

第一条 为进一步落实生源地信用助学贷款风险补偿机制，充分发挥风险补偿金的风险防控和奖励引导作用，促进生源地信用助学贷款工作健康持续开展，制定本办法。

第二条 国家开发银行办理生源地信用助学贷款的风险补偿金管理适用本办法。

第三条 国家开发银行收到风险补偿金，应确认为递延收益，待核销生源地信用助学贷款损失时，计入当期损益；已核销的生源地信用助学贷款损失，以后又收回的，相应回拨递延收益。

风险补偿金若低于生源地信用助学贷款损失，不足部分由国家开发银行承担；若超出生源地信用助学贷款损失，超出部分由国家开发银行按规定进行结余奖励。

第四条 生源地信用助学贷款风险补偿金结余奖励资金管理办法由国家开发银行总行商全国学生资助管理中心制定，报财政部、教育部备案后执行。

第五条 生源地信用助学贷款风险补偿金结余奖励工作每年开展一次，以省（自治区、直辖市、计划单列市，以下统称省）为单位进行计算。

第六条 国家开发银行省级分行商省级学生资助管理中心确定年度结余奖励资金提取金额和分配方案，报省级财政部门、教育部门以及国家开发银行总行和全国学生资助管理中心备案。

第七条 国家开发银行省级分行根据备案后的分配方案将结余奖励资金分别拨付省级学生资助管理中心和县级学生资助管理中心。省级学生资助管理中心和县级学生资助管理中心应按规定纳税。

第八条 国家开发银行省级分行应于每年 6 月 30 日前，将上一年度风险补偿金结余奖励资金拨付到位。

第九条 省级学生资助管理中心和县级学生资助管理中心收到风险补偿金结余奖励资金，应专账核算、专款专用。

（一）省级学生资助管理中心用于弥补学生因死亡、失踪、丧失劳动力能力、丧失民事行为能力、家庭遭遇重大自然灾害、家庭成员患有重大疾病以及经济收入特别低确实无力归还生源地信用助学贷款所形成的风险。已由省级学生资助管理中心代偿的生源地信用助学贷款，承办银行不得重复核销损失。

（二）县级学生资助管理中心用于与生源地信用助学贷款管理工作直接相关的支出，包括宣传教育经费、办公设备购置经费、业务培训经费、交通费、住宿费、通讯费以及临时聘用人员劳务费等方面的支出。

第十条 结余奖励资金不得用于平衡预算、偿还债务、支付利息、对外投资等支出，不得用于工资、奖金、津贴补贴和福利支出，不得用于其他与国家助学贷款管理工作无关的支出。

第十一条 国家开发银行和相关学生资助管理中心要严格按照国家相关法规和本办法规定使用和管理生源地信用助学贷款风险补偿金，并自觉接受财政、审计、纪检监察等部门的监督和检查。

第十二条 每年 1 月 31 日前，国家开发银行总行应汇总分析上一年度风险补偿金使用管理情况，报送财政部、教育部并抄送全国学生资助管理中心。财政部、教育部将适时对风险补偿金使用管理情况开展专项检查或抽查。

第十三条 每年 1 月 31 日前，各省级学生资助管理中心应汇总分析上一年度风险补偿金结余奖励资金使用情况，包括资金总额、分配情况、县级学生资助管理中心结余奖励资金使用管理情况、结余情况、对资金使用的下一步打算等，报全国学生资助管理中心。全国学生资助管理中心形成总报告报送财政部、教育部。

第十四条 各级财政、教育部门及其工作人员，在风险补偿金分配和审核工作中，存在违反规定分配或挤占、挪用、虚列、套取风险补偿金行为，以及其他滥用职权、玩忽职守、徇私舞弊等违法违规行为的，依法追究相应责任。

申报、使用风险补偿金的单位、企业及个人在资金申报、使用过程中存在违法违规行为的，依照《中华人民共和国预算法》及其实施条例、《财政违法行为处罚处分条例》等国家有关规定追究相应责任。

第十五条 对其他银行业金融机构开展生源地信用助学贷款业务的，风险补偿金管理由各省财政、教育、人民银行、银保监部门与该金融机构参照本办法根据实际情况确定。

第十六条 本办法由财政部、教育部负责解释。

第十七条 本办法自印发之日起施行。《财政部 教育部关于印发〈生源地信用助学贷款风险补偿金管理办法〉的通知》（财教〔2014〕16号）同时废止。

商业助学贷款管理办法

（2008年7月11日 银监发〔2008〕49号）

第一章 总 则

第一条 为支持教育事业发展，规范商业助学贷款管理，防范商业助学贷款风险，根据《中华人民共和国银行业监督管理法》、《中华人民共和国商业银行法》等法律规定，制定本办法。

第二条 本办法所称商业助学贷款是指银行业金融机构按商业原则自主发放的用于支付境内高等院校困难学生学费、住宿费和就读期间基本生活费的商业贷款。

第三条 本办法所称贷款人是指在中华人民共和国境内依法设立的、经银行业监督管理机构批准经营贷款业务的银行业金融机构。

第四条 本办法所称贷款对象是指在境内高等院校就读的全日制本专科生、研究生和第二学士学位学生。

第五条 借贷双方应当遵循平等、自愿、诚实、守信的原则，依法签订借款合同。

第二章 贷款对象条件

第六条 贷款人受理商业助学贷款申请时，应对贷款对象（以下简称借款人）设定一定审核条件：

（一）借款人具有中华人民共和国国籍，并持有合法身份证件；

（二）借款人应无不良信用记录，不良信用等行为评价标准由贷款人制定；

（三）必要时需提供有效的担保；

（四）必要时需提供其法定代理人同意申请贷款的书面意见；

（五）贷款人要求的其他条件。

第三章 贷款期限、利率与金额

第七条 商业助学贷款的期限原则上为借款人在校学制年限加6年，借款人在校学制年限指从助学贷款发放至借款人毕业或终止学业的期间。对借款人毕业后继续攻读学位的，借款人在校年限和助学贷款期限可相应延长。助学贷款期限延长须经贷款人许可。

第八条 商业助学贷款的利率按中国人民银行规定的利率政策执行，原则上不上浮。借款人可申请利息本金化，即在校年限内的贷款利息按年计入次年度借款本金。

第九条 商业助学贷款的最高限额不超过借款人在校年限内所在学校的学费、住宿费和基本生活费。贷款人可参照学校出具的基本生活费或当地生活费标准确定有关生活费用贷款额度。

第十条 贷款人可根据借款人需要发放人民币或者外币商业助学贷款。

第十一条 学费应按照学校的学费支付期逐笔发放，住宿费、生活费可按学费支付期发放，也可分列发放。

第四章 贷 款 担 保

第十二条 贷款人发放商业助学贷款可要求借款人提供担保，担保方式可采用抵押、质押、保证或其组合，贷款人也可要求借款人投保相关保险。

第十三条 借款人采用抵押、质押担保的，贷款人应要求提供本机构认可的抵质押物。

第十四条 采用保证担保方式的，保证人范围应符合《担保法》及相关司法解释规定。

第十五条 贷款人在借款人满足贷款人设定条件的前提下可发放信用商业助学贷款。

第五章 贷款处理程序

第十六条 借款人可直接在生源地向贷款人申请商业助学贷款，即办理生源地贷款，也可在就读学校所在地申请商业助学贷款，即办理就读地贷款；但贷款人不得受理借款人既在生源地又在就读地贷款的重复申请。

第十七条 贷款人在受理借款人申请商业助学贷款时，应要求对方提交书面借款申请，填写有关申请表格，并提交下列文件、证明和资料：

（一）借款人的合法身份证件（包括：身份证、户口簿或其他有效居留证件原件），并提供以上证件的复印件；

（二）贷款人需要的借款人与其法定代理人的关系证明；

（三）借款人或其家庭成员经济收入证明；

（四）借款人为入学新生的提供就读学校的录取通知书或接收函，借款人已在校的提供学生证或其他学籍证明；

（五）借款人就读学校开出的学生学习期内所需学费、住宿费和生活费总额的有关材料；

（六）以财产作抵（质）押的，应提供抵（质）押物权证和所有权人（包括财产共有人）签署的同意抵（质）押的承诺，对抵押物须提交贷款人认可的机构出具的价值评估报告，对质押物须提供权利凭证，以第三方担保的应出具保证人同意承担不可撤销连带责任担保的书面文件及有关资信证明材料；

（七）借款人和担保人应当面出具并签署书面授权，同意银行查询其个人征信信息；

（八）贷款人要求提供的其他证明文件和材料。

第十八条 受理贷款申请后，贷款人须对借款人提供的资料进行调查核实。

第十九条 借款人办理就读地贷款的，贷款人还应联系借款人就读学校作为介绍人做好以下工作：

（一）向贷款人推荐借款人，对借款人资格及申请资料进行初审；

（二）协助贷款人对贷款的使用进行监督；

（三）将借款人在校期间失踪、死亡或丧失完全民事行为能力或劳动能力，以及发生休学、转学、出国留学或定居、自行离校、开除等情况及时通知贷款人，并协助贷款人采取相应的债权保护措施；

（四）在借款人毕业前，向贷款人提供其毕业去向、就业单位名称、居住地址、联系电话等有关信息；

（五）协助开展对借款人的信用教育和还贷宣传工作，讲解还贷的程序和方法；协助贷款人做好借款人的还款确认和贷款催收工作。

第二十条 贷款人根据借款人的资信、贷款用途、担保等因素进行贷款审批。贷款经审批同意后，贷款人应及时通知借款人与担保人签署助学贷款相关借款合同和担保合同，并按有关要求办理抵（质）押登记等相关手续。

第二十一条 贷款人应根据合同约定，将贷款划入借款人在银行开立的个人结算等账户或借款人就读学校指定账户，并由贷款人监督使用。

第二十二条 贷款人应要求借款人必须按合同约定使用贷款。违反借款合同约定，贷款人有权停止发放贷款和提前收回部分或全部贷款。对不按合同约定用途使用贷款的部分，按中国人民银行的有关规定加收利息。

第二十三条 借贷双方应对还款方式和还款计划在借款合同中明确约定。贷款人可视情况给予借款人一定的宽限期，宽限期内不还本金，也可视借款人困难程度对其在校期间发生的利息本金化。归还贷款在借款人离校后次月开始。贷款可按月、按季或按年分次偿还，利随本清，也可在贷款到期时一次性清还。

第二十四条 借款合同签订后，如需变更还款方式，须事先征得贷款人同意。

第二十五条 贷款人可要求借款人在借款合同中授权贷款人于约定的还款日直接从借款人在本行开立的个人结算等账户中扣收应偿还本息。

第二十六条 借款人在借款合同生效后，可根据合同约定提前部分或全部还款，贷款人不得收取或变相收取额外费用。

第二十七条 借款人如不能在合同规定期限内按期偿还贷款本金，应提前向贷款人申请展期，贷款展期仅限一次。申请经贷款人审查批准后，借贷双方应签订展期协议。贷款具有担保的，展期协议需经担保人书面确认。

第二十八条 借款合同需要变更的，必须经借贷双方协商同意，并依法签订变更协议。涉及第三方担保的，变更条款还应征得第三方担保人同意。协议未达成之前，原借款合同继续有效。

第二十九条 贷款人应要求借款人在变更联系方式、工作单位或居住地址后 30 天内将变更后的联系方式、工作单位和居住地址通知贷款人。

第三十条 对借款人、担保人在贷款期间发生的违约行为，贷款人可根据借款合同约定：

（一）要求限期纠正违约行为；

（二）要求增加所减少的相应价值的抵（质）押物，或更换保证人；

（三）停止发放尚未使用的贷款；

（四）在原贷款利率基础上加收罚息；

（五）提前收回部分或全部贷款本息；

（六）向保证人追偿；

（七）依据有关法律及规定处分抵（质）押物；

（八）向仲裁机关申请仲裁或向人民法院起诉。

第六章 风险管理

第三十一条 建立助学贷款违约通报制度，贷款人应按照制度要求报送助学贷款借款人违约信息，银行业监督管理机构定期在银行业金融机构范围内共享信息。

第三十二条 经批准与依法公告，贷款人可将债权以证券化等合法方式转让给第三方。

第三十三条 贷款人须根据本办法制定实施细则，加强对贷款发放和回收的管理，加强服务，严格控制风险。

第三十四条 贷款人应加强与借款人所在学校的沟通，获得学校在商业助学贷款管理方面的协助和配合。

第七章 附 则

第三十五条 贷款人可根据业务发展需要和风险管控能力，自主确定开办针对境内其他非义务教育阶段全日制学校在校困难学生的商业助学贷款，并参照本办法制定相关业务管理规范。

第三十六条 贷款人可根据业务发展需要和风险管控能力，自主确定开办借款人用于攻读境外高等院校硕士（含）以上学历，且提供全额抵（质）押的商业助学贷款，并参照本办法制定相关业务管理规范。

第三十七条 本办法自公布之日起施行，由银监会负责修订和解释。

普通高等学校研究生国家奖学金评审办法

（2014 年 2 月 21 日　教财〔2014〕1 号）

第一条　为规范普通高等学校（以下简称高校）研究生国家奖学金评审行为，保证评审工作公开、公平、公正、依法依章开展，确保评审质量和评审结果的权威性，根据《研究生国家奖学金管理暂行办法》（财教〔2012〕342 号），制定本办法。

第二条　高校应根据本校组织机构设置状况，建立健全与本校研究生规模和现有管理机构设置相适应的研究生国家奖学金评审组织机制，加强研究生国家奖学金管理工作。

第三条　高校应成立研究生国家奖学金评审领导小组，由校主管领导、相关职能部门负责人、研究生导师代表等组成。评审领导小组负责制订本校研究生国家奖学金评审实施细则；制订名额分配方案；统筹领导、协调、监督本校评审工作；裁决学生对评审结果的申诉；指定有关部门统一保存本校的国家奖学金评审资料。

第四条　高校下设的基层单位（院、系、所、中心，下同）应成立研究生国家奖学金评审委员会（以下简称评审委员会），由基层单位主要领导任主任委员，研究生导师代表、行政管理人员代表、学生代表任委员，负责本单位研究生国家奖学金的申请组织、初步评审等工作。

第五条　评审委员会成员在履行评审工作职责时应遵循以下原则：

（一）平等原则，即在评审过程中，积极听取其他委员的意见，在平等、协商的气氛中提出评审意见；

（二）回避原则，即发生与评审对象存在亲属关系、直接经济利益关系或有其他可能影响评审工作公平公正的情形时，应主动向评审委员会申请回避；

（三）公正原则，即不得利用评审委员的特殊身份和影响力，单独或与有关人员共同为评审对象提供获奖便利；

（四）保密原则，即不得擅自披露评审结果及其他评审委员的意见等相关保密信息。

第六条 高校在分配研究生国家奖学金名额时，应在各基层单位研究生规模的基础上，对培养质量较高的基层单位、学校特色优势学科、基础学科和国家亟需学科予以适当的倾斜。

第七条 高校在研究生国家奖学金评审过程中，可根据实际需要自行设计《研究生国家奖学金申请审批表》，统一组织学生申请研究生国家奖学金。

第八条 研究生国家奖学金每年评审一次，所有具有中华人民共和国国籍且纳入全国研究生招生计划的全日制（全脱产学习）研究生均有资格申请。当年毕业的研究生不再具备申请研究生国家奖学金资格。

第九条 高校与科研院所等其他研究生培养机构之间联合培养的研究生，原则上由高校对联合培养的研究生进行国家奖学金评审。

第十条 直博生和招生简章中注明不授予中间学位的本硕博、硕博连读学生，根据当年所修课程的层次阶段确定身份参与研究生国家奖学金的评定。在选修硕士课程阶段按照硕士研究生身份参与评定；进入选修博士研究生课程阶段按照博士研究生身份参与评定。

第十一条 研究生出现以下任一情况，不具备当年研究生国家奖学金参评资格：

（一）参评学年违反国家法律、校纪校规受到纪律处分者；

（二）参评学年有抄袭剽窃、弄虚作假等学术不端行为经查证属实的；

（三）参评学年学籍状态处于休学、保留学籍者。

第十二条 高校应根据学校自身情况，以研究生的道德品质和学习成绩为基本条件，科学合理地制定研究生国家奖学金评审指标体系。对学术型研究生，评审标准应偏重考察其科研创新能力和体现创新能力的科研成果；对专业学位研究生，评审标准应偏重考察其专业实践能力和适应专业岗位的综合素质。

第十三条 对于新入学的研究生，高校应根据学校实际情况设计科学合理的机制，重点考察研究生招生考试相关成绩及考核评价情况，兼顾其在本科阶段取得的突出成绩，可采取复试时组织专家和研究生导师对其进行评审答辩等形式的考察，确保符合条件的新入学研究生获得国家奖学金。

第十四条 为保证研究生国家奖学金获奖学生的质量，扩大研究生国家奖学金的影响力和激励引导作用，评审工作可增加有助于人才培养模式创新的竞赛、公开答辩等环节，实行差额评选。

第十五条 评审委员会确定本单位获奖学生名单后，应在本基层单位内进行不少于5个工作日的公示。公示无异议后，提交学校研究生国家奖学金评审领导小组进行审定，审定结果在全校范围内进行不少于5个工作日的公示。

第十六条 对研究生国家奖学金评审结果有异议的学生及相关人员，可在基层单位公示阶段向评审委员会提出申诉，评审委员会应及时研究并予以答复。如申诉人对基层单位作出的答复仍存在异议，可在高校公示阶段向研究生国家奖学金评审领导小组提请裁决。

第十七条 研究生在基本修业年限内可多次获得研究生国家奖学金，但获奖成果不可重复申报使用。超出学制期限基本修业年限的研究生，原则上不再具备研究生国家奖学金参评资格。

第十八条 在学制期限基本修业年限内，因国家和单位公派出国留学或校际交流在境外学习的研究生，仍具备研究生国家奖学金参评资格；由于因私出国留学、疾病、创业等原因未在校学习的研究生，期间内原则上不具备研究生国家奖学金参评资格。

第十九条 高校应及时报送研究生国家奖学金评审材料。中央部门所属高校将评审材料报其中央主管部门，地方高校将评审材料报省级教育、财政部门。评审材料包括反映本校评审依据、评审程序、名额分配及评审结果等情况的评审报告及获奖研究生汇总表。中央主管部门和省级教育、财政部门对所属高校评审情况和结果汇总后，每年 10 月 31 日前，报教育部、财政部备案。

第二十条 教育部、财政部委托全国学生资助管理中心收取研究生国家奖学金备案材料，并颁发国家统一印制的荣誉证书。

第二十一条 科研院所等其他研究生培养机构研究生国家奖学金评审参照本办法执行。

本专科生国家奖学金评审办法

（2019 年 9 月 18 日　教财函〔2019〕105 号）

第一条 为规范本专科生国家奖学金评审工作，保证评审工作的公正、公平、公开，根据学生资助管理有关规定，制定本办法。

第二条 教育部、财政部成立评审领导小组，设立评审委员会。评审领导小组由教育部、财政部有关负责人组成，全面领导评审工作，研究决定有关评审工作的重大事项，负责聘请评审委员会组成人员，批准评审委员会提交的本专科生国家奖学金评审意见。

评审委员会由具有代表性的管理人员、专家学者和学生代表组成，负责组织评审工作，向评审领导小组提出本专科生国家奖学金评审意见。根据评审工作需要，评审委员会下可设立若干评审工作小组，负责具体评审工作。

第三条 评审工作按下列程序进行：

（一）召开预备会。评审领导小组主持预备会，向评审委员会介绍有关情况，提出评审工作要求。

（二）开展评审工作。评审委员会组织评审工作小组对各单位上报的评审材料进行书面审查，提出评审意见。

（三）形成评审报告。评审工作小组完成评审工作后，由评审委员会汇总各评审工作小组的评审意见，讨论形成评审报告。

（四）审定评审报告。评审报告经评审委员会主任委员签字同意，报评审领导小组审定。

（五）公布评审结果。评审领导小组审定同意后，由教育部公告获奖学生名单。

第四条 评审的内容主要包括：

（一）材料的完整性。主要是指上报的材料是否及时、齐全、完备。

（二）程序的规范性。主要是指本专科生国家奖学金初评和审核工作是否符合规定程序。

（三）条件的相符性。主要是指入选学生的综合表现是否符合申请条件。

第五条 国家奖学金评审坚持公平、公正、公开、择优的原则，实行等额评审，每学年评审一次。

第六条 申请国家奖学金的基本条件：

（一）具有中华人民共和国国籍；

（二）热爱社会主义祖国，拥护中国共产党的领导；

（三）遵守宪法和法律，遵守学校规章制度；

（四）诚实守信，道德品质优良；

（五）在校期间学习成绩优异，创新能力、社会实践、综合素质等方面特别突出。

第七条 在符合基本条件的前提下，申请人还应满足以下具体条件：

（一）年级要求：二年级及以上年级本专科学生方可申请本专科生国家奖学金。特殊学制的学生，根据当年所修课程层次确定参与相应学段的国家奖学金评定，原则上从入学第六年开始不再具备本专科生国家奖学金申请资格。

（二）成绩要求：学习成绩排名与综合考评成绩排名均位于前10%（含10%）的学生，可以申请本专科生国家奖学金。学习成绩排名和综合考评成绩排名没有进入前10%，但达到前30%（含30%）的学生，如在其他方面表现非常突出，也可申请本专科生国家奖学金，但需提交详细的证明材料，证明材料须经学校审核盖章确认。

其他方面表现非常突出是指在道德风尚、学术研究、学科竞赛、创新发明、社会实践、社会工作、体育竞赛、艺术展演等某一方面表现特别优秀。具体是指：

1. 在社会主义精神文明建设中表现突出，具有见义勇为、助人为乐、奉献爱心、服务社会、自立自强的实际行动，在本校、本地区产生重大影响，在全国产生较大影响，有助于树立良好的社会风尚。

2. 在学术研究上取得显著成绩，以第一作者发表的通过专家鉴定的高水平论文，以第一、二作者出版的通过专家鉴定的学术专著。

3. 在学科竞赛方面取得显著成绩，在国际和全国性专业学科竞赛、课外学术科技竞赛、中国“互联网+”大学生创新创业大赛、全国职业院校技能大赛等竞赛中获一等奖（或金奖）及以上奖励。

4. 在创新发明方面取得显著成绩，科研成果获省、部级以上奖励或获得通过专家鉴定的国家专利（不包括实用新型专利、外观设计专利）。

5. 在体育竞赛中取得显著成绩，为国家争得荣誉。非体育专业学生参加省级以上体育比赛获得个人项目前三名，集体项目前二名；高水平运动员参加国际和全国性体育比赛获得个人项目前三名、集体项目前二名。集体项目应为上场主力队员。

6. 在艺术展演方面取得显著成绩，参加全国大学生艺术展演获得一、二等奖，参加省级艺术展演获得一等奖；艺术类专业学生参加国际和全国性比赛获得前三名。集体项目应为主要演员。

7. 获全国十大杰出青年、中国青年五四奖章、中国大学生年度人物等全国性荣誉称号。

8. 其它应当认定为表现非常突出的情形。

第八条 各地各校要根据本办法，制定评审实施方案，成立本专科生国家奖学金评审领导小组，设立评审委员会。本专科生国家奖学金评审领导小组由各单位分管领导任组长，相关部门负责人为成员，全面领导评审工作。评审委员会由具有代表性的管理人员、专家学者和学生代表组成，具体负责评审工作，向评审领导小组提出本专科生国家奖学金评审意见。评审领导小组和评审委员会可根据本单位具体情况合并设立。

第九条 高校学生资助管理机构具体负责组织评审工作，提出本校当年本专科生国家奖学金获奖学生建议名单，报学校评审领导小组审定后，在校内进行不少于 5 个工作日的公示。

公示无异议后，每年 10 月 31 日前，中央高校将评审结果报中央主管部门，同时抄送全国学生资助管理中心。地方高校将评审结果逐级报至省级教育行政部门。中央主管部门和省级教育行政部门审核、汇总后，于当年 11 月 10 日前统一报教育部审批。

第十条 本办法由教育部、财政部负责解释。

第十一条 本办法自印发之日起施行。《教育部、财政部关于印发〈国家奖学金评审办法〉的通知》（教财〔2007〕24号）、《教育部办公厅关于进一步规范普通高校国家奖学金评审与材料填报工作的通知》（教财厅函〔2010〕16号）同时废止。

中等职业教育国家奖学金评审暂行办法

（2019年9月18日 教财函〔2019〕104号）

第一章 总 则

第一条 为规范中等职业教育国家奖学金（以下简称中职国家奖学金）评审工作，保证评审工作公正、公平、公开，制定本办法。

第二条 中职国家奖学金由中央财政出资设立，用于奖励中等职业学校（含技工学校，下同）全日制在校生中特别优秀的学生。每年奖励2万名学生，奖励标准为每生每年6000元。

第三条 中职国家奖学金每学年评审一次，实行等额评审。

第四条 全国学生资助管理中心会同全国技工院校学生资助管理工作办公室，根据中等职业学校全日制在校生数等因素，提出中职国家奖学金名额分配建议方案，报教育部、人力资源社会保障部、财政部同意后，联合下达中职国家奖学金名额，并组织实施中职国家奖学金评审工作。

第五条 各省（自治区、直辖市）、各计划单列市、新疆生产建设兵团在根据中等职业学校全日制在校生数等因素分配国家奖学金名额时，应当对办学水平较高的学校和以农林、地质、矿产、水利、养老、家政等专业和现代农业、先进制造业、现代服务业、战略性新兴产业等人才紧缺专业为主的学校，予以适当倾斜。

第二章　评审机构与职责

第六条　教育部、人力资源社会保障部、财政部成立中职国家奖学金评审领导小组，设立评审委员会。

第七条　评审领导小组由教育部、人力资源社会保障部、财政部有关负责人组成，全面领导评审工作，研究决定有关评审工作的重大事项，负责聘请评审委员会组成人员，批准评审委员会提交的中职国家奖学金评审意见。

第八条　评审委员会由具有代表性的领导、专家学者和教师代表组成，负责组织评审工作，向评审领导小组提出中职国家奖学金评审意见。根据评审工作需要，评审委员会可下设若干评审小组，具体负责评审工作。

第三章　评审程序与要求

第九条　中等职业学校具体负责组织中职国家奖学金申请受理、评审等工作，提出本校当年中职国家奖学金获奖学生建议名单，在校内进行不少于5个工作日的公示。

公示无异议后，每年10月31日前，中等职业学校将评审结果按照程序分别报送省级教育行政、人力资源社会保障部门。

第十条　各省（自治区、直辖市）、各计划单列市、新疆生产建设兵团教育行政部门联合人力资源社会保障部门组织开展评审工作，并于11月10日前将评审材料统一报送教育部。

第十一条　中职国家奖学金评审委员会评审程序：

（一）召开预备会。评审委员会召开预备会，提出评审工作要求。

（二）开展评审工作。评审委员会组织评审小组对上报的评审材料进行书面审查，提出评审意见。

（三）形成评审报告。评审小组完成评审工作后，由评审委员会汇总各评审小组的评审意见，形成评审报告。

（四）审定评审报告。评审报告经评审委员会主任签字同意，报评审领导小组审定。

第十二条 评审领导小组审定同意后，由教育部和人力资源社会保障部公告获奖学生名单。

第十三条 中职国家奖学金评审要求：

（一）材料的完整性。主要是指上报材料是否及时、齐全、完备。

（二）程序的规范性。主要是指中职国家奖学金评审工作是否符合规定程序。

（三）条件的相符性。主要是指入选学生的综合表现是否符合申请条件。

第四章 申请条件

第十四条 申请中职国家奖学金的基本条件：

（一）具有中华人民共和国国籍；

（二）热爱社会主义祖国，拥护中国共产党的领导；

（三）遵守法律法规，遵守《中等职业学校学生公约》，遵守学校规章制度；

（四）诚实守信，道德品质优良；

（五）在校期间学习成绩、道德风尚、专业技能、社会实践、创新能力、综合素质等方面表现特别优秀。

第十五条 在符合基本条件前提下，申请人还应满足以下具体条件：

（一）年级要求：全日制二年级及以上学生可以申请中职国家奖学金。

（二）成绩表现等要求：学习成绩排名位于年级同一专业前5%（含5%）的学生可以申请中职国家奖学金。学习成绩排名位于年级同一专业排名未进入5%，但达到前30%（含30%）且在道德风尚、专业技能、社会实践、创新能力、综合素质等方面表现特别突出的，可以申请中职国家奖学金，同时需要提交详细的证明材料。证明材料须由学校审核后加盖学校公章。学习成绩排名未进入30%的，不具备申请资格。

“表现特别突出”主要是指：

1. 在社会主义精神文明建设中表现突出，具有见义勇为、助人为乐、奉献爱心、服务社会、自立自强等实际行动，在本校、本地区产生重大影响，在全国产生较大影响，有助于树立良好的社会风尚。

2. 在职业技能竞赛或专业技能竞赛方面取得显著成绩。在世界技能大赛取得优胜奖以上和入围世界技能大赛中国集训队及国际性职业技能竞赛获前 8 名，在中国技能大赛等全国性或省级职业技能竞赛获得优秀名次（一类职业技能大赛前 20 名、二类职业技能竞赛前 15 名）。在全国职业院校技能大赛等专业技能竞赛获得三等奖及以上奖励，省级选拔赛获得二等奖及以上奖励。

3. 在创新发明方面取得显著成绩，科研成果获得省、部级以上奖励或获得通过专家鉴定的国家专利（不包括实用新型专利、外观设计专利）。

4. 在体育竞赛中取得显著成绩，为国家争得荣誉。非体育专业学生参加省级及以上体育比赛获得个人项目前三名，集体项目前二名。体育专业学生参加国际和全国性体育比赛获得个人项目前三名、集体项目前二名。集体项目应为上场的主力队员。

5. 在重要艺术展演文艺比赛中取得显著成绩。非艺术类专业学生参加全国中小学生艺术展演或同等水平比赛，获得三等奖及以上或前三名奖励；艺术类专业学生参加全国中小学生艺术展演或同等水平全国性及国际性比赛，获得三等奖及以上或前三名奖励，以上展演（比赛）省级遴选获得二等奖及以上或前二名奖励。集体项目应为主要演员。

6. 获省级及以上三好学生、优秀学生干部、社会实践先进个人、杰出青年、五四奖章等个人表彰或荣誉称号。

7. 参加全国中等职业学校文明风采优秀作品展示展演的个人或集体项目主要创作人员。

8. 在创业等其他方面有优异表现的。

第五章　附　　则

第十六条　中等职业学校应将获得国家奖学金情况记入学生学籍档案，颁发国家统一印制的荣誉证书，并于每年 12 月 31 日前将中职国家奖学金一次性发放给获奖学生。

第十七条　本办法由教育部、人力资源社会保障部、财政部负责解释。

第十八条　本办法自发布之日起施行。

高等学校学生勤工助学管理办法

（2018 年 8 月 20 日　教财〔2018〕12 号）

第一章　总　　则

第一条　为规范管理高等学校学生勤工助学工作，促进勤工助学活动健康、有序开展，保障学生合法权益，帮助学生顺利完成学业，发挥勤工助学育人功能，培养学生自立自强、创新创业精神，增强学生社会实践能力，特制定本办法。

第二条　本办法所称高等学校是指根据国家有关规定批准设立、实施高等学历教育的全日制普通本科高等学校、高等职业学校和高等专科学校（以下简称学校）。

第三条　本办法所称学生是指学校招收的本专科生和研究生。

第四条　本办法所称勤工助学活动是指学生在学校的组织下利

用课余时间，通过劳动取得合法报酬，用于改善学习和生活条件的实践活动。

第五条 勤工助学是学校学生资助工作的重要组成部分，是提高学生综合素质和资助家庭经济困难学生的有效途径，是实现全程育人、全方位育人的有效平台。勤工助学活动应坚持“立足校园、服务社会”的宗旨，按照学有余力、自愿申请、信息公开、扶困优先、竞争上岗、遵纪守法的原则，由学校在不影响正常教学秩序和学生正常学习的前提下有组织地开展。

第六条 勤工助学活动由学校统一组织和管理。学生私自在校外兼职的行为，不在本办法规定之列。

第二章 组织机构

第七条 学校学生资助工作领导小组全面领导勤工助学工作，负责协调学校的宣传、学工、研工、财务、人事、教务、科研、后勤、团委等部门配合学生资助管理机构开展相关工作。

第八条 学校学生资助管理机构下设专门的勤工助学管理服务组织，具体负责勤工助学的日常管理工作。

第三章 学校职责

第九条 组织开展勤工助学活动是学校学生工作的重要内容。学校要加强领导，认真组织，积极宣传，校内有关职能部门要充分发挥作用，在工作安排、人员配备、资金落实、办公场地、活动场所及助学岗位设置等方面给予大力支持，为学生勤工助学活动提供指导、服务和保障。

第十条 加强对勤工助学学生的思想教育，培养学生热爱劳动、自强不息、创新创业的奋斗精神，增强学生综合素质，充分发挥勤工助学育人功能。

第十一条 对在勤工助学活动中表现突出的学生予以表彰和奖

励；对违反勤工助学相关规定的学生，可按照规定停止其勤工助学活动。对在勤工助学活动中违反校纪校规的，按照校纪校规进行教育和处理。

第十二条 根据本办法规定，结合学校实际情况，制定完善本校学生勤工助学活动的实施办法。

第十三条 根据国家有关规定，筹措经费，设立勤工助学专项资金，并制定资金使用与管理办法。

第四章 勤工助学管理服务组织职责

第十四条 确定校内勤工助学岗位。引导和组织学生积极参加勤工助学活动，指导和监督学生的勤工助学活动。

第十五条 开发校外勤工助学资源。积极收集校外勤工助学信息，开拓校外勤工助学渠道，并纳入学校管理。

第十六条 接受学生参加勤工助学活动的申请，安排学生勤工助学岗位，为学生和用人单位提供及时有效的服务。

第十七条 在学校学生资助管理机构的领导下，配合学校财务部门共同管理和使用学校勤工助学专项资金，制定校内勤工助学岗位的报酬标准，并负责酬金的发放和管理工作。

第十八条 组织学生开展必要的勤工助学岗前培训和安全教育，维护勤工助学学生的合法权益。

第十九条 安排勤工助学岗位，应优先考虑家庭经济困难的学生。对少数民族学生从事勤工助学活动，应尊重其风俗习惯。

第二十条 不得组织学生参加有毒、有害和危险的生产作业以及超过学生身体承受能力、有碍学生身心健康的劳动。

第五章 校内勤工助学岗位设置

第二十一条 设岗原则：

（一）学校应积极开发校内资源，保证学生参与勤工助学的需要。校内勤工助学岗位设置应以校内教学助理、科研助理、行政管理助理和学校公共服务等为主。按照每个家庭经济困难学生月平均上岗工时原则上不低于20小时为标准，测算出学期内全校每月需要的勤工助学总工时数（20工时×家庭经济困难学生总数），统筹安排、设置校内勤工助学岗位。

（二）勤工助学岗位既要满足学生需求，又要保证学生不因参加勤工助学而影响学习。学生参加勤工助学的时间原则上每周不超过8小时，每月不超过40小时。寒暑假勤工助学时间可根据学校的具体情况适当延长。

第二十二条 岗位类型：

勤工助学岗位分固定岗位和临时岗位。

（一）固定岗位是指持续一个学期以上的长期性岗位和寒暑假期间的连续性岗位；

（二）临时岗位是指不具有长期性，通过一次或几次勤工助学活动即完成任务的工作岗位。

第六章 校外勤工助学活动管理

第二十三条 学校勤工助学管理服务组织统筹管理校外勤工助学活动，并注重与学生学业的有机结合。

第二十四条 校外用人单位聘用学生勤工助学，须向学校勤工助学管理服务组织提出申请，提供法人资格证书副本和相关的证明文件。经审核同意，学校勤工助学管理服务组织推荐适合工作要求的学生参加勤工助学活动。

第七章 勤工助学酬金标准及支付

第二十五条 校内固定岗位按月计酬。以每月40个工时的酬金原则上不低于当地政府或有关部门制定的最低工资标准或居民最低生活保障标准为计酬基准，可适当上下浮动。

第二十六条 校内临时岗位按小时计酬。每小时酬金可参照学校当地政府或有关部门规定的最低小时工资标准合理确定，原则上不低于每小时 12 元人民币。

第二十七条 校外勤工助学酬金标准不应低于学校当地政府或有关部门规定的最低工资标准，由用人单位、学校与学生协商确定，并写入聘用协议。

第二十八条 学生参与校内非营利性单位的勤工助学活动，其劳动报酬由勤工助学管理服务组织从勤工助学专项资金中支付；学生参与校内营利性单位或有专门经费项目的勤工助学活动，其劳动报酬原则上由用人单位支付或从项目经费中开支；学生参加校外勤工助学，其劳动报酬由校外用人单位按协议支付。

第八章 法律责任

第二十九条 在校内开展勤工助学活动的，学生及用人单位须遵守国家及学校勤工助学相关管理规定。学生在校外开展勤工助学活动的，勤工助学管理服务组织必须经学校授权，代表学校与用人单位和学生三方签订具有法律效力的协议书。签订协议书并办理相关聘用手续后，学生方可开展勤工助学活动。协议书必须明确学校、用人单位和学生等各方的权利和义务，开展勤工助学活动的学生如发生意外伤害事故的处理办法以及争议解决方法。

第三十条 在勤工助学活动中，若出现协议纠纷或学生意外伤害事故，协议各方应按照签订的协议协商解决。如不能达成一致意见，按照有关法律法规规定的程序办理。

第九章 附 则

第三十一条 科研院所、党校、行政学院、会计学院等研究生培养单位根据本办法规定，制定完善本单位学生勤工助学活动的实施办法。

第三十二条 本办法由教育部、财政部负责解释。

第三十三条 本办法自公布之日起施行。教育部财政部印发的《高等学校勤工助学管理办法》（教财〔2007〕7号）同时废止。

关于进一步加强和规范教育收费管理的意见

（2020年8月17日 教财〔2020〕5号）

党中央、国务院历来高度重视教育收费管理工作，自全国治理教育乱收费部际联席会议制度建立以来，在各有关部门、地方各级政府的共同努力下，教育收费水平保持了基本稳定，教育乱收费现象得到了有效遏制。但随着经济社会的发展，教育收费管理工作在体制机制、政策执行、监督管理等方面仍然存在一些问题，与教育改革发展的需要和人民群众的期待仍然存在一定差距。为贯彻落实《中国教育现代化2035》《国务院办公厅关于进一步调整优化结构提高教育经费使用效益的意见》等文件精神，进一步加强和规范教育收费管理，现提出以下意见。

一、总体要求

（一）指导思想

以习近平新时代中国特色社会主义思想为指导，全面贯彻落实党的十九大和十九届二中、三中、四中全会精神，深入贯彻落实全国教育大会精神，始终坚持把教育事业摆在优先位置，主动适应教育、财税、价格等领域改革新要求，巩固完善以政府投入为主、多渠道筹集教育经费体制，逐步完善各级各类教育投入机制和非义务教育培养成本分担机制，建立健全教育收费政策体系、制度体系、监管体系，提升教育收费治理能力，持续巩固教育乱收费治理成果，促进教育公平而有质量的发展。

（二）基本原则

——坚持公益属性、分类管理。坚持教育的公益性，充分发挥政府对教育事业的主导作用。区分义务教育和非义务教育的不同阶段，区分非营利性和营利性民办教育的不同属性，正确处理政府与社会、受教育者之间的关系，合理分担教育培养成本。

——坚持分级审批、属地管理。教育领域行政事业性收费项目、标准实行中央和省两级审批，中央部门所属学校收费标准实行属地管理。各省、自治区、直辖市（以下简称各省）按照规定的管理权限，科学制定收费政策，加强收费项目管理，合理确定收费标准，全面落实教育收费管理主体责任。

——坚持问题导向、改革创新。不断健全教育收费管理体制，完善教育收费政策，加强重点领域、重点单位的收费治理，着力解决与教育改革发展不相适应的收费体制机制问题，着力解决群众反映强烈的收费问题。全面依法治教，坚持依法行政、依法理财，强化事中事后监管，将日常监督与专项监督相结合，创新收费监管方式。

二、完善教育收费政策

（三）坚持实施九年义务教育制度。义务教育全面纳入财政保障范围，公办义务教育学校不收取学费、杂费。各地要严格执行义务教育法，巩固完善城乡义务教育经费保障机制，坚持实行九年义务教育制度，严禁随意扩大免费教育政策实施范围。对民办义务教育学校学生免除学杂费标准按照生均公用经费基准定额执行；对生均教育培养成本不足部分，应严格落实非营利性法定要求，合理确定收费标准。严禁收取与招生入学挂钩的捐资助学款。按照国家有关规定招收义务教育阶段学生进行文艺、体育等专业训练的学校或其他社会组织，收取的学杂费不应包括学生完成九年义务教育课程按规定免除的学杂费。

（四）坚持实施非义务教育培养成本分担机制。非义务教育实行以政府投入为主、受教育者合理分担、其他多种渠道筹措经费的投入机制。各省应根据办学成本、经济发展水平和财力状况，落实并动态调整公办幼儿园、普通高中、中等职业学校、高职院校、普通本科院校生均财政拨款标准或生均公用经费标准。学校（包括幼儿园，下同）按照年生均教育培养成本的一定比例向受教育者收取学费（保育教育费），综合考虑实际成本（扣除财政拨款）等向住宿生收取住宿费，家庭经济困难学生按照国家有关规定享受减免政策。各省应结合本地实际，合理确定公办幼儿园、普通高中、中等职业学校学费（保育教育费）占年生均教育培养成本的比例。现阶段，公办高等学校学费占年生均教育培养成本的比例最高不得超过25%，各地应根据经济社会发展水平、培养成本和群众承受能力等合理确定。

军队举办的幼儿园招收地方人员子女，享受当地人民政府补助的，应按照公办幼儿园有关规定收费；未享受补助的，由军队依据国家有关政策具体制定，合理确定收费标准。中外合作办学和非全日制研究生教育收费政策，由各省制定。

（五）坚持实施民办教育收费分类管理。按照民办教育促进法有关规定，非营利性民办学校收费的具体办法，由省级人民政府制定；营利性民办学校的收费标准，实行市场调节，由学校自主决定。普惠性民办幼儿园收费标准根据各省级人民政府出台的普惠性民办幼儿园认定管理办法，统筹考虑公办幼儿园和普惠性民办幼儿园收费水平，结合经济发展水平、群众承受能力、办园成本和财政补助水平等因素合理确定。各地要加快制定并落实普惠性民办幼儿园财政补助标准，落实义务教育阶段民办学校生均公用经费补助，加强收费标准调控，坚决防止过高收费。2016 年 11 月 7 日以前设立的民办学校，在未完成分类登记相关程序前收费政策按非营利性民办学校管理。

（六）完善学校服务性收费和代收费等政策。学校在完成正常的保育、教育教学任务外，为在校学生提供学习、生活所需的相关便利服务，以及组织开展研学旅行、课后服务、社会实践等活动，对应由学生或学生家长承担的部分，可根据自愿和非营利原则收取服务性费用。相关服务由学校之外的机构或个人提供的，学校可代收代付相关费用。学校服务性收费和代收费具体政策，由各省制定。国家已明令禁止的或明确规定由财政保障的项目不得纳入服务性收费和代收费，学校不得擅自设立服务性收费和代收费项目，不得在代收费中获取差价，不得强制或者暗示学生及家长购买指定的教辅软件或资料，不得通过提前开学等形式或变相违规补课加收相关费用。校内学生宿舍和社会力量举办的校外学生公寓，均不得强制提供相关生活服务或将服务性收费与住宿费捆绑收取。学校自主经营的食堂向自愿就餐的学生收取伙食费，应坚持公益性原则，不得以营利为目的。

（七）完善在内地（祖国大陆）学习的港澳台侨学生收费政策。对于在内地（祖国大陆）学习的港澳台地区学生以及海外华侨学生，在中小学校和幼儿园学习的，按照有关规定执行与内地（祖国大陆）学生相同的收费政策；录取到内地（祖国大陆）普通高等学校和科研院所学习的，按照有关规定执行与内地（祖国大陆）同类学生相同的收费标准。

（八）完善国际学生收费政策。在公办中小学、幼儿园就读的国际学生，收费政策由各省制定。外籍人员子女学校收费政策，由学校自主制定。高等学校接收的自费来华留学生收费标准由学校根据当地经济社会发展水平和培养成本等因素合理确定，避免引发恶性竞争。根据我国政府与派遣国协议来华接受教育的学生，收费政策按照有关规定执行。

三、健全教育收费管理制度

（九）建立健全教育收费标准动态调整机制。各地应按照规定的管理权限和属地化管理原则，综合考虑经济社会发展水平、教育培养成本和群众承受能力等因素，合理确定公办学校学费（保育教育费）、住宿费等收费标准，建立与拨款、资助水平等相适应的收费标准动态调整机制。学校收费政策有变化的，应在招生简章发布前向社会公示。鼓励各地适应弹性学制下的教学组织模式，探索实行高等学校学分制收费管理。经批准实行学分制收费的学校，学生按学分制培养方案正常完成学业所缴纳的学费总额原则上不得高于实行学年制的学费总额，加修其他专业课程或重修课程，学校可按所修课程规定的学分收费标准收取费用。学费、住宿费的收取实行“老生老办法、新生新办法”，按照学年或学期收取，不得跨学年（学期）预收。学生如因故休学、退学、提前结束学业或经批准转学，学校应根据实际学习时间合理确定退费额度。各地要全面落实国家各项资助政策，帮助家庭经济困难学生解决实际问题，不得因学费标准调整影响学生的正常学习和生活。

（十）加强教育培养成本调查。适时修订完善《高等学校教育培养成本监审办法（试行）》，组织做好高等学校年生均教育培养成本监审工作。各省按照定价权限根据价格法、《政府制定价格成本监审办法》等，结合本地实际，主动开展幼儿园、普通高中、中等职业学校教育培养成本调查工作，规范教育培养成本调查行为。各级各类学校应当加强成本核算，完整准确记录并核算教育培养成本。

（十一）规范教育收费决策听证制度。各地要严格按照国家规定的权限和程序制定或调整政府举办的各级各类学校学费等收费标准，纳入定价听证目录并实行听证，充分征求社会有关方面意见，确保教育收费决策的民主性、科学性和透明度。降低教育收费标准，或教育收费标准调整涉及面较小的，听证会可采取简易程序。制定其他的教育收费标准，认为有必要的，也可以实行听证。

（十二）严格执行教育收费公示制度。各地要严格执行教育收费公示制度，未经公示不得收费。各级各类学校应建立健全规范化的收费公示动态管理制度，主动接受社会监督。应将收费项目和标准在校内醒目位置向学生公示，在招生简章和入学通知书中注明。义务教育阶段民办学校收费标准应和学校获得的生均公用经费补助一并公示。对按规定应当公示而未公示的收费，或公示内容与规定政策不符的收费，学生有权拒绝缴纳。收费政策变动时，学校要及时更新公示内容，确保公示内容合法、有效。各地要严格执行教育收费等行政事业性收费目录清单，不得擅自增加收费项目、扩大收费范围。

（十三）*加强教育收费收支管理*。公办普通高中和中等职业学校学费、住宿费，公办高等学校学费、住宿费、委托培养费、函大电大夜大及短期培训费等收入，作为事业收入，按照“收支两条线”要求，纳入财政专户管理。公办幼儿园收费收入管理按现行规定执行。服务性收费收入由学校按规定列支；代收费收入由学校全部转交提供服务的单位，不得计入学校收入。学校要将教育收费收支全部纳入部门预算管理，加大资金统筹力度；教育收费安排的相关支出按规定纳入项目库规范管理。结合教育收费等其他收入情况，统筹安排财政拨款预算，更好发挥财政资金使用效益。各地不得将学校收费收入用于平衡预算，不得以任何形式挤占、截留、平调、挪用学校收费资金。民办学校收费收入应全部缴入经教育行政部门备案的学校银行账户，统一管理，主要用于教育教学活动、改善办学条件和保障教职工待遇并依据有关法律法规提取发展基金。学校收取行政事业性收费时要按照财务隶属关系使用财政部门印（监）制的财政票据，在收取服务性收费时应使用相应的税务发票，代收费时应使用资金往来结算票据。

四、加强教育收费治理

（十四）*落实教育收费监管责任*。教育收费坚持“谁审批、谁负责”的原则。治理教育乱收费联席会议成员单位按照各自职责，将教育收费纳入目录管理，适时动态调整并及时向社会公布，依法对相关收费项目和收费标准的执行情况实施监督；加强教育收费成本调查，建立健全收费标准动态调整机制；加强教育领域的收费监督检查，依法查处违法违规收费行为；加强教材、教辅材料价格管理；指导各级各类学校落实教育收费政策，规范收费行为。各级各类学校要严格执行规定的收费范围、收费项目、收费标准和收费方式，建立健全学校收费管理制度。

（十五）完善教育收费治理工作机制。各地要高度重视教育收费管理工作，建立健全领导体制和工作机制，坚持系统推进教育收费管理工作。各地治理教育乱收费联席会议成员单位要统筹协调，完善定期会商、信息发布机制，形成责任明确、协作联动、互相促进的收费管理工作格局，加强重点领域教育收费治理。要把教育收费管理纳入教育督导范围。探索建立学校收费专项审计制度，重点加强对非营利性民办学校的审计，严禁非营利性民办学校举办者和非营利性中外合作办学者通过各种方式从学费收入等办学收益中取得收益、分配办学结余（剩余财产）或通过关联交易、关联方转移办学收益等行为。

（十六）加大违规收费行为的查处力度。各地要加强对教育收费的日常监督和定期检查，建立完善教育收费风险预警、信访受理、督查督办、公开通报及约谈机制，对发现的违规收费问题要严肃处理。建立健全问责机制，对收费管理主体责任不落实、措施不到位，损坏群众切身利益，造成恶劣社会影响的单位和相关责任人要严肃问责。对民办学校违规乱收费造成恶劣影响的，依法依规扣减招生计划、财政扶持资金等，直至撤销、吊销办学许可证。

（十七）加强教育收费治理基础能力建设。贯彻落实《全国教育系统财务管理干部培训实施方案》，组织开展教育收费管理培训，提高教育收费治理能力和水平。各地要充分利用现代信息技术，探索建立教育收费年度统计报告制度，加强教育收费管理，进一步强化服务意识，提高服务能力和水平。

各级科研院所、党校等教育收费管理参照本意见执行，各级教育部门所属事业单位收费管理政策另行制定。

六 学校思想政治教育、文体、卫生、安全教育工作

中小学德育工作指南

（2017 年 8 月 17 日　教基〔2017〕8 号）

为深入贯彻落实立德树人根本任务，加强对中小学德育工作的指导，切实将党和国家关于中小学德育工作的要求落细落小落实，着力构建方向正确、内容完善、学段衔接、载体丰富、常态开展的德育工作体系，大力促进德育工作专业化、规范化、实效化，努力形成全员育人、全程育人、全方位育人的德育工作格局，特制定本指南。

一、指导思想

全面贯彻党的十八大和十八届三中、四中、五中、六中全会精神，深入贯彻习近平总书记系列重要讲话精神和治国理政新理念新思想新战略，始终坚持育人为本、德育为先，大力培育和践行社会主义核心价值观，以培养学生良好思想品德和健全人格为根本，以促进学生形成良好行为习惯为重点，以落实《中小学生守则（2015 年修订）》为抓手，坚持教育与生产劳动、社会实践相结合，坚持学校教育与家庭教育、社会教育相结合，不断完善中小学德育工作

长效机制，全面提高中小学德育工作水平，为中国特色社会主义事业培养合格建设者和可靠接班人。

二、基本原则

（一）坚持正确方向。加强党对中小学校的领导，全面贯彻党的教育方针，坚持社会主义办学方向，牢牢把握中小学思想政治和德育工作主导权，保证中小学校成为坚持党的领导的坚强阵地。

（二）坚持遵循规律。符合中小学生年龄特点、认知规律和教育规律，注重学段衔接和知行统一，强化道德实践、情感培育和行为习惯养成，努力增强德育工作的吸引力、感染力和针对性、实效性。

（三）坚持协同配合。发挥学校主导作用，引导家庭、社会增强育人责任意识，提高对学生道德发展、成长成人的重视程度和参与度，形成学校、家庭、社会协调一致的育人合力。

（四）坚持常态开展。推进德育工作制度化常态化，创新途径和载体，将中小学德育工作要求贯穿融入到学校各项日常工作中，努力形成一以贯之、久久为功的德育工作长效机制。

三、德育目标

（一）总体目标

培养学生爱党爱国爱人民，增强国家意识和社会责任意识，教育学生理解、认同和拥护国家政治制度，了解中华优秀传统文化和革命文化、社会主义先进文化，增强中国特色社会主义道路自信、理论自信、制度自信、文化自信，引导学生准确理解和把握社会主义核心价值观的深刻内涵和实践要求，养成良好政治素质、道德品质、法治意识和行为习惯，形成积极健康的人格和良好心理品质，促进学生核心素养提升和全面发展，为学生一生成长奠定坚实的思想基础。

（二）学段目标

小学低年级

教育和引导学生热爱中国共产党、热爱祖国、热爱人民，爱亲敬长、爱集体、爱家乡，初步了解生活中的自然、社会常识和有关祖国的知识，保护环境，爱惜资源，养成基本的文明行为习惯，形成自信向上、诚实勇敢、有责任心等良好品质。

小学中高年级

教育和引导学生热爱中国共产党、热爱祖国、热爱人民，了解家乡发展变化和国家历史常识，了解中华优秀传统文化和党的光荣革命传统，理解日常生活的道德规范和文明礼貌，初步形成规则意识和民主法治观念，养成良好生活和行为习惯，具备保护生态环境的意识，形成诚实守信、友爱宽容、自尊自律、乐观向上等良好品质。

初中学段

教育和引导学生热爱中国共产党、热爱祖国、热爱人民，认同中华文化，继承革命传统，弘扬民族精神，理解基本的社会规范和道德规范，树立规则意识、法治观念，培养公民意识，掌握促进身心健康发展的途径和方法，养成热爱劳动、自主自立、意志坚强的生活态度，形成尊重他人、乐于助人、善于合作、勇于创新等良好品质。

高中学段

教育和引导学生热爱中国共产党、热爱祖国、热爱人民，拥护中国特色社会主义道路，弘扬民族精神，增强民族自尊心、自信心和自豪感，增强公民意识、社会责任感和民主法治观念，学习运用马克思主义基本观点和方法观察问题、分析问题和解决问题，学会正确选择人生发展道路的相关知识，具备自主、自立、自强的态度和能力，初步形成正确的世界观、人生观和价值观。

四、德育内容

（一）理想信念教育。开展马列主义、毛泽东思想学习教育，加强中国特色社会主义理论体系学习教育，引导学生深入学习习近平总书记系列重要讲话精神，领会党中央治国理政新理念新思想新战略。加强中国历史特别是近现代史教育、革命文化教育、中国特色社会主义宣传教育、中国梦主题宣传教育、时事政策教育，引导学生深入了解中国革命史、中国共产党史、改革开放史和社会主义发展史，继承革命传统，传承红色基因，深刻领会实现中华民族伟大复兴是中华民族近代以来最伟大的梦想，培养学生对党的政治认同、情感认同、价值认同，不断树立为共产主义远大理想和中国特色社会主义共同理想而奋斗的信念和信心。

（二）社会主义核心价值观教育。把社会主义核心价值观融入国民教育全过程，落实到中小学教育教学和管理服务各环节，深入开展爱国主义教育、国情教育、国家安全教育、民族团结教育、法治教育、诚信教育、文明礼仪教育等，引导学生牢牢把握富强、民主、文明、和谐作为国家层面的价值目标，深刻理解自由、平等、公正、法治作为社会层面的价值取向，自觉遵守爱国、敬业、诚信、友善作为公民层面的价值准则，将社会主义核心价值观内化于心、外化于行。

（三）中华优秀传统文化教育。开展家国情怀教育、社会关爱教育和人格修养教育，传承发展中华优秀传统文化，大力弘扬核心思想理念、中华传统美德、中华人文精神，引导学生了解中华优秀传统文化的历史渊源、发展脉络、精神内涵，增强文化自觉和文化自信。

（四）生态文明教育。加强节约教育和环境保护教育，开展大气、土地、水、粮食等资源的基本国情教育，帮助学生了解祖国的大好河山和地理地貌，开展节粮节水节电教育活动，推动实行垃圾分类，倡导绿色消费，引导学生树立尊重自然、顺应自然、保护自然的发展理念，养成勤俭节约、低碳环保、自觉劳动的生活习惯，形成健康文明的生活方式。

（五）心理健康教育。开展认识自我、尊重生命、学会学习、人际交往、情绪调适、升学择业、人生规划以及适应社会生活等方面教育，引导学生增强调控心理、自主自助、应对挫折、适应环境的能力，培养学生健全的人格、积极的心态和良好的个性心理品质。

五、实施途径和要求

（一）课程育人

充分发挥课堂教学的主渠道作用，将中小学德育内容细化落实到各学科课程的教学目标之中，融入渗透到教育教学全过程。

严格落实德育课程。按照义务教育、普通高中课程方案和标准，上好道德与法治、思想政治课，落实课时，不得减少课时或挪作它用。

要围绕课程目标联系学生生活实际，挖掘课程思想内涵，充分利用时政媒体资源，精心设计教学内容，优化教学方法，发展学生道德认知，注重学生的情感体验和道德实践。

发挥其它课程德育功能。要根据不同年级和不同课程特点，充分挖掘各门课程蕴含的德育资源，将德育内容有机融入到各门课程教学中。

语文、历史、地理等课要利用课程中语言文字、传统文化、历史地理常识等丰富的思想道德教育因素，潜移默化地对学生进行世界观、人生观和价值观的引导。

数学、科学、物理、化学、生物等课要加强对学生科学精神、科学方法、科学态度、科学探究能力和逻辑思维能力的培养，促进学生树立勇于创新、求真求实的思想品质。

音乐、体育、美术、艺术等课要加强对学生审美情趣、健康体魄、意志品质、人文素养和生活方式的培养。

外语课要加强对学生国际视野、国际理解和综合人文素养的培养。

综合实践活动课要加强对学生生活技能、劳动习惯、动手实践和合作交流能力的培养。

用好地方和学校课程。要结合地方自然地理特点、民族特色、传统文化以及重大历史事件、历史名人等，因地制宜开发地方和学校德育课程，引导学生了解家乡的历史文化、自然环境、人口状况和发展成就，培养学生爱家乡、爱祖国的感情，树立维护祖国统一、加强民族团结的意识。

统筹安排地方和学校课程，开展法治教育、廉洁教育、反邪教教育、文明礼仪教育、环境教育、心理健康教育、劳动教育、毒品预防教育、影视教育等专题教育。

（二）文化育人

要依据学校办学理念，结合文明校园创建活动，因地制宜开展校园文化建设，使校园秩序良好、环境优美，校园文化积极向上、格调高雅，提高校园文明水平，让校园处处成为育人场所。

优化校园环境。学校校园建筑、设施、布置、景色要安全健康、温馨舒适，使校园内一草一木、一砖一石都体现教育的引导和熏陶。

学校要有升国旗的旗台和旗杆。建好共青团、少先队活动室。积极建设校史陈列室、图书馆（室）、广播室、学校标志性景观。

学校、教室要在明显位置张贴社会主义核心价值观 24 字、《中小学生守则（2015 年修订）》。教室正前上方有国旗标识。

要充分利用板报、橱窗、走廊、墙壁、地面等进行文化建设，可悬挂革命领袖、科学家、英雄模范等杰出人物的画像和格言，展示学生自己创作的作品或进行主题创作。

营造文化氛围。凝练学校办学理念，加强校风教风学风建设，形成引导全校师生共同进步的精神力量。

鼓励设计符合教育规律、体现学校特点和办学理念的校徽、校训、校规、校歌、校旗等并进行教育展示。

创建校报、校刊进行宣传教育。可设计体现学校文化特色的校服。

建设班级文化，鼓励学生自主设计班名、班训、班歌、班徽、班级口号等，增强班级凝聚力。

推进书香班级、书香校园建设，向学生推荐阅读书目，调动学生阅读积极性。提倡小学生每天课外阅读至少半小时、中学生每天课外阅读至少1小时。

建设网络文化。积极建设校园绿色网络，开发网络德育资源，搭建校园网站、论坛、信箱、博客、微信群、QQ群等网上宣传交流平台，通过网络开展主题班（队）会、冬（夏）令营、家校互动等活动，引导学生合理使用网络，避免沉溺网络游戏，远离有害信息，防止网络沉迷和伤害，提升网络素养，打造清朗的校园网络文化。

（三）活动育人

要精心设计、组织开展主题明确、内容丰富、形式多样、吸引力强的教育活动，以鲜明正确的价值导向引导学生，以积极向上的力量激励学生，促进学生形成良好的思想品德和行为习惯。

开展节日纪念日活动。利用春节、元宵、清明、端午、中秋、重阳等中华传统节日以及二十四节气，开展介绍节日历史渊源、精神内涵、文化习俗等校园文化活动，增强传统节日的体验感和文化感。

利用植树节、劳动节、青年节、儿童节、教师节、国庆节等重大节庆日集中开展爱党爱国、民族团结、热爱劳动、尊师重教、爱护环境等主题教育活动。

利用学雷锋纪念日、中国共产党建党纪念日、中国人民解放军建军纪念日、七七抗战纪念日、九三抗战胜利纪念日、九一八纪念日、烈士纪念日、国家公祭日等重要纪念日，以及地球日、环境日、健康日、国家安全教育日、禁毒日、航天日、航海日等主题日，设计开展相关主题教育活动。

开展仪式教育活动。仪式教育活动要体现庄严神圣，发挥思想政治引领和道德价值引领作用，创新方式方法，与学校特色和学生个性展示相结合。

严格中小学升挂国旗制度。除寒暑假和双休日外，应当每日升挂国旗。除假期外，每周一及重大节会活动要举行升旗仪式，奏唱国歌，开展向国旗敬礼、国旗下宣誓、国旗下讲话等活动。

入团、入队要举行仪式活动。

举办入学仪式、毕业仪式、成人仪式等有特殊意义的仪式活动。

开展校园节（会）活动。举办丰富多彩、寓教于乐的校园节（会）活动，培养学生兴趣爱好，充实学生校园生活，磨练学生意志品质，促进学生身心健康发展。

学校每学年至少举办一次科技节、艺术节、运动会、读书会。可结合学校办学特色和学生实际，自主开发校园节（会）活动，做好活动方案和应急预案。

开展团、队活动。加强学校团委对学生会组织、学生社团的指导管理。明确中学团委对初中少先队工作的领导职责，健全初中团队衔接机制。确保少先队活动时间，小学 1 年级至初中 2 年级每周安排 1 课时。

发挥学生会作用，完善学生社团工作管理制度，建立体育、艺术、科普、环保、志愿服务等各类学生社团。学校要创造条件为学生社团提供经费、场地、活动时间等方面保障。

要结合各学科课程教学内容及办学特色，充分利用课后时间组织学生开展丰富多彩的科技、文娱、体育等社团活动，创新学生课后服务途径。

（四）实践育人

要与综合实践活动课紧密结合，广泛开展社会实践，每学年至少安排一周时间，开展有益于学生身心发展的实践活动，不断增强学生的社会责任感、创新精神和实践能力。

开展各类主题实践。利用爱国主义教育基地、公益性文化设施、公共机构、企事业单位、各类校外活动场所、专题教育社会实践基地等资源，开展不同主题的实践活动。

利用历史博物馆、文物展览馆、物质和非物质文化遗产地等开展中华优秀传统文化教育。

利用革命纪念地、烈士陵园（墓）等开展革命传统教育。

利用法院、检察院、公安机关等开展法治教育。

利用展览馆、美术馆、音乐厅等开展文化艺术教育。

利用科技类馆室、科研机构、高新技术企业设施等开展科普教育。

利用军事博物馆、国防设施等开展国防教育。

利用环境保护和节约能源展览馆、污水处理企业等开展环境保护教育。

利用交通队、消防队、地震台等开展安全教育。

利用养老院、儿童福利机构、残疾人康复机构等社区机构等开展关爱老人、孤儿、残疾人教育。

利用体育科研院所、心理服务机构、儿童保健机构等开展健康教育。

加强劳动实践。在学校日常运行中渗透劳动教育，积极组织学生参与校园卫生保洁、绿化美化，普及校园种植。

将校外劳动纳入学校的教育教学计划，小学、初中、高中每个学段都要安排一定时间的农业生产、工业体验、商业和服务业实习等劳动实践。

教育引导学生参与洗衣服、倒垃圾、做饭、洗碗、拖地、整理房间等力所能及的家务劳动。

组织研学旅行。把研学旅行纳入学校教育教学计划，促进研学旅行与学校课程、德育体验、实践锻炼有机融合，利用好研学实践基地，有针对性地开展自然类、历史类、地理类、科技类、人文类、体验类等多种类型的研学旅行活动。

要考虑小学、初中、高中不同学段学生的身心发展特点和能力，安排适合学生年龄特征的研学旅行。

要规范研学旅行组织管理，制定研学旅行工作规程，做到“活动有方案，行前有备案，应急有预案”，明确学校、家长、学生的责任和权利。

开展学雷锋志愿服务。要广泛开展与学生年龄、智力相适应的志愿服务活动。

发挥本校团组织、少先队组织的作用，抓好学生志愿服务的具体组织、实施、考核评估等工作。

做好学生志愿服务认定记录，建立学生志愿服务记录档案，加强学生志愿服务先进典型宣传。

（五）管理育人

要积极推进学校治理现代化，提高学校管理水平，将中小学德育工作的要求贯穿于学校管理制度的每一个细节之中。

完善管理制度。制定校规校纪，健全学校管理制度，规范学校治理行为，形成全体师生广泛认同和自觉遵守的制度规范。

制定班级民主管理制度，形成学生自我教育、民主管理的班级管理模式。

制定防治学生欺凌和暴力工作制度，健全应急处置预案，建立早期预警、事中处理及事后干预等机制。

会同相关部门建立学校周边综合治理机制，对社会上损害学生身心健康的不法行为依法严肃惩处。

明确岗位责任。建立实现全员育人的具体制度，明确学校各个岗位教职员工的育人责任，规范教职工言行，提高全员育人的自觉性。

班主任要全面了解学生，加强班集体管理，强化集体教育，建设良好班风，通过多种形式加强与学生家长的沟通联系。各学科教师要主动配合班主任，共同做好班级德育工作。

加强师德师风建设。培育、宣传师德标兵、教学骨干和优秀班主任、德育工作者等先进典型，引导教师争做“四有”好教师。

实行师德“一票否决制”，把师德表现作为教师资格注册、年度考核、职务（职称）评审、岗位聘用、评优奖励的首要标准。

细化学生行为规范。落实《中小学生守则（2015年修订）》，鼓励结合实际制订小学生日常行为规范、中学生日常行为规范，教育引导学生熟知学习生活中的基本行为规范，践行每一项要求。

关爱特殊群体。要加强对经济困难家庭子女、单亲家庭子女、学习困难学生、进城务工人员随迁子女、农村留守儿童等群体的教育关爱，完善学校联系关爱机制，及时关注其心理健康状况，积极开展心理辅导，提供情感关怀，引导学生心理、人格积极健康发展。

（六）协同育人

要积极争取家庭、社会共同参与和支持学校德育工作，引导家长注重家庭、注重家教、注重家风，营造积极向上的良好社会氛围。

加强家庭教育指导。要建立健全家庭教育工作机制，统筹家长委员会、家长学校、家长会、家访、家长开放日、家长接待日等各种家校沟通渠道，丰富学校指导服务内容，及时了解、沟通和反馈学生思想状况和行为表现，认真听取家长对学校的意见和建议，促进家长了解学校办学理念、教育教学改进措施，帮助家长提高家教水平。

构建社会共育机制。要主动联系本地宣传、综治、公安、司法、民政、文化、共青团、妇联、关工委、卫计委等部门、组织，注重发挥党政机关和企事业单位领导干部、专家学者以及老干部、老战士、老专家、老教师、老模范的作用，建立多方联动机制，搭建社会育人平台，实现社会资源共享共建，净化学生成长环境，助力广大中小学生健康成长。

六、组织实施

加强组织领导。各级教育行政部门要把中小学德育工作作为教育系统党的建设的重要内容，摆上重要议事日程，加强指导和管理。学校要建立党组织主导、校长负责、群团组织参与、家庭社会联动的德育工作机制。学校党组织要充分发挥政治核心作用，切实加强对学校德育工作的领导，把握正确方向，推动解决重要问题。校长要亲自抓德育工作，规划、部署、推动学校德育工作落到实处。学校要完善党建带团建机制，加强共青团、少先队建设，在学校德育工作中发挥共青团、少先队的思想性、先进性、自主性、实践性优势。

加强条件保障。各级教育行政部门和学校要进一步改善学校办学条件，将德育工作经费纳入经费年度预算，完善优化教育手段，提供德育工作必需的场所、设施，订阅必备的参考书、报刊杂志，配齐相应的教学仪器设备等。

加强队伍建设。各级教育行政部门和学校要重视德育队伍人员培养选拔，优化德育队伍结构，建立激励和保障机制，调动工作积极性和创造性。要有计划地培训学校党组织书记、校长、德育干部、班主任、各科教师和少先队辅导员、中学团干部，组织他们学习党的教育方针、德育理论，提高德育工作专业化水平。

加强督导评价。各级教育行政部门要将学校德育工作开展情况纳入对学校督导的重要内容，建立区域、学校德育工作评价体系，适时开展专项督导评估工作。学校要认真开展学生的品德评价，纳入综合素质评价体系，建立学生综合素质档案，做好学生成长记录，反映学生成长实际状况。

加强科学研究。各级教育行政部门、教育科研机构和学校要组织力量开展中小学德育工作研究，探索新时期德育工作特点和规律，创新德育工作的途径和方法，定期总结交流研究成果，学习借鉴先进经验和做法，增强德育工作的科学性、系统性和实效性。

高等学校思想政治理论课教学指导委员会章程

（2016 年 7 月 29 日　教社科函〔2016〕17 号）

第一章　总　　则

第一条　为加强对高等学校思想政治理论课的宏观指导与管理，提高教育教学质量和水平，切实办好思想政治理论课，特成立教育部高等学校思想政治理论课教学指导委员会。

教育部高等学校思想政治理论课教学指导委员会是在教育部领导下，对思想政治理论课建设发挥咨询、研判、督查、评估、培训、示范、指导、引领等作用的专家组织。

第二章　组　　织

第二条　教育部高等学校思想政治理论课教学指导委员会由主任委员、副主任委员、委员若干人组成。根据工作需要下设若干分教学指导委员会，各分教学指导委员会设主任委员 1–2 人、副主任委员若干人。

第三条　教育部高等学校思想政治理论课教学指导委员会委员，由教育部按照思想政治素质好、学术水平高、教学工作或教学管理经验丰富、身体健康等条件，在高等学校、教育主管部门及相关单位的专家中择优选聘。委员实行任期制，每届任期 5 年，任期内可根据工作需要适当调整。

第四条　教育部高等学校思想政治理论课教学指导委员会下设的各分教学指导委员会，可根据工作需要设秘书处，协助处理日常工作。

第三章 任 务

第五条 发挥咨询作用。针对思想政治理论课教学改革的重大理论与实践问题，经常性地开展深入、科学的调查研究，定期向教育部提交咨询建议和报告，为科学决策提供优质咨询。

第六条 发挥研判作用。深入研究新形势下思想政治理论课建设规律，准确判断思想政治理论课面临的新情况新问题，原则上每学年对思想政治理论课建设状况开展一次系统调研，在教材建设、师资队伍建设、教学方法改革等方面提出建议。

第七条 发挥督查作用。针对加强和改进思想政治理论课重大部署和重要举措的贯彻落实情况，有组织地开展督导、巡视、检查，及时向教育部提交督查报告、反映真实情况，协助做好责任追究等工作。

第八条 发挥评估作用。对思想政治理论课的教学改革、教学经验、教学质量等作出专业评估，总结推广思想政治理论课优秀教学方法。

第九条 发挥培训作用。参与思想政治理论课教师队伍培养规划的制定和实施，组织专家积极参与骨干教师培训活动，切实提高培训效果。

第十条 发挥示范作用。充分发挥专家组织的率先垂范作用，主动探索思想政治理论课改革创新路径，加强思想政治理论课精品课堂建设。

第十一条 发挥指导作用。加强对思想政治理论课教学的政治指导和业务指导，做到及时指导、精准指导，不断提升思想政治理论课的质量和水平。

第十二条 发挥引领作用。组织委员发挥专业、学识、科研等方面优势，在意识形态领域有效发声、引领舆论，为加强和改进思想政治理论课营造良好的社会环境和氛围。

第十三条 与相关专家组织合作，推动马克思主义理论学科和马克思主义学院建设。

第十四条 接受教育部委托，开展思想政治理论课建设其他相关工作。

第四章 工 作 方 式

第十五条 高等学校思想政治理论课教学指导委员会原则上每年召开一次全体委员工作会议，必要时可召开临时会议或扩大会议。

第十六条 各分教学指导委员会每年年初根据教育部工作部署制订年度工作计划，经高等学校思想政治理论课教学指导委员会主任委员、副主任委员核准后报教育部。年度工作计划应明确各项工作目标，落实具体责任分工。教育部根据工作需要提供必要的条件保障和经费支持。

第十七条 各分教学指导委员会主任委员每年年底牵头起草分教学指导委员会年度工作总结，经高等学校思想政治理论课教学指导委员会主任委员、副主任委员核准后报教育部。教育部根据情况适时召开工作交流会，总结经验成绩，协调推动工作。

第十八条 高等学校思想政治理论课教学指导委员会形成的有关政策性文件，如需发至地方教育部门和高等学校，须经教育部审核。

第十九条 高等学校思想政治理论课教学指导委员会委员所在单位要对委员工作给予积极支持。

第五章 附 则

第二十条 本章程自发布之日起实施。

学校体育工作条例

（1990 年 2 月 20 日国务院批准　1990 年 3 月 12 日国家教育委员会令第 8 号、国家体育运动委员会令第 11 号发布　根据 2017 年 3 月 1 日《国务院关于修改和废止部分行政法规的决定》修订）

第一章　总　　则

第一条　为保证学校体育工作的正常开展，促进学生身心的健康成长，制定本条例。

第二条　学校体育工作是指普通中小学校、农业中学、职业中学、中等专业学校、普通高等学校的体育课教学、课外体育活动、课余体育训练和体育竞赛。

第三条　学校体育工作的基本任务是：增进学生身心健康、增强学生体质；使学生掌握体育基本知识，培养学生体育运动能力和习惯；提高学生运动技术水平，为国家培养体育后备人才；对学生进行品德教育，增强组织纪律性，培养学生的勇敢、顽强、进取精神。

第四条　学校体育工作应当坚持普及与提高相结合、体育锻炼与安全卫生相结合的原则，积极开展多种形式的强身健体活动，重视继承和发扬民族传统体育，注意吸取国外学校体育的有益经验，积极开展体育科学研究工作。

第五条　学校体育工作应当面向全体学生，积极推行国家体育锻炼标准。

第六条　学校体育工作在教育行政部门领导下，由学校组织实施，并接受体育行政部门的指导。

第二章 体育课教学

第七条 学校应当根据教育行政部门的规定，组织实施体育课教学活动。

普通中小学校、农业中学、职业中学、中等专业学校各年级和普通高等学校的一、二年级必须开设体育课。普通高等学校对三年级以上学生开设体育选修课。

第八条 体育课教学应当遵循学生身心发展的规律，教学内容应当符合教学大纲的要求，符合学生年龄、性别特点和所在地区地理、气候条件。

体育课的教学形式应当灵活多样，不断改进教学方法，改善教学条件，提高教学质量。

第九条 体育课是学生毕业、升学考试科目。学生因病、残免修体育课或者免除体育课考试的，必须持医院证明，经学校体育教研室（组）审核同意，并报学校教务部门备案，记入学生健康档案。

第三章 课外体育活动

第十条 开展课外体育活动应当从实际情况出发，因地制宜，生动活泼。

普通中小学校、农业中学、职业中学每天应当安排课间操，每周安排三次以上课外体育活动，保证学生每天有 1 小时体育活动的时间（含体育课）。

中等专业学校、普通高等学校除安排有体育课、劳动课的当天外，每天应当组织学生开展各种课外体育活动。

第十一条 学校应当在学生中认真推行国家体育锻炼标准的达标活动和等级运动员制度。

学校可根据条件有计划地组织学生远足、野营和举办夏（冬）令营等多种形式的体育活动。

第四章 课余体育训练与竞赛

第十二条 学校应当在体育课教学和课外体育活动的基础上，开展多种形式的课余体育训练，提高学生的运动技术水平。有条件的普通中小学校、农业中学、职业中学、中等专业学校经省级教育行政部门批准，普通高等学校经国家教育委员会批准，可以开展培养优秀体育后备人才的训练。

第十三条 学校对参加课余体育训练的学生，应当安排好文化课学习，加强思想品德教育，并注意改善他们的营养。普通高等学校对运动水平较高、具有培养前途的学生，报国家教育委员会批准，可适当延长学习年限。

第十四条 学校体育竞赛贯彻小型多样、单项分散、基层为主、勤俭节约的原则。学校每学年至少举行一次以田径项目为主的全校性运动会。

第十五条 全国中学生运动会每 3 年举行一次，全国大学生运动会每 4 年举行一次。特殊情况下，经国家教育委员会批准可提前或者延期举行。

国家教育委员会根据需要，可以安排学生参加国际学生体育竞赛。

第十六条 学校体育竞赛应当执行国家有关的体育竞赛制度和规定，树立良好的赛风。

第五章 体育教师

第十七条 体育教师应当热爱学校体育工作，具有良好的思想品德、文化素养，掌握体育教育的理论和教学方法。

第十八条 学校应当在各级教育行政部门核定的教师总编制数内，按照教学计划中体育课授课时数所占的比例和开展课余体育活动的需要配备体育教师。除普通小学外，学校应当根据学校女生数量配备一定比例的女体育教师。承担培养优秀体育后备人才训练任务的学校，体育教师的配备应当相应增加。

第十九条 各级教育行政部门和学校应当有计划地安排体育教师进修培训。对体育教师的职务聘任、工资待遇应当与其他任课教师同等对待。按照国家有关规定，有关部门应当妥善解决体育教师的工作服装和粮食定量。

体育教师组织课间操（早操）、课外体育活动和课余训练、体育竞赛应当计算工作量。

学校对妊娠、产后的女体育教师，应当依照《女职工劳动保护规定》给予相应的照顾。

第六章 场地、器材、设备和经费

第二十条 学校的上级主管部门和学校应当按照国家或者地方制订的各类学校体育场地、器材、设备标准，有计划地逐步配齐。学校体育器材应当纳入教学仪器供应计划。新建、改建学校必须按照有关场地、器材的规定进行规划、设计和建设。

在学校比较密集的城镇地区，逐步建立中小学体育活动中心，并纳入城市建设规划。社会的体育场（馆）和体育设施应当安排一定时间免费向学生开放。

第二十一条 学校应当制定体育场地、器材、设备的管理维修制度，并由专人负责管理。

任何单位或者个人不得侵占、破坏学校体育场地或者破坏体育器材、设备。

第二十二条 各级教育行政部门和学校应当根据学校体育工作的实际需要，把学校体育经费纳入核定的年度教育经费预算内，予以妥善安排。

地方各级人民政府在安排年度学校教育经费时，应当安排一定数额的体育经费，以保证学校体育工作的开展。

国家和地方各级体育行政部门在经费上应当尽可能对学校体育工作给予支持。

国家鼓励各种社会力量以及个人自愿捐资支援学校体育工作。

第七章 组织机构和管理

第二十三条 各级教育行政部门应当健全学校体育管理机构，加强对学校体育工作的指导和检查。

学校体育工作应当作为考核学校工作的一项基本内容。普通中小学校的体育工作应当列入督导计划。

第二十四条 学校应当由一位副校（院）长主管体育工作，在制定计划、总结工作、评选先进时，应当把体育工作列为重要内容。

第二十五条 普通高等学校、中等专业学校和规模较大的普通中学，可以建立相应的体育管理部门，配备专职干部和管理人员。

班主任、辅导员应当把学校体育工作作为一项工作内容，教育和督促学生积极参加体育活动。学校的卫生部门应当与体育管理部门互相配合，搞好体育卫生工作。总务部门应当搞好学校体育工作的后勤保障。

学校应当充分发挥共青团、少先队、学生会以及大、中学生体育协会等组织在学校体育工作中的作用。

第八章 奖励与处罚

第二十六条 对在学校体育工作中成绩显著的单位和个人，各级教育、体育行政部门或者学校应当给予表彰、奖励。

第二十七条 对违反本条例，有下列行为之一的单位或者个人，由当地教育行政部门令其限期改正，并视情节轻重对直接责任人员给予批评教育或者行政处分：

（一）不按规定开设或者随意停止体育课的；

（二）未保证学生每天一小时体育活动时间（含体育课）的；

（三）在体育竞赛中违反纪律、弄虚作假的；

（四）不按国家规定解决体育教师工作服装、粮食定量的。

第二十八条 对违反本条例，侵占、破坏学校体育场地、器材、设备的单位或者个人，由当地人民政府或者教育行政部门令其限期清退和修复场地、赔偿或者修复器材、设备。

第九章 附 则

第二十九条 高等体育院校和普通高等学校的体育专业的体育工作不适用本条例。

技工学校、工读学校、特殊教育学校、成人学校的学校体育工作参照本条例执行。

第三十条 国家教育委员会、国家体育运动委员会可根据本条例制定实施办法。

第三十一条 本条例自发布之日起施行。原教育部、国家体育运动委员会 1979 年 10 月 5 日发布的《高等学校体育工作暂行规定（试行草案）》和《中、小学体育工作暂行规定（试行草案）》同时废止。

中小学健康教育指导纲要

（2008 年 12 月 1 日 教体艺〔2008〕12 号）

贯彻落实《中共中央国务院关于加强青少年体育增强青少年体质的意见》（中发〔2007〕7 号）对健康教育提出的工作要求，进一步加强学校健康教育工作，培养学生的健康意识与公共卫生意识，掌握健康知识和技能，促进学生养成健康的行为和生活方式，依据《中国公民健康素养–基本知识与技能（试行）》及新时期学校健康教育的需求，特制定本纲要。

一、指导思想、目标和基本原则

1. 以邓小平理论和“三个代表”重要思想为指导，按照科学发展观的要求，全面贯彻党的教育方针，认真落实健康第一的指导思想，把增强学生健康素质作为学校教育的基本目标之一，促进学生健康成长。

2. 健康教育是以促进健康为核心的教育。通过有计划地开展学校健康教育，培养学生的健康意识与公共卫生意识，掌握必要的健康知识和技能，促进学生自觉地采纳和保持有益于健康的行为和生活方式，减少或消除影响健康的危险因素，为一生的健康奠定坚实的基础。

3. 学校健康教育要把培养青少年的健康意识，提高学生的健康素质作为根本的出发点，注重实用性和实效性。坚持健康知识传授与健康技能传授并重原则；健康知识和技能传授呈螺旋式递进原则；健康知识传授、健康意识与健康行为形成相统一原则；总体要求与地方实际相结合原则；健康教育理论知识和学生生活实际相结合原则。做到突出重点、循序渐进，不断强化和促进健康知识的掌握、健康技能的提高、健康意识的形成、健康行为和生活方式的建立。

二、健康教育具体目标和基本内容

中小学健康教育内容包括五个领域：健康行为与生活方式、疾病预防、心理健康、生长发育与青春期保健、安全应急与避险。

根据儿童青少年生长发育的不同阶段，依照小学低年级、小学中年级、小学高年级、初中年级、高中年级五级水平，把五个领域的内容合理分配到五级水平中，分别为水平一（小学1—2年级）、水平二（小学3—4年级）、水平三（小学5—6年级）、水平四（初中7—9年级）、水平五（高中10—12年级）。五个不同水平互相衔接，完成中小学校健康教育的总体目标。

（一）水平一（小学1—2年级）

1. 目标

知道个人卫生习惯对健康的影响，初步掌握正确的个人卫生知识；了解保护眼睛和牙齿的知识；知道偏食、挑食对健康的影响，养成良好的饮水、饮食习惯；了解自己的身体，学会自我保护；学会加入同伴群体的技能，能够与人友好相处；了解道路交通和玩要中的安全常识，掌握一些简单的紧急求助方法；了解环境卫生对个人健康的影响，初步树立维护环境卫生意识。

2. 基本内容

（1）健康行为与生活方式：不随地吐痰，不乱丢果皮纸屑等垃圾；咳嗽、打喷嚏时遮掩口鼻；勤洗澡、勤换衣、勤洗头、勤剪指甲（包含头虱的预防）；不共用毛巾和牙刷等洗漱用品（包含沙眼的预防）；不随地大小便，饭前便后要洗手；正确的洗手方法；正确的身体坐、立、行姿势，预防脊柱弯曲异常；正确的读写姿势；正确做眼保健操；每天早晚刷牙，饭后漱口；正确的刷牙方法以及选择适宜的牙刷和牙膏；预防龋齿（认识龋齿的成因、注意口腔卫生、定期检查）；适量饮水有益健康，每日适宜饮水量，提倡喝白开水；吃好早餐，一日三餐有规律；偏食、挑食对健康的影响；经常喝牛奶、食用豆类及豆制品有益生长发育和健康；经常开窗通气有利健康；文明如厕、自觉维护厕所卫生；知道蚊子、苍蝇、老鼠、蟑螂等会传播疾病。

（2）疾病预防：接种疫苗可以预防一些传染病。

（3）心理健康：日常生活中的礼貌用语，与同学友好相处技能。

（4）生长发育与青春期保健：生命孕育、成长基本知识，知道“我从哪里来”。

（5）安全应急与避险：常见的交通安全标志；行人应遵守的基

本交通规则；乘车安全知识；不玩危险游戏，注意游戏安全；燃放鞭炮要注意安全；不玩火，使用电源要注意安全；使用文具、玩具要注意卫生安全；远离野生动物，不与宠物打闹；家养犬要注射疫苗；发生紧急情况，会拨打求助电话（医疗求助电话：120，火警电话：119，匪警电话：110）。

（二）水平二（小学3—4年级）

1. 目标

进一步了解保护眼睛、预防近视眼知识，学会合理用眼；了解食品卫生基本知识，初步树立食品卫生意识；了解体育锻炼对健康的作用，初步学会合理安排课外作息时间；初步了解烟草对健康的危害；了解肠道寄生虫病、常见呼吸道传染病和营养不良等疾病的基本知识及预防方法；了解容易导致意外伤害的危险因素，熟悉常见的意外伤害的预防与简单处理方法；了解日常生活中的安全常识，掌握简单的避险与逃生技能；初步了解生命的意义和价值，树立保护生命的意识。

2. 基本内容

（1）健康行为与生活方式：读书写字、看电视、用电脑的卫生要求；预防近视（认识近视的成因、学会合理用眼、注意用眼卫生、定期检查）；预防眼外伤；不吃不洁、腐败变质、超过保质期的食品；生吃蔬菜水果要洗净；人体所需的主要营养素；体育锻炼有利于促进生长发育和预防疾病；睡眠卫生要求；生活垃圾应该分类放置；烟草中含有多种有害于健康的物质，避免被动吸烟。

（2）疾病预防：蛔虫、蛲虫等肠道寄生虫病对健康的危害与预防；营养不良、肥胖对健康的危害与预防；认识传染病（重点为传播链）；常见呼吸道传染病（流感、水痘、腮腺炎、麻疹、流脑等）的预防；冻疮的预防（可根据地方实际选择）；学生应接种的疫苗。

（3）生长发育与青春期保健：人的生命周期包括诞生、发育、成熟、衰老、死亡；初步了解儿童青少年身体主要器官的功能，学会保护自己。

（4）安全应急与避险：游泳和滑冰的安全知识；不乱服药物，不乱用化妆品；火灾发生时的逃生与求助；地震发生时的逃生与求助；动物咬伤或抓伤后应立即冲洗伤口，及时就医，及时注射狂犬疫苗；鼻出血的简单处理；简便止血方法（指压法、加压包扎法）。

（三）水平三（小学5—6年级）

1. 目标

了解健康的含义与健康的生活方式，初步形成健康意识；了解营养对促进儿童少年生长发育的意义，树立正确的营养观；了解食品卫生知识，养成良好的饮食卫生习惯；了解烟草对健康的危害，树立吸烟有害健康的意识；了解毒品危害的简单知识，远离毒品危害；掌握常见肠道传染病、虫媒传染病基本知识和预防方法，树立卫生防病意识；了解常见地方病如碘缺乏病、血吸虫病对健康的危害，掌握预防方法；了解青春期生理发育基本知识，初步掌握相关的卫生保健知识；了解日常生活中的安全常识，学会体育锻炼中的自我监护，提高自我保护的能力。

2. 基本内容

（1）健康行为与生活方式：健康不仅仅是没有疾病或不虚弱，而是身体、心理、社会适应的完好状态；健康的生活方式（主要包括合理膳食、适量运动、戒烟限酒、心理平衡）有利于健康；膳食应以谷类为主，多吃蔬菜水果和薯类，注意荤素搭配；日常生活饮食应适度，不暴饮暴食，不盲目节食，适当零食；购买包装食品应注意查看生产日期、保质期、包装有无涨包或破损，不购买无证摊贩食品；容易引起食物中毒的常见食品（发芽土豆、不熟扁豆和豆浆、毒蘑菇、新鲜黄花菜、河豚鱼等）；不采摘、不食用野果、野菜；体育锻炼时自我监护的主要内容（主观感觉和客观检查的指标）；发现视力异常，应到正规医院眼科进行视力检查、验光，注意配戴眼镜的卫生要求；吸烟和被动吸烟会导致癌症、心血管疾病、呼吸系统疾病等多种疾病；不吸烟、不饮酒。常见毒品的名称；毒品对个人和家庭的危害，自我保护的常识和简单方法，能够远离毒品。

（2）疾病预防：贫血对健康的危害与预防；常见肠道传染病（细菌性痢疾、伤寒与副伤寒、甲型肝炎等）的预防；疟疾的预防；流行性出血性结膜炎（红眼病）的预防；碘缺乏病对人体健康的危害；食用碘盐可以预防碘缺乏病；血吸虫病的预防（可根据地方实际选择）。

（3）心理健康：保持自信，自己的事情自己做。

（4）生长发育与青春期保健：青春期的生长发育特点；男女少年在青春发育期的差异（男性、女性第二性征的具体表现）；女生月经初潮及意义（月经形成以及周期计算）；男生首次遗精及意义；变声期的保健知识；青春期的个人卫生知识。体温、脉搏测量方法及其测量的意义。

（5）安全应急与避险：骑自行车安全常识；常见的危险标识（如高压、易燃、易爆、剧毒、放射性、生物安全），远离危险物；煤气中毒的发生原因和预防；触电、雷击的预防；中暑的预防和处理；轻微烫烧伤和割、刺、擦、挫伤等的自我处理；提高网络安全防范意识。

（四）水平四（初中阶段）

1. 目标

了解生活方式与健康的关系，建立文明、健康的生活方式；进一步了解平衡膳食、合理营养意义，养成科学、营养的饮食习惯；了解充足睡眠对儿童少年生长发育的重要意义；了解预防食物中毒的基本知识；进一步了解常见传染病预防知识，增强卫生防病能力；了解艾滋病基本知识和预防方法，熟悉毒品预防基本知识，增强抵御毒品和艾滋病的能力；了解青春期心理变化特点，学会保持愉快情绪和增进心理健康；进一步了解青春期发育的基本知识，掌握青春期卫生保健知识和青春期常见生理问题的预防和处理方法；了解什么是性侵害，掌握预防方法和技能；掌握简单的用药安全常识；学会自救互救的基本技能，提高应对突发事件的能力；了解网络使用的利弊，合理利用网络。

2. 基本内容

（1）健康行为与生活方式：不良生活方式有害健康，慢性非传染性疾病（恶性肿瘤、冠心病、糖尿病、脑卒中）的发生与不健康的生活方式有关；膳食平衡有利于促进健康；青春期充足的营养素，保证生长发育的需要。保证充足的睡眠有利于生长发育和健康（小学生每天睡眠时间 10 个小时，初中生每天睡眠时间 9 个小时，高中生每天睡眠时间 8 小时）；食物中毒的常见原因（细菌性、化学性、有毒动植物等）；发现病死禽畜要报告，不吃病死禽畜肉；适宜保存食品，腐败变质食品会引起食物中毒；拒绝吸烟、饮酒的技巧；毒品对个人、家庭和社会的危害；拒绝毒品的方法；吸毒违法，拒绝毒品。

（2）疾病预防：乙型脑炎的预防；疥疮的预防；肺结核病的预防；肝炎的预防（包括甲型肝炎、乙（丙）型肝炎等）；不歧视乙肝病人及感染者；艾滋病的基本知识；艾滋病的危害；艾滋病的预防方法；判断安全行为与不安全行为，拒绝不安全行为的技巧；学会如何寻求帮助的途径和方法；与预防艾滋病相关的青春期生理和心理知识；吸毒与艾滋病；不歧视艾滋病病毒感染者与患者。

（3）心理健康：不良情绪对健康的影响；调控情绪的基本方法；建立自我认同，客观认识和对待自己；根据自己的学习能力和状况确定合理的学习目标；异性交往的原则。

（4）生长发育与青春期保健：热爱生活，珍爱生命；青春期心理发育的特点和变化规律，正确对待青春期心理变化；痤疮发生的原因、预防方法；月经期间的卫生保健常识，痛经的症状及处理；

选择和佩戴适宜的胸罩的知识。

（5）安全应急与避险：有病应及时就医；服药要遵从医嘱，不乱服药物；不擅自服用、不滥用镇静催眠等成瘾性药物；不擅自服用止痛药物；保健品不能代替药品；毒物中毒的应急处理；溺水的应急处理；骨折简易应急处理知识（固定、搬运）；识别容易发生性侵害的危险因素，保护自己不受性侵害；预防网络成瘾。

（五）水平五（高中阶段）

1. 目标

了解中国居民膳食指南，了解常见食物的选购知识，进一步了解预防艾滋病基本知识，正确对待艾滋病病毒感染者和患者；学会正确处理人际关系，培养有效的交流能力，掌握缓解压力等基本的心理调适技能；进一步了解青春期保健知识，认识婚前性行为对身心健康的危害，树立健康文明的性观念和性道德。

2. 基本内容

（1）健康行为与生活方式：食品选购基本知识；中国居民膳食指南的内容。

（2）疾病预防：艾滋病的预防知识和方法；艾滋病的流行趋势及对社会经济带来的危害；HIV 感染者与艾滋病病人的区别；艾滋病的窗口期和潜伏期；无偿献血知识；不歧视艾滋病病毒感染者与患者。

（3）心理健康：合理宣泄与倾诉的适宜途径，客观看待事物；人际交往中的原则和方法，做到主动、诚恳、公平、谦虚、宽厚地与人交往；缓解压力的基本方法；认识竞争的积极意义；正确应对失败和挫折；考试等特殊时期常见的心理问题与应对。

（4）生长发育与青春期保健：热爱生活，珍爱生命；青春期常见的发育异常，发现不正常要及时就医；婚前性行为严重影响青少年身心健康；避免婚前性行为。

（5）安全应急与避险：网络交友的危险性。

三、实施途径及保障机制

（一）学校要通过学科教学和班会、团会、校会、升旗仪式、专题讲座、墙报、板报等多种宣传教育形式开展健康教育。学科教学每学期应安排6—7课时，主要载体课程为《体育与健康》，健康教育教学课时安排可有一定灵活性，如遇在下雨（雪）或高温（严寒）等不适宜户外体育教学的天气时可安排健康教育课。另外，小学阶段还应与《品德与生活》《品德与社会》等学科的教学内容结合，中学阶段应与《生物》等学科教学有机结合。对无法在《体育与健康》等相关课程中渗透的健康教育内容，可以利用综合实践活动和地方课程的时间，采用多种形式，向学生传授健康知识和技能。

（二）各地教育行政部门和学校要重视健康教育师资建设，把健康教育师资培训列入在职教师继续教育的培训系列和教师校本培训计划，分层次开展培训工作，不断提高教师开展健康教育的水平。中小学健康教育师资以现有健康教育专兼职教师和体育教师为基础。要重视健康教育教学研究工作，各级教研部门要把健康教育教学研究纳入教研工作计划，针对不同学段学生特点，开展以知识传播与技能培养相结合的教学研究工作。

（三）各地应加强教学资源建设，积极开发健康教育的教学课件、教学图文资料、音像制品等教学资源，增强健康教育实施效果。凡进入中小学校的自助读本或相关教育材料必须按有关规定，经审定后方可使用；健康教育自助读本或者相关教育材料的购买由各地根据本地实际情况采取多种方式解决，不得向学生收费增加学生负担。大力提倡学校使用公用图书经费统一购买，供学生循环使用。

（四）要重视对健康教育的评价和督导。各地教育行政部门和学校应将健康教育实施过程与健康教育实施效果作为评价重点。评价的重点包括学生健康意识的建立、基本知识和技能的掌握和卫生习惯、健康行为的形成，以及学校对健康教育课程（活动）的安排、必要的资源配置、实施情况以及实际效果。各地教育行政部门应将学校实施健康教育情况列入学校督导考核的重要指标之一。

（五）充分利用现有资源。健康是一个广泛的概念，涉及到生活的方方面面，学校健康教育体现在教育过程的各个环节，各地在组织实施过程中，要注意健康教育与其他相关教育，如安全教育、心理健康教育有机结合，把课堂内教学与课堂外教学活动结合起来，发挥整体教育效应。

（六）学校健康教育是学校教育的一部分，学校管理者应以大健康观为指导，全面、统筹思考学校的健康教育工作，应将健康教育教学、健康环境创设、健康服务提供有机结合，为学生践行健康行为提供支持，以实现促进学生健康发展的目标。

学校艺术教育工作规程

（2002 年 7 月 25 日教育部令第 13 号公布　自 2002 年 9 月 1 日起施行）

第一章　总　　则

第一条　为全面贯彻国家的教育方针，加强学校艺术教育工作，促进学生全面发展，根据《中华人民共和国教育法》，制定本规程。

第二条　本规程适用于小学、初级中学、普通高级中学、中等和高等职业学校、普通高等学校。

第三条　艺术教育是学校实施美育的重要途径和内容，是素质教育的有机组成部分。

学校艺术教育工作包括：艺术类课程教学，课外、校外艺术教育活动，校园文化艺术环境建设。

第四条 学校艺术教育工作应以马克思列宁主义、毛泽东思想、邓小平理论为指导，坚持面向现代化、面向世界、面向未来，贯彻面向全体学生、分类指导、因地制宜、讲求实效的方针，遵循普及与提高相结合、课内与课外相结合、学习与实践相结合的原则。通过艺术教育，使学生了解我国优秀的民族艺术文化传统和外国的优秀艺术成果，提高文化艺术素养，增强爱国主义精神；培养感受美、表现美、鉴赏美、创造美的能力，树立正确的审美观念，抵制不良文化的影响；陶冶情操，发展个性，启迪智慧，激发创新意识和创造能力，促进学生全面发展。

第五条 国务院教育行政部门主管和指导全国的学校艺术教育工作。

地方各级人民政府教育行政部门主管和协调本行政区域内的学校艺术教育工作。

各级教育部门应当建立对学校艺术教育工作进行督导、评估的制度。

第二章 学校艺术课程

第六条 各级各类学校应当加强艺术类课程教学，按照国家的规定和要求开齐开足艺术课程。职业学校应当开设满足不同学生需要的艺术课程。普通高等学校应当开设艺术类必修课或者选修课。

第七条 小学、初级中学、普通高级中学开设的艺术课程，应当按照国家或者授权的省级教育行政部门颁布的艺术课程标准进行教学。教学中使用经国家或者授权的省级教育行政部门审定通过的教材。

职业学校、普通高等学校应当结合实际情况制定艺术类必修课或选修课的教学计划（课程方案）进行教学。

第八条 小学、初级中学、普通高级中学的艺术课程列入期末考查和毕业考核科目。

职业学校和普通高等学校的艺术课程应当进行考试或者考查，考试或者考查方式由学校自行决定。实行学分制的学校应将成绩计入学分。

第三章　课外、校外艺术教育活动

第九条　课外、校外艺术教育活动是学校艺术教育的重要组成部分。学校应当面向全体学生组织艺术社团或者艺术活动小组，每个学生至少要参加一项艺术活动。

第十条　学校每年应当根据自身条件，举办经常性、综合性、多样性的艺术活动，与艺术课程教学相结合，扩展和丰富学校艺术教育的内容和形式。

省、地、县各级教育行政部门应当定期举办学生艺术展演活动。各级各类学校在艺术教育中应当结合重大节日庆典活动对学生进行爱国主义和集体主义教育。

全国每 3 年举办一次中学生（包括中等职业学校的学生）艺术展演活动，每 3 年举办一次全国大学生（包括高等职业学校的学生）艺术展演活动。

国务院教育行政部门根据需要组织学生参加国际学生艺术活动。

第十一条　学校应当充分利用社会艺术教育资源，补充和完善艺术教育活动内容，促进艺术教育活动质量和水平的提高，推动校园文化艺术环境建设。

任何部门和学校不得组织学生参与各种商业性艺术活动或者商业性的庆典活动。

学校组织学生参加社会团体、社会文化部门和其他社会组织举办的艺术比赛或活动，应向上级主管部门报告或者备案。

第十二条　学校应当为学生创造良好的校园文化艺术环境。校园的广播、演出、展览、展示以及校园的整体设计应当有利于营造健康、高雅的学校文化艺术氛围，有利于对学生进行审美教育。

校园内不得进行文化艺术产品的推销活动。

第四章 学校艺术教育的保障

第十三条 各级教育行政部门应当明确学校艺术教育管理机构，配备艺术教育管理人员和教研人员，规划、管理、指导学校艺术教育工作。

学校应当有一位校级领导主管学校艺术教育工作，并明确校内艺术教育管理部门。

学校应当注意发挥共青团、少先队、学生会在艺术教育活动中的作用。

第十四条 各级教育部门和学校应当根据国家有关规定配备专职或者兼职艺术教师，做好艺术教师的培训、管理工作，为艺术教师提供必要的工作条件。

学校的艺术教师必须具备教师资格，兼职教师应当相对稳定，非艺术类专业毕业的兼职教师要接受艺术专业的培训。

艺术教师组织、指导学校课外艺术活动，应当计入教师工作量。

第十五条 学校应当设置艺术教室和艺术活动室，并按照国务院教育行政部门制定的器材配备目录配备艺术课程教学和艺术活动器材。

第十六条 各级教育行政部门和学校应当在年度工作经费预算内保证艺术教育经费。

鼓励社会各界及个人捐资支持学校艺术教育事业。

第五章 奖励与处罚

第十七条 教育行政部门和学校对于在学校艺术教育工作中取

得突出成绩的单位和个人，应当给予表彰和奖励。

第十八条 对违反本规程，拒不履行艺术教育责任的，按照隶属关系，分别由上级教育行政部门或者所属教育行政部门、学校给予批评教育并责令限期改正；经教育不改的，视情节轻重，对直接负责人给予行政处分。

第十九条 对侵占、破坏艺术教育场所、设施和其他财产的，依法追究法律责任。

第六章 附 则

第二十条 工读学校、特殊教育学校、成人学校的艺术教育工作参照本规程执行；中等、高等专业艺术学校（学院）的艺术教育工作另行规定。

第二十一条 省级教育行政部门可根据本规程制定实施细则。

第二十二条 本规程自公布之日起30日后施行。

学校卫生工作条例

（1990年4月25日国务院批准 1990年6月4日国家教育委员会令第10号、卫生部令第1号发布 自发布之日起施行）

第一章 总 则

第一条 为加强学校卫生工作，提高学生的健康水平，制定本条例。

第二条 学校卫生工作的主要任务是：监测学生健康状况；对学生进行健康教育，培养学生良好的卫生习惯；改善学校卫生环境和教学卫生条件；加强对传染病、学生常见病的预防和治疗。

第三条 本条例所称的学校，是指普通中小学、农业中学、职业中学、中等专业学校、技工学校、普通高等学校。

第四条 教育行政部门负责学校卫生工作的行政管理。卫生行政部门负责对学校卫生工作的监督指导。

第二章 学校卫生工作要求

第五条 学校应当合理安排学生的学习时间。学生每日学习时间（包括自习），小学不超过6小时，中学不超过8小时，大学不超过10小时。

学校或者教师不得以任何理由和方式，增加授课时间和作业量，加重学生学习负担。

第六条 学校教学建筑、环境噪声、室内微小气候、采光、照明等环境质量以及黑板、课桌椅的设置应当符合国家有关标准。

新建、改建、扩建校舍，其选址、设计应当符合国家的卫生标准，并取得当地卫生行政部门的许可。竣工验收应当有当地卫生行政部门参加。

第七条 学校应当按照有关规定为学生设置厕所和洗手设施。寄宿制学校应当为学生提供相应的洗漱、洗澡等卫生设施。

学校应当为学生提供充足的符合卫生标准的饮用水。

第八条 学校应当建立卫生制度，加强对学生个人卫生、环境卫生以及教室、宿舍卫生的管理。

第九条 学校应当认真贯彻执行食品卫生法律、法规，加强饮食卫生管理，办好学生膳食，加强营养指导。

第十条 学校体育场地和器材应当符合卫生和安全要求。运动项目和运动强度应当适合学生的生理承受能力和体质健康状况，防止发生伤害事故。

第十一条 学校应当根据学生的年龄，组织学生参加适当的劳动，并对参加劳动的学生，进行安全教育，提供必要的安全和卫生防护措施。

普通中小学校组织学生参加劳动，不得让学生接触有毒有害物质或者从事不安全工种的作业，不得让学生参加夜班劳动。

普通高等学校、中等专业学校、技工学校、农业中学、职业中学组织学生参加生产劳动，接触有毒有害物质的，按照国家有关规定，提供保健待遇。学校应当定期对他们进行体格检查，加强卫生防护。

第十二条 学校在安排体育课以及劳动等体力活动时，应当注意女学生的生理特点，给予必要的照顾。

第十三条 学校应当把健康教育纳入教学计划。普通中小学必须开设健康教育课，普通高等学校、中等专业学校、技工学校、农业中学、职业中学应当开设健康教育选修课或者讲座。

学校应当开展学生健康咨询活动。

第十四条 学校应当建立学生健康管理制度。根据条件定期对学生进行体格检查，建立学生体质健康卡片，纳入学生档案。

学校对体格检查中发现学生有器质性疾病的，应当配合学生家长做好转诊治疗。

学校对残疾、体弱学生，应当加强医学照顾和心理卫生工作。

第十五条 学校应当配备可以处理一般伤病事故的医疗用品。

第十六条 学校应当积极做好近视眼、弱视、沙眼、龋齿、寄生虫、营养不良、贫血、脊柱弯曲、神经衰弱等学生常见疾病的群体预防和矫治工作。

第十七条 学校应当认真贯彻执行传染病防治法律、法规，做好急、慢性传染病的预防和控制管理工作，同时做好地方病的预防和控制管理工作。

第三章　学校卫生工作管理

第十八条 各级教育行政部门应当把学校卫生工作纳入学校工

作计划，作为考评学校工作的一项内容。

第十九条 普通高等学校、中等专业学校、技工学校和规模较大的农业中学、职业中学、普通中小学，可以设立卫生管理机构，管理学校的卫生工作。

第二十条 普通高等学校设校医院或者卫生科。校医院应当设保健科（室），负责师生的卫生保健工作。

城市普通中小学、农村中心小学和普通中学设卫生室，按学生人数600比1的比例配备专职卫生技术人员。

中等专业学校、技工学校、农业中学、职业中学，可以根据需要，配备专职卫生技术人员。

学生人数不足600人的学校，可以配备专职或者兼职保健教师，开展学校卫生工作。

第二十一条 经本地区卫生行政部门批准，可以成立区域性的中小学生卫生保健机构。

区域性的中小学生卫生保健机构的主要任务是：

（一）调查研究本地区中小学生体质健康状况；

（二）开展中小学生常见疾病的预防与矫治；

（三）开展中小学卫生技术人员的技术培训和业务指导。

第二十二条 学校卫生技术人员的专业技术职称考核、评定，按照卫生、教育行政部门制定的考核标准和办法，由教育行政部门组织实施。

学校卫生技术人员按照国家有关规定，享受卫生保健津贴。

第二十三条 教育行政部门应当将培养学校卫生技术人员的工作列入招生计划，并通过各种教育形式为学校卫生技术人员和保健教师提供进修机会。

第二十四条 各级教育行政部门和学校应当将学校卫生经费纳入核定的年度教育经费预算。

第二十五条 各级卫生行政部门应当组织医疗单位和专业防治

机构对学生进行健康检查、传染病防治和常见病矫治，接受转诊治疗。

第二十六条 各级卫生防疫站，对学校卫生工作承担下列任务：

（一）实施学校卫生监测，掌握本地区学生生长发育和健康状况，掌握学生常见病、传染病、地方病动态；

（二）制定学生常见病、传染病、地方病的防治计划；

（三）对本地区学校卫生工作进行技术指导；

（四）开展学校卫生服务。

第二十七条 供学生使用的文具、娱乐器具、保健用品，必须符合国家有关卫生标准。

第四章 学校卫生工作监督

第二十八条 县以上卫生行政部门对学校卫生工作行使监督职权。其职责是：

（一）对新建、改建、扩建校舍的选址、设计实行卫生监督；

（二）对学校内影响学生健康的学习、生活、劳动、环境、食品等方面的卫生和传染病防治工作实行卫生监督；

（三）对学生使用的文具、娱乐器具、保健用品实行卫生监督。

国务院卫生行政部门可以委托国务院其他有关部门的卫生主管机构，在本系统内对前款所列第（一）、（二）项职责行使学校卫生监督职权。

第二十九条 行使学校卫生监督职权的机构设立学校卫生监督员，由省级以上卫生行政部门聘任并发给学校卫生监督员证书。

学校卫生监督员执行卫生行政部门或者其他有关部门卫生主管机构交付的学校卫生监督任务。

第三十条 学校卫生监督员在执行任务时应出示证件。

学校卫生监督员在进行卫生监督时，有权查阅与卫生监督有关的资料，搜集与卫生监督有关的情况，被监督的单位或者个人应当给予配合。学校卫生监督员对所掌握的资料、情况负有保密责任。

第五章　奖励与处罚

第三十一条　对在学校卫生工作中成绩显著的单位或者个人，各级教育、卫生行政部门和学校应当给予表彰、奖励。

第三十二条　违反本条例第六条第二款规定，未经卫生行政部门许可新建、改建、扩建校舍的，由卫生行政部门对直接责任单位或者个人给予警告、责令停止施工或者限期改建。

第三十三条　违反本条例第六条第一款、第七条和第十条规定的，由卫生行政部门对直接责任单位或者个人给予警告并责令限期改进。情节严重的，可以同时建议教育行政部门给予行政处分。

第三十四条　违反本条例第十一条规定，致使学生健康受到损害的，由卫生行政部门对直接责任单位或者个人给予警告，责令限期改进。

第三十五条　违反本条例第二十七条规定的，由卫生行政部门对直接责任单位或者个人给予警告。情节严重的，可以会同工商行政部门没收其不符合国家有关卫生标准的物品，并处以非法所得两倍以下的罚款。

第三十六条　拒绝或者妨碍学校卫生监督员依照本条例实施卫生监督的，由卫生行政部门对直接责任单位或者个人给予警告。情节严重的，可以建议教育行政部门给予行政处分或者处以 200 元以下的罚款。

第三十七条　当事人对没收、罚款的行政处罚不服的，可以在接到处罚决定书之日起 15 日内，向作出处罚决定机关的上一级机关申请复议，也可以直接向人民法院起诉。对复议决定不服的，可以在接到复议决定之日起 15 日内，向人民法院起诉。对罚款决定不履行又逾期不起诉的，由作出处罚决定的机关申请人民法院强制执行。

第六章　附　　则

第三十八条　学校卫生监督办法、学校卫生标准由卫生部会同国家教育委员会制定。

第三十九条　贫困县不能全部适用本条例第六条第一款和第七条规定的，可以由所在省、自治区的教育、卫生行政部门制定变通的规定。变通的规定，应当报送国家教育委员会、卫生部备案。

第四十条　本条例由国家教育委员会、卫生部负责解释。

第四十一条　本条例自发布之日起施行。原教育部、卫生部1979年12月6日颁布的《中、小学卫生工作暂行规定（草案）》和1980年8月26日颁布的《高等学校卫生工作暂行规定（草案）》同时废止。

学校食品安全与营养健康管理规定

（2019年2月20日教育部、国家市场监督管理总局、国家卫生健康委员会令第45号公布　自2019年4月1日起施行）

第一章　总　　则

第一条　为保障学生和教职工在校集中用餐的食品安全与营养健康，加强监督管理，根据《中华人民共和国食品安全法》（以下简称食品安全法）、《中华人民共和国教育法》《中华人民共和国食品安全法实施条例》等法律法规，制定本规定。

第二条　实施学历教育的各级各类学校、幼儿园（以下统称学校）集中用餐的食品安全与营养健康管理，适用本规定。

本规定所称集中用餐是指学校通过食堂供餐或者外购食品（包

括从供餐单位订餐）等形式，集中向学生和教职工提供食品的行为。

第三条 学校集中用餐实行预防为主、全程监控、属地管理、学校落实的原则，建立教育、食品安全监督管理、卫生健康等部门分工负责的工作机制。

第四条 学校集中用餐应当坚持公益便利的原则，围绕采购、贮存、加工、配送、供餐等关键环节，健全学校食品安全风险防控体系，保障食品安全，促进营养健康。

第五条 学校应当按照食品安全法律法规规定和健康中国战略要求，建立健全相关制度，落实校园食品安全责任，开展食品安全与营养健康的宣传教育。

第二章 管理体制

第六条 县级以上地方人民政府依法统一领导、组织、协调学校食品安全监督管理工作以及食品安全突发事故应对工作，将学校食品安全纳入本地区食品安全事故应急预案和学校安全风险防控体系建设。

第七条 教育部门应当指导和督促学校建立健全食品安全与营养健康相关管理制度，将学校食品安全与营养健康管理工作作为学校落实安全风险防控职责、推进健康教育的重要内容，加强评价考核；指导、监督学校加强食品安全教育和日常管理，降低食品安全风险，及时消除食品安全隐患，提升营养健康水平，积极协助相关部门开展工作。

第八条 食品安全监督管理部门应当加强学校集中用餐食品安全监督管理，依法查处涉及学校的食品安全违法行为；建立学校食堂食品安全信用档案，及时向教育部门通报学校食品安全相关信息；对学校食堂食品安全管理人员进行抽查考核，指导学校做好食品安全管理和宣传教育；依法会同有关部门开展学校食品安全事故调查处理。

第九条 卫生健康主管部门应当组织开展校园食品安全风险和营养健康监测，对学校提供营养指导，倡导健康饮食理念，开展适应学校需求的营养健康专业人员培训；指导学校开展食源性疾病预防和营养健康的知识教育，依法开展相关疫情防控处置工作；组织医疗机构救治因学校食品安全事故导致人身伤害的人员。

第十条 区域性的中小学卫生保健机构、妇幼保健机构、疾病预防控制机构，根据职责或者相关主管部门要求，组织开展区域内学校食品安全与营养健康的监测、技术培训和业务指导等工作。

鼓励有条件的地区成立学生营养健康专业指导机构，根据不同年龄阶段学生的膳食营养指南和健康教育的相关规定，指导学校开展学生营养健康相关活动，引导合理搭配饮食。

第十一条 食品安全监督管理部门应当将学校校园及周边地区作为监督检查的重点，定期对学校食堂、供餐单位和校园内以及周边食品经营者开展检查；每学期应当会同教育部门对本行政区域内学校开展食品安全专项检查，督促指导学校落实食品安全责任。

第三章 学校职责

第十二条 学校食品安全实行校长（园长）负责制。

学校应当将食品安全作为学校安全工作的重要内容，建立健全并落实有关食品安全管理制度和工作要求，定期组织开展食品安全隐患排查。

第十三条 中小学、幼儿园应当建立集中用餐陪餐制度，每餐均应当有学校相关负责人与学生共同用餐，做好陪餐记录，及时发现和解决集中用餐过程中存在的问题。

有条件的中小学、幼儿园应当建立家长陪餐制度，健全相应工作机制，对陪餐家长在学校食品安全与营养健康等方面提出的意见建议及时进行研究反馈。

第十四条 学校应当配备专（兼）职食品安全管理人员和营养健康管理人员，建立并落实集中用餐岗位责任制度，明确食品安全与营养健康管理相关责任。

有条件的地方应当为中小学、幼儿园配备营养专业人员或者支持学校聘请营养专业人员，对膳食营养均衡等进行咨询指导，推广科学配餐、膳食营养等理念。

第十五条 学校食品安全与营养健康管理相关工作人员应当按照有关要求，定期接受培训与考核，学习食品安全与营养健康相关法律、法规、规章、标准和其他相关专业知识。

第十六条 学校应当建立集中用餐信息公开制度，利用公共信息平台等方式及时向师生家长公开食品进货来源、供餐单位等信息，组织师生家长代表参与食品安全与营养健康的管理和监督。

第十七条 学校应当根据卫生健康主管部门发布的学生餐营养指南等标准，针对不同年龄段在校学生营养健康需求，因地制宜引导学生科学营养用餐。

有条件的中小学、幼儿园应当每周公布学生餐带量食谱和营养素供给量。

第十八条 学校应当加强食品安全与营养健康的宣传教育，在全国食品安全宣传周、全民营养周、中国学生营养日、全国碘缺乏病防治日等重要时间节点，开展相关科学知识普及和宣传教育活动。

学校应当将食品安全与营养健康相关知识纳入健康教育教学内容，通过主题班会、课外实践等形式开展经常性宣传教育活动。

第十九条 中小学、幼儿园应当培养学生健康的饮食习惯，加强对学生营养不良与超重、肥胖的监测、评价和干预，利用家长学校等方式对学生家长进行食品安全与营养健康相关知识的宣传教育。

第二十条 中小学、幼儿园一般不得在校内设置小卖部、超市等食品经营场所，确有需要设置的，应当依法取得许可，并避免售卖高盐、高糖及高脂食品。

第二十一条 学校在食品采购、食堂管理、供餐单位选择等涉及学校集中用餐的重大事项上，应当以适当方式听取家长委员会或者学生代表大会、教职工代表大会意见，保障师生家长的知情权、参与权、选择权、监督权。

学校应当畅通食品安全投诉渠道，听取师生家长对食堂、外购食品以及其他有关食品安全的意见、建议。

第二十二条 鼓励学校参加食品安全责任保险。

第四章 食堂管理

第二十三条 有条件的学校应当根据需要设置食堂，为学生和教职工提供服务。

学校自主经营的食堂应当坚持公益性原则，不以营利为目的。实施营养改善计划的农村义务教育学校食堂不得对外承包或者委托经营。

引入社会力量承包或者委托经营学校食堂的，应当以招投标等方式公开选择依法取得食品经营许可、能承担食品安全责任、社会信誉良好的餐饮服务单位或者符合条件的餐饮管理单位。

学校应当与承包方或者受委托经营方依法签订合同，明确双方在食品安全与营养健康方面的权利和义务，承担管理责任，督促其落实食品安全管理制度、履行食品安全与营养健康责任。承包方或者受委托经营方应当依照法律、法规、规章、食品安全标准以及合同约定进行经营，对食品安全负责，并接受委托方的监督。

第二十四条 学校食堂应当依法取得食品经营许可证，严格按照食品经营许可证载明的经营项目进行经营，并在食堂显著位置悬挂或者摆放许可证。

第二十五条 学校食堂应当建立食品安全与营养健康状况自查

制度。经营条件发生变化，不再符合食品安全要求的，学校食堂应当立即整改；有发生食品安全事故潜在风险的，应当立即停止食品经营活动，并及时向所在地食品安全监督管理部门和教育部门报告。

第二十六条 学校食堂应当建立健全并落实食品安全管理制度，按照规定制定并执行场所及设施设备清洗消毒、维修保养校验、原料采购至供餐全过程控制管理、餐具饮具清洗消毒、食品添加剂使用管理等食品安全管理制度。

第二十七条 学校食堂应当建立并执行从业人员健康管理制度和培训制度。患有国家卫生健康委规定的有碍食品安全疾病的人员，不得从事接触直接入口食品的工作。从事接触直接入口食品工作的从业人员应当每年进行健康检查，取得健康证明后方可上岗工作，必要时应当进行临时健康检查。

学校食堂从业人员的健康证明应当在学校食堂显著位置进行统一公示。

学校食堂从业人员应当养成良好的个人卫生习惯，加工操作直接入口食品前应当洗手消毒，进入工作岗位前应当穿戴清洁的工作衣帽。

学校食堂从业人员不得有在食堂内吸烟等行为。

第二十八条 学校食堂应当建立食品安全追溯体系，如实、准确、完整记录并保存食品进货查验等信息，保证食品可追溯。鼓励食堂采用信息化手段采集、留存食品经营信息。

第二十九条 学校食堂应当具有与所经营的食品品种、数量、供餐人数相适应的场所并保持环境整洁，与有毒、有害场所以及其他污染源保持规定的距离。

第三十条 学校食堂应当根据所经营的食品品种、数量、供餐人数，配备相应的设施设备，并配备消毒、更衣、盥洗、采光、照明、通风、防腐、防尘、防蝇、防鼠、防虫、洗涤以及处理废水、存放垃圾和废弃物的设备或者设施。就餐区或者就餐区附近应当设置供用餐者清洗手部以及餐具、饮具的用水设施。

食品加工、贮存、陈列、转运等设施设备应当定期维护、清洗、消毒；保温设施及冷藏冷冻设施应当定期清洗、校验。

第三十一条 学校食堂应当具有合理的设备布局和工艺流程，防止待加工食品与直接入口食品、原料与成品或者半成品交叉污染，避免食品接触有毒物、不洁物。制售冷食类食品、生食类食品、裱花蛋糕、现榨果蔬汁等，应当按照有关要求设置专间或者专用操作区，专间应当在加工制作前进行消毒，并由专人加工操作。

第三十二条 学校食堂采购食品及原料应当遵循安全、健康、符合营养需要的原则。有条件的地方或者学校应当实行大宗食品公开招标、集中定点采购制度，签订采购合同时应当明确供货者食品安全责任和义务，保证食品安全。

第三十三条 学校食堂应当建立食品、食品添加剂和食品相关产品进货查验记录制度，如实准确记录名称、规格、数量、生产日期或者生产批号、保质期、进货日期以及供货者名称、地址、联系方式等内容，并保留载有上述信息的相关凭证。

进货查验记录和相关凭证保存期限不得少于产品保质期满后六个月；没有明确保质期的，保存期限不得少于二年。食用农产品的记录和凭证保存期限不得少于六个月。

第三十四条 学校食堂采购食品及原料，应当按照下列要求查验许可相关文件，并留存加盖公章（或者签字）的复印件或者其他凭证：

（一）从食品生产者采购食品的，应当查验其食品生产许可证和产品合格证明文件等；

（二）从食品经营者（商场、超市、便利店等）采购食品的，应当查验其食品经营许可证等；

（三）从食用农产品生产者直接采购的，应当查验并留存其社会信用代码或者身份证复印件；

（四）从集中交易市场采购食用农产品的，应当索取并留存由市场开办者或者经营者加盖公章（或者负责人签字）的购货凭证；

（五）采购肉类的应当查验肉类产品的检疫合格证明；采购肉类制品的应当查验肉类制品的检验合格证明。

第三十五条 学校食堂禁止采购、使用下列食品、食品添加剂、食品相关产品：

（一）超过保质期的食品、食品添加剂；

（二）腐败变质、油脂酸败、霉变生虫、污秽不洁、混有异物、掺假掺杂或者感官性状异常的食品、食品添加剂；

（三）未按规定进行检疫或者检疫不合格的肉类，或者未经检验或者检验不合格的肉类制品；

（四）不符合食品安全标准的食品原料、食品添加剂以及消毒剂、洗涤剂等食品相关产品；

（五）法律、法规、规章规定的其他禁止生产经营或者不符合食品安全标准的食品、食品添加剂、食品相关产品。

学校食堂在加工前应当检查待加工的食品及原料，发现有前款规定情形的，不得加工或者使用。

第三十六条 学校食堂提供蔬菜、水果以及按照国际惯例或者民族习惯需要提供的食品应当符合食品安全要求。

学校食堂不得采购、贮存、使用亚硝酸盐（包括亚硝酸钠、亚硝酸钾）。

中小学、幼儿园食堂不得制售冷荤类食品、生食类食品、裱花蛋糕，不得加工制作四季豆、鲜黄花菜、野生蘑菇、发芽土豆等高风险食品。省、自治区、直辖市食品安全监督管理部门可以结合实际制定本地区中小学、幼儿园集中用餐不得制售的高风险食品目录。

第三十七条 学校食堂应当按照保证食品安全的要求贮存食

品，做到通风换气、分区分架分类、离墙离地存放、防蝇防鼠防虫设施完好，并定期检查库存，及时清理变质或者超过保质期的食品。

贮存散装食品，应当在贮存位置标明食品的名称、生产日期或者生产批号、保质期、生产者名称以及联系方式等内容。用于保存食品的冷藏冷冻设备，应当贴有标识，原料、半成品和成品应当分柜存放。

食品库房不得存放有毒、有害物品。

第三十八条 学校食堂应当设置专用的备餐间或者专用操作区，制定并在显著位置公示人员操作规范；备餐操作时应当避免食品受到污染。食品添加剂应当专人专柜（位）保管，按照有关规定做到标识清晰、计量使用、专册记录。

学校食堂制作的食品在烹饪后应当尽量当餐用完，需要熟制的食品应当烧熟煮透。需要再次利用的，应当按照相关规范采取热藏或者冷藏方式存放，并在确认没有腐败变质的情况下，对需要加热的食品经高温彻底加热后食用。

第三十九条 学校食堂用于加工动物性食品原料、植物性食品原料、水产品原料、半成品或者成品等的容器、工具应当从形状、材质、颜色、标识上明显区分，做到分开使用，固定存放，用后洗净并保持清洁。

学校食堂的餐具、饮具和盛放或者接触直接入口食品的容器、工具，使用前应当洗净、消毒。

第四十条 中小学、幼儿园食堂应当对每餐次加工制作的每种食品成品进行留样，每个品种留样量应当满足检验需要，不得少于125克，并记录留样食品名称、留样量、留样时间、留样人员等。留样食品应当由专柜冷藏保存48小时以上。

高等学校食堂加工制作的大型活动集体用餐，批量制售的热食、非即做即售的热食、冷食类食品、生食类食品、裱花蛋糕应当按照前款规定留样，其他加工食品根据相关规定留样。

第四十一条 学校食堂用水应当符合国家规定的生活饮用水卫生标准。

第四十二条 学校食堂产生的餐厨废弃物应当在餐后及时清除，并按照环保要求分类处理。

食堂应当设置专门的餐厨废弃物收集设施并明显标识，按照规定收集、存放餐厨废弃物，建立相关制度及台账，按照规定交由符合要求的生活垃圾运输单位或者餐厨垃圾处理单位处理。

第四十三条 学校食堂应当建立安全保卫制度，采取措施，禁止非食堂从业人员未经允许进入食品处理区。

学校在校园安全信息化建设中，应当优先在食堂食品库房、烹饪间、备餐间、专间、留样间、餐具饮具清洗消毒间等重点场所实现视频监控全覆盖。

第四十四条 有条件的学校食堂应当做到明厨亮灶，通过视频或者透明玻璃窗、玻璃墙等方式，公开食品加工过程。鼓励运用互联网等信息化手段，加强对食品来源、采购、加工制作全过程的监督。

第五章 外购食品管理

第四十五条 学校从供餐单位订餐的，应当建立健全校外供餐管理制度，选择取得食品经营许可、能承担食品安全责任、社会信誉良好的供餐单位。

学校应当与供餐单位签订供餐合同（或者协议），明确双方食品安全与营养健康的权利和义务，存档备查。

第四十六条 供餐单位应当严格遵守法律、法规和食品安全标准，当餐加工，并遵守本规定的要求，确保食品安全。

第四十七条 学校应当对供餐单位提供的食品随机进行外观查验和必要检验，并在供餐合同（或者协议）中明确约定不合格食品的处理方式。

第四十八条 学校需要现场分餐的，应当建立分餐管理制度。在教室分餐的，应当保障分餐环境卫生整洁。

第四十九条 学校外购食品的，应当索取相关凭证，查验产品包装标签，查看生产日期、保质期和保存条件。不能即时分发的，应当按照保证食品安全的要求贮存。

第六章 食品安全事故调查与应急处置

第五十条 学校应当建立集中用餐食品安全应急管理和突发事故报告制度，制定食品安全事故处置方案。发生集中用餐食品安全事故或者疑似食品安全事故时，应当立即采取下列措施：

（一）积极协助医疗机构进行救治；

（二）停止供餐，并按照规定向所在地教育、食品安全监督管理、卫生健康等部门报告；

（三）封存导致或者可能导致食品安全事故的食品及其原料、工具、用具、设备设施和现场，并按照食品安全监督管理部门要求采取控制措施；

（四）配合食品安全监管部门进行现场调查处理；

（五）配合相关部门对用餐师生进行调查，加强与师生家长联系，通报情况，做好沟通引导工作。

第五十一条 教育部门接到学校食品安全事故报告后，应当立即赶往现场协助相关部门进行调查处理，督促学校采取有效措施，防止事故扩大，并向上级人民政府教育部门报告。

学校发生食品安全事故需要启动应急预案的，教育部门应当立即向同级人民政府以及上一级教育部门报告，按照规定进行处置。

第五十二条 食品安全监督管理部门会同卫生健康、教育等部门依法对食品安全事故进行调查处理。

县级以上疾病预防控制机构接到报告后应当对事故现场进行卫

生处理，并对与事故有关的因素开展流行病学调查，及时向同级食品安全监督管理、卫生健康等部门提交流行病学调查报告。

学校食品安全事故的性质、后果及其调查处理情况由食品安全监督管理部门会同卫生健康、教育等部门依法发布和解释。

第五十三条 教育部门和学校应当按照国家食品安全信息统一公布制度的规定建立健全学校食品安全信息公布机制，主动关注涉及本地本校食品安全舆情，除由相关部门统一公布的食品安全信息外，应当准确、及时、客观地向社会发布相关工作信息，回应社会关切。

第七章 责任追究

第五十四条 违反本规定第二十五条、第二十六条、第二十七条第一款、第三十三条，以及第三十四条第（一）项、第（二）项、第（五）项，学校食堂（或者供餐单位）未按规定建立食品安全管理制度，或者未按规定制定、实施餐饮服务经营过程控制要求的，由县级以上人民政府食品安全监督管理部门依照食品安全法第一百二十六条第一款的规定处罚。

违反本规定第三十四条第（三）项、第（四）项，学校食堂（或者供餐单位）未查验或者留存食用农产品生产者、集中交易市场开办者或者经营者的社会信用代码或者身份证复印件或者购货凭证、合格证明文件的，由县级以上人民政府食品安全监督管理部门责令改正；拒不改正的，给予警告，并处 5000 元以上 3 万元以下罚款。

第五十五条 违反本规定第三十六条第二款，学校食堂（或者供餐单位）采购、贮存亚硝酸盐（包括亚硝酸钠、亚硝酸钾）的，由县级以上人民政府食品安全监督管理部门责令改正，给予警告，并处 5000 元以上 3 万元以下罚款。

违反本规定第三十六条第三款，中小学、幼儿园食堂（或者供餐单位）制售冷荤类食品、生食类食品、裱花蛋糕，或者加工制作四季豆、鲜黄花菜、野生蘑菇、发芽土豆等高风险食品的，由县级以上人民政府食品安全监督管理部门责令改正；拒不改正的，给予警告，并处5000元以上3万元以下罚款。

第五十六条 违反本规定第四十条，学校食堂（或者供餐单位）未按要求留样的，由县级以上人民政府食品安全监督管理部门责令改正，给予警告；拒不改正的，处5000元以上3万元以下罚款。

第五十七条 有食品安全法以及本规定的违法情形，学校未履行食品安全管理责任，由县级以上人民政府食品安全管理部门会同教育部门对学校主要负责人进行约谈，由学校主管教育部门视情节对学校直接负责的主管人员和其他直接责任人员给予相应的处分。

实施营养改善计划的学校违反食品安全法律法规以及本规定的，应当从重处理。

第五十八条 学校食品安全的相关工作人员、相关负责人有下列行为之一的，由学校主管教育部门给予警告或者记过处分；情节较重的，应当给予降低岗位等级或者撤职处分；情节严重的，应当给予开除处分；构成犯罪的，依法移送司法机关处理：

（一）知道或者应当知道食品、食品原料劣质或者不合格而采购的，或者利用工作之便以其他方式谋取不正当利益的；

（二）在招投标和物资采购工作中违反有关规定，造成不良影响或者损失的；

（三）怠于履行职责或者工作不负责任、态度恶劣，造成不良影响的；

（四）违规操作致使师生人身遭受损害的；

（五）发生食品安全事故，擅离职守或者不按规定报告、不采取措施处置或者处置不力的；

（六）其他违反本规定要求的行为。

第五十九条 学校食品安全管理直接负责的主管人员和其他直

接责任人员有下列情形之一的，由学校主管教育部门会同有关部门视情节给予相应的处分；构成犯罪的，依法移送司法机关处理：

（一）隐瞒、谎报、缓报食品安全事故的；

（二）隐匿、伪造、毁灭、转移不合格食品或者有关证据，逃避检查、使调查难以进行或者责任难以追究的；

（三）发生食品安全事故，未采取有效控制措施、组织抢救工作致使食物中毒事态扩大，或者未配合有关部门进行食物中毒调查、保留现场的；

（四）其他违反食品安全相关法律法规规定的行为。

第六十条 对于出现重大以上学校食品安全事故的地区，由国务院教育督导机构或者省级人民政府教育督导机构对县级以上地方人民政府相关负责人进行约谈，并依法提请有关部门予以追责。

第六十一条 县级以上人民政府食品安全监督管理、卫生健康、教育等部门未按照食品安全法等法律法规以及本规定要求履行监督管理职责，造成所辖区域内学校集中用餐发生食品安全事故的，应当依据食品安全法和相关规定，对直接负责的主管人员和其他直接责任人员，给予相应的处分；构成犯罪的，依法移送司法机关处理。

第八章　附　　则

第六十二条 本规定下列用语的含义：

学校食堂，指学校为学生和教职工提供就餐服务，具有相对独立的原料存放、食品加工制作、食品供应及就餐空间的餐饮服务提供者。

供餐单位，指根据服务对象订购要求，集中加工、分送食品但不提供就餐场所的食品经营者。

学校食堂从业人员，指食堂中从事食品采购、加工制作、供餐、餐饮具清洗消毒等与餐饮服务有关的工作人员。

现榨果蔬汁，指以新鲜水果、蔬菜为主要原料，经压榨、粉碎等方法现场加工制作的供消费者直接饮用的果蔬汁饮品，不包括采用浓浆、浓缩汁、果蔬粉调配成的饮料。

冷食类食品、生食类食品、裱花蛋糕的定义适用《食品经营许可管理办法》的有关规定。

第六十三条 供餐人数较少，难以建立食堂的学校，以及以简单加工学生自带粮食、蔬菜或者以为学生热饭为主的小规模农村学校的食品安全，可以参照食品安全法第三十六条的规定实施管理。

对提供用餐服务的教育培训机构，可以参照本规定管理。

第六十四条 本规定自2019年4月1日起施行，2002年9月20日教育部、原卫生部发布的《学校食堂与学生集体用餐卫生管理规定》同时废止。

大中小学国家安全教育指导纲要

（2020年9月28日 教材〔2020〕5号）

为贯彻落实总体国家安全观，指导大中小学系统、规范、科学地开展国家安全教育，特制定本纲要。

一、总体要求

（一）指导思想

以习近平新时代中国特色社会主义思想为指导，贯彻党的教育方针，落实立德树人根本任务，牢固树立和全面践行总体国家安全观，构建具有中国特色的国家安全教育体系，系统推进国家安全教育进课程、进教材、进校园，全面增强大中小学生的国家安全意识，提升维护国家安全能力，为培养社会主义合格建设者和可靠接班人打下坚实基础。

（二）基本原则

坚持正确方向。以总体国家安全观为统领，坚持和加强党对国家安全教育的领导，增强国家意识，强化政治认同，坚定道路自信、理论自信、制度自信、文化自信，践行社会主义核心价值观。

坚持依法开展。在《中华人民共和国国家安全法》《中华人民共和国反恐怖主义法》《中华人民共和国反间谍法》《中华人民共和国网络安全法》《中华人民共和国教育法》等一系列法律框架内依法开展教育。

坚持统一规划。强化顶层设计，明确大中小学各学段国家安全教育目标，落实相关法律法规要求，统筹各领域国家安全教育内容，形成纵向衔接、横向配合、有机融入的教育格局。

坚持遵循规律。符合学生年龄特征，密切联系学生实际，紧贴世情国情社情，适应不同学科专业领域和不同类型教育特点，提升科学性和适宜性。

坚持方式多样。充分利用多种资源，专门课程与学科融入相结合，知识学习与实践活动相结合，学校教育与社会教育相结合，生动鲜活、易于接受，增强育人实效。

（三）主要目标

通过国家安全教育，使学生能够深入理解和准确把握总体国家安全观，牢固树立国家利益至上的观念，增强自觉维护国家安全意识，具备维护国家安全的能力。

小学阶段，重点围绕建立国家概念，启蒙国家安全意识。学生初步了解国家安全基本常识，感受个人生活与国家安全息息相关，增强爱国主义情感。

初中阶段，重点围绕认识个人与国家关系，增强国家安全意识。学生初步了解总体国家安全观，掌握国家安全基础知识，理解国家安全对个人成长的重要作用，初步树立国家利益至上的观念。

高中阶段，重点围绕理解人民福祉与国家关系，树立总体国家安全观。学生理解总体国家安全观，初步掌握国家安全各领域内涵及其关系，认识国家安全对国家发展的重要作用，树立忧患意识，增强自觉维护国家安全的使命感。

大学阶段，重点围绕理解中华民族命运与国家关系，践行总体国家安全观。学生系统掌握总体国家安全观的内涵和精神实质，理解中国特色国家安全体系，树立国家安全底线思维，将国家安全意识转化为自觉行动，强化责任担当。

二、主要内容

(一) 总论

主要包括：国家安全的重要性，我国新时代国家安全的形势与特点，总体国家安全观的基本内涵、重点领域和重大意义，以及相关法律法规。

主要学习：习近平关于总体国家安全观重要论述，牢固树立总体国家安全观，坚持统筹发展和安全，坚持人民安全、政治安全、国家利益至上有机统一，坚持维护和塑造国家安全，坚持科学统筹。以人民安全为宗旨，以政治安全为根本，以经济安全为基础，以军事、科技、文化、社会安全为保障，健全国家安全体系，增强国家安全能力。完善集中统一、高效权威的国家安全领导体制，健全国家安全法律制度体系。

(二) 重点领域

主要包括：政治安全、国土安全、军事安全、经济安全、文化安全、社会安全、科技安全、网络安全、生态安全、资源安全、核安全、海外利益安全以及太空、深海、极地、生物等不断拓展的新型领域安全。

主要学习：国家安全各重点领域的基本内涵、重要性、面临的威胁与挑战、维护的途径与方法。

具体内容：

政治安全包括政权安全、制度安全、意识形态安全等方面，是国家安全的根本，对于保障人民安全、维护国家利益，不断提高全体国民的获得感、幸福感、安全感，实现国家长治久安，具有根本性、全局性的重大意义。面临渗透、分裂、颠覆等敌对活动的威胁。维护政治安全必须加强党的领导、坚定理想信念。

国土安全包括领土以及自然资源、基础设施安全等方面，核心是指领土完整、国家统一，边疆边境、领空、海洋权益等不受侵犯或免于威胁的状态，是国家生存和发展的基本条件。面临境内外分裂势力的挑衅。维护国土安全必须加强国防和外交能力建设。

军事安全包括军事力量、军事战略和领导体制等方面，是国家安全的重要保障和保底手段。面临世界军事变革深入发展带来的挑战和潜在战争风险。维护军事安全必须贯彻落实习近平强军思想，全面推进国防和军队现代化建设。

经济安全包括经济制度安全、经济秩序安全、经济主权安全、经济发展安全等方面，是国家安全与发展的基础。面临国际经济金融动荡和国内经济可持续发展挑战。维护经济安全必须坚持和完善中国特色社会主义经济发展道路。

文化安全包括文化主权、文化价值观、文化资源安全等方面，是确保一个民族、一个国家独立和尊严的重要精神支撑。面临外部意识形态渗透、消极文化侵蚀、文化自信和向心力缺失等威胁。维护文化安全必须强化中华优秀传统文化、革命文化、社会主义先进文化教育。

社会安全包括社会治安、社会舆情、公共卫生等方面，是社会和谐稳定的基础。面临重大疫情、群体性事件、暴力恐怖活动、新型违法犯罪等威胁。维护社会安全必须健全法制，完善体制机制，提升应对重大新发突发传染病等社会公共安全事件的能力。

科技安全包括科技自身安全和科技支撑保障相关领域安全，涵盖科技人才、设施设备、科技活动、科技成果、成果应用等多个方面，是支撑国家安全的重要力量和技术基础。面临重点领域核心技术受制于人、原始创新能力不足等问题。维护科技安全必须重视人才培养、突破关键技术。

网络安全包括网络基础设施、网络运行、网络服务、信息安全等方面，是保障和促进信息社会健康发展的基础。面临网络基础设施安全隐患和网络犯罪等威胁。维护网络安全必须践行“没有网络安全就没有国家安全，没有信息化就没有现代化”的理念，强化依法治网、技术创新、国际合作等，树立网络空间主权意识。

生态安全包括水、土地、大气、生物物种安全等方面，是人类生存发展的基本条件。面临生态破坏、环境污染、疫情等威胁。维护生态安全必须践行“绿水青山就是金山银山”理念，加强综合治理，筑牢国家生态安全屏障。

资源安全包括可再生资源安全、不可再生资源安全等方面，是国家战略命脉和国家发展依托。面临供需矛盾大、对外依存度高、开发利用水平低等问题。维护资源安全必须坚持推进绿色发展、利用好两个市场和两种资源。

核安全包括核材料、核设施、核技术、核扩散安全等方面，事关人类前途命运。面临核事故风险、涉核恐怖活动、核扩散威胁和核对抗挑战等。维护核安全必须强化政治投入、国家责任、国际合作、核安全文化建设，全面提升核技术能力。

海外利益安全包括海外中国公民、机构、企业安全和正当权益，海外战略性利益安全等方面。面临冲突与政局动荡、国际恐怖主义、重大自然灾害、重大新发突发传染病疫情等威胁。维护海外利益安全是高水平对外开放的必然要求，必须提升海外安全保障能力，加强国际合作。

新型领域安全包括太空、深海、极地、生物等发展探索、保护利用等，是未来国际竞争的新焦点。面临技术挑战、参与国际规则制定等问题。维护新型领域安全必须推进顶层设计、加快人才培养、深化国际合作等。

三、实施途径

（一）开设专门课程

高等学校依托校内相关教学科研机构，开设国家安全教育公共基础课。鼓励支持地方和中小学（含中职）挖掘和利用校内外国家安全教育资源，开设地方课程和校本课程。

（二）开展专题教育

围绕总体国家安全观和国家安全各领域，确定综合性或特定领域的主题。通过组织讲座、参观、调研、体验式实践活动等方式，进行案例分析、实地考察、访谈探究、行动反思，积极引导学生自主参与、体验感悟。

（三）融入各学科专业教育教学

中小学各学科课程标准、普通高等学校和职业院校公共基础课及相关专业课，要结合本学科本专业特点，明确国家安全教育相关内容和要求，纳入课程思政教学体系。

各学科专业教师要强化国家安全意识，通过延伸、拓展学科知识，引导学生主动运用所学知识分析国家安全问题，着力强化学生国家安全意识，丰富国家安全知识；要理解总体国家安全观，掌握国家安全基础知识，结合学科专业领域特点，在课程中有机融入国家安全教育内容，避免简单添加、生硬联系，注重教学实效。

（四）发挥校园文化作用

充分利用学校各类社团、报刊媒体、广播站、宣传栏等平台，实现国家安全知识传播常态化。鼓励和支持学校网站开设国家安全宣传专栏或在线学习平台，开发适合互联网、移动终端等新兴媒体传播手段的国家安全教育精品资源。结合入学教育、升旗仪式、军训、节日庆典、全民国家安全教育日等重要时间节点，组织开展形式多样的国家安全教育活动。

（五）充分利用社会资源

充分发挥国家安全各领域专业人才、专业机构和行业企业的作用，开设专题讲座、指导学生实践活动、培训师资、提供专业咨询和体验服务等。有效利用各类场馆、基地、设施等，开发实践课程，组织现场教学，强化体验感受。

四、考试评价

（一）评价原则

坚持发展性，强化教育引导，激发学生学习热情，提升学生国家安全意识，增强爱国主义情感，杜绝随意打分、简单排名。

坚持过程性，激发学生积极实践，提升学生维护国家安全能力，引导知行合一，避免单一考察知识概念。

坚持多元性，注重自评与他评相结合、过程评价与结果评价相结合、定性评价与定量评价相结合，保证评价全面客观。

（二）评价实施

依据国家安全教育主要目标和主要内容，明确评价要求和评价要点，突出素养导向。将相关国家安全教育内容纳入不同阶段学生学业评价范畴。小学阶段侧重考察参与相关活动情况；中学阶段相关学科要把国家安全教育有关内容纳入考核评价范围，兼顾活动参与情况的考察；大学阶段采用多种方式进行课程考试，兼顾过程性考核。客观记录学生参与国家安全专题教育、课程学习和社会实践等活动中的态度、行为表现和学习成果，确保记录真实可靠，纳入学生综合素质档案。

五、管理与保障

（一）组织领导

在党委统一领导下，省级教育部门会同省级党委有关办事机构，做好本地中小学（含中职）国家安全教育顶层设计，明确工作任务、人员配备、责任机构、条件保障、经费投入、推进计划等。实行分级负责制，省级党委有关办事机构协调推动，省级教育部门牵头协调其他部门，统筹指导本地国家安全教育工作，地市、县相关部门负责组织落实，督促中小学（含中职）履行国家安全教育教学实施主体责任。

高等学校党委负责本校国家安全教育的组织实施，在教师配备、经费投入等给予必要保障。

（二）课时保障

大中小学国家安全专题教育每学年不少于 1 次，每次不少于 2 课时。高等学校国家安全教育公共基础课不少于 1 学分。小学、初中、高中（含中职）各学段国家安全教育内容安排原则上不少于 32 课时，要统筹落实到课程标准和教材中。

（三）督导检查

把国家安全教育纳入教育督导体系，明确督导办法。各级教育督导部门要组织开展国家安全教育督导，着重检查教育实效，检验学生思想认识、态度情感、行为表现等方面的状况。将督导检查结果纳入年度考核范围。

（四）专业指导

全国国家安全教育指导委员会负责开展国家安全教育教学的研究、咨询、指导、评估、服务等工作，会同国家教材委员会相关专家委员会组织开展国家安全教育高等学校教材和中小学（含中职）读本审查。各地教育行政部门和学校通过开展典型培养、评优评先、学术研讨、经验交流等活动，进一步发挥示范引领作用。

相关专业学术机构、学术团体加强国家安全教育的理论与实践研究、学术平台建设，组织开展学术交流、教学应用研究等。

各级教研部门组织国家安全教育实施途径与方法的专项研究，探索学科有机融入、专题教育设计，有效指导教师教学。

（五）资源开发

国务院教育行政部门指导开发适合中小学（含中职）学生认知特点的国家安全教育读本，组织编写高等学校国家安全教育公共基础课教材。地方教育行政部门、学校和相关专业机构要综合运用信息技术手段，有针对性地开发配套的多媒体素材、案例库、课件、微课、专题网站、应用软件、微信公众号、在线开放课程等集成的数字化课程资源，确保资源形式与种类多样化。

地方和学校应注重因地制宜，统筹利用现有资源，推动相关教育实践基地改造升级，拓展其国家安全教育功能，打造一批综合性教育实践基地和专题性教育实践基地。

（六）师资队伍建设

分级开展大中小学教师全员培训，将国家安全教育纳入“国培计划”、高等学校新入职教师培训、思政课教师培训等各级各类培训，强化每位教师的国家安全意识，提高实施国家安全教育的自觉性。

分层次举办校级领导总体国家安全观专题研讨班，对国家安全教育关联度较高的学科教师进行专项培训，建设培训者队伍和专家库，提升实施国家安全教育的能力。

选拔、培育一批专门从事国家安全教育的专业骨干教师；鼓励相关领域专家、思政课教师、相关学科教师，发挥专业特长，参与国家安全教育，形成专兼结合的国家安全教育师资队伍。

鼓励支持高等学校设置国家安全教育专业或开设国家安全教育专业双学位，强化师范专业国家安全教育要求，培养从事国家安全教育专业人才。

七 教育国际合作与交流

中华人民共和国中外合作办学条例

（2003 年 3 月 1 日中华人民共和国国务院令第 372 号公布　根据 2013 年 7 月 18 日《国务院关于废止和修改部分行政法规的决定》第一次修订　根据 2019 年 3 月 2 日《国务院关于修改部分行政法规的决定》第二次修订）

第一章　总　　则

第一条　为了规范中外合作办学活动，加强教育对外交流与合作，促进教育事业的发展，根据《中华人民共和国教育法》、《中华人民共和国职业教育法》和《中华人民共和国民办教育促进法》，制定本条例。

第二条　外国教育机构同中国教育机构（以下简称中外合作办学者）在中国境内合作举办以中国公民为主要招生对象的教育机构（以下简称中外合作办学机构）的活动，适用本条例。

第三条　中外合作办学属于公益性事业，是中国教育事业的组成部分。

国家对中外合作办学实行扩大开放、规范办学、依法管理、促进发展的方针。

国家鼓励引进外国优质教育资源的中外合作办学。

国家鼓励在高等教育、职业教育领域开展中外合作办学，鼓励中国高等教育机构与外国知名的高等教育机构合作办学。

第四条 中外合作办学者、中外合作办学机构的合法权益，受中国法律保护。

中外合作办学机构依法享受国家规定的优惠政策，依法自主开展教育教学活动。

第五条 中外合作办学必须遵守中国法律，贯彻中国的教育方针，符合中国的公共道德，不得损害中国的国家主权、安全和社会公共利益。

中外合作办学应当符合中国教育事业发展的需要，保证教育教学质量，致力于培养中国社会主义建设事业的各类人才。

第六条 中外合作办学者可以合作举办各级各类教育机构。但是，不得举办实施义务教育和实施军事、警察、政治等特殊性质教育的机构。

第七条 外国宗教组织、宗教机构、宗教院校和宗教教职人员不得在中国境内从事合作办学活动。

中外合作办学机构不得进行宗教教育和开展宗教活动。

第八条 国务院教育行政部门负责全国中外合作办学工作的统筹规划、综合协调和宏观管理。国务院教育行政部门、劳动行政部门和其他有关行政部门在国务院规定的职责范围内负责有关的中外合作办学工作。

省、自治区、直辖市人民政府教育行政部门负责本行政区域内中外合作办学工作的统筹规划、综合协调和宏观管理。省、自治区、直辖市人民政府教育行政部门、劳动行政部门和其他有关行政部门在其职责范围内负责本行政区域内有关的中外合作办学工作。

第二章 设　立

第九条 申请设立中外合作办学机构的教育机构应当具有法人

资格。

第十条 中外合作办学者可以用资金、实物、土地使用权、知识产权以及其他财产作为办学投入。

中外合作办学者的知识产权投入不得超过各自投入的1/3。但是，接受国务院教育行政部门、劳动行政部门或者省、自治区、直辖市人民政府邀请前来中国合作办学的外国教育机构的知识产权投入可以超过其投入的1/3。

第十一条 中外合作办学机构应当具备《中华人民共和国教育法》、《中华人民共和国职业教育法》、《中华人民共和国高等教育法》等法律和有关行政法规规定的基本条件，并具有法人资格。但是，外国教育机构同中国实施学历教育的高等学校设立的实施高等教育的中外合作办学机构，可以不具有法人资格。

设立中外合作办学机构，参照国家举办的同级同类教育机构的设置标准执行。

第十二条 申请设立实施本科以上高等学历教育的中外合作办学机构，由国务院教育行政部门审批；申请设立实施高等专科教育和非学历高等教育的中外合作办学机构，由拟设立机构所在地的省、自治区、直辖市人民政府审批。

申请设立实施中等学历教育和自学考试助学、文化补习、学前教育等的中外合作办学机构，由拟设立机构所在地的省、自治区、直辖市人民政府教育行政部门审批。

申请设立实施职业技能培训的中外合作办学机构，由拟设立机构所在地的省、自治区、直辖市人民政府劳动行政部门审批。

第十三条 设立中外合作办学机构，分为筹备设立和正式设立两个步骤。但是，具备办学条件，达到设置标准的，可以直接申请正式设立。

第十四条 申请筹备设立中外合作办学机构，应当提交下列文件：

（一）申办报告，内容应当主要包括：中外合作办学者、拟设立中外合作办学机构的名称、培养目标、办学规模、办学层次、办学形式、办学条件、内部管理体制、经费筹措与管理使用等；

（二）合作协议，内容应当包括：合作期限、争议解决办法等；

（三）资产来源、资金数额及有效证明文件，并载明产权；

（四）属捐赠性质的校产须提交捐赠协议，载明捐赠人的姓名、所捐资产的数额、用途和管理办法及相关有效证明文件；

（五）不低于中外合作办学者资金投入15%的启动资金到位证明。

第十五条 申请筹备设立中外合作办学机构的，审批机关应当自受理申请之日起45个工作日内作出是否批准的决定。批准的，发给筹备设立批准书；不批准的，应当书面说明理由。

第十六条 经批准筹备设立中外合作办学机构的，应当自批准之日起3年内提出正式设立申请；超过3年的，中外合作办学者应当重新申报。

筹备设立期内，不得招生。

第十七条 完成筹备设立申请正式设立的，应当提交下列文件：

（一）正式设立申请书；

（二）筹备设立批准书；

（三）筹备设立情况报告；

（四）中外合作办学机构的章程，首届理事会、董事会或者联合管理委员会组成人员名单；

（五）中外合作办学机构资产的有效证明文件；

（六）校长或者主要行政负责人、教师、财会人员的资格证明文件。

直接申请正式设立中外合作办学机构的，应当提交前款第（一）项、第（四）项、第（五）项、第（六）项和第十四条第

（二）项、第（三）项、第（四）项所列文件。

第十八条 申请正式设立实施非学历教育的中外合作办学机构的，审批机关应当自受理申请之日起3个月内作出是否批准的决定；申请正式设立实施学历教育的中外合作办学机构的，审批机关应当自受理申请之日起6个月内作出是否批准的决定。批准的，颁发统一格式、统一编号的中外合作办学许可证；不批准的，应当书面说明理由。

中外合作办学许可证由国务院教育行政部门制定式样，由国务院教育行政部门和劳动行政部门按照职责分工分别组织印制；中外合作办学许可证由国务院教育行政部门统一编号，具体办法由国务院教育行政部门会同劳动行政部门确定。

第十九条 申请正式设立实施学历教育的中外合作办学机构的，审批机关受理申请后，应当组织专家委员会评议，由专家委员会提出咨询意见。

第二十条 中外合作办学机构取得中外合作办学许可证后，应当依照有关的法律、行政法规进行登记，登记机关应当依照有关规定即时予以办理。

第三章 组织与管理

第二十一条 具有法人资格的中外合作办学机构应当设立理事会或者董事会，不具有法人资格的中外合作办学机构应当设立联合管理委员会。理事会、董事会或者联合管理委员会的中方组成人员不得少于1/2。

理事会、董事会或者联合管理委员会由5人以上组成，设理事长、副理事长，董事长、副董事长或者主任、副主任各1人。中外合作办学者一方担任理事长、董事长或者主任的，由另一方担任副理事长、副董事长或者副主任。

具有法人资格的中外合作办学机构的法定代表人，由中外合作办学者协商，在理事长、董事长或者校长中确定。

第二十二条 中外合作办学机构的理事会、董事会或者联合管理委员会由中外合作办学者的代表、校长或者主要行政负责人、教职工代表等组成，其中 1/3 以上组成人员应当具有 5 年以上教育、教学经验。

中外合作办学机构的理事会、董事会或者联合管理委员会组成人员名单应当报审批机关备案。

第二十三条 中外合作办学机构的理事会、董事会或者联合管理委员会行使下列职权：

（一）改选或者补选理事会、董事会或者联合管理委员会组成人员；

（二）聘任、解聘校长或者主要行政负责人；

（三）修改章程，制定规章制度；

（四）制定发展规划，批准年度工作计划；

（五）筹集办学经费，审核预算、决算；

（六）决定教职工的编制定额和工资标准；

（七）决定中外合作办学机构的分立、合并、终止；

（八）章程规定的其他职权。

第二十四条 中外合作办学机构的理事会、董事会或者联合管理委员会每年至少召开一次会议。经 1/3 以上组成人员提议，可以召开理事会、董事会或者联合管理委员会临时会议。

中外合作办学机构的理事会、董事会或者联合管理委员会讨论下列重大事项，应当经 2/3 以上组成人员同意方可通过：

（一）聘任、解聘校长或者主要行政负责人；

（二）修改章程；

（三）制定发展规划；

（四）决定中外合作办学机构的分立、合并、终止；

（五）章程规定的其他重大事项。

第二十五条 中外合作办学机构的校长或者主要行政负责人，应当具有中华人民共和国国籍，在中国境内定居，热爱祖国，品行良好，具有教育、教学经验，并具备相应的专业水平。

第二十六条 中外合作办学机构的校长或者主要行政负责人行使下列职权：

（一）执行理事会、董事会或者联合管理委员会的决定；

（二）实施发展规划，拟订年度工作计划、财务预算和规章制度；

（三）聘任和解聘工作人员，实施奖惩；

（四）组织教育教学、科学研究活动，保证教育教学质量；

（五）负责日常管理工作；

（六）章程规定的其他职权。

第二十七条 中外合作办学机构依法对教师、学生进行管理。

中外合作办学机构聘任的外籍教师和外籍管理人员，应当具备学士以上学位和相应的职业证书，并具有 2 年以上教育、教学经验。

外方合作办学者应当从本教育机构中选派一定数量的教师到中外合作办学机构任教。

第二十八条 中外合作办学机构应当依法维护教师、学生的合法权益，保障教职工的工资、福利待遇，并为教职工缴纳社会保险费。

中外合作办学机构的教职工依法建立工会等组织，并通过教职工代表大会等形式，参与中外合作办学机构的民主管理。

第二十九条 中外合作办学机构的外籍人员应当遵守外国人在中国就业的有关规定。

第四章 教育教学

第三十条 中外合作办学机构应当按照中国对同级同类教育机

构的要求开设关于宪法、法律、公民道德、国情等内容的课程。

国家鼓励中外合作办学机构引进国内急需、在国际上具有先进性的课程和教材。

中外合作办学机构应当将所开设的课程和引进的教材报审批机关备案。

第三十一条 中外合作办学机构根据需要，可以使用外国语言文字教学，但应当以普通话和规范汉字为基本教学语言文字。

第三十二条 实施高等学历教育的中外合作办学机构招收学生，纳入国家高等学校招生计划。实施其他学历教育的中外合作办学机构招收学生，按照省、自治区、直辖市人民政府教育行政部门的规定执行。

中外合作办学机构招收境外学生，按照国家有关规定执行。

第三十三条 中外合作办学机构的招生简章和广告应当报审批机关备案。

中外合作办学机构应当将办学类型和层次、专业设置、课程内容和招生规模等有关情况，定期向社会公布。

第三十四条 中外合作办学机构实施学历教育的，按照国家有关规定颁发学历证书或者其他学业证书；实施非学历教育的，按照国家有关规定颁发培训证书或者结业证书。对于接受职业技能培训的学生，经政府批准的职业技能鉴定机构鉴定合格的，可以按照国家有关规定颁发相应的国家职业资格证书。

中外合作办学机构实施高等学历教育的，可以按照国家有关规定颁发中国相应的学位证书。

中外合作办学机构颁发的外国教育机构的学历、学位证书，应当与该教育机构在其所属国颁发的学历、学位证书相同，并在该国获得承认。

中国对中外合作办学机构颁发的外国教育机构的学历、学位证书的承认，依照中华人民共和国缔结或者加入的国际条约办理，或者按照国家有关规定办理。

第三十五条 国务院教育行政部门或者省、自治区、直辖市人民政府教育行政部门及劳动行政部门等其他有关行政部门应当加强对中外合作办学机构的日常监督，组织或者委托社会中介组织对中外合作办学机构的办学水平和教育质量进行评估，并将评估结果向社会公布。

第五章 资产与财务

第三十六条 中外合作办学机构应当依法建立健全财务、会计制度和资产管理制度，并按照国家有关规定设置会计账簿。

第三十七条 中外合作办学机构存续期间，所有资产由中外合作办学机构依法享有法人财产权，任何组织和个人不得侵占。

第三十八条 中外合作办学机构的收费项目和标准，依照国家有关政府定价的规定确定并公布；未经批准，不得增加项目或者提高标准。

中外合作办学机构应当以人民币计收学费和其他费用，不得以外汇计收学费和其他费用。

第三十九条 中外合作办学机构收取的费用应当主要用于教育教学活动和改善办学条件。

第四十条 中外合作办学机构的外汇收支活动以及开设和使用外汇账户，应当遵守国家外汇管理规定。

第四十一条 中外合作办学机构应当在每个会计年度结束时制作财务会计报告，委托社会审计机构依法进行审计，向社会公布审计结果，并报审批机关备案。

第六章 变更与终止

第四十二条 中外合作办学机构的分立、合并，在进行财务清算后，由该机构理事会、董事会或者联合管理委员会报审批机关批准。

申请分立、合并实施非学历教育的中外合作办学机构的，审批机关应当自受理申请之日起 3 个月内以书面形式答复；申请分立、合并实施学历教育的中外合作办学机构的，审批机关应当自受理申请之日起 6 个月内以书面形式答复。

第四十三条 中外合作办学机构合作办学者的变更，应当由合作办学者提出，在进行财务清算后，经该机构理事会、董事会或者联合管理委员会同意，报审批机关核准，并办理相应的变更手续。

中外合作办学机构住所、法定代表人的变更，应当经审批机关核准，并办理相应的变更手续。中外合作办学机构校长或者主要行政负责人的变更，应当及时办理变更手续。

第四十四条 中外合作办学机构名称、层次、类别的变更，由该机构理事会、董事会或者联合管理委员会报审批机关批准。

申请变更为实施非学历教育的中外合作办学机构的，审批机关应当自受理申请之日起 3 个月内以书面形式答复；申请变更为实施学历教育的中外合作办学机构的，审批机关应当自受理申请之日起 6 个月内以书面形式答复。

第四十五条 中外合作办学机构有下列情形之一的，应当终止：

（一）根据章程规定要求终止，并经审批机关批准的；

（二）被吊销中外合作办学许可证的；

（三）因资不抵债无法继续办学，并经审批机关批准的。

中外合作办学机构终止，应当妥善安置在校学生；中外合作办学机构提出终止申请时，应当同时提交妥善安置在校学生的方案。

第四十六条 中外合作办学机构终止时，应当依法进行财务清算。

中外合作办学机构自己要求终止的，由中外合作办学机构组织清算；被审批机关依法撤销的，由审批机关组织清算；因资不抵债无法继续办学而被终止的，依法请求人民法院组织清算。

第四十七条 中外合作办学机构清算时，应当按照下列顺序清偿：

（一）应当退还学生的学费和其他费用；

（二）应当支付给教职工的工资和应当缴纳的社会保险费用；

（三）应当偿还的其他债务。

中外合作办学机构清偿上述债务后的剩余财产，依照有关法律、行政法规的规定处理。

第四十八条 中外合作办学机构经批准终止或者被吊销中外合作办学许可证的，应当将中外合作办学许可证和印章交回审批机关，依法办理注销登记。

第七章 法律责任

第四十九条 中外合作办学审批机关及其工作人员，利用职务上的便利收取他人财物或者获取其他利益，滥用职权、玩忽职守，对不符合本条例规定条件者颁发中外合作办学许可证，或者发现违法行为不予以查处，造成严重后果，触犯刑律的，对负有责任的主管人员和其他直接责任人员，依照刑法关于受贿罪、滥用职权罪、玩忽职守罪或者其他罪的规定，依法追究刑事责任；尚不够刑事处罚的，依法给予行政处分。

第五十条 违反本条例的规定，超越职权审批中外合作办学机构的，其批准文件无效，由上级机关责令改正；对负有责任的主管人员和其他直接责任人员，依法给予行政处分；致使公共财产、国家和人民利益遭受重大损失的，依照刑法关于滥用职权罪或者其他罪的规定，依法追究刑事责任。

第五十一条 违反本条例的规定，未经批准擅自设立中外合作办学机构，或者以不正当手段骗取中外合作办学许可证的，由教育行政部门、劳动行政部门按照职责分工予以取缔或者会同公安机关予以取缔，责令退还向学生收取的费用，并处以 10 万元以下的罚款；触犯刑律的，依照刑法关于诈骗罪或者其他罪的规定，依法追究刑事责任。

第五十二条 违反本条例的规定，在中外合作办学机构筹备设立期间招收学生的，由教育行政部门、劳动行政部门按照职责分工责令停止招生，责令退还向学生收取的费用，并处以10万元以下的罚款；情节严重，拒不停止招生的，由审批机关撤销筹备设立批准书。

第五十三条 中外合作办学者虚假出资或者在中外合作办学机构成立后抽逃出资的，由教育行政部门、劳动行政部门按照职责分工责令限期改正；逾期不改正的，由教育行政部门、劳动行政部门按照职责分工处以虚假出资金额或者抽逃出资金额2倍以下的罚款。

第五十四条 伪造、变造和买卖中外合作办学许可证的，依照刑法关于伪造、变造、买卖国家机关证件罪或者其他罪的规定，依法追究刑事责任。

第五十五条 中外合作办学机构未经批准增加收费项目或者提高收费标准的，由教育行政部门、劳动行政部门按照职责分工责令退还多收的费用，并由市场监督管理部门依照有关法律、行政法规的规定予以处罚。

第五十六条 中外合作办学机构管理混乱、教育教学质量低下，造成恶劣影响的，由教育行政部门、劳动行政部门按照职责分工责令限期整顿并予以公告；情节严重、逾期不整顿或者经整顿仍达不到要求的，由教育行政部门、劳动行政部门按照职责分工责令停止招生、吊销中外合作办学许可证。

第五十七条 违反本条例的规定，发布虚假招生简章，骗取钱财的，由教育行政部门、劳动行政部门按照职责分工，责令限期改正并予以警告；有违法所得的，退还所收费用后没收违法所得，并可处以10万元以下的罚款；情节严重的，责令停止招生、吊销中外合作办学许可证；构成犯罪的，依照刑法关于诈骗罪或者其他罪的规定，依法追究刑事责任。

中外合作办学机构发布虚假招生广告的，依照《中华人民共和国广告法》的有关规定追究其法律责任。

第五十八条 中外合作办学机构被处以吊销中外合作办学许可证行政处罚的，其理事长或者董事长、校长或者主要行政负责人自中外合作办学许可证被吊销之日起 10 年内不得担任任何中外合作办学机构的理事长或者董事长、校长或者主要行政负责人。

违反本条例的规定，触犯刑律被依法追究刑事责任的，自刑罚执行期满之日起 10 年内不得从事中外合作办学活动。

第八章 附 则

第五十九条 香港特别行政区、澳门特别行政区和台湾地区的教育机构与内地教育机构合作办学的，参照本条例的规定执行。

第六十条 在市场监督管理部门登记注册的经营性的中外合作举办的培训机构的管理办法，由国务院另行规定。

第六十一条 外国教育机构同中国教育机构在中国境内合作举办以中国公民为主要招生对象的实施学历教育和自学考试助学、文化补习、学前教育等的合作办学项目的具体审批和管理办法，由国务院教育行政部门制定。

外国教育机构同中国教育机构在中国境内合作举办以中国公民为主要招生对象的实施职业技能培训的合作办学项目的具体审批和管理办法，由国务院劳动行政部门制定。

第六十二条 外国教育机构、其他组织或者个人不得在中国境内单独设立以中国公民为主要招生对象的学校及其他教育机构。

第六十三条 本条例施行前依法设立的中外合作办学机构，应当补办本条例规定的中外合作办学许可证。其中，不完全具备本条例所规定条件的，应当在本条例施行之日起 2 年内达到本条例规定的条件；逾期未达到本条例规定条件的，由审批机关予以撤销。

第六十四条 本条例自 2003 年 9 月 1 日起施行。

中华人民共和国中外合作办学条例实施办法

（2004 年 6 月 2 日教育部令第 20 号公布　自 2004 年 7 月 1 日起施行）

第一章　总　　则

第一条　为实施《中华人民共和国中外合作办学条例》（以下简称《中外合作办学条例》），制定本办法。

第二条　中外合作办学机构设立、活动及管理中的具体规范，以及依据《中外合作办学条例》举办实施学历教育和自学考试助学、文化补习、学前教育等的中外合作办学项目的审批与管理，适用本办法。

本办法所称中外合作办学项目是指中国教育机构与外国教育机构以不设立教育机构的方式，在学科、专业、课程等方面，合作开展的以中国公民为主要招生对象的教育教学活动。

根据《中外合作办学条例》的规定，举办实施职业技能培训的中外合作办学项目的具体审批和管理办法，由国务院劳动行政部门另行制定。

第三条　国家鼓励中国教育机构与学术水平和教育教学质量得到普遍认可的外国教育机构合作办学；鼓励在国内新兴和急需的学科专业领域开展合作办学。

国家鼓励在中国西部地区、边远贫困地区开展中外合作办学。

第四条　中外合作办学机构根据《中华人民共和国民办教育促进法实施条例》的规定，享受国家给予民办学校的扶持与奖励措施。

教育行政部门对发展中外合作办学做出突出贡献的社会组织或者个人给予奖励和表彰。

第二章　中外合作办学机构的设立

第五条　中外合作办学者应当在平等协商的基础上签订合作协议。

合作协议应当包括拟设立的中外合作办学机构的名称、住所，中外合作办学者的名称、住所、法定代表人，办学宗旨和培养目标，合作内容和期限，各方投入数额、方式及资金缴纳期限，权利、义务，争议解决办法等内容。

合作协议应当有中文文本；有外文文本的，应当与中文文本的内容一致。

第六条　申请设立中外合作办学机构的中外合作办学者应当具有相应的办学资格和较高的办学质量。

已举办中外合作办学机构的中外合作办学者申请设立新的中外合作办学机构的，其已设立的中外合作办学机构应当通过原审批机关组织或者其委托的社会中介组织进行的评估。

第七条　中外合作办学机构不得设立分支机构，不得举办其他中外合作办学机构。

第八条　经评估，确系引进外国优质教育资源的，中外合作办学者一方可以与其他社会组织或者个人签订协议，引入办学资金。该社会组织或者个人可以作为与其签订协议的中外合作办学者一方的代表，参加拟设立的中外合作办学机构的理事会、董事会或者联合管理委员会，但不得担任理事长、董事长或者主任，不得参与中外合作办学机构的教育教学活动。

第九条　中外合作办学者投入的办学资金，应当与拟设立的中外合作办学机构的层次和规模相适应，并经依法验资。

中外合作办学者应当按照合作协议如期、足额投入办学资金。

中外合作办学机构存续期间，中外合作办学者不得抽逃办学资金，不得挪用办学经费。

第十条 中外合作办学者作为办学投入的知识产权，其作价由中外合作办学者双方按照公平合理的原则协商确定或者聘请双方同意的社会中介组织依法进行评估，并依法办理有关手续。

中国教育机构以国有资产作为办学投入举办中外合作办学机构的，应当根据国家有关规定，聘请具有评估资格的社会中介组织依法进行评估，根据评估结果合理确定国有资产的数额，并依法履行国有资产的管理义务。

第十一条 中外合作办学者以知识产权作为办学投入的，应当提交该知识产权的有关资料，包括知识产权证书复印件、有效状况、实用价值、作价的计算根据、双方签订的作价协议等有关文件。

第十二条 根据与外国政府部门签订的协议或者应中国教育机构的请求，国务院教育行政部门和省、自治区、直辖市人民政府可以邀请外国教育机构与中国教育机构合作办学。

被邀请的外国教育机构应当是国际上或者所在国著名的高等教育机构或者职业教育机构。

第十三条 申请设立实施本科以上高等学历教育的中外合作办学机构，由拟设立机构所在地的省、自治区、直辖市人民政府提出意见后，报国务院教育行政部门审批。

申请举办颁发外国教育机构的学历、学位证书的中外合作办学机构的审批权限，参照《中外合作办学条例》第十二条和前款的规定执行。

第十四条 申请筹备设立或者直接申请正式设立中外合作办学机构，应当由中国教育机构提交《中外合作办学条例》规定的文件。其中，申办报告或者正式设立申请书应当按照国务院教育行政部门根据《中外合作办学条例》第十四条第（一）项和第十七条第（一）项，制定的《中外合作办学机构申请表》所规定的内容和格式填写。

第十五条 有下列情形之一的，审批机关不予批准筹备设立中外合作办学机构，并应当书面说明理由：

（一）违背社会公共利益、历史文化传统和教育的公益性质，不符合国家或者地方教育事业发展需要的；

（二）中外合作办学者有一方不符合条件的；

（三）合作协议不符合法定要求，经指出仍不改正的；

（四）申请文件有虚假内容的；

（五）法律、行政法规规定的其他不予批准情形的。

第十六条 中外合作办学机构的章程应当规定以下事项：

（一）中外合作办学机构的名称、住所；

（二）办学宗旨、规模、层次、类别等；

（三）资产数额、来源、性质以及财务制度；

（四）中外合作办学者是否要求取得合理回报；

（五）理事会、董事会或者联合管理委员会的产生方法、人员构成、权限、任期、议事规则等；

（六）法定代表人的产生和罢免程序；

（七）民主管理和监督的形式；

（八）机构终止事由、程序和清算办法；

（九）章程修改程序；

（十）其他需要由章程规定的事项。

第十七条 中外合作办学机构只能使用一个名称，其外文译名应当与中文名称相符。

中外合作办学机构的名称应当反映中外合作办学机构的性质、层次和类型，不得冠以“中国”、“中华”、“全国”等字样，不得违反中国法律、行政法规，不得损害社会公共利益。

不具有法人资格的中外合作办学机构的名称前应当冠以中国高等学校的名称。

第十八条 完成筹备，申请正式设立或者直接申请正式设立中外合作办学机构，除提交《中外合作办学条例》第十七条规定的相关材料外，还应当依据《中外合作办学条例》有关条款的规定，提交以下材料：

（一）首届理事会、董事会或者联合管理委员会组成人员名单及相关证明文件；

（二）聘任的外籍教师和外籍管理人员的相关资格证明文件。

第十九条 申请设立实施学历教育的中外合作办学机构，应当于每年3月或者9月提出申请，审批机关应当组织专家评议。

专家评议的时间不计算在审批期限内，但审批机关应当将专家评议所需时间书面告知申请人。

第二十条 完成筹备，申请正式设立中外合作办学机构，有下列情形之一的，审批机关应当不予批准，并书面说明理由：

（一）不具备相应办学条件、未达到相应设置标准的；

（二）理事会、董事会或者联合管理委员会的人员及其构成不符合法定要求，校长或者主要行政负责人、教师、财会人员不具备法定资格，经告知仍不改正的；

（三）章程不符合《中外合作办学条例》和本办法规定要求，经告知仍不修改的；

（四）在筹备设立期内有违反法律、法规行为的。

申请直接设立中外合作办学机构的，除前款规定的第（一）、（二）、（三）项外，有本办法第十五条规定情形之一的，审批机关不予批准。

第三章 中外合作办学机构的组织与活动

第二十一条 中外合作办学机构的理事会、董事会或者联合管理委员会的成员应当遵守中国法律、法规，热爱教育事业，品行良好，具有完全民事行为能力。

国家机关工作人员不得担任中外合作办学机构的理事会、董事会或者联合管理委员会的成员。

第二十二条 中外合作办学机构应当聘任专职的校长或者主要行政负责人。

中外合作办学机构的校长或者主要行政负责人依法独立行使教育教学和行政管理职权。

第二十三条 中外合作办学机构内部的组织机构设置方案由校长或者主要行政负责人提出，报理事会、董事会或者联合管理委员会批准。

第二十四条 中外合作办学机构应当建立教师培训制度，为受聘教师接受相应的业务培训提供条件。

第二十五条 中外合作办学机构应当按照招生简章或者招生广告的承诺，开设相应课程，开展教育教学活动，保证教育教学质量。

中外合作办学机构应当提供符合标准的校舍和教育教学设施、设备。

第二十六条 中外合作办学机构可以依法自主确定招生范围、标准和方式；但实施中国学历教育的，应当遵守国家有关规定。

第二十七条 实施高等学历教育的中外合作办学机构符合中国学位授予条件的，可以依照国家有关规定申请相应的学位授予资格。

第二十八条 中外合作办学机构依法自主管理和使用中外合作办学机构的资产，但不得改变按照公益事业获得的土地及校舍的用途。

中外合作办学机构不得从事营利性经营活动。

第二十九条 在每个会计年度结束时，中外合作办学者不要求取得合理回报的中外合作办学机构应当从年度净资产增加额中，中外合作办学者要求取得合理回报的中外合作办学机构应当从年度净收益中，按不低于年度净资产增加额或者净收益的25%的比例提取发展基金，用于中外合作办学机构的建设、维护和教学设备的添置、更新等。

第三十条 中外合作办学机构资产中的国有资产的监督、管理，按照国家有关规定执行。

中外合作办学机构接受的捐赠财产的使用和管理，依照《中华人民共和国公益事业捐赠法》的有关规定执行。

第三十一条 中外合作办学者要求取得合理回报的，应当按照《中华人民共和国民办教育促进法实施条例》的规定执行。

第三十二条 中外合作办学机构有下列情形之一的，中外合作办学者不得取得回报：

（一）发布虚假招生简章或者招生广告，骗取钱财的；

（二）擅自增加收费项目或者提高收费标准，情节严重的；

（三）非法颁发或者伪造学历、学位证书及其他学业证书的；

（四）骗取办学许可证或者伪造、变造、买卖、出租、出借办学许可证的；

（五）未依照《中华人民共和国会计法》和国家统一的会计制度进行会计核算、编制财务会计报告，财务、资产管理混乱的；

（六）违反国家税收征管法律、行政法规的规定，受到税务机关处罚的；

（七）校舍或者其他教育教学设施、设备存在重大安全隐患，未及时采取措施，致使发生重大伤亡事故的；

（八）教育教学质量低下，产生恶劣社会影响的。

中外合作办学者抽逃办学资金或者挪用办学经费的，不得取得回报。

第四章　中外合作办学项目的审批与活动

第三十三条 中外合作办学项目的办学层次和类别，应当与中国教育机构和外国教育机构的办学层次和类别相符合，并一般应当在中国教育机构中已有或者相近专业、课程举办。合作举办新的专业或者课程的，中国教育机构应当基本具备举办该专业或者课程的师资、设备、设施等条件。

第三十四条 中国教育机构可以采取与相应层次和类别的外国教育机构共同制定教育教学计划，颁发中国学历、学位证书或者外国学历、学位证书，在中国境外实施部分教育教学活动的方式，举办中外合作办学项目。

第三十五条 举办中外合作办学项目，中国教育机构和外国教育机构应当参照本办法第五条的规定签订合作协议。

第三十六条 申请举办实施本科以上高等学历教育的中外合作办学项目，由拟举办项目所在地的省、自治区、直辖市人民政府教育行政部门提出意见后，报国务院教育行政部门批准；申请举办实施高等专科教育、非学历高等教育和高级中等教育、自学考试助学、文化补习、学前教育的中外合作办学项目，报拟举办项目所在地的省、自治区、直辖市人民政府教育行政部门批准，并报国务院教育行政部门备案。

申请举办颁发外国教育机构的学历、学位证书以及引进外国教育机构的名称、标志或者教育服务商标的中外合作办学项目的审批，参照前款的规定执行。

第三十七条 申请举办中外合作办学项目，应当由中国教育机构提交下列文件：

（一）《中外合作办学项目申请表》；

（二）合作协议；

（三）中外合作办学者法人资格证明；

（四）验资证明（有资产、资金投入的）；

（五）捐赠资产协议及相关证明（有捐赠的）；

外国教育机构已在中国境内合作举办中外合作办学机构或者中外合作办学项目的，还应当提交原审批机关或者其委托的社会中介组织的评估报告。

第三十八条 申请设立实施学历教育的中外合作办学项目，应当于每年3月或者9月提出申请，审批机关应当组织专家评议。

专家评议的时间不计算在审批期限内，但审批机关应当将专家评议所需时间书面告知申请人。

第三十九条 申请设立中外合作办学项目的，审批机关应当按照《中华人民共和国行政许可法》规定的时限作出是否批准的决定。批准的，颁发统一格式、统一编号的中外合作办学项目批准书；不批准的，应当书面说明理由。

中外合作办学项目批准书由国务院教育行政部门制定式样并统一编号；编号办法由国务院教育行政部门参照中外合作办学许可证的编号办法确定。

第四十条 中外合作办学项目是中国教育机构教育教学活动的组成部分，应当接受中国教育机构的管理。实施中国学历教育的中外合作办学项目，中国教育机构应当对外国教育机构提供的课程和教育质量进行评估。

第四十一条 中外合作办学项目可以依法自主确定招生范围、标准和方式；但实施中国学历教育的，应当遵守国家有关规定。

第四十二条 举办中外合作办学项目的中国教育机构应当依法对中外合作办学项目的财务进行管理，并在学校财务账户内设立中外合作办学项目专项，统一办理收支业务。

第四十三条 中外合作办学项目收费项目和标准的确定，按照国家有关规定执行，并在招生简章或者招生广告中载明。

中外合作办学项目的办学结余，应当继续用于项目的教育教学活动和改善办学条件。

第五章 管理与监督

第四十四条 中外合作办学机构和举办中外合作办学项目的中

国教育机构应当根据国家有关规定，通过合法渠道引进教材。引进的教材应当具有先进性，内容不得与中国宪法和有关法律、法规相抵触。

中外合作办学机构和举办中外合作办学项目的中国教育机构应当对开设课程和引进教材的内容进行审核，并将课程和教材清单及说明及时报审批机关备案。

第四十五条 中外合作办学机构和举办中外合作办学项目的中国教育机构应当依法建立学籍管理制度，并报审批机关备案。

第四十六条 中外合作办学机构和项目教师和管理人员的聘任，应当遵循双方地位平等的原则，由中外合作办学机构和举办中外合作办学项目的中国教育机构与教师和管理人员签订聘任合同，明确规定双方的权利、义务和责任。

第四十七条 中外合作办学机构和项目的招生简章、招生广告的样本应当及时报审批机关备案。

第四十八条 举办颁发外国教育机构的学历、学位证书的中外合作办学机构和项目，中方合作办学者应当是实施相应层次和类别学历教育的中国教育机构。

中外合作办学机构和项目颁发外国教育机构的学历、学位证书的，其课程设置、教学内容应当不低于该外国教育机构在其所属国的标准和要求。

第四十九条 中外合作办学项目颁发的外国教育机构的学历、学位证书，应当与该外国教育机构在其所属国颁发的学历、学位证书相同，并在该国获得承认。

第五十条 实施学历教育的中外合作办学机构和项目应当通过网络、报刊等渠道，将该机构或者项目的办学层次和类别、专业设置、课程内容、招生规模、收费项目和标准等情况，每年向社会公布。

中外合作办学机构应当于每年 4 月 1 日前公布经社会审计机构

对其年度财务会计报告的审计结果。

第五十一条 实施学历教育的中外合作办学机构和项目，应当按学年或者学期收费，不得跨学年或者学期预收。

第五十二条 中外合作办学机构和举办中外合作办学项目的中国教育机构应当于每年 3 月底前向审批机关提交办学报告，内容应当包括中外合作办学机构和项目的招收学生、课程设置、师资配备、教学质量、财务状况等基本情况。

第五十三条 审批机关应当组织或者委托社会中介组织本着公开、公正、公平的原则，对实施学历教育的中外合作办学项目进行办学质量评估，并将评估结果向社会公布。

第五十四条 中外合作办学项目审批机关及其工作人员，利用职务上的便利收取他人财物或者获取其他利益，滥用职权、玩忽职守，对不符合本办法规定条件者颁发中外合作办学项目批准书，或者发现违法行为不予以查处，造成严重后果，构成犯罪的，依法追究刑事责任；尚不构成犯罪的，依法给予行政处分。

第五十五条 违反本办法的规定，超越职权审批中外合作办学项目的，其批准文件无效，由上级机关责令改正；对负有责任的主管人员和其他直接责任人员，依法给予行政处分。

第五十六条 违反本办法的规定，未经批准擅自举办中外合作办学项目的，由教育行政部门责令限期改正，并责令退还向学生收取的费用；对负有责任的主管人员和其他直接责任人员，依法给予行政处分。

第五十七条 中外合作办学项目有下列情形之一的，由审批机关责令限期改正，并视情节轻重，处以警告或者 3 万元以下的罚款；对负有责任的主管人员和其他直接责任人员，依法给予行政处分。

（一）发布虚假招生简章或者招生广告，骗取钱财的；

（二）擅自增加收费项目或者提高收费标准的；

（三）管理混乱，教育教学质量低下的；

（四）未按照国家有关规定进行财务管理的；

（五）对办学结余进行分配的。

第五十八条 中外合作办学机构和项目违反《中华人民共和国教育法》的规定，颁发学历、学位证书或者其他学业证书的，依照《中华人民共和国教育法》的有关规定进行处罚。

第六章 附 则

第五十九条 在工商行政管理部门登记注册的经营性的中国培训机构与外国经营性的教育培训公司合作举办教育培训的活动，不适用本办法。

第六十条 中国教育机构没有实质性引进外国教育资源，仅以互认学分的方式与外国教育机构开展学生交流的活动，不适用本办法。

第六十一条 香港特别行政区、澳门特别行政区和台湾地区的教育机构与内地教育机构举办合作办学项目的，参照本办法的规定执行，国家另有规定的除外。

第六十二条 《中外合作办学条例》实施前已经批准的中外合作办学项目，应当参照《中外合作办学条例》第六十三条规定的时限和程序，补办中外合作办学项目批准书。逾期未达到《中外合作办学条例》和本办法规定条件的，审批机关不予换发项目批准书。

第六十三条 本办法自 2004 年 7 月 1 日起施行。原中华人民共和国国家教育委员会 1995 年 1 月 26 日发布的《中外合作办学暂行规定》同时废止。

学校招收和培养国际学生管理办法

（2017 年 3 月 20 日教育部、外交部、公安部令第 42 号公布　自 2017 年 7 月 1 日起施行）

第一章　总　　则

第一条　为规范学校招收、培养、管理国际学生的行为，为国际学生在中国境内学校学习提供便利，增进教育对外交流与合作，提高中国教育国际化水平，根据《中华人民共和国教育法》《中华人民共和国出境入境管理法》等法律法规，制定本办法。

第二条　本办法所称学校，是指中华人民共和国境内实施学前教育、初等教育、中等教育和高等教育的学校。

本办法所称国际学生，是指根据《中华人民共和国国籍法》不具有中国国籍且在学校接受教育的外国学生。

本办法第二至五章适用于高等学校。实施学前、初等、中等教育的学校，其对国际学生的招生、教学和校内管理，按照省、自治区、直辖市的规定执行。

第三条　学校招收和培养国际学生，应当遵守中国法律法规和国家政策；应当维护国家主权、安全和社会公共利益；应当规范管理、保证质量。

国际学生应当遵守中国法律法规，尊重中国风俗习惯，遵守学校规章制度，完成学校学习任务。

第四条　国务院教育行政部门统筹管理全国国际学生工作，负责制定招收、培养国际学生的宏观政策，指导、协调省、自治区、直辖市人民政府教育行政部门和学校开展国际学生工作，并可委托有关单位和行业组织承担国际学生的管理和服务工作。

国务院外交、公安等行政部门按照职责分工，做好国际学生的相关管理工作。

第五条 省、自治区、直辖市人民政府教育行政部门对本行政区域内国际学生工作进行指导、协调和监管，负责研究制定本行政区域内学前、初等、中等教育阶段国际学生工作的相关政策。

省、自治区、直辖市人民政府外事、公安等行政部门按照职责分工，做好国际学生的相关管理工作。

第六条 招收国际学生的学校，应当建立健全国际学生招收、培养、管理和服务制度，具体负责国际学生的招收与培养。

第二章 招生管理

第七条 招收国际学生的高等学校，应当具备相应的教育教学条件和培养能力，并依照国家有关规定自主招收国际学生。

第八条 招收国际学生的高等学校，应当按照国务院教育行政部门规定的事项和程序进行备案。

第九条 高等学校招收国际学生，接受学历教育的类别为：专科生、本科生、硕士研究生和博士研究生；接受非学历教育的类别为：预科生、进修生和研究学者。

第十条 高等学校按照其办学条件和培养能力自主确定国际学生招生计划和专业，国家另有规定的除外。

第十一条 高等学校按照国家招生规定，制定和公布本校国际学生招生简章，并按照招生简章规定的条件和程序招收国际学生。

第十二条 高等学校应当对报名申请的外国公民的入学资格和经济保证证明进行审查，对其进行考试或者考核。国际学生的录取由学校决定；对不符合招生条件的，学校不得招收。

第十三条 高等学校经征得原招生学校同意，可以接收由其他学校录取或者转学的国际学生。

第十四条 高等学校对国际学生的收费项目和标准，按照国家有关规定执行。

高等学校应当公布对国际学生的收费项目、收费标准和退学、转学的退费规定。收费、退费以人民币计价。

第三章 教学管理

第十五条 高等学校应当将国际学生教学计划纳入学校总体教学计划，选派适合国际学生教学的师资，建立健全教育教学质量保障制度。

第十六条 国际学生应当按照高等学校的课程安排和教学计划参加课程学习，并应当按照规定参加相应的毕业考试或者考核。学校应当如实记录其学习成绩和日常表现。

汉语和中国概况应当作为高等学历教育的必修课；政治理论应当作为学习哲学、政治学专业的国际学生的必修课。

第十七条 国际学生入学后，经学生申请、高等学校同意，国际学生可以转专业。转专业条件和程序由学校规定。

第十八条 中华人民共和国通用语言文字是高等学校培养国际学生的基本教学语言。对国家通用语言文字水平达不到学习要求的国际学生，学校可以提供必要的补习条件。

第十九条 具备条件的高等学校，可以为国际学生开设使用外国语言进行教学的专业课程。使用外国语言接受高等学历教育的国际学生，学位论文可以使用相应的外国文字撰写，论文摘要应为中文；学位论文答辩是否使用外国语言，由学校确定。

第二十条 高等学校按照教学计划组织国际学生参加教学实习和社会实践，选择实习、实践地点应当遵守国家有关规定。

第二十一条 高等学校根据国家有关规定为国际学生颁发学历证书或者其他学业证书。对接受高等学历教育的国际学生，高等学校应当及时为其办理学籍和毕业证书电子注册。

高等学校为符合学位授予条件的国际学生颁发学位证书。

第四章 校内管理

第二十二条 高等学校应当明确承担国际学生管理职能的工作机构，负责统筹协调国际学生的招收、教学、日常管理和服务以及毕业后的校友联系等工作。

第二十三条 高等学校应当向国际学生公开学校基本情况、教育教学情况、招生简章以及国际学生管理与服务制度，方便国际学生获取信息。

第二十四条 高等学校应当为国际学生提供食宿等必要的生活服务设施，建立健全并公布服务设施使用管理制度。国际学生在学校宿舍外居住的，应当及时到居住地公安部门办理登记手续。

第二十五条 高等学校应当对国际学生开展中国法律法规、校纪校规、国情校情、中华优秀传统文化和风俗习惯等方面内容的教育，帮助其尽快熟悉和适应学习、生活环境。

高等学校应当设置国际学生辅导员岗位，了解国际学生的学习、生活需求，及时做好信息、咨询、文体活动等方面服务工作。国际学生辅导员配备比例不低于中国学生辅导员比例，与中国学生辅导员享有同等待遇。

第二十六条 高等学校鼓励国际学生参加有益于身心健康的文体活动，为其参加文体活动提供便利条件。国际学生可以自愿参加公益活动、中国重大节日的庆祝活动。

高等学校一般不组织国际学生参加军训、政治性活动。

第二十七条 国际学生经高等学校同意，可以在校内指定的地点和范围举行庆祝本国重要传统节日的活动，但不得有反对、攻击其他国家、民族的内容或者违反公共道德的言行。

第二十八条 国际学生经高等学校批准，可以在学校内成立联谊团体，在中国法律、法规规定的范围内活动，并接受学校的指导和管理。

第二十九条 高等学校应当尊重国际学生的民族习俗和宗教信仰，但不提供宗教活动场所。学校内不得进行传教、宗教聚会等任何宗教活动。

第三十条 国际学生在高等学校学习期间可以参加勤工助学活动，但不得就业、经商或从事其他经营性活动。

国际学生勤工助学的具体管理规定，由国务院教育行政部门会同有关部门另行制订。

第三十一条 高等学校参照中国学生学籍管理规定开展国际学生学籍管理工作。学校对国际学生做出退学处理或者开除学籍处分的，应当按照国务院教育行政部门的规定进行备案。

第五章 奖 学 金

第三十二条 中国政府为接受高等教育的国际学生设立中国政府奖学金，并鼓励地方人民政府设立国际学生奖学金。

中国政府奖学金的管理办法，由国务院有关行政部门制定。

第三十三条 国务院教育行政部门择优委托高等学校培养中国政府奖学金生。承担中国政府奖学金生培养任务的高等学校，应当优先招收中国政府奖学金生。

第三十四条 高等学校可以为国际学生设立奖学金。鼓励企事业单位、社会团体及其他社会组织和个人设立国际学生奖学金，但不得附加不合理条件。

第六章 社 会 管 理

第三十五条 外国人申请到本办法第二条所指的学校学习的，应当在入境前根据其学习期限向中国驻其国籍国或居住地国使领馆或外交部委托的其他驻外机构申请办理 X1 字或 X2 字签证，按照规定提交经教育主管部门备案的证明和学校出具的录取通知书等相关材料。

第三十六条 国际学生所持学习类签证注明入境后需要办理居留证件的，应当自入境之日起三十日内，向拟居留地公安机关出入境管理部门申请办理学习类外国人居留证件。

第三十七条 外交部对外国驻华外交代表机构、领事机构及国际组织驻华代表机构人员及其随任家属申请到学校学习另有规定的，依照外交部规定执行。未按规定办理相关手续的，学校不得招收。

第三十八条 学校招收未满十八周岁且父母不在中国境内常住的国际学生，须要求其父母正式委托在中国境内常住的外国人或者中国人作为该国际学生的监护人，并提供相关证明材料。

学校可以接受以团组形式短期学习的国际学生，但应当预先与外方派遣单位签订协议。实施初等、中等教育的学校接受团组形式短期学习国际学生的，外方派遣单位应当按照其所在国法律规定，预先办理有关组织未成年人出入境所需的法律手续，并应当派人随团并担任国际学生在学校学习期间的监护人。

第三十九条 国际学生入学时应当按照中国卫生行政部门的规定到中国卫生检疫部门办理《外国人体格检查记录》确认手续或者进行体检。经体检确认患有《中华人民共和国出境入境管理法》规定的严重精神障碍、传染性肺结核病或者有可能对公共卫生造成重大危害的其他传染病的，由公安部门依法处理。

第四十条 学校实行国际学生全员保险制度。国际学生必须按照国家有关规定和学校要求投保。对未按照规定购买保险的，应限期投保，逾期不投保的，学校不予录取；对于已在学校学习的，应予退学或不予注册。

第七章 监督管理

第四十一条 国务院教育行政部门建立健全国际学生培养质量监督制度。省、自治区、直辖市教育行政部门应当对本行政区域的国际学生培养进行监督。

第四十二条 负有国际学生管理职责的国务院教育、公安、外交等行政部门，应当利用现代信息技术建立国际学生信息管理系统，推进信息共享工作机制，不断完善国际学生的管理与服务工作。

第四十三条 对违反《中华人民共和国出境入境管理法》《中华人民共和国治安管理处罚法》以及《中华人民共和国外国人入境出境管理条例》《中华人民共和国境内外国人宗教活动管理规定》等法律法规规定的国际学生，公安等主管部门应当依法处理。

第四十四条 高等学校在国际学生招收和培养过程中出现以下行为的，主管教育行政部门应当责令其整改，按照《中华人民共和国教育法》的有关规定追究法律责任，并可以限制其招收国际学生：

（一）违反国家规定和学校招生规定招生的；

（二）在招生过程中存在牟利行为的；

（三）未公开收费项目、标准和未按项目、标准收费的；

（四）违规颁发学位证书、学历证书或其他学业证书的；

（五）教学质量低劣或管理与服务不到位，造成不良社会影响的；

（六）其他违法违规行为。

第八章　附　　则

第四十五条 本办法中的短期学习是指在中国学校学习时间不超过 180 日（含），长期学习是指在中国学校学习时间超过 180 日。

第四十六条 中国境内经批准承担研究生教育任务的科学研究机构招收国际学生的，按照本办法执行。

教育行政部门批准的实施非学历教育的教育机构招收国际学生的，参照本办法执行。

香港特别行政区、澳门特别行政区、台湾地区学生的招收、培养和管理，以及中国境内外籍人员子女学校的招生、培养和管理，按照国家其他有关规定执行。

第四十七条 省、自治区、直辖市人民政府教育、外事、公安等部门，应当根据本办法，制定本省、自治区、直辖市的管理规定。

第四十八条 本办法自 2017 年 7 月 1 日起施行。教育部、外交部、公安部 2000 年 1 月 31 日发布的《高等学校接受外国留学生管理规定》、教育部 1999 年 7 月 21 日发布的《中小学接受外国学生管理暂行办法》同时废止。

国家公派出国留学研究生管理规定（试行）

（2007 年 7 月 16 日　教外留〔2007〕46 号）

第一章　总　　则

第一条 为实施国家科教兴国和人才强国战略，加快高层次人才培养，规范国家公派出国留学研究生（以下简称公派研究生）派出管理工作，提高国家公派出国留学效益，制定本规定。

第二条 本规定所称公派研究生是指按照国家留学基金资助方式选派到国外攻读硕士、博士学位的研究生，以及在国内攻读博士学位期间赴国外从事课题研究的联合培养博士研究生。

第三条 公派研究生选拔、派出和管理部门的职责是：

1. 国家留学基金管理委员会（以下简称留学基金委）在教育部领导下，按照国家公派出国留学方针政策，负责公派研究生的选拔和管理等工作。

2. 我驻外使（领）馆教育（文化）处（组）（以下简称使领馆）负责公派研究生在国外留学期间的管理工作。

3. 教育部留学服务中心、教育部出国留学人员上海集训部、广州留学人员服务管理中心等部门（以下简称留学服务机构）负责为公派研究生出国留学办理签证、购买出国机票等提供服务。

4. 公派研究生推选单位根据国家留学基金重点资助领域，结合本单位学科建设规划和人才培养计划，负责向留学基金委推荐品学兼优的人选，指导联系国外高水平学校，对公派研究生在国外留学期间的业务学习进行必要指导。

推选单位应对推选的公派研究生切实负起管理责任，与留学基金委和使领馆共同做好公派研究生管理工作。

第二章　选拔与派出

第四条　公派研究生选拔按照“个人申请，单位推荐，专家评审，择优录取”方式进行。具体办法另行制定。

第五条　留学基金委完成公派研究生选拔录取工作后应及时将录取文件与名单通知推选单位、留学服务机构和有关使领馆。

第六条　国家对公派研究生实行“签约派出，违约赔偿”的管理办法。公派研究生出国前应与留学基金委签订《资助出国留学协议书》（见附1，以下简称《协议书》）、交纳出国留学保证金。《协议书》须经公证生效。

经公证的《协议书》应交存推选单位一份备案。

第七条　公派研究生（在职人员除外）原则上应与推选单位签订意（定）向就业协议后派出。

第八条　出国前系在校学生的公派研究生出国留学，应及时办理学籍和离校等有关手续。推选单位应在国家规定的留学期限内保存档案和户籍。

在校生超过规定留学期限未归，其档案和户籍由推选单位按照有关规定办理。

第九条　出国前系应届毕业生的公派研究生出国留学，推选单位应在国家规定的留学期限内保存档案和户籍。

应届毕业生超过规定留学期限未归，推选单位可将其档案和户籍迁转回生源所在地。

第十条 推选单位应设置专门机构和人员，归口负责公派研究生管理工作，建立专门的公派研究生管理档案；对本单位公派研究生统一进行出国前的思想教育和培训，组织学习国家公派留学有关政策和管理规定，对办理出国手续进行指导和帮助；为公派研究生指定专门的指导教师或联系人。

指定教师或联系人应与公派研究生保持经常联系，对其专业学习进行指导，发现问题，及时解决。

第十一条 留学服务机构依据留学基金委提供的录取文件和公派研究生本人所持《国家留学基金资助出国留学资格证书》（见附2），代为验收公派研究生的《协议书》和查验“出国留学保证金交存证明”后，按有关规定办理出国手续，开具《国家公派留学人员报到证明》（见附3）等。

第十二条 留学服务机构为公派研究生办理出国手续后，应及时准确地将出国信息和有关材料报送我有关使领馆和留学基金委，保证国内外管理工作有效衔接。

第三章 国外管理与联系

第十三条 公派研究生应在抵达留学目的地10日内凭《国家留学基金资助出国留学资格证书》和《国家公派留学人员报到证明》向所属使领馆报到（本人到场或邮寄等适当方式），并按使领馆要求办理报到或网上注册等手续。

第十四条 公派研究生应与使领馆和推选单位保持经常联系，每学期末向使领馆和国内推选单位报送《国家公派出国留学人员学习/研修情况报告表》（见附4）。

第十五条 公派研究生在留学期间应自觉维护祖国荣誉，遵守我国和留学所在国法律，尊重当地人民的风俗习惯，与当地人民友好交往。

第十六条 使领馆应高度重视，积极关心公派研究生在外学习期间思想和学习情况，建立定期联系、随访制度，认真及时做好对公派研究生的经费发放工作。每学年向教育部、留学基金委报告公派研究生在外管理情况。

第十七条 推选单位应积极配合留学基金委和使领馆处理管理过程中出现的有关问题。对公派研究生留学期间申请延长留学期限、提前回国、从事博士后研究等问题，应及时向留学基金委提出明确意见，并采取有效措施确保本单位推选的公派研究生学有所成、回国服务。

第十八条 国家留学基金为公派研究生提供的奖学金中包含伙食费、住宿费、交通费、电话费、书籍资料费、医疗保险费、交际费、一次性安置费和零用费等。公派研究生抵达留学所在国后，应从留学所在国实际情况出发，并按照留学所在国政府或留学院校（研究机构）要求及时购买医疗保险。

第十九条 公派研究生应勤奋学习，提高效率，在规定留学期限内完成学业并按期回国服务。未经留学基金委批准同意，留学期间不得擅自改变留学身份、留学期限、留学国家和留学院校（研究机构）。

提前取得学位回国视为提前完成留学计划、按期回国。

公派研究生不得申请办理有关移民国家的豁免。

第二十条 公派研究生一般应在被录取留学院校（研究机构）完成学业。在规定的留学期限内确因学业或研究需要变更留学单位，应履行下列手续：

在所留学院校（研究机构）内部变更院系或专业，应出示推选单位和国外导师（合作者）的同意函，报使领馆备案；

变更留学院校（研究机构），应提前两个月向使领馆提出申请，出具推选单位意见函、原留学院校或导师（合作者）意见函和新接受留学院校或导师（合作者）的同意接受函，由使领馆报留学基金委审批。

留学单位的变更只限于在原留学所在国内。

经批准变更留学院校的公派研究生抵达新的留学院校后，应于10日内向现所属使领馆报到。原所属使领馆应将有关情况和材料及时转交（告）现所属使领馆，共同做好管理上的衔接工作。

第二十一条 公派研究生因故不能继续学习、确需提前回国者，应向使领馆提出申请，出具推选单位和国外留学院校或导师（合作者）意见以及相关证明，由使领馆报留学基金委审批。

公派研究生一经批准提前回国，当次国家公派留学资格即终止。

经留学基金委批准提前回国的公派研究生中，推选单位按照学校（籍）管理规定可以为其恢复国内学业（籍）者，由推选单位按规定办理复学手续；在职人员回原人事关系所在单位；应届毕业生按已有毕业学历自谋职业。

对未经批准擅自提前回国者，留学基金委根据有关规定处理。

第二十二条 公派研究生留学期间可利用留学所在国留学院校（研究机构）假期回国休假或收集资料。回国休假或收集资料应征得留学院校或导师（合作者）同意，报使领馆审批。

公派研究生在规定的留学期限内可以回国休假：留学期限在12个月至24个月（含）之间的，回国时间不超过1个月，奖学金照发；留学期限在24个月（不含）以上的，回国时间不超过2个月或每年一次不超过1个月，奖学金照发，回国旅费自理；回国时间超过以上次数和时间，自超出之日起停发奖学金。

在规定的留学期限内赴留学所在国以外国家休假或考察，费用自理，在同一年度内，公派研究生回国休假或赴留学所在国以外国家休假或考察只能选择一项，不能同时享受。赴留学所在国以外国家休假或考察，一次不超过15天的，奖学金照发；超过以上次数和时间的，自超出之日起停发奖学金。

第二十三条 公派研究生因病不能坚持学习中途休学回国，应征得留学院校导师（合作者）同意，办理或补办国外留学院校学籍保留手续，使领馆应及时将有关情况报留学基金委审批。

公派研究生因病中途休学回国一般以一学期为限；期满未康复可申请继续休学，累计不应超过一年（含）。在此期间经治疗康复，应向留学基金委提交国内医疗机构体检合格证明、推选单位意见和国外留学院校学籍保留及同意接收函等相关材料，留学基金委征求使领馆意见后决定其是否返回留学国继续完成学业；经治疗仍无法返回留学国进行正常学习者，按第二十一条作为提前回国办理。

公派研究生因病中途休学回国时间累计超过一年，国家公派留学资格自动取消。推选单位按照学校（籍）管理规定可以为其恢复国内学业（籍）者，由推选单位按学校（籍）管理规定办理复学手续；在职人员回原人事关系所在单位；应届毕业生按已有毕业学历自谋职业。

公派研究生因病中途休学回国期间，国外奖学金生活费停发；出国前系在职（校）人员者，因病中途休学回国期间的国内医疗费由推选单位按本单位规定负担；出国前系非在职（校）人员者，国内医疗费由个人负担。

第二十四条 公派研究生在留学期间参加国际学术会议或进行短期学术考察，应征得留学院校导师（合作者）同意并向使领馆报告。

参加国际学术会议或短期学术考察的费用自理。

第二十五条 公派研究生在规定留学期限内未能获得学位者，如因学业问题确需延长学习时间且留学院校导师证明可在延长时间内获得学位，由本人提前2个月向使领馆提交书面申请，出具留学院校导师和推选单位意见函，由使领馆根据其日常学习表现提出明确意见，报留学基金委审批。

经批准延长期限者应与留学基金委办理续签《协议书》等有关手续。

经批准延长期限内费用自理。

第二十六条 公派研究生在规定留学期限内虽经努力但仍无法获得学位者，使领馆应将其学习态度、日常表现和所在国留学院校实际情况报告留学基金委，经批准后开具有关证明，办理结（肄）业手续回国。

第二十七条 对于国家急需专业领域的、在国外获得博士学位的公派研究生，在留学所在国签证政策允许前提下，经推选单位同意、留学基金委批准并办理续签《协议书》手续，可继续从事不超过两年的博士后研究。

1. 公派研究生本人应提前2个月向使领馆提出申请，出具推选单位和国外留学院校或导师（合作者）意见函，由使领馆提出明确意见报留学基金委审批。

2. 留学基金委根据博士后研究课题与国家科学技术、经济发展结合情况进行审批，必要时组织专家进行评议和评审。博士后研究结束回国，应向留学基金委提交研究成果报告。

3. 从事博士后研究期间一切费用自理。

第二十八条 对纪律涣散、从事与学业无关的活动严重影响学习、留学院校和导师（合作者）反映其表现恶劣者，使领馆一经发现应给予批评教育；对仍不改正者，要及时报告留学基金委，留学基金委按照有关规定处理。

第二十九条 公派研究生学习期满回国，由使领馆按国家规定选定回国路线、提供国际旅费，乘坐中国民航班机回国；无中国民航班机，购买外国航班机票应以安全、经济为原则。

第三十条 公派研究生一经签约派出，其在外期间的国家公派留学身份不因经费资助来源或待遇变化而改变。如获其他奖学金，应经留学基金委同意并签订补充协议，且始终应遵守国家公派留学有关规定，履行按期回国服务等相关义务。

如自行放弃国家留学基金资助和国家公派留学身份、单方面终止协议，留学基金委按照有关规定处理。

第三十一条 公派研究生留学期间改变国籍，视为放弃国家公派留学身份，留学基金委按照有关规定处理。

第四章 回国与服务

第三十二条 公派研究生应按期回国，填写《国家公派出国留学人员回国报到提取保证金证明表》（见附5），由推选单位在相应栏目中签署意见，尽快向留学基金委报到（京外人员可通过信函、传真或电子邮件方式报到），按要求递交书面材料。留学基金委审核上述材料后，通知有关金融机构将出国前交存的保证金返还公派研究生本人。

第三十三条 公派研究生（不含在职人员）学成回国，按照国家有关就业政策和规定以及与国内有关单位的定（意）向协议就业。

第三十四条 推选单位要把公派研究生的回国工作纳入本单位人才培养总体规划，对学成回国研究生的就业、创业等问题积极加以引导，为其回国工作和创业创造有利条件。

第三十五条 教育部留学服务中心应按照国家规定，为在国外取得学位回国、落实工作单位的公派研究生办理回国工作的相关手续，为其回国工作和创业提供必要的服务。

公派研究生出国前与推选单位签有回国定向就业协议的，推选单位应及时将该名单报教育部留学服务中心备案。

联合培养博士研究生回国后应回推选单位办理以上有关手续。

第三十六条 公派研究生按期回国后应在国内连续服务至少两年。

第五章 违约追偿

第三十七条 在留学期间擅自变更留学国别和留学身份、自行放弃国家留学基金资助和国家公派留学身份、单方面终止协议、未完成留学计划擅自提前回国、从事与学业无关活动严重影响学习、表现极为恶劣以及未按规定留学期限回国逾期 3 个月（不含）以上、未完成回国服务期等违反《协议书》约定的行为，构成全部违约。违约人员应赔偿全部留学基金资助费用并支付全部留学基金资助费用 30%的违约金。

未按规定留学期限回国逾期 3 个月（含）以内的行为，构成部分违约。违约人员应赔偿全部留学基金资助费用 20%的违约金。经使领馆批准，仍可提供回国机票。

因航班等特殊原因超出规定留学期限 1 个月（含）以内抵达国内的，不作违约处理。

第三十八条 出国前尚未还清国家助学贷款的留学人员，出国期间应按国家助学贷款有关规定偿还贷款，确有偿还困难的应办理相应延期手续；对逾期不归违约人员，应按《协议书》和国家助学贷款有关规定履行相关义务。

第三十九条 使领馆应及时将公派研究生违约情况和为其资助留学经费情况报告留学基金委，协助留学基金委做好违约追偿工作。

第四十条 推选单位应及时向留学基金委提供所掌握的本单位违约人员的有关情况和信息，协助留学基金委开展违约追偿工作。

第四十一条 对违反《协议书》约定的违约行为，留学基金委根据国家法律规定和《协议书》有关条款对违约人进行违约追偿。违约人本人或其保证人（即协议书丙方）应承担相应违约责任。

1. 如违约人员按《协议书》规定承担相应违约责任，如数予以经济赔偿，不再追究其法律责任。如违约人员未按《协议书》规定承担违约责任做出赔偿，则将要求其国内保证人承担经济责任。如违约人员及其保证人均不承担约定的经济赔偿责任，则将在国内通过法律途径解决。

2. 对违约事件，特别是对不按《协议书》约定履行经济赔偿责任者，除通过法律途径解决外，必要时还将采取其他辅助手段，如以留学基金委名义向国外有关方面通报违约事实；将违约名单予以公布等。

3. 违约人员完成经济赔偿后，即了结了与留学基金委所签《协议书》的义务，但国家公派留学人员的身份不变。协议了结情况由留学基金委通报使领馆、违约人员本人和推选单位。

第六章　评　　估

第四十二条　教育部建立评估体系和激励机制，对公派研究生出国留学的总体效益和有关项目的实施情况进行评估，特别对各推选单位派出人员的质量、留学效果和按期回国等情况进行综合评估，并根据评估结果调整各推选单位的选派计划和选派规模，以保证国家留学基金的使用效益和国家人才培养目标的实现。

该评估也将作为对有关使领馆和留学服务机构留学管理与服务工作绩效评估的一部分，以促进留学管理工作的加强与提高。

第七章　附　　则

第四十三条　本规定由教育部、财政部负责解释。

第四十四条　本规定自印发之日起施行。此前已印发的有关规定与本规定相抵触的，以本规定为准。

附件：（略）

八 教师队伍建设

中华人民共和国教师法

（1993年10月31日第八届全国人民代表大会常务委员会第四次会议通过　根据2009年8月27日第十一届全国人民代表大会常务委员会第十次会议《关于修改部分法律的决定》修正）

目　　录

第一章　总　　则

第一条　为了保障教师的合法权益，建设具有良好思想品德修养和业务素质的教师队伍，促进社会主义教育事业的发展，制定本法。

第二条 本法适用于在各级各类学校和其他教育机构中专门从事教育教学工作的教师。

第三条 教师是履行教育教学职责的专业人员，承担教书育人，培养社会主义事业建设者和接班人、提高民族素质的使命。教师应当忠诚于人民的教育事业。

第四条 各级人民政府应当采取措施，加强教师的思想政治教育和业务培训，改善教师的工作条件和生活条件，保障教师的合法权益，提高教师的社会地位。

全社会都应当尊重教师。

第五条 国务院教育行政部门主管全国的教师工作。

国务院有关部门在各自职权范围内负责有关的教师工作。

学校和其他教育机构根据国家规定，自主进行教师管理工作。

第六条 每年九月十日为教师节。

第二章 权利和义务

第七条 教师享有下列权利：

（一）进行教育教学活动，开展教育教学改革和实验；

（二）从事科学研究、学术交流，参加专业的学术团体，在学术活动中充分发表意见；

（三）指导学生的学习和发展，评定学生的品行和学业成绩；

（四）按时获取工资报酬，享受国家规定的福利待遇以及寒暑假期的带薪休假；

（五）对学校教育教学、管理工作和教育行政部门的工作提出意见和建议，通过教职工代表大会或者其他形式，参与学校的民主管理；

（六）参加进修或者其他方式的培训。

第八条 教师应当履行下列义务：

（一）遵守宪法、法律和职业道德，为人师表；

（二）贯彻国家的教育方针，遵守规章制度，执行学校的教学计划，履行教师聘约，完成教育教学工作任务；

（三）对学生进行宪法所确定的基本原则的教育和爱国主义、民族团结的教育，法制教育以及思想品德、文化、科学技术教育，组织、带领学生开展有益的社会活动；

（四）关心、爱护全体学生，尊重学生人格，促进学生在品德、智力、体质等方面全面发展；

（五）制止有害于学生的行为或者其他侵犯学生合法权益的行为，批评和抵制有害于学生健康成长的现象；

（六）不断提高思想政治觉悟和教育教学业务水平。

第九条 为保障教师完成教育教学任务，各级人民政府、教育行政部门、有关部门、学校和其他教育机构应当履行下列职责：

（一）提供符合国家安全标准的教育教学设施和设备；

（二）提供必需的图书、资料及其他教育教学用品；

（三）对教师在教育教学、科学研究中的创造性工作给以鼓励和帮助；

（四）支持教师制止有害于学生的行为或者其他侵犯学生合法权益的行为。

第三章 资格和任用

第十条 国家实行教师资格制度。

中国公民凡遵守宪法和法律，热爱教育事业，具有良好的思想品德，具备本法规定的学历或者经国家教师资格考试合格，有教育教学能力，经认定合格的，可以取得教师资格。

第十一条 取得教师资格应当具备的相应学历是：

（一）取得幼儿园教师资格，应当具备幼儿师范学校毕业及其以上学历；

（二）取得小学教师资格，应当具备中等师范学校毕业及其以上学历；

（三）取得初级中学教师、初级职业学校文化、专业课教师资格，应当具备高等师范专科学校或者其他大学专科毕业及其以上学历；

（四）取得高级中学教师资格和中等专业学校、技工学校、职业高中文化课、专业课教师资格，应当具备高等师范院校本科或者其他大学本科毕业及其以上学历；取得中等专业学校、技工学校和职业高中学生实习指导教师资格应当具备的学历，由国务院教育行政部门规定；

（五）取得高等学校教师资格，应当具备研究生或者大学本科毕业学历；

（六）取得成人教育教师资格，应当按照成人教育的层次、类别，分别具备高等、中等学校毕业及其以上学历。

不具备本法规定的教师资格学历的公民，申请获取教师资格，必须通过国家教师资格考试。国家教师资格考试制度由国务院规定。

第十二条　本法实施前已经在学校或者其他教育机构中任教的教师，未具备本法规定学历的，由国务院教育行政部门规定教师资格过渡办法。

第十三条　中小学教师资格由县级以上地方人民政府教育行政部门认定。中等专业学校、技工学校的教师资格由县级以上地方人民政府教育行政部门组织有关主管部门认定。普通高等学校的教师资格由国务院或者省、自治区、直辖市教育行政部门或者由其委托的学校认定。

具备本法规定的学历或者经国家教师资格考试合格的公民，要求有关部门认定其教师资格的，有关部门应当依照本法规定的条件予以认定。

取得教师资格的人员首次任教时，应当有试用期。

第十四条 受到剥夺政治权利或者故意犯罪受到有期徒刑以上刑事处罚的，不能取得教师资格；已经取得教师资格的，丧失教师资格。

第十五条 各级师范学校毕业生，应当按照国家有关规定从事教育教学工作。

国家鼓励非师范高等学校毕业生到中小学或者职业学校任教。

第十六条 国家实行教师职务制度，具体办法由国务院规定。

第十七条 学校和其他教育机构应当逐步实行教师聘任制。教师的聘任应当遵循双方地位平等的原则，由学校和教师签订聘任合同，明确规定双方的权利、义务和责任。

实施教师聘任制的步骤、办法由国务院教育行政部门规定。

第四章 培养和培训

第十八条 各级人民政府和有关部门应当办好师范教育，并采取措施，鼓励优秀青年进入各级师范学校学习。各级教师进修学校承担培训中小学教师的任务。

非师范学校应当承担培养和培训中小学教师的任务。

各级师范学校学生享受专业奖学金。

第十九条 各级人民政府教育行政部门、学校主管部门和学校应当制定教师培训规划，对教师进行多种形式的思想政治、业务培训。

第二十条 国家机关、企业事业单位和其他社会组织应当为教师的社会调查和社会实践提供方便，给予协助。

第二十一条 各级人民政府应当采取措施，为少数民族地区和边远贫困地区培养、培训教师。

第五章 考 核

第二十二条 学校或者其他教育机构应当对教师的政治思想、

业务水平、工作态度和工作成绩进行考核。

教育行政部门对教师的考核工作进行指导、监督。

第二十三条 考核应当客观、公正、准确，充分听取教师本人、其他教师以及学生的意见。

第二十四条 教师考核结果是受聘任教、晋升工资、实施奖惩的依据。

第六章 待 遇

第二十五条 教师的平均工资水平应当不低于或者高于国家公务员的平均工资水平，并逐步提高。建立正常晋级增薪制度。具体办法由国务院规定。

第二十六条 中小学教师和职业学校教师享受教龄津贴和其他津贴，具体办法由国务院教育行政部门会同有关部门制定。

第二十七条 地方各级人民政府对教师以及具有中专以上学历的毕业生到少数民族地区和边远贫困地区从事教育教学工作的，应当予以补贴。

第二十八条 地方各级人民政府和国务院有关部门，对城市教师住房的建设、租赁、出售实行优先、优惠。

县、乡两级人民政府应当为农村中小学教师解决住房提供方便。

第二十九条 教师的医疗同当地国家公务员享受同等的待遇；定期对教师进行身体健康检查，并因地制宜安排教师进行休养。

医疗机构应当对当地教师的医疗提供方便。

第三十条 教师退休或者退职后，享受国家规定的退休或者退职待遇。

县级以上地方人民政府可以适当提高长期从事教育教学工作的中小学退休教师的退休金比例。

第三十一条 各级人民政府应当采取措施，改善国家补助、集体支付工资的中小学教师的待遇，逐步做到在工资收入上与国家支付工资的教师同工同酬，具体办法由地方各级人民政府根据本地区的实际情况规定。

第三十二条 社会力量所办学校的教师的待遇，由举办者自行确定并予以保障。

第七章 奖 励

第三十三条 教师在教育教学、培养人才、科学研究、教学改革、学校建设、社会服务、勤工俭学等方面成绩优异的，由所在学校予以表彰、奖励。

国务院和地方各级人民政府及其有关部门对有突出贡献的教师，应当予以表彰、奖励。

对有重大贡献的教师，依照国家有关规定授予荣誉称号。

第三十四条 国家支持和鼓励社会组织或者个人向依法成立的奖励教师的基金组织捐助资金，对教师进行奖励。

第八章 法律责任

第三十五条 侮辱、殴打教师的，根据不同情况，分别给予行政处分或者行政处罚；造成损害的，责令赔偿损失；情节严重，构成犯罪的，依法追究刑事责任。

第三十六条 对依法提出申诉、控告、检举的教师进行打击报复的，由其所在单位或者上级机关责令改正；情节严重的，可以根据具体情况给予行政处分。

国家工作人员对教师打击报复构成犯罪的，依照刑法有关规定追究刑事责任。

第三十七条 教师有下列情形之一的，由所在学校、其他教育机构或者教育行政部门给予行政处分或者解聘：

（一）故意不完成教育教学任务给教育教学工作造成损失的；

（二）体罚学生，经教育不改的；

（三）品行不良、侮辱学生，影响恶劣的。

教师有前款第（二）项、第（三）项所列情形之一，情节严重，构成犯罪的，依法追究刑事责任。

第三十八条 地方人民政府对违反本法规定，拖欠教师工资或者侵犯教师其他合法权益的，应当责令其限期改正。

违反国家财政制度、财务制度，挪用国家财政用于教育的经费，严重妨碍教育教学工作，拖欠教师工资，损害教师合法权益的，由上级机关责令限期归还被挪用的经费，并对直接责任人员给予行政处分；情节严重，构成犯罪的，依法追究刑事责任。

第三十九条 教师对学校或者其他教育机构侵犯其合法权益的，或者对学校或者其他教育机构作出的处理不服的，可以向教育行政部门提出申诉，教育行政部门应当在接到申诉的三十日内，作出处理。

教师认为当地人民政府有关行政部门侵犯其根据本法规定享有的权利的，可以向同级人民政府或者上一级人民政府有关部门提出申诉，同级人民政府或者上一级人民政府有关部门应当作出处理。

第九章　附　　则

第四十条 本法下列用语的含义是：

（一）各级各类学校，是指实施学前教育、普通初等教育、普通中等教育、职业教育、普通高等教育以及特殊教育、成人教育的学校。

（二）其他教育机构，是指少年宫以及地方教研室、电化教育机构等。

（三）中小学教师，是指幼儿园、特殊教育机构、普通中小学、成人初等中等教育机构、职业中学以及其他教育机构的教师。

第四十一条 学校和其他教育机构中的教育教学辅助人员，其他类型的学校的教师和教育教学辅助人员，可以根据实际情况参照本法的有关规定执行。

军队所属院校的教师和教育教学辅助人员，由中央军事委员会依照本法制定有关规定。

第四十二条 外籍教师的聘任办法由国务院教育行政部门规定。

第四十三条 本法自1994年1月1日起施行。

教师资格条例

（1995年12月12日中华人民共和国国务院令第188号发布 自发布之日起施行）

第一章 总 则

第一条 为了提高教师素质，加强教师队伍建设，依据《中华人民共和国教师法》（以下简称教师法），制定本条例。

第二条 中国公民在各级各类学校和其他教育机构中专门从事教育教学工作，应当依法取得教师资格。

第三条 国务院教育行政部门主管全国教师资格工作。

第二章 教师资格分类与适用

第四条 教师资格分为：

（一）幼儿园教师资格；

（二）小学教师资格；

（三）初级中学教师和初级职业学校文化课、专业课教师资格（以下统称初级中学教师资格）；

（四）高级中学教师资格；

（五）中等专业学校、技工学校、职业高级中学文化课、专业课教师资格（以下统称中等职业学校教师资格）；

（六）中等专业学校、技工学校、职业高级中学实习指导教师资格（以下统称中等职业学校实习指导教师资格）；

（七）高等学校教师资格。

成人教育的教师资格，按照成人教育的层次，依照上款规定确定类别。

第五条 取得教师资格的公民，可以在本级及其以下等级的各类学校和其他教育机构担任教师；但是，取得中等职业学校实习指导教师资格的公民只能在中等专业学校、技工学校、职业高级中学或者初级职业学校担任实习指导教师。

高级中学教师资格与中等职业学校教师资格相互通用。

第三章 教师资格条件

第六条 教师资格条件依照教师法第十条第二款的规定执行，其中“有教育教学能力”应当包括符合国家规定的从事教育教学工作的身体条件。

第七条 取得教师资格应当具备的相应学历，依照教师法第十一条的规定执行。

取得中等职业学校实习指导教师资格，应当具备国务院教育行政部门规定的学历，并应当具有相当助理工程师以上专业技术职务或者中级以上工人技术等级。

第四章 教师资格考试

第八条 不具备教师法规定的教师资格学历的公民，申请获得教师资格，应当通过国家举办的或者认可的教师资格考试。

第九条 教师资格考试科目、标准和考试大纲由国务院教育行政部门审定。

教师资格考试试卷的编制、考务工作和考试成绩证明的发放，属于幼儿园、小学、初级中学、高级中学、中等职业学校教师资格考试和中等职业学校实习指导教师资格考试的，由县级以上人民政府教育行政部门组织实施；属于高等学校教师资格考试的，由国务院教育行政部门或者省、自治区、直辖市人民政府教育行政部门委托的高等学校组织实施。

第十条 幼儿园、小学、初级中学、高级中学、中等职业学校的教师资格考试和中等职业学校实习指导教师资格考试，每年进行1次。

参加前款所列教师资格考试，考试科目全部及格的，发给教师资格考试合格证明；当年考试不及格的科目，可以在下一年度补考；经补考仍有1门或者1门以上科目不及格的，应当重新参加全部考试科目的考试。

第十一条 高等学校教师资格考试根据需要举行。

申请参加高等学校教师资格考试的，应当学有专长，并有两名相关专业的教授或者副教授推荐。

第五章 教师资格认定

第十二条 具备教师法规定的学历或者经教师资格考试合格的公民，可以依照本条例的规定申请认定其教师资格。

第十三条 幼儿园、小学和初级中学教师资格，由申请人户籍所在地或者申请人任教学校所在地的县级人民政府教育行政部门认定。高级中学教师资格，由申请人户籍所在地或者申请人任教学校所在地的县级人民政府教育行政部门审查后，报上一级教育行政部门认定。中等职业学校教师资格和中等职业学校实习指导教师资格，由申请人户籍所在地或者申请人任教学校所在地的县级人民政府教育行政部门审查后，报上一级教育行政部门认定或者组织有关部门认定。

受国务院教育行政部门或者省、自治区、直辖市人民政府教育行政部门委托的高等学校，负责认定在本校任职的人员和拟聘人员的高等学校教师资格。

在未受国务院教育行政部门或者省、自治区、直辖市人民政府教育行政部门委托的高等学校任职的人员和拟聘人员的高等学校教师资格，按照学校行政隶属关系，由国务院教育行政部门认定或者由学校所在地的省、自治区、直辖市人民政府教育行政部门认定。

第十四条 认定教师资格，应当由本人提出申请。

教育行政部门和受委托的高等学校每年春季、秋季各受理一次教师资格认定申请。具体受理期限由教育行政部门或者受委托的高等学校规定，并以适当形式公布。申请人应当在规定的受理期限内提出申请。

第十五条 申请认定教师资格，应当提交教师资格认定申请表和下列证明或者材料：

（一）身份证明；

（二）学历证书或者教师资格考试合格证明；

（三）教育行政部门或者受委托的高等学校指定的医院出具的体格检查证明；

（四）户籍所在地的街道办事处、乡人民政府或者工作单位、所毕业的学校对其思想品德、有无犯罪记录等方面情况的鉴定及证明材料。

申请人提交的证明或者材料不全的，教育行政部门或者受委托的高等学校应当及时通知申请人于受理期限终止前补齐。

教师资格认定申请表由国务院教育行政部门统一格式。

第十六条 教育行政部门或者受委托的高等学校在接到公民的教师资格认定申请后，应当对申请人的条件进行审查；对符合认定条件的，应当在受理期限终止之日起 30 日内颁发相应的教师资格证书；对不符合认定条件的，应当在受理期限终止之日起 30 日内将认定结论通知本人。

非师范院校毕业或者教师资格考试合格的公民申请认定幼儿园、小学或者其他教师资格的，应当进行面试和试讲，考察其教育教学能力；根据实际情况和需要，教育行政部门或者受委托的高等学校可以要求申请人补修教育学、心理学等课程。

教师资格证书在全国范围内适用。教师资格证书由国务院教育行政部门统一印制。

第十七条 已取得教师资格的公民拟取得更高等级学校或者其他教育机构教师资格的，应当通过相应的教师资格考试或者取得教师法规定的相应学历，并依照本章规定，经认定合格后，由教育行政部门或者受委托的高等学校颁发相应的教师资格证书。

第六章 罚 则

第十八条 依照教师法第十四条的规定丧失教师资格的，不能重新取得教师资格，其教师资格证书由县级以上人民政府教育行政部门收缴。

第十九条 有下列情形之一的，由县级以上人民政府教育行政部门撤销其教师资格：

（一）弄虚作假、骗取教师资格的；

（二）品行不良、侮辱学生，影响恶劣的。

被撤销教师资格的，自撤销之日起5年内不得重新申请认定教师资格，其教师资格证书由县级以上人民政府教育行政部门收缴。

第二十条 参加教师资格考试有作弊行为的，其考试成绩作废，3年内不得再次参加教师资格考试。

第二十一条 教师资格考试命题人员和其他有关人员违反保密规定，造成试题、参考答案及评分标准泄露的，依法追究法律责任。

第二十二条 在教师资格认定工作中玩忽职守、徇私舞弊，对教师资格认定工作造成损失的，由教育行政部门依法给予行政处分；构成犯罪的，依法追究刑事责任。

第七章　附　　则

第二十三条　本条例自发布之日起施行。

《教师资格条例》实施办法

（2000 年 9 月 23 日教育部令第 10 号发布　自发布之日起施行）

第一章　总　　则

第一条　为实施教师资格制度，依据《中华人民共和国教师法》（以下简称《教师法》）和《教师资格条例》，制定本办法。

第二条　符合《教师法》规定学历的中国公民申请认定教师资格，适用本办法。

第三条　中国公民在各级各类学校和其他教育机构中专门从事教育教学工作，应当具备教师资格。

第四条　国务院教育行政部门负责全国教师资格制度的组织实施和协调监督工作；县级以上（包括县级，下同）地方人民政府教育行政部门根据《教师资格条例》规定权限负责本地教师资格认定和管理的组织、指导、监督和实施工作。

第五条　依法受理教师资格认定申请的县级以上地方人民政府教育行政部门，为教师资格认定机构。

第二章　资格认定条件

第六条　申请认定教师资格者应当遵守宪法和法律，热爱教育事业，履行《教师法》规定的义务，遵守教师职业道德。

第七条 中国公民依照本办法申请认定教师资格应当具备《教师法》规定的相应学历。

申请认定中等职业学校实习指导教师资格者应当具备中等职业学校毕业及其以上学历，对于确有特殊技艺者，经省级以上人民政府教育行政部门批准，其学历要求可适当放宽。

第八条 申请认定教师资格者的教育教学能力应当符合下列要求：

（一）具备承担教育教学工作所必须的基本素质和能力。具体测试办法和标准由省级教育行政部门制定。

（二）普通话水平应当达到国家语言文字工作委员会颁布的《普通话水平测试等级标准》二级乙等以上标准。

少数方言复杂地区的普通话水平应当达到三级甲等以上标准；使用汉语和当地民族语言教学的少数民族自治地区的普通话水平，由省级人民政府教育行政部门规定标准。

（三）具有良好的身体素质和心理素质，无传染性疾病，无精神病史，适应教育教学工作的需要，在教师资格认定机构指定的县级以上医院体检合格。

第九条 高等学校拟聘任副教授以上教师职务或具有博士学位者申请认定高等学校教师资格，只需具备本办法第六条、第七条、第八条（三）项规定的条件。

第三章 资格认定申请

第十条 教师资格认定机构和依法接受委托的高等学校每年春季、秋季各受理一次教师资格认定申请。具体受理时间由省级人民政府教育行政部门统一规定，并通过新闻媒体等形式予以公布。

第十一条 申请认定教师资格者，应当在受理申请期限内向相应的教师资格认定机构或者依法接受委托的高等学校提出申请，领取有关资料和表格。

第十二条 申请认定教师资格者应当在规定时间向教师资格认定机构或者依法接受委托的高等学校提交下列基本材料：

（一）由本人填写的《教师资格认定申请表》（见附件一）一式两份；

（二）身份证原件和复印件；

（三）学历证书原件和复印件；

（四）由教师资格认定机构指定的县级以上医院出具的体格检查合格证明；

（五）普通话水平测试等级证书原件和复印件；

（六）思想品德情况的鉴定或者证明材料。

第十三条 体检项目由省级人民政府教育行政部门规定，其中必须包含"传染病"、"精神病史"项目。

申请认定幼儿园和小学教师资格的，参照《中等师范学校招生体检标准》的有关规定执行；申请认定初级中学及其以上教师资格的，参照《高等师范学校招生体检标准》的有关规定执行。

第十四条 普通话水平测试由教育行政部门和语言文字工作机构共同组织实施，对合格者颁发由国务院教育行政部门统一印制的《普通话水平测试等级证书》。

第十五条 申请人思想品德情况的鉴定或者证明材料按照《申请人思想品德鉴定表》（见附件二）要求填写。在职申请人，该表由其工作单位填写；非在职申请人，该表由其户籍所在地街道办事处或者乡级人民政府填写。应届毕业生由毕业学校负责提供鉴定。必要时，有关单位可应教师资格认定机构要求提供更为详细的证明材料。

第十六条 各级各类学校师范教育类专业毕业生可以持毕业证书，向任教学校所在地或户籍所在地教师资格认定机构申请直接认定相应的教师资格。

第十七条 申请认定教师资格者应当按照国家规定缴纳费用。但各级各类学校师范教育类专业毕业生不缴纳认定费用。

第四章 资格认定

第十八条 教师资格认定机构或者依法接受委托的高等学校应当及时根据申请人提供的材料进行初步审查。

第十九条 教师资格认定机构或者依法接受委托的高等学校应当组织成立教师资格专家审查委员会。教师资格专家审查委员会根据需要成立若干小组，按照省级教育行政部门制定的测试办法和标准组织面试、试讲，对申请人的教育教学能力进行考查，提出审查意见，报教师资格认定机构或者依法接受委托的高等学校。

第二十条 教师资格认定机构根据教师资格专家审查委员会的审查意见，在受理申请期限终止之日起 30 个法定工作日内作出是否认定教师资格的结论，并将认定结果通知申请人。符合法定的认定条件者，颁发相应的《教师资格证书》。

第二十一条 县级以上地方人民政府教育行政部门按照《教师资格条例》第十三条规定的权限，认定相应的教师资格。

高等学校教师资格，由申请人户籍所在地或者申请人拟受聘高等学校所在地的省级人民政府教育行政部门认定；省级人民政府教育行政部门可以委托本行政区域内经过国家批准实施本科学历教育的普通高等学校认定本校拟聘人员的高等学校教师资格。

第五章 资格证书管理

第二十二条 各级人民政府教育行政部门应当加强对教师资格证书的管理。教师资格证书作为持证人具备国家认定的教师资格的法定凭证，由国务院教育行政部门统一印制。《教师资格认定申请表》由国务院教育行政部门统一格式。

《教师资格证书》和《教师资格认定申请表》由教师资格认定

机构按国家规定统一编号，加盖相应的政府教育行政部门公章、钢印后生效。

第二十三条 取得教师资格的人员，其《教师资格认定申请表》一份存入本人的人事档案，其余材料由教师资格认定机构归档保存。教师资格认定机构建立教师资格管理数据库。

第二十四条 教师资格证书遗失或者损毁影响使用的，由本人向原发证机关报告，申请补发。原发证机关应当在补发的同时收回损毁的教师资格证书。

第二十五条 丧失教师资格者，由其工作单位或者户籍所在地相应的县级以上人民政府教育行政部门按教师资格认定权限会同原发证机关办理注销手续，收缴证书，归档备案。丧失教师资格者不得重新申请认定教师资格。

第二十六条 按照《教师资格条例》应当被撤销教师资格者，由县级以上人民政府教育行政部门按教师资格认定权限会同原发证机关撤销资格，收缴证书，归档备案。被撤销教师资格者自撤销之日起5年内不得重新取得教师资格。

第二十七条 对使用假资格证书的，一经查实，按弄虚作假、骗取教师资格处理，5年内不得申请认定教师资格，由教育行政部门没收假证书。对变造、买卖教师资格证书的，依法追究法律责任。

第六章　附　　则

第二十八条 省级人民政府教育行政部门依据本办法制定实施细则，并报国务院教育行政部门备案。

第二十九条 本办法自颁发之日起施行。

附件：

一、教师资格认定申请表（略）

二、申请人思想品德鉴定表（略）

学校教职工代表大会规定

（2011年12月8日教育部令第32号公布　自2012年1月1日起施行）

第一章　总　　则

第一条　为依法保障教职工参与学校民主管理和监督，完善现代学校制度，促进学校依法治校，依据教育法、教师法、工会法等法律，制定本规定。

第二条　本规定适用于中国境内公办的幼儿园和各级各类学校（以下统称学校）。

民办学校、中外合作办学机构参照本规定执行。

第三条　学校教职工代表大会（以下简称教职工代表大会）是教职工依法参与学校民主管理和监督的基本形式。

学校应当建立和完善教职工代表大会制度。

第四条　教职工代表大会应当高举中国特色社会主义伟大旗帜，以马克思列宁主义、毛泽东思想、邓小平理论和“三个代表”重要思想为指导，深入贯彻落实科学发展观，全面贯彻执行党的基本路线和教育方针，认真参与学校民主管理和监督。

第五条　教职工代表大会和教职工代表大会代表应当遵守国家法律法规，遵守学校规章制度，正确处理国家、学校、集体和教职工的利益关系。

第六条　教职工代表大会在中国共产党学校基层组织的领导下开展工作。教职工代表大会的组织原则是民主集中制。

第二章　职　　权

第七条　教职工代表大会的职权是：

（一）听取学校章程草案的制定和修订情况报告，提出修改意见和建议；

（二）听取学校发展规划、教职工队伍建设、教育教学改革、校园建设以及其他重大改革和重大问题解决方案的报告，提出意见和建议；

（三）听取学校年度工作、财务工作、工会工作报告以及其他专项工作报告，提出意见和建议；

（四）讨论通过学校提出的与教职工利益直接相关的福利、校内分配实施方案以及相应的教职工聘任、考核、奖惩办法；

（五）审议学校上一届（次）教职工代表大会提案的办理情况报告；

（六）按照有关工作规定和安排评议学校领导干部；

（七）通过多种方式对学校工作提出意见和建议，监督学校章程、规章制度和决策的落实，提出整改意见和建议；

（八）讨论法律法规规章规定的以及学校与学校工会商定的其他事项。

教职工代表大会的意见和建议，以会议决议的方式做出。

第八条 学校应当建立健全沟通机制，全面听取教职工代表大会提出的意见和建议，并合理吸收采纳；不能吸收采纳的，应当做出说明。

第三章 教职工代表大会代表

第九条 凡与学校签订聘任聘用合同、具有聘任聘用关系的教职工，均可当选为教职工代表大会代表。

教职工代表大会代表占全体教职工的比例，由地方省级教育等部门确定；地方省级教育等部门没有确定的，由学校自主确定。

第十条 教职工代表大会代表以学院、系（所、年级）、室（组）等为单位，由教职工直接选举产生。

教职工代表大会代表可以按照选举单位组成代表团（组），并推选出团（组）长。

第十一条 教职工代表大会代表以教师为主体，教师代表不得低于代表总数的60%，并应当根据学校实际，保证一定比例的青年教师和女教师代表。民族地区的学校和民族学校，少数民族代表应当占有一定比例。

教职工代表大会代表接受选举单位教职工的监督。

第十二条 教职工代表大会代表实行任期制，任期3年或5年，可以连选连任。

选举、更换和撤换教职工代表大会代表的程序，由学校根据相关规定，并结合本校实际予以明确规定。

第十三条 教职工代表大会代表享有以下权利：

（一）在教职工代表大会上享有选举权、被选举权和表决权；

（二）在教职工代表大会上充分发表意见和建议；

（三）提出提案并对提案办理情况进行询问和监督；

（四）就学校工作向学校领导和学校有关机构反映教职工的意见和要求；

（五）因履行职责受到压制、阻挠或者打击报复时，向有关部门提出申诉和控告。

第十四条 教职工代表大会代表应当履行以下义务：

（一）努力学习并认真执行党的路线方针政策、国家的法律法规、党和国家关于教育改革发展的方针政策，不断提高思想政治素质和参与民主管理的能力；

（二）积极参加教职工代表大会的活动，认真宣传、贯彻教职工代表大会决议，完成教职工代表大会交给的任务；

（三）办事公正，为人正派，密切联系教职工群众，如实反映群众的意见和要求；

（四）及时向本部门教职工通报参加教职工代表大会活动和履

行职责的情况，接受评议监督；

（五）自觉遵守学校的规章制度和职业道德，提高业务水平，做好本职工作。

第四章 组织规则

第十五条 有教职工 80 人以上的学校，应当建立教职工代表大会制度；不足 80 人的学校，建立由全体教职工直接参加的教职工大会制度。

学校根据实际情况，可在其内部单位建立教职工代表大会制度或者教职工大会制度，在该范围内行使相应的职权。

教职工大会制度的性质、领导关系、组织制度、运行规则等，与教职工代表大会制度相同。

第十六条 学校应当遵守教职工代表大会的组织规则，定期召开教职工代表大会，支持教职工代表大会的活动。

第十七条 教职工代表大会每学年至少召开一次。

遇有重大事项，经学校、学校工会或 1/3 以上教职工代表大会代表提议，可以临时召开教职工代表大会。

第十八条 教职工代表大会每 3 年或 5 年为一届。期满应当进行换届选举。

第十九条 教职工代表大会须有 2/3 以上教职工代表大会代表出席。

教职工代表大会根据需要可以邀请离退休教职工等非教职工代表大会代表，作为特邀或列席代表参加会议。特邀或列席代表在教职工代表大会上不具有选举权、被选举权和表决权。

第二十条 教职工代表大会的议题，应当根据学校的中心工作、教职工的普遍要求，由学校工会提交学校研究确定，并提请教职工代表大会表决通过。

第二十一条 教职工代表大会的选举和表决，须经教职工代表大会代表总数半数以上通过方为有效。

第二十二条 教职工代表大会在教职工代表大会代表中推选人员，组成主席团主持会议。

主席团应当由学校各方面人员组成，其中包括学校、学校工会主要领导，教师代表应占多数。

第二十三条 教职工代表大会可根据实际情况和需要设立若干专门委员会（工作小组），完成教职工代表大会交办的有关任务。专门委员会（工作小组）对教职工代表大会负责。

第二十四条 教职工代表大会根据实际情况和需要，可以在教职工代表大会代表中选举产生执行委员会。执行委员会中，教师代表应占多数。

教职工代表大会闭会期间，遇有急需解决的重要问题，可由执行委员会联系有关专门委员会（工作小组）与学校有关机构协商处理。其结果向下一次教职工代表大会报告。

第五章 工 作 机 构

第二十五条 学校工会为教职工代表大会的工作机构。

第二十六条 学校工会承担以下与教职工代表大会相关的工作职责：

（一）做好教职工代表大会的筹备工作和会务工作，组织选举教职工代表大会代表，征集和整理提案，提出会议议题、方案和主席团建议人选；

（二）教职工代表大会闭会期间，组织传达贯彻教职工代表大会精神，督促检查教职工代表大会决议的落实，组织各代表团（组）及专门委员会（工作小组）的活动，主持召开教职工代表团（组）长、专门委员会（工作小组）负责人联席会议；

（三）组织教职工代表大会代表的培训，接受和处理教职工代表大会代表的建议和申诉；

（四）就学校民主管理工作向学校党组织汇报，与学校沟通；

（五）完成教职工代表大会委托的其他任务。

选举产生执行委员会的学校，其执行委员会根据教职工代表大会的授权，可承担前款有关职责。

第二十七条 学校应当为学校工会承担教职工代表大会工作机构的职责提供必要的工作条件和经费保障。

第六章 附 则

第二十八条 学校可以在其下属单位建立教职工代表大会制度，在该单位范围内实行民主管理和监督。

第二十九条 省、自治区、直辖市人民政府教育行政部门，可以与本地区有关组织联合制定本行政区域内学校教职工代表大会的相关规定。

有关学校根据本规定和所在地区的相关规定，可以制定相应的教职工代表大会或者教职工大会的实施办法。

第三十条 本规定自2012年1月1日起施行。1985年1月28日教育部、原中国教育工会印发的《高等学校教职工代表大会暂行条例》同时废止。

普通高等学校辅导员队伍建设规定

（2017年9月21日教育部令第43号公布 自2017年10月1日起施行）

第一章 总 则

第一条 为深入贯彻落实全国高校思想政治工作会议精神和《中共中央 国务院关于加强和改进新形势下高校思想政治工作的意

见》，切实加强高等学校辅导员队伍专业化职业化建设，依据《高等教育法》等有关法律法规，制定本规定。

第二条 辅导员是开展大学生思想政治教育的骨干力量，是高等学校学生日常思想政治教育和管理工作的组织者、实施者、指导者。辅导员应当努力成为学生成长成才的人生导师和健康生活的知心朋友。

第三条 高等学校要坚持把立德树人作为中心环节，把辅导员队伍建设作为教师队伍和管理队伍建设的重要内容，整体规划、统筹安排，不断提高队伍的专业水平和职业能力，保证辅导员工作有条件、干事有平台、待遇有保障、发展有空间。

第二章 要求与职责

第四条 辅导员工作的要求是：恪守爱国守法、敬业爱生、育人为本、终身学习、为人师表的职业守则；围绕学生、关照学生、服务学生，把握学生成长规律，不断提高学生思想水平、政治觉悟、道德品质、文化素养；引导学生正确认识世界和中国发展大势、正确认识中国特色和国际比较、正确认识时代责任和历史使命、正确认识远大抱负和脚踏实地，成为又红又专、德才兼备、全面发展的中国特色社会主义合格建设者和可靠接班人。

第五条 辅导员的主要工作职责是：

（一）思想理论教育和价值引领。引导学生深入学习习近平总书记系列重要讲话精神和治国理政新理念新思想新战略，深入开展中国特色社会主义、中国梦宣传教育和社会主义核心价值观教育，帮助学生不断坚定中国特色社会主义道路自信、理论自信、制度自信、文化自信，牢固树立正确的世界观、人生观、价值观。掌握学生思想行为特点及思想政治状况，有针对性地帮助学生处理好思想认识、价值取向、学习生活、择业交友等方面的具体问题。

（二）党团和班级建设。开展学生骨干的遴选、培养、激励工作，开展学生入党积极分子培养教育工作，开展学生党员发展和教育管理服务工作，指导学生党支部和班团组织建设。

（三）学风建设。熟悉了解学生所学专业的基本情况，激发学生学习兴趣，引导学生养成良好的学习习惯，掌握正确的学习方法。指导学生开展课外科技学术实践活动，营造浓厚学习氛围。

（四）学生日常事务管理。开展入学教育、毕业生教育及相关管理和服务工作。组织开展学生军事训练。组织评选各类奖学金、助学金。指导学生办理助学贷款。组织学生开展勤工俭学活动，做好学生困难帮扶。为学生提供生活指导，促进学生和谐相处、互帮互助。

（五）心理健康教育与咨询工作。协助学校心理健康教育机构开展心理健康教育，对学生心理问题进行初步排查和疏导，组织开展心理健康知识普及宣传活动，培育学生理性平和、乐观向上的健康心态。

（六）网络思想政治教育。运用新媒体新技术，推动思想政治工作传统优势与信息技术高度融合。构建网络思想政治教育重要阵地，积极传播先进文化。加强学生网络素养教育，积极培养校园好网民，引导学生创作网络文化作品，弘扬主旋律，传播正能量。创新工作路径，加强与学生的网上互动交流，运用网络新媒体对学生开展思想引领、学习指导、生活辅导、心理咨询等。

（七）校园危机事件应对。组织开展基本安全教育。参与学校、院（系）危机事件工作预案制定和执行。对校园危机事件进行初步处理，稳定局面控制事态发展，及时掌握危机事件信息并按程序上报。参与危机事件后期应对及总结研究分析。

（八）职业规划与就业创业指导。为学生提供科学的职业生涯规划和就业指导以及相关服务，帮助学生树立正确的就业观念，引导学生到基层、到西部、到祖国最需要的地方建功立业。

（九）理论和实践研究。努力学习思想政治教育的基本理论和相关学科知识，参加相关学科领域学术交流活动，参与校内外思想政治教育课题或项目研究。

第三章 配备与选聘

第六条 高等学校应当按总体上师生比不低于1:200的比例设置专职辅导员岗位，按照专兼结合、以专为主的原则，足额配备到位。

专职辅导员是指在院（系）专职从事大学生日常思想政治教育工作的人员，包括院（系）党委（党总支）副书记、学工组长、团委（团总支）书记等专职工作人员，具有教师和管理人员双重身份。高等学校应参照专任教师聘任的待遇和保障，与专职辅导员建立人事聘用关系。

高等学校可以从优秀专任教师、管理人员、研究生中选聘一定数量兼职辅导员。兼职辅导员工作量按专职辅导员工作量的三分之一核定。

第七条 辅导员应当符合以下基本条件：

（一）具有较高的政治素质和坚定的理想信念，坚决贯彻执行党的基本路线和各项方针政策，有较强的政治敏感性和政治辨别力；

（二）具备本科以上学历，热爱大学生思想政治教育事业，甘于奉献，潜心育人，具有强烈的事业心和责任感；

（三）具有从事思想政治教育工作相关学科的宽口径知识储备，掌握思想政治教育工作相关学科的基本原理和基础知识，掌握思想政治教育专业基本理论、知识和方法，掌握马克思主义中国化相关理论和知识，掌握大学生思想政治教育工作实务相关知识，掌握有关法律法规知识；

（四）具备较强的组织管理能力和语言、文字表达能力，及教育引导能力、调查研究能力，具备开展思想理论教育和价值引领工作的能力；

（五）具有较强的纪律观念和规矩意识，遵纪守法，为人正直，作风正派，廉洁自律。

第八条 辅导员选聘工作要在高等学校党委统一领导下进行，由学生工作部门、组织、人事、纪检等相关部门共同组织开展。根据辅导员基本条件要求和实际岗位需要，确定具体选拔条件，通过组织推荐和公开招聘相结合的方式，经过笔试、面试、公示等相关程序进行选拔。

第九条 青年教师晋升高一级专业技术职务（职称），须有至少一年担任辅导员或班主任工作经历并考核合格。高等学校要鼓励新入职教师以多种形式参与辅导员或班主任工作。

第四章 发展与培训

第十条 高等学校应当制定专门办法和激励保障机制，落实专职辅导员职务职级"双线"晋升要求，推动辅导员队伍专业化职业化建设。

第十一条 高等学校应当结合实际，按专任教师职务岗位结构比例合理设置专职辅导员的相应教师职务岗位，专职辅导员可按教师职务（职称）要求评聘思想政治教育学科或其他相关学科的专业技术职务（职称）。

专职辅导员专业技术职务（职称）评聘应更加注重考察工作业绩和育人实效，单列计划、单设标准、单独评审。将优秀网络文化成果纳入专职辅导员的科研成果统计、职务（职称）评聘范围。

第十二条 高等学校可以成立专职辅导员专业技术职务（职称）聘任委员会，具体负责本校专职辅导员专业技术职务（职称）聘任工作。聘任委员会一般应由学校党委有关负责人、学生工作、组织人事、教学科研部门负责人、相关学科专家等人员组成。

第十三条 高等学校应当制定辅导员管理岗位聘任办法，根据辅导员的任职年限及实际工作表现，确定相应级别的管理岗位等级。

第十四条 辅导员培训应当纳入高等学校师资队伍和干部队伍培训整体规划。

建立国家、省级和高等学校三级辅导员培训体系。教育部设立高等学校辅导员培训和研修基地，开展国家级示范培训。省级教育部门应当根据区域内现有高等学校辅导员规模数量设立辅导员培训专项经费，建立辅导员培训和研修基地，承担所在区域内高等学校辅导员的岗前培训、日常培训和骨干培训。高等学校负责对本校辅导员的系统培训，确保每名专职辅导员每年参加不少于16个学时的校级培训，每5年参加1次国家级或省级培训。

第十五条 省级教育部门、高等学校要积极选拔优秀辅导员参加国内国际交流学习和研修深造，创造条件支持辅导员到地方党政机关、企业、基层等挂职锻炼，支持辅导员结合大学生思想政治教育的工作实践和思想政治教育学科的发展开展研究。高等学校要鼓励辅导员在做好工作的基础上攻读相关专业学位，承担思想政治理论课等相关课程的教学工作，为辅导员提升专业水平和科研能力提供条件保障。

第十六条 高等学校要积极为辅导员的工作和生活创造便利条件，应根据辅导员的工作特点，在岗位津贴、办公条件、通讯经费等方面制定相关政策，为辅导员的工作和生活提供必要保障。

第五章 管理与考核

第十七条 高等学校辅导员实行学校和院（系）双重管理。

学生工作部门牵头负责辅导员的培养、培训和考核等工作，同时要与院（系）党委（党总支）共同做好辅导员日常管理工作。院（系）党委（党总支）负责对辅导员进行直接领导和管理。

第十八条 高等学校要根据辅导员职业能力标准，制定辅导员工作考核的具体办法，健全辅导员队伍的考核评价体系。对辅导员的考核评价应由学生工作部门牵头，组织人事部门、院（系）党委（党总支）和学生共同参与。考核结果与辅导员的职务聘任、奖惩、晋级等挂钩。

第十九条 教育部在全国教育系统先进集体和先进个人表彰中对高校优秀辅导员进行表彰。各地教育部门和高等学校要结合实际情况建立辅导员单独表彰体系并将优秀辅导员表彰奖励纳入各级教师、教育工作者表彰奖励体系中。

第六章 附 则

第二十条 本规定适用于普通高等学校辅导员队伍建设。其他类型高等学校的辅导员队伍建设或思想政治工作其他队伍建设可以参照本规定执行。

第二十一条 高等学校要根据本规定，结合实际制定相关实施细则，并报主管教育部门备案。

第二十二条 本规定自 2017 年 10 月 1 日起施行。原《普通高等学校辅导员队伍建设规定》同时废止。

新时代高等学校思想政治理论课教师队伍建设规定

（2020 年 1 月 16 日教育部令第 46 号公布 自 2020 年 3 月 1 日起施行）

第一章 总 则

第一条 为深入贯彻落实习近平新时代中国特色社会主义思想和党的十九大精神，贯彻落实习近平总书记关于教育的重要论述，全面贯彻党的教育方针，加强新时代高等学校思想政治理论课（以下简称思政课）教师队伍建设，根据《中华人民共和国教师法》，中共中央办公厅、国务院办公厅印发的《关于深化新时代学校思想政治理论课改革创新的若干意见》，制定本规定。

第二条 思政课是高等学校落实立德树人根本任务的关键课程，是必须按照国家要求设置的课程。

思政课教师是指承担高等学校思政课教育教学和研究职责的专兼职教师，是高等学校教师队伍中承担开展马克思主义理论教育、用习近平新时代中国特色社会主义思想铸魂育人的中坚力量。

第三条 主管教育部门、高等学校应当加强思政课教师队伍建设，把思政课教师队伍建设纳入教育事业发展和干部人才队伍建设总体规划，在师资建设上优先考虑，在资金投入上优先保障，在资源配置上优先满足。

第四条 高等学校应当落实全员育人、全程育人、全方位育人要求，构建完善立德树人工作体系，调动广大教职工参与思想政治理论教育的积极性、主动性，动员各方面力量支持、配合思政课教师开展教学科研、组织学生社会实践等工作，提升思政课教学效果。

第二章 职责与要求

第五条 思政课教师的首要岗位职责是讲好思政课。思政课教师要引导学生立德成人、立志成才，树立正确世界观、人生观、价值观，坚定对马克思主义的信仰，坚定对社会主义和共产主义的信念，增强中国特色社会主义道路自信、理论自信、制度自信、文化自信，厚植爱国主义情怀，把爱国情、强国志、报国行自觉融入坚持和发展中国特色社会主义事业、建设社会主义现代化强国、实现中华民族伟大复兴的奋斗之中，为培养德智体美劳全面发展的社会主义建设者和接班人作出积极贡献。

第六条 对思政课教师的岗位要求是：

（一）思政课教师应当增强“四个意识”，坚定“四个自信”，做到“两个维护”，始终在政治立场、政治方向、政治原则、政治道路上同以习近平同志为核心的党中央保持高度一致，模范践行高等学校教师师德规范。做到信仰坚定、学识渊博、理论功底深厚，努力做到政治强、情怀深、思维新、视野广、自律严、人格正，自觉用习近平新时代中国特色社会主义思想武装头脑，做学习和实践马克思主义的典范，做为学为人的表率。

（二）思政课教师应当用好国家统编教材。以讲好用好教材为基础，认真参加教材使用培训和集体备课，深入研究教材内容，吃准吃透教材基本精神，全面把握教材重点、难点，认真做好教材转化工作，编写好教案，切实推动教材体系向教学体系转化。

（三）思政课教师应当加强教学研究。坚持以思政课教学为核心的科研导向，紧紧围绕马克思主义理论学科内涵开展科研，深入研究思政课教学方法和教学重点难点问题，深入研究坚持和发展中国特色社会主义的重大理论和实践问题。

（四）思政课教师应当深化教学改革创新。按照政治性和学理性相统一、价值性和知识性相统一、建设性和批判性相统一、理论性和实践性相统一、统一性和多样性相统一、主导性和主体性相统一、灌输性和启发性相统一、显性教育和隐性教育相统一的要求，增强思政课的思想性、理论性和亲和力、针对性，全面提高思政课质量和水平。

第三章 配备与选聘

第七条 高等学校应当配齐建强思政课专职教师队伍，建设专职为主、专兼结合、数量充足、素质优良的思政课教师队伍。

高等学校应当根据全日制在校生总数，严格按照师生比不低于1∶350的比例核定专职思政课教师岗位。公办高等学校要在编制内配足，且不得挪作他用。

第八条 高等学校应当根据思政课教师工作职责、岗位要求，制定任职资格标准和选聘办法。

高等学校可以在与思政课教学内容相关的学科遴选优秀教师进行培训后加入思政课教师队伍，专职从事思政课教学；并可以探索胜任思政课教学的党政管理干部转岗为专职思政课教师，积极推动符合条件的辅导员参与思政课教学，鼓励政治素质过硬的相关学科专家转任思政课教师。

第九条 高等学校可以实行思政课特聘教师、兼职教师制度。鼓励高等学校统筹地方党政领导干部、企事业单位管理专家、社科理论界专家、各行业先进模范以及高等学校党委书记校长、院（系）党政负责人、名家大师和专业课骨干、日常思想政治教育骨干等讲授思政课。支持高等学校建立两院院士、国有企业领导等人士经常性进高校、上思政课讲台的长效机制。

第十条 主管教育部门应当加大高等学校思政课校际协作力度，加强区域内高等学校思政课教师柔性流动和协同机制建设，支持高水平思政课教师采取多种方式开展思政课教学工作。采取派驻支援或组建讲师团等形式支持民办高等学校配备思政课教师。

第十一条 高等学校应当严把思政课教师政治关、师德关、业务关，明确思政课教师任职条件，根据国家有关规定和本规定要求，制定思政课教师规范或者在聘任合同中明确思政课教师权利义务与职责。

第十二条 高等学校应当设置独立的马克思主义学院等思政课教学科研二级机构，统筹思政课教学科研和教师队伍的管理、培养、培训。

思政课教学科研机构负责人应当是中国共产党党员，并有长期从事思政课教学或者马克思主义理论学科研究的经历。缺少合适人选的高等学校可以采取兼职等办法，从相关单位聘任思政课教学科研机构负责人。

第四章　培养与培训

第十三条　主管教育部门和高等学校应当加强思政课教师队伍后备人才培养。

国务院教育行政部门应当制定马克思主义理论专业类教学质量国家标准，加强本硕博课程教材体系建设，可统筹推进马克思主义理论本硕博一体化人才培养工作。实施“高校思政课教师队伍后备人才培养专项支持计划”，专门招收马克思主义理论学科研究生，不断为思政课教师队伍输送高水平人才。高等学校应当注重选拔高素质人才从事马克思主义理论学习研究和教育教学，加强思政课教师队伍后备人才思想政治工作。

第十四条　建立国家、省（区、市)、高等学校三级思政课教师培训体系。国务院教育行政部门建立高等学校思政课教师研修基地，开展国家级示范培训，建立思政课教师教学研究交流平台。主管教育部门和高等学校应当建立健全思政课教师专业发展体系，定期组织开展教学研讨，保证思政课专职教师每 3 年至少接受一次专业培训，新入职教师应参加岗前专项培训。

第十五条　主管教育部门和高等学校应当拓展思政课教师培训渠道，设立思政课教师研学基地，定期安排思政课教师实地了解中国改革发展成果、组织思政课教师实地考察和比较分析国内外经济社会发展状况，创造条件支持思政课教师到地方党政机关、企事业单位、基层等开展实践锻炼。

高等学校应当根据全日制在校生总数，按照本科院校每生每年不低于 40 元、专科院校每生每年不低于 30 元的标准安排专项经费，用于保障思政课教师的学术交流、实践研修等，并根据实际情况逐步加大支持力度。

第十六条 主管教育部门和高等学校应当加大对思政课教师科学研究的支持力度。教育部人文社科研究项目要设立专项课题，主管教育部门要设立相关项目，持续有力支持思政课教师开展教学研究。主管教育部门和高等学校应当加强马克思主义理论教学科研成果学术阵地建设，支持新创办思政课研究学术期刊，相关哲学社会科学类学术期刊要设立思政课研究栏目。

第五章 考核与评价

第十七条 高等学校应当科学设置思政课教师专业技术职务（职称）岗位，按教师比例核定思政课教师专业技术职务（职称）各类岗位占比，高级岗位比例不低于学校平均水平，不得挪作他用。

第十八条 高等学校应当制定符合思政课教师职业特点和岗位要求的专业技术职务（职称）评聘标准，提高教学和教学研究在评聘条件中的占比。

高等学校可以结合实际分类设置教学研究型、教学型思政课教师专业技术职务（职称），两种类型都要在教学方面设置基本任务要求，要将教学效果作为思政课教师专业技术职务（职称）评聘的根本标准，同时要重视考查科研成果。

高等学校可以设置具体条件，将承担思政课教学的基本情况以及教学实效作为思政课教师参加高一级专业技术职务（职称）评聘的首要考查条件和必要条件。将为本专科生上思政课作为思政课教师参加高级专业技术职务（职称）评聘的必要条件。将至少一年兼任辅导员、班主任等日常思想政治教育工作经历并考核合格作为青年教师晋升高一级专业技术职务（职称）的必要条件。

思政课教师指导 1 个马克思主义理论类学生社团 1 年以上，且较好履行政治把关、理论学习、业务指导等职责的，在专业技术职务（职称）评聘中同等条件下可以优先考虑。

思政课教师在思想素质、政治素质、师德师风等方面存在突出问题的，在专业技术职务（职称）评聘中实行“一票否决”。

第十九条 高等学校应当完善思政课教师教学和科研成果认定制度，推行科研成果代表作制度，制定思政课教师发表文章的重点报刊目录，将思政课教师在中央和地方主要媒体发表的理论文章纳入学术成果范围，细化相关认定办法。教学和科研成果可以是专著、论文、教学参考资料、调查报告、教书育人经验总结等。在制定思政课教师专业技术职务（职称）评聘指标和排次定序依据时，要结合实际设置规则，不得将国外期刊论文发表情况和出国访学留学情况作为必要条件。

第二十条 高等学校应当健全思政课教师专业技术职务（职称）评价机制，建立以同行专家评价为主的评价机制，突出思政课的政治性、思想性、学术性、专业性、实效性，评价专家应以马克思主义理论学科为主，同时可适当吸收相关学科专家参加。

思政课教师专业技术职务（职称）评审委员会应当包含学校党委有关负责同志、思政课教学科研部门负责人，校内专业技术职务（职称）评聘委员会应有同比例的马克思主义理论学科专家。

高等学校应当制定思政课教师专业技术职务（职称）管理办法。完善专业技术职务（职称）退出机制，加强聘期考核，加大激励力度，准聘与长聘相结合。

第六章 保障与管理

第二十一条 高等学校应当切实提高专职思政课教师待遇，要因地制宜设立思政课教师岗位津贴。高等学校要为思政课教师的教学科研工作创造便利条件，配备满足教学科研需要的办公空间、硬件设备和图书资料。

第二十二条 高等学校思政课教师由马克思主义学院等思政课教学科研机构统一管理。每门课程都应当建立相应的教学科研组织，并可以根据需要配备管理人员。

第二十三条 主管教育部门和高等学校要大力培养、推荐、表彰思政课教师中的先进典型。全国教育系统先进个人表彰中对思政课教师比例或名额作出规定；国家级教学成果奖、高等学校科学研究优秀成果奖（人文社科）中加大力度支持思政课；“长江学者奖励计划”等高层次人才项目中加大倾斜支持优秀思政课教师的力度。

第二十四条 主管教育部门和高等学校应当加强宣传、引导，并采取设立奖励基金等方式支持高等学校思政课教师队伍建设，以各种方式定期对优秀思政课教师和马克思主义理论学科学生给予奖励。

第二十五条 高等学校应当加强对思政课教师的考核，健全退出机制，对政治立场、政治方向、政治原则、政治道路上不能同党中央保持一致的，或理论素养、教学水平达不到标准的教师，不得继续担任思政课教师或马克思主义理论学科研究生导师。

第七章 附 则

第二十六条 本规定适用于普通高等学校（包括民办高等学校）思政课教师队伍建设。其他类型高等学校的思政课教师队伍建设可以参照本规定执行。

第二十七条 省级教育部门可以根据本规定，结合本地实际制定相关实施细则。

第二十八条 本规定自 2020 年 3 月 1 日起施行。

附 录

典型案例①

田永诉北京科技大学拒绝颁发毕业证、学位证案②

（最高人民法院审判委员会讨论通过 2014 年 12 月 25 日发布）

【关键词】

行政诉讼 颁发证书 高等学校 受案范围 正当程序

【裁判要点】

1. 高等学校对受教育者因违反校规、校纪而拒绝颁发学历证书、学位证书，受教育者不服的，可以依法提起行政诉讼。

2. 高等学校依据违背国家法律、行政法规或规章的校规、校纪，对受教育者作出退学处理等决定的，人民法院不予支持。

3. 高等学校对因违反校规、校纪的受教育者作出影响其基本权利的决定时，应当允许其申辩并在决定作出后及时送达，否则视为违反法定程序。

---

① 参见中国法制出版社编：《最高人民法院 最高人民检察院指导性案例全书（第 2 版）》，中国法制出版社 2022 年版。

② 最高人民法院指导案例 38 号。

【相关法条】

《中华人民共和国行政诉讼法》第二十五条

《中华人民共和国教育法》第二十一条、第二十二条

《中华人民共和国学位条例》第八条

【基本案情】

原告田永于1994年9月考取北京科技大学，取得本科生的学籍。1996年2月29日，田永在电磁学课程的补考过程中，随身携带写有电磁学公式的纸条。考试中，去上厕所时纸条掉出，被监考教师发现。监考教师虽未发现其有偷看纸条的行为，但还是按照考场纪律，当即停止了田永的考试。被告北京科技大学根据原国家教委关于严肃考场纪律的指示精神，于1994年制定了校发（94）第068号《关于严格考试管理的紧急通知》（简称第068号通知）。该通知规定，凡考试作弊的学生一律按退学处理，取消学籍。被告据此于1996年3月5日认定田永的行为属作弊行为，并作出退学处理决定。同年4月10日，被告填发了学籍变动通知，但退学处理决定和变更学籍的通知未直接向田永宣布、送达，也未给田永办理退学手续，田永继续以该校大学生的身份参加正常学习及学校组织的活动。1996年9月，被告为田永补办了学生证，之后每学年均收取田永交纳的教育费，并为田永进行注册、发放大学生补助津贴，安排田永参加了大学生毕业实习设计，由其论文指导教师领取了学校发放的毕业设计结业费。田永还以该校大学生的名义参加考试，先后取得了大学英语四级、计算机应用水平测试BASIC语言成绩合格证书。被告对原告在该校的四年学习中成绩全部合格，通过毕业实习、毕业设计及论文答辩，获得优秀毕业论文及毕业总成绩为全班第九名的事实无争议。

1998年6月，田永所在院系向被告报送田永所在班级授予学士学位表时，被告有关部门以田永已按退学处理、不具备北京科技大

学学籍为由，拒绝为其颁发毕业证书，进而未向教育行政部门呈报田永的毕业派遣资格表。田永所在院系认为原告符合大学毕业和授予学士学位的条件，但由于当时原告因毕业问题正在与学校交涉，故暂时未在授予学位表中签字，待学籍问题解决后再签。被告因此未将原告列入授予学士学位资格的名单交该校学位评定委员会审核。因被告的部分教师为田永一事向原国家教委申诉，国家教委高校学生司于 1998 年 5 月 18 日致函被告，认为被告对田永违反考场纪律一事处理过重，建议复查。同年 6 月 10 日，被告复查后，仍然坚持原结论。田永认为自己符合大学毕业生的法定条件，北京科技大学拒绝给其颁发毕业证、学位证是违法的，遂向北京市海淀区人民法院提起行政诉讼。

【裁判结果】

北京市海淀区人民法院于 1999 年 2 月 14 日作出（1998）海行初字第 00142 号行政判决：一、北京科技大学在本判决生效之日起 30 日内向田永颁发大学本科毕业证书；二、北京科技大学在本判决生效之日起 60 日内组织本校有关院、系及学位评定委员会对田永的学士学位资格进行审核；三、北京科技大学于本判决生效后 30 日内履行向当地教育行政部门上报有关田永毕业派遣的有关手续的职责；四、驳回田永的其他诉讼请求。北京科技大学提出上诉，北京市第一中级人民法院于 1999 年 4 月 26 日作出（1999）一中行终字第 73 号行政判决：驳回上诉，维持原判。

【裁判理由】

法院生效裁判认为：根据我国法律、法规规定，高等学校对受教育者有进行学籍管理、奖励或处分的权力，有代表国家对受教育者颁发学历证书、学位证书的职责。高等学校与受教育者之间属于教育行政管理关系，受教育者对高等学校涉及受教育者基本权利的管理行为不服的，有权提起行政诉讼，高等学校是行政诉讼的适格被告。

高等学校依法具有相应的教育自主权，有权制定校纪、校规，并有权对在校学生进行教学管理和违纪处分，但是其制定的校纪、校规和据此进行的教学管理和违纪处分，必须符合法律、法规和规章的规定，必须尊重和保护当事人的合法权益。本案原告在补考中随身携带纸条的行为属于违反考场纪律的行为，被告可以按照有关法律、法规、规章及学校的有关规定处理，但其对原告作出退学处理决定所依据的该校制定的第068号通知，与《普通高等学校学生管理规定》第二十九条规定的法定退学条件相抵触，故被告所作退学处理决定违法。

退学处理决定涉及原告的受教育权利，为充分保障当事人权益，从正当程序原则出发，被告应将此决定向当事人送达、宣布，允许当事人提出申辩意见。而被告既未依此原则处理，也未实际给原告办理注销学籍、迁移户籍、档案等手续。被告于1996年9月为原告补办学生证并注册的事实行为，应视为被告改变了对原告所作的按退学处理的决定，恢复了原告的学籍。被告又安排原告修满四年学业，参加考核、实习及毕业设计并通过论文答辩等。上述一系列行为虽系被告及其所属院系的部分教师具体实施，但因他们均属职务行为，故被告应承担上述行为所产生的法律后果。

国家实行学历证书制度，被告作为国家批准设立的高等学校，对取得普通高等学校学籍、接受正规教育、学习结束达到一定水平和要求的受教育者，应当为其颁发相应的学业证明，以承认该学生具有的相当学历。原告符合上述高等学校毕业生的条件，被告应当依《中华人民共和国教育法》第二十八条第一款第五项及《普通高等学校学生管理规定》第三十五条的规定，为原告颁发大学本科毕业证书。

国家实行学位制度，学位证书是评价个人学术水平的尺度。被告作为国家授权的高等学校学士学位授予机构，应依法定程序对达到一定学术水平或专业技术水平的人员授予相应的学位，颁发学位证书。依《中华人民共和国学位条例暂行实施办法》第四条、第五条、第十八条第三项规定的颁发学士学位证书的法定程序要求，被告首先应组织有关院系审核原告的毕业成绩和毕业鉴定等材料，确定原告是否已较好地掌握本门学科的基础理论、专业知识和基本技能，是否具备从事科学研究工作或担负专门技术工作的初步能力；再决定是否向学位评定委员会提名列入学士学位获得者的名单，学位评定委员会方可依名单审查通过后，由被告对原告授予学士学位。

福建省福清市人民检察院督促消除幼儿园安全隐患行政公益诉讼案[①]

（2022年2月9日最高人民检察院第十三届检察委员会第八十九次会议决定　2022年3月2日发布）

【关键词】

行政公益诉讼　无证办学　公益诉讼检察建议　社会治理检察建议

【要旨】

教育服务场所存在安全隐患，但行政监管不到位，侵犯未成年人合法权益的，检察机关可以开展行政公益诉讼，督促行政机关依法充分履职。检察机关在办理未成年人保护公益诉讼案件中，可以综合运用不同类型检察建议，推动未成年人权益保护的源头治理和综合治理。检察机关在督促行政机关依法全面履职过程中，应当推动行政机关选择最有利于保护未成年人合法权益的履职方式。

---

① 最高人民检察院检例第143号。

【相关规定】

《中华人民共和国未成年人保护法》（2020 年修订）第一百零六条

《中华人民共和国未成年人保护法》（2012 年修正）第二十二条（现为 2020 年修订后的第三十五条、三十六条）

《中华人民共和国行政诉讼法》（2017 年修订）第二十五条

《中华人民共和国民办教育促进法》（2018 年修正）第三条、第十二条、第十八条、第六十四条

《最高人民法院、最高人民检察院关于检察公益诉讼案件适用法律若干问题的解释》（法释〔2018〕6 号）第二十一条（现为 2020 年修订后的第二十一条）

【基本案情】

2018 年 3 月以来，福建省福清市音西街道等 7 个街道（镇）共有无证幼儿园 16 所，在园幼儿约 1500 人。16 所幼儿园均未按规定配备消防设施，未经消防审批验收合格。其中部分幼儿园建在加油站、综合汽车站出入口、高压输变线电力走廊等危险路段，部分幼儿园直接租用普通民宅且在高层建筑内办学，部分幼儿园未经教育局审批擅自改变园址，部分幼儿园使用无资质车辆集中接送幼儿并超载，部分幼儿园玩教具配备、室内外设施设备、保健室设施、卫生设施及其他附属设施配置不达标。

【检察机关履职过程】

2018 年 3 月，福建省福清市人民检察院在办理三起“黑校车”危险驾驶案过程中，发现部分涉案幼儿园系无证办学，存在安全隐患。经调查核实，前述 16 所幼儿园无证办学违反了《中华人民共和国未成年人保护法》《中华人民共和国民办教育促进法》和住房和城乡建设部、国家发改委批准发布的《幼儿园建设标准》等法律法规、部门规章中关于保障幼儿园场所安全、办学许可证及幼儿园

选址、消防等方面的规定要求。福清市教育局作为教育主管部门虽多次发出《责令停止办学行为通知书》，并向相关街道（镇）发函要求取缔，但监管手段有限、处罚措施未落到实处，也未能有效推动相关部门解决问题。无证幼儿园所在街道办事处及镇政府未严格执行《福州市学前教育管理办法》关于依法取缔无证幼儿园的规定，使部分无证幼儿园被检查时停办，检查后又复开。相关人民政府、行政机关履职不到位，使无证幼儿园长期存在，影响幼儿的生命权、健康权、受教育权。

2018 年 4 月，福清市人民检察院向福清市教育局、相关街道办事处和镇政府发出行政公益诉讼诉前检察建议：一是疏堵结合，妥善处理无证幼儿园。对缺乏基本办园条件，存在严重安全隐患的无证幼儿园，依法关停、取缔，并妥善分流在园幼儿和从业人员。对经整改后有条件取得办园许可证的无证幼儿园，主动引导，给予支持，积极促进整改以达到获取办学许可证条件，确保在园幼儿安全、健康。二是科学规划，形成合理布局。科学测算辖区内学龄前儿童数量分布，做好统筹规划工作，引导民办幼儿园合理布局，与公办幼儿园互补互惠。三是齐抓共管，落实主体责任。街道办事处、镇政府应当组织专门力量负责对无证幼儿园实施动态监管、指导整改、依法取缔工作，并协调教育、卫健、消防、物价、食药监局等部门齐抓共管，形成治理合力。福清市教育局、相关街道办事处和镇政府表示曾多次对无证幼儿园作出行政处罚并采取取缔措施，但始终无法根治，这与当地学前教育发展不平衡不充分密切相关，需要多个职能部门协同治理，建议由市政府统筹协调。

为提高监督效果，福清市人民检察院向福清市人民政府发出社会治理检察建议，建议市政府牵头，各部门各司其职，齐抓共管，通过落实责任主体和设定绩效考核指标等方式将无证幼儿园治理工作落到实处。检察建议发出后，福清市人民政府会同福清市人民检察院，召集相关街道（镇）、教育、公安、消防、安监等部门举行圆桌会议，制定联合执法方案，针对无证幼儿园选址布局、消防设施、校车营运、设施配备不达标等方面存在的隐患与问题，进行整改落实，同时明确各部门具体分工，全程监督联合执法进展。经整改，福清市教育局及相关街道（镇）回复检察建议落实情况：3 家经整改后符合办学条件的幼儿园已申请并取得办学许可，13 家整改后不符合办学条件的均已取缔关停，原在园幼儿已妥善分流至附近公办幼儿园或有资质的民办幼儿园就读。福清市人民检察院持续跟进检察建议的落实情况，定期走访、了解、调查无证幼儿园取缔后是否有反弹现象，并建议福清市人民政府定期组织开展“回头看”工作。

检察机关通过案件办理，既推动消除了幼儿园安全隐患，又妥善解决了幼儿就读问题，取得了良好的社会治理效果。此后，福清市未再发现无证民办幼儿园，政府部门持续推动普惠性幼儿园建设，公办幼儿园学额比为 66%，较 2017 年上升 6 个百分点，全市普惠学额覆盖率达 92. 62%。

【指导意义】

（一）教育服务场所存在安全隐患，行政机关没有充分履职的，检察机关可以开展行政公益诉讼。对未成年人负有教育、照顾、看护等职责的教育服务场所，明知不符合办学条件，存在安全隐患，仍向未成年人开放，使未成年人合法权益面临风险，行政主管部门未依法充分履职，致使公共利益受到侵犯的，检察机关可以依法开展行政公益诉讼。

（二）不同层级人民政府和多个职能部门均具有与涉案事项相关的法定职责的，检察机关可以向能够发挥统筹作用的人民政府发出检察建议。相关人民政府、行政部门未依法完全充分履职导致公益损害的，检察机关可以通过公益诉讼检察建议督促履职。为提升监督效果，可以向能够发挥统筹作用的人民政府发出社会治理检察建议，推动人民政府对下级政府及相关职能部门进行协调调度，形成治理合力。

（三）检察机关应当建议行政机关采用有效履职方式，推动涉及未成年人合法权益问题实质性解决。行政机关对安全隐患无法消除的教育服务场所依法取缔关停时，检察机关应当建议行政机关疏堵结合、分类治理，根据未成年人及家长实际需要妥善安置受教育的未成年人，保障未成年人继续享有接受教育、照顾、看护、健康发展等权利，落实检察公益诉讼双赢多赢共赢理念。

图书在版编目（CIP）数据

教育法律政策全书：含法律、法规、司法解释及典型案例／中国法制出版社编．—北京：中国法制出版社，2023.1

（法律政策全书系列）

ISBN 978-7-5216-3094-7

Ⅰ.①教… Ⅱ.①中… Ⅲ.①教育法-汇编-中国 Ⅳ.①D922.169

中国版本图书馆 CIP 数据核字（2022）第 208773 号

策划编辑：王熹　吕静云　　责任编辑：王熹　　封面设计：周黎明

教育法律政策全书：含法律、法规、司法解释及典型案例

JIAOYU FALÜ ZHENGCE QUANSHU：HAN FALÜ、FAGUI、SIFA JIESHI JI DIANXING ANLI

编者/中国法制出版社

经销/新华书店

印刷/三河市国英印务有限公司

开本/880×1230 毫米　32 开　　印张/ 19.875　字数/ 426 千

版次/2023 年 1 月第 1 版　　2023 年 1 月第 1 次印刷

中国法制出版社出版

书号 ISBN 978-7-5216-3094-7　　定价：65.00 元

北京市西城区西便门西里甲 16 号西便门办公区

邮政编码：100053　　传真：010-63141600

网址：http：//www.zgfzs.com　　**编辑部电话：010-63141795**

市场营销部电话：010-63141612　　**印务部电话：010-63141606**

（如有印装质量问题，请与本社印务部联系。）